地方都市の覚醒

大正昭和戦前史　博覧会篇

山路勝彦
Katsuhiko Yamaji

関西学院大学出版会

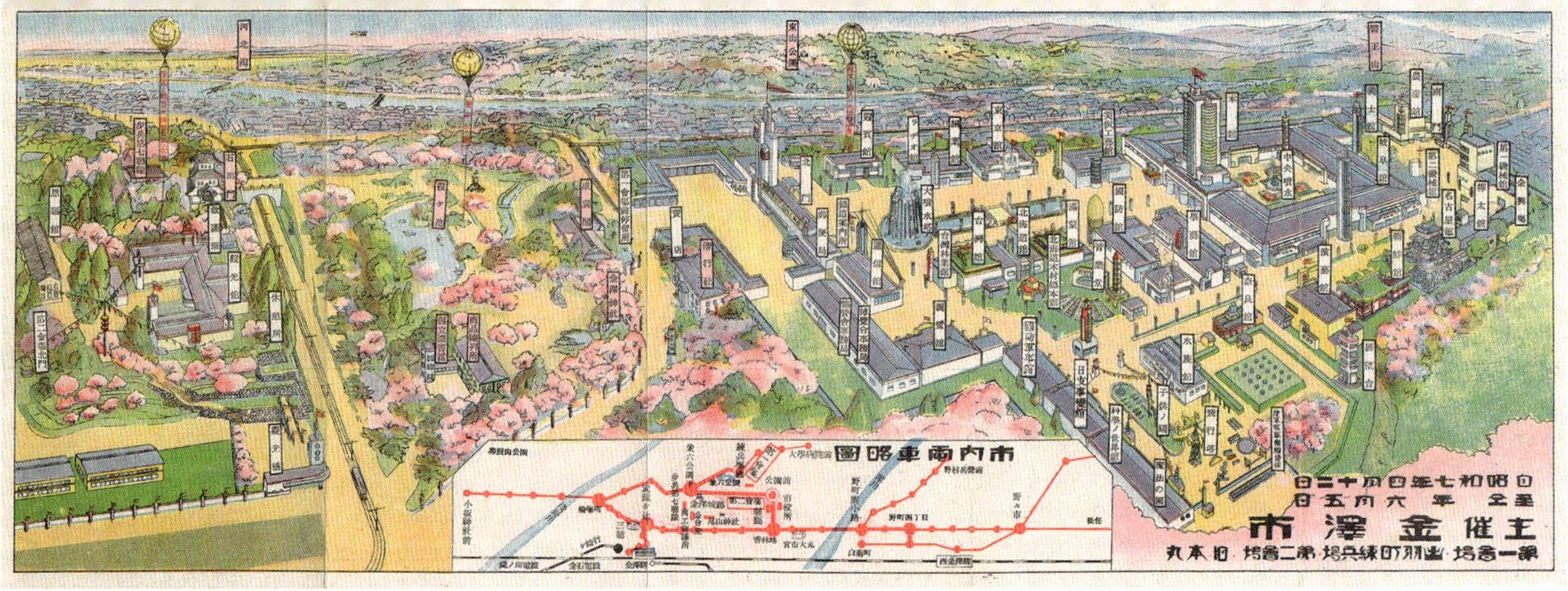

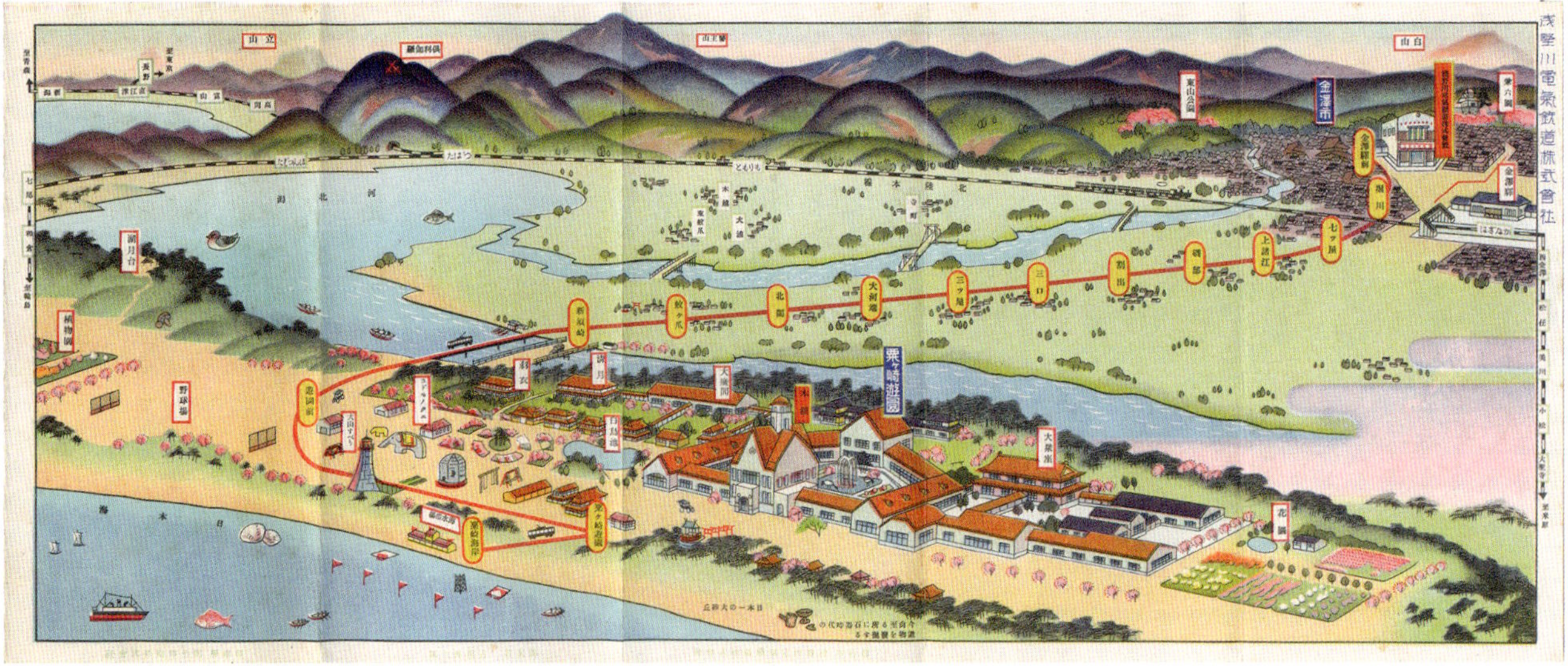

口絵1　金沢市主催産業と観光の博覧会場と粟ヶ崎遊園地

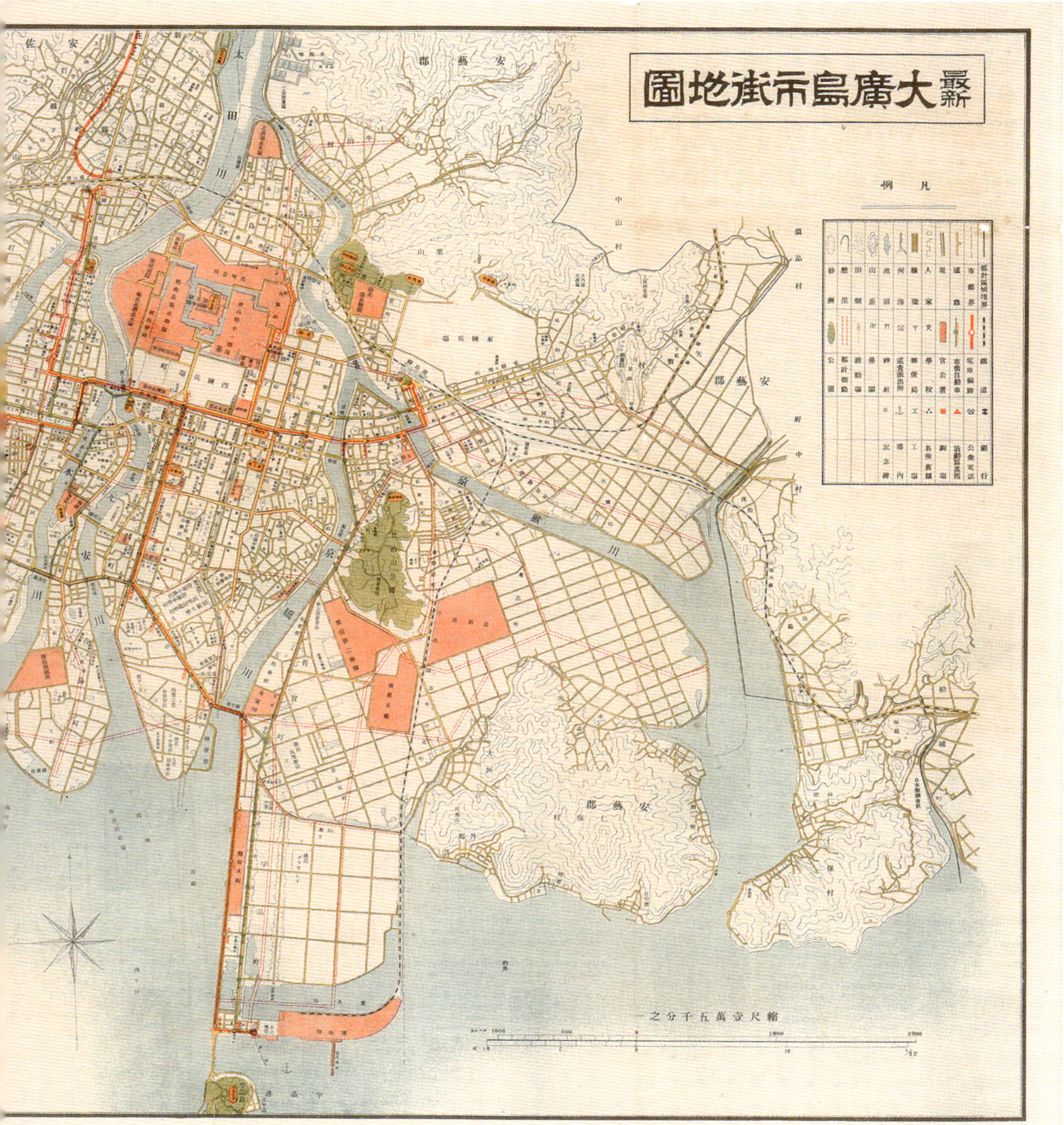

口絵２　広島市街地図（昭和４年）と博覧会の光景（絵葉書）

第一會場全景　（昭和産業博覧會實況）

入募案圖一等當選

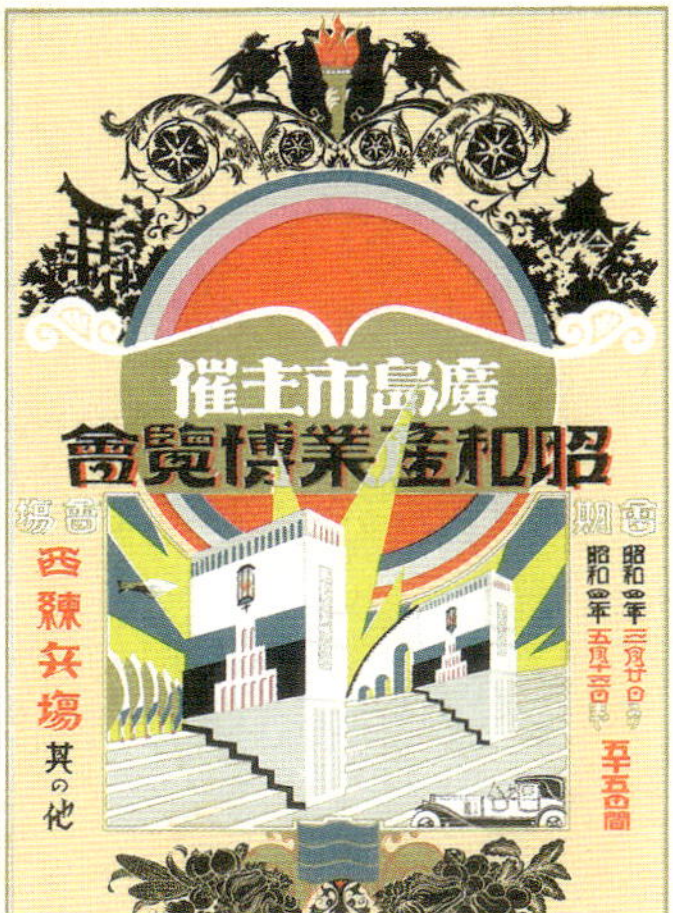

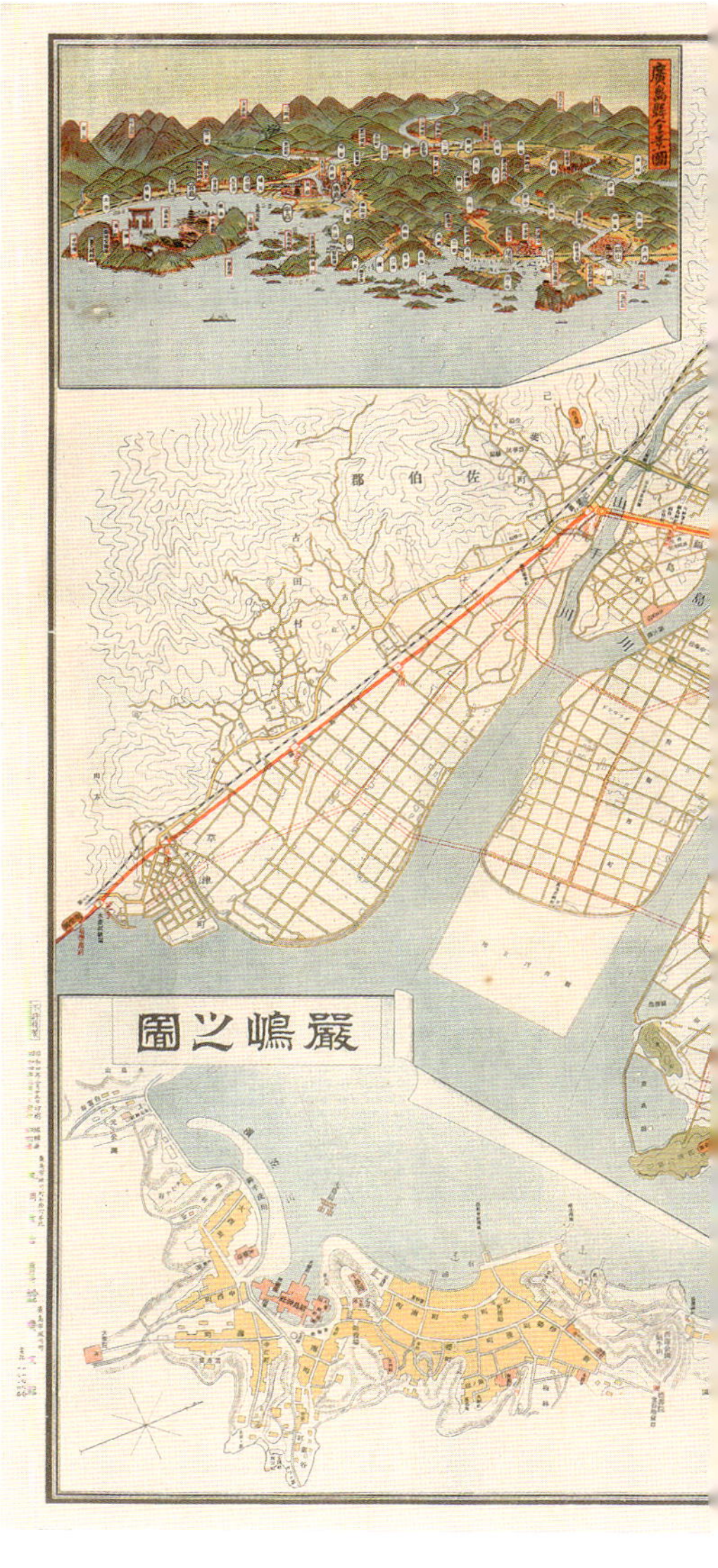

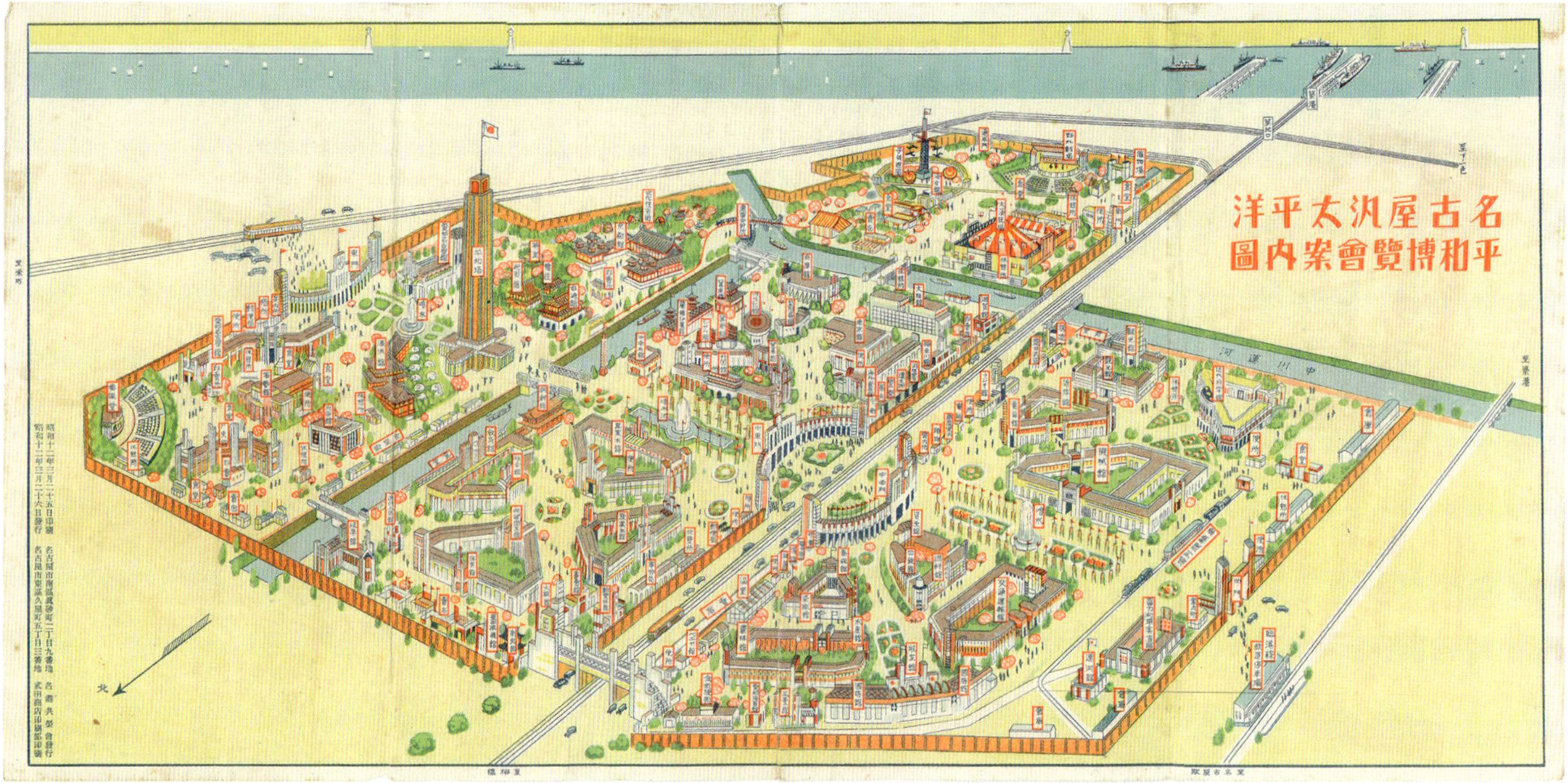

口絵3　名古屋汎太平洋平和博覧会場の光景（ポスターと記念絵葉書）

地方都市の覚醒

大正昭和戦前史　博覧会篇

山路勝彦

はじめに

本書は『大阪、賑わいの日々――二つの万国博覧会の解剖学』（二〇一四年、関西学院大学出版会）の続編である。その著書では、大阪で行われた二つの博覧会を主題にしていた。一つは明治三十六年に大阪で開催された「第五回内国勧業博覧会」であり、他の一つは一九七〇年の「日本万国博覧会（通称、'70年万博、エキスポ'70）」である。

この二つの博覧会は、参加規模だけではなく、展示の技術と内容でも群を抜いていて、当時の時代相をよく反映していた。殖産興業の旗印を掲げ、産業育成に邁進していた明治の日本は、「文明開化」の合言葉のなかで新しい世界の登場を実感し始めていて、それを反映して多彩な展示が会場内に満ち溢れていた。同時に、新たに西欧からもたらされた娯楽に興じ、博覧会の余興も楽しんでいた。カナダなど外国の出品があって国際化への足取りを確実にしていたことも、この博覧会の特徴であった。一方、一九七〇年の万国博は、未来へ向けて一段と希望を膨らませるような、華やかな世界を出現させた。子どもから大人までこれほど熱中させたイベントは、六十四年の東京オリンピックと並んで、永遠に歴史の一ページに記録される出来事であった。今から逆算すれば四十六年前も昔のことであるが、終戦から数えれば二十五年しか経っていない時代に行われたことを考えれば、まさに日の出の勢いを感じさせる国家的催しであった。

日本の博覧会史を論じれば、幕末にヨーロッパで開催された万国博への参加から説き明かさなければならないかも知れないが、この二つの博覧会だけ取り上げてみても、歴史上の物語として十分に説得力のある議論が成り立つ。とはいえ、近代以降日本で開催された博覧会の物語は、この世紀的な祭典だけで完結してしまうわけではない。明治期に「共進会」と呼ばれていた物産会は、政府の殖産興業政策のもとで、やがて「内国勧業博覧会」へと成長し、大正期になって「東京大正博覧会」、「平和記念東京博覧会」へと発展していく。この時代、大規模な博覧会の開催拠点は主に東京であったが、博覧会開催の気運は地方都市にも波及していった。

この大正から昭和にかけての地方都市には、東京と同じように映画館が建てられ、新作が同時期に封切られるようになって東京での風俗が地方に拡がりはじめた時代であった。モガ（モダンガール）やモボ（モダンボーイ）の登場は、その一例である。宝塚少女歌劇を例にすると、金沢、名古屋、岡山、そして別府などでも華やかに演じられる時代が到来したのである。この期間の都市の変貌は著しかった。明治の博覧会はもともと殖産興業政策の一環として立ち上げられ、産業の成果を競う場として発展していったのだが、やがて余興を楽しむ遊興空間へと比重が変化していった。

しかしながら、昭和を迎えた時期になると、博覧会はまた別の意図を付け加えられ、日本を襲った不況の嵐を克服する機会として利用された。とりわけ、諸外国のブロック経済化によって苦境に立たされた状況から脱け出すため、貿易産品の品質改善が求められ、博覧会でもその成果を示すことが求められるようになる。国産品が奨励され、「国産振興」を名乗る博覧会が雨後の竹の子のように、東京はもちろん、地方都市でも展開されるようになった。この展開は、地方産業の発展を見せつけ、全国に向けて知名度を発信するのに、地方都市にとっては好都合な機会であった。地方都市は競い合ってその開催に力を注ぎ込んでいく。博覧会は地方の発展のため、おおいに活用されたのである。

ただし、「国産振興」をスローガンに掲げながらも、地方都市はそれぞれの地域的独自性を表現しようと努力を試みていた。その試みは、歴史や文化に裏打ちされた博覧会を志向していたことに認められる。その背景には、昭和期に盛んになった多様な要因があった。第一に、「郷土」をめぐる議論があった。文部省、学校関係者、地方史家、民俗学者を巻き込んだ議論の華やかな展開こそ、この時期の特徴であった。一方では農村部を巻き込んでのモダニズムの拡散、他方では地方文化を再構成させる必要性、こうした激しい波動を受けて、博覧会は実施されていった。昭和の初期、東京とは違う地域の独自性を表現しようとして、地方都市は華やかな祭典に邁進していった。この時期、地方都市は燃えていた。

地方博の実施の背景には、鉄道などのインフラ整備の進行に伴いながら、観光産業の興隆があった。この昭和期には地方都市間を結ぶ鉄道が各地で整備されつつあった時代であった。鉄道の普及は人々の移動を容易にすることで、地方の人々に新しい知識を芽生えさせ、夢を与えた。鉄道は都会の空気を運んでくるとして、多くの地方都市の住民は歓迎し、地方行政当局が音頭をとって祝賀会が開催されたりもした。張彧暋は、「鉄道への夢見ること自体が、たった数十年で近代日本と日本人を作った」と分析しているが、その主張は適切であろう（張彧暋　二〇一五：二五五）。この「近代の夢」は確実に地方都市の住民にも共有されていった。昭和初期に行われた博覧会は鉄道敷設、港湾設備の拡充などインフラ整備が主に起爆剤になっていて、その夢を見せることが地方都市での博覧会の目標であった。

このようにして、地方都市が東京の創造した「近代文化」を受容したことは確かであるが、それがすべてではなかった。地方には地方の歴史があり、伝統があり、文化があった。そうした地方色を盛込むことによって、地方都市は東京発信の文化に埋没されることなしに発展していくことができる。かくして、「郷土」、「観光」という昭和期に生成されてきた諸概念を組み立てることで、地方都市にとっての博覧会開催が意味づけられていったのである。後で詳述するように、昭和四年の広島市主催の博覧会をはじめ多くの地方都市では、この時代は光り輝いていた。昭和十二年の「名古屋汎太平洋平和博覧会」は、その代表格であって、日本全国に向け、力強く名古屋市の存在を日本中に轟かした博覧会であった。昭和十五年には東京では国家が中心になって、オリンピックと同時に日本万国博覧会を実施するという企画が進行していた。この一大行事は日中戦争の激化が原因で中止されたが、名古屋は独自の力で、それは名古屋の都市力と言ってよいのかも知れないが、国際的催しを成し遂げていたのである。日中戦争直前に開催されたという時の運もあったとはいえ、名古屋市の活躍はキラ星のように輝いていた。

近代の足跡を辿る目的での地方博覧会の研究自体は、個別的な事例研究としては今までにも相当数の論著が積み重ねられてきた。しかしながら、その記述は全国的な展望に乏しく、個別的事象の記述に終始しがちであった。明治期の博覧会やまぼろしとなった戦前の日本万国博覧会などは数多くの研究があるにしても、日本各地の博覧会を展望し、時代の推移に配慮した研究は意外に少ない。「寺下勍コレクション」として発刊された『日本の博覧会』はほとんど漏れなく実例を紹介し、図版入りで編年史としてまとめ上げられていて、もっとも参考になる書籍である（橋爪紳也監修　二〇〇五）。ただし、図説としての解説が発刊の目的なので、本書の意図とは異なっている。ここで本書の目的を最初に述べておきたい。それは、近代日本が辿った道筋は何であったのか、地方と中央という空間軸を俯瞰しながら、時間軸に即して博覧会の歴史的意義を議論することにある。

以上のことを踏まえたうえで、本書の構成の概略を示しておく。本書は二部構成になっている。地方都市の博覧会を考えるためには、直前の、とりわけ明治末から大正期の博覧会の概要を知る必要性がある。明治の内国勧業博覧会、とくに第五回内国勧業博覧会については前著を読んでもらいたい。大正期の博覧会は娯楽性に富んでいて、その流れはその後も長く続いている。ところが、大正末から昭和にかけて日本を襲った不況の嵐は「国産振興」という名目での博覧会を誘発した。この時期は以後の歴史を考えると、大きな転回点をなしていて、その証跡は博覧会の開催意図にも現れている。その記述が第一部である。ただし、第一部の記述は柳田國男の「鉄道論」から始まっている。その理由は、柳田國男を理解しないで、大正・昭和の博覧会の意義は射程距離に収められないと判断したからである。鉄道、郷土、観光など、柳田に関係してくる主題は第二部であるが、柳田の近代認識を視野に収めるために、あえて第一章に登場させた。夏目漱石との比較など、意外に思う読者も多いだろうが、柳田の近代認識を整理するための作業として意味あることだと思う。このような迂回路を通さなければ、博覧会開催の背景に隠されている時代性を読み取ることはできない。

第二部は本書の主題である。国産振興を唱える運動が全国に広がっていった昭和期、地方都市での博覧会の記述が中心である。「国産振興」「全国産業博」というスローガンを掲げながら、地方都市がいかに奮闘し、地域の特性を発揮していったのか、個々の博覧会ごとに主題を取り上げて記述している。ただし、すべての地方都市を題材にすることは不可能なので、その時代の特性を代表する博覧会を取り上げることにした。とりわけ第五章で扱う広島市は重要であり、その後の地方都市の博覧会を見ても枢要な位置を占めていた。国策として経済更生運動が唱道される前に、広島市は独自に新しい農村の生活文化の創出に向けて諸策を講じていたほどの先進都市で、博覧会場にはその成果が現れていた。他の都市でも同じ現象が見られたとはいえ、街のなかには映画などの遊興施設を楽しむ人々で賑わっていたことも指摘しておかねばならない。博覧会は、こうした都市の表情を伝えている。

大正末から昭和にかけての時代の一般的様相を考えてみたい。この時代には鉄道網が整備され、あるいは港湾施設が完備されて交通インフラが整ったし、ラジオの普及で情報が迅速に伝わるようにもなった。その一方で、全国的に経済不況に見舞われていて、地方都市も日本全体を視野においてその対策に乗り出さなければならなかった。先に指摘したように、政府も地方自治体も、そして知識人の間でも郷土意識を高める運動が起こり、郷土を見直す運動が広がっていった。これと関連して、旅行ブームが起こり、人々は地方の名勝旧跡の旅行に盛んに出かけるようになった。地方都市での博覧会開催には、こうした動きを背負って湧き上ってきたという背景がある。

とりわけ筆者が関心を抱いたのは昭和十二年頃の動きである。別府市では「国際温泉観光大博覧会」が開催されている。「観光」を主題にした博覧会は、その直前にも金沢市や長崎市などでも行われていたが、いずれも華やかさを伴っていた。そして、同じ十二年には、名古屋市主催で「名古屋汎太平洋平和博覧会」が開催している。当時の地方都市主催の博覧会のなかでも、規模も大きいうえ、太平洋諸国の参加を得て国際色が豊かに開花していた。名古屋という一地方都市が、このように盛大に国際的な博覧会を開催したことは賞賛すべきことである。この博覧会と並行して、国家的行事としてオリンピックと日本万国博覧会との開催が政府機関内では企画され、準備が進行していた。結論を先取りして言えば、この国家的行事は中止されている。この名古屋での博覧会終了直後、北京市郊外の盧溝橋での戦闘から日中戦争が勃発していて、これが中止の主な原因となった。当時の新聞を飾っていた言葉を使えば「支那事変」のことである。この戦争が原因になってオリンピックや万国博が中止になったことを考えれば、開催の成功か失敗かを決定する要因は、まさに偶然によって支配されているとしか言いようがない。不思議な因縁を感じさせる博覧会ではあるが、「名古屋汎太平洋平和博覧会」は歴史に残る博覧会として記憶しておかねばならない。

名古屋での博覧会の後、国内の博覧会も変貌を遂げていく。「支那事変大博覧会」に見るように、その中心的テーマは「戦場」となり、それまでの観光事業としての、あるいは娯楽的要素の濃い博覧会は相次いで中止に追い込まれていった。その後に至っても、主に大新聞社が主催した博覧会、例えば「興亜大博覧会」、「時局博覧会」、あるいは「大東亜博覧会」などが相次いで地方都市で行われていく。あたかも時事ニュースを提供する場に博覧会は変貌していった。こうしてみると、名古屋で開催された博覧会は、明治、大正、昭和と続いてきた産業博覧会の、戦前での最後の、そして最高潮に達した博覧会であった、と言える。

本書のタイトル、「地方都市の覚醒」とは、名古屋市で代表されるような、地方都市が地域の独自性を自覚し、その発展した姿を全国的に紹介し、知名度を高めようと奮闘している状況を言い表している。副題に付けた「大正昭和戦前史　博覧会篇」は、柳田國男の『明治大正史　世相篇』に限りなく示唆を受けてきたことによる。柳田自身は博覧会について言及してこなかったので、なぜ柳田が引用されているのか、不思議がる人たちもいるに違いない。筆者が柳田國男の著作に触れたのは大学一年（一九六一年）の冬の頃で、刊行されたばかりの『定本　柳田國男集　二』（筑摩書房）所収の「雪国の春」であった。けれども、筆者は柳田國男の論著をまともに議論の中心的課題にすることはなかった。ただ、『明治大正史　世相篇』は興味があったし、文化人類学の演習でも使用していた。今、再び博覧会について論じる際になって、改めて多くを学び直すことができた。柳田の著作を鏡像として対置させることで、大正昭和期の博覧会の位置づけを知ることができると考えたのである。これが副題に付けた理由である。柳田の著作の引用については、当時の旧かな遣いをそのまま使っている。読者には読みづらくても、その方が筆者にとって柳田の心意が伝わってくると思ったからである。

なお、本書で使用するパンフレット、チラシ、絵葉書、地図、ポスター類は、出典の明記がない限り、すべて筆者の収集品である。本書はすべて書き下ろし原稿である。

目　次

第一部

都市、産業、娯楽：東京からの発信

第一章

鉄道と近代：柳田國男と夏目漱石

西欧との接触で大きな変化を遂げつつあった明治の時代、日本の置かれた状況にいらだちを隠せなかった一人の作家がいた。夏目漱石である。日本は西欧文明を真似ているだけで、「開化」といえども皮相的で上滑りをしたものでしかない、ときわめて厳しい言葉で文明批評をしていたのが漱石であった。明治四十四（一九一一）年八月、和歌山において朝日新聞社主催の講演が開かれた時、漱石は文明開化の世の中に不満をぶちまける発言をしていた。「開化が進めば進む程競争が益激しくなって生活は愈困難になるやうな気がする」と述べ、続けて心理的な圧迫感が強くなったと嘆き苦しむ自己をさらけだす。競争社会が出現し、精神的にも肉体的にも疲労した世の中になったと感じた漱石は、こうも言う。「生存競争から生じる不安や努力に至っては決して昔より楽になっていない」と（夏目漱石　一九九五：四二七）。

明治の時代、人々の幸福は野蛮時代とそう変りはなさそうだと言い切ったうえで、神経衰弱に陥りそうな身に鞭を打って、重々しく日本文明論を展開した作家が夏目漱石であった。総括して言えば、その論調は悲観的であった（夏目漱石　一九九五：四三八―四三九）。

どうも日本人は気の毒と言はんか憐れと言はんか、誠に言語道断の窮状に陥つたものであります。私の結論は……実に困つたと嘆息する丈で極めて悲観的の結論であります。

夏目漱石の小説にはしばしば乗物が登場する。その乗物は、けっして明るい文明の利器として描かれてはいなかった。代表作の『三四郎』では初めて目にする東京の光景が描かれている。九州から上京してきた三四郎にとって、東京は眩い都会であった。田舎では経験したことのない世界が広がっていた。三四郎は見るものすべて、とくに電車に驚いていた。

第一電車のちんちん鳴るので驚いた。それから其ちんちん鳴る間に、非常に多くの人間が乗ったり降りたりするので驚いた。次に丸の内で驚いた。尤も驚いたのは、何處迄行っても東京が無くならないと云ふ事であった（夏目漱石一九〇九〈一九六二：一六〉）。

慶応三年の生まれの漱石は、「文明開化」の波にもまれ、西欧からの衝撃に耐えながら成長していく。この襲いかかる西欧化の波に対して、漱石は不調和を感じ、異議を唱えることをやめない。世の中が便利になっても、けっして精神は落ち着くものではない、と批判的である。イギリス留学を果たし、西欧文明を身に染みて感じ取っていた漱石は、事あるたびに文明開化の時世に対して懐疑的な眼差しを向けている。『三四郎』に続いて出版された小説『それから』は、よく漱石の文明観を表現している。主人公の長井代助の行動は奇妙である。「絹帽（シルクハット）で鰻屋へ行くのは始めてだな」といささか不釣り合いな発言をしつつも、西欧文明に対する激烈な非難の声をあげるのに躊躇していない。だが、その非難の矛先は西欧を受け入れた日本そのものに向けられていた。日本と日本人に対して、厳しい考えを代助は吐露する。友人の平岡との会話のなかで、こう攻めたてているのである（夏目漱石　一九一〇〈一九六二：二五三―二五四〉）。

何故働かないって、そりゃ僕が悪いんぢゃない。つまり世の中が悪いのだ。もっと、大袈裟に云ふと、日本対西洋の関係が駄目だから働かないのだ。第一、日本程借金を拵らへて、貧乏震ひをして居る国はありゃしない。……日本は西洋から借金でもしなければ、到底立ち行かない国だ。それでいて、一等国を以て任じている。さうして、無理にも一等国の仲間入りをしやうとする。

この次に続く文章で、漱石はおもしろい譬えを代助に語らせている。西欧は牛で、日本は蛙であって、「牛と競争する蛙」は悲惨にも「腹が裂けるよ」ということである。代助は働かない理由を平岡に、こう語って聞かせる。「西洋の圧迫を受けている国民は、頭に余裕がないから、碌な仕事は出来ない。……眼の廻る程こき使はれるから、揃って神経衰弱になっちまふ。」どうやら、代助は激しい感情の昂ぶりを押さえきらずにいるようである。かくして漱石は、蜂の一刺しのように、鋭く近代日本への批判を投げかける（夏目漱石　一九一〇〈一九六二：二五四〉）。

日本国中何所を見渡したって、輝いてる断面は一寸四方も無いぢゃないか。悉く暗黒だ。

日露戦争の後、西欧文明の日本への浸透は絶えることなく続いていた。その時代を生きた漱石には、明治の時代とは「精神の困憊」と「身体の衰弱」をもたらす不幸な存在にほかならなかった。人生を送るにあたって明治は不便な時代であった。田舎に比べてみても、とりわけ都会の不幸は際立っていた。結婚話がよい例である。田舎にいれば、親の取り決めに従って結婚はできる。だが、都会は千差万別の人々が暮らしていてそうはいかない。漱石の感じた都会は「人間の展覧会」（夏目漱石　一九一〇〈一九六二：三一二〉）であった。

漱石の西欧批判、さらには近代に対する懐疑的な態度は交通機関の発達に向けられていた。汽車の出現は明治大正期の文明の発展を象徴している。漱石が文豪として社会的地位を確立した明治後半期には、鉄道は日常生活に不可欠な交通機関として長足な発展を遂げていた。三四郎が九州から名古屋を経由して東京に来ることができたのは、鉄道を利用したからであった。ところが、この鉄道に対して、漱石はひどい嫌悪感を抱いていた。

夏目漱石の代表作『草枕』の冒頭の一句はよく知られている。「山路を登りながら、こう考えた。智に働けば角が立つ。情に掉させば流される。意地を通せば窮屈だ。兎角に人の世は住みにくい」という書き出しから始まる文章は、いささか厭世気分を感じさせる。鉄道と文明の関係を論じたのは、この小説の最終部分である。川面を下りながら行きついた町中の停車場で、漱石は鉄道についての感慨深い思いを吐露している（夏目漱石　一九〇八〈一九五九：一九七―一九八〉）。

汽車程二十世紀の文明を代表するものはあるまい。何百と云ふ人間を同じ箱へ詰めて轟と通る。情け容赦はない。詰め込まれた人間は皆同程度の速力で、同一の停車場へとまってさうして、同様に蒸気の恩恵に浴さねばならぬ。人は汽車へ乗ると云ふ。余は積み込まれると云ふ。人は汽車で行くと云ふ。余は運搬されると云ふ。汽車程個性を軽蔑したものはない。文明はあらゆる限りの手段をつくして、個性を発達せしめたる後、あらゆる限りの方法によって此個性を踏み付け様とする。……あぶない、あぶない。気を付けねばあぶないと思ふ。現代の文明は此あぶないで鼻を衝かれる位充満している。おさき真闇に盲動する汽車は危ない標本の一つである。

図Ⅰ－1　佐田介石「富国歩ミ初メ」(明治13年)

一般啓蒙用に描かれた佐田介石の木版画は、明治初期の物産品を並べ、舶来品輸入は日本の産業に悪影響を及ぼすことを説いている。

鉄道がもたらした文明に夏目漱石ほど険悪な感情を持っていた人物はいない。漱石にとって鉄道は忌まわしい乗物である。汽車とは現代文明の「危ない標本」であって、人を「貨物同様に心得て」走る「鉄柵」にほかならない。汽車に「積み込まれ」、汽車によって「運搬される」人たちは「個性を軽蔑」された哀れな存在である。鉄道を題材にした文学作品は数知れないが、漱石ほど鉄道に呪いの言葉をかけた作家はいなかった。

漱石とは違う主旨で文明批判を繰り返していた人物に佐田介石がいた。幕末から明治にかけて活躍した人物で、西洋文明に接し、その衝撃に打ちのめされた知識人の一人である。佐田は、元来は僧侶であったが、明治の文明開化を厳しく非難した人物で、「ランプ亡国論」の著者として知られている。その主張は激烈で、熱烈に舶来品排斥を旗印に掲げていた論客であった。「ランプ亡国論」とはいささか象徴的な表現であるが、新しい外国製品が輸入されれば、在来の製品が使えなくなり、巨額の資金が海外に流出してしまうという内容である。ランプを使えば石油購入の資金が流出するし、従来の行燈が廃物になり、その損失も大きい。佐田は国産品の一つひとつを取り上げ、その金額をはじき出し、いかに損害を被るか論じながら舶来品排斥を訴えていた（内田魯庵　一九二五：三七、谷川穣　二〇〇二）。

現在人の視点からすれば、佐田介石に対しては奇人の議論と一笑に付されるのが落ちである。だが、外国品排斥と言えば、大正から昭和にかけて高まっていた「国産奨励運動」を連想してしまう。もちろん歴史的文脈が違うので、その運動の目標は佐田介石の議論と大きく異なっている。昭和期の運動は国内産品の保護と品質の向上を目指して高まりを見せていたのだが、この動きは外国貿易の規制、すなわち関税措置の問題に結びついていて、どこか佐田介石を思い出してしまうのである。大正末から昭和にかけて、国内では「国産振興」の動きが全国的に拡がっていた。その動きに合わせ、東京のみならず地方都市でも頻繁に「産業博覧会」が開催され、輸入品の防遏とともに輸出に耐える品質の高さを競い合っていた。

こうした排外的な思想を並べてみると、民俗学者として知られる柳田國男の視点はかなり隔たっていて、西欧と日本との文化混淆に肯定的な態度を示していた。柳田にとって民俗事象は変遷を重ねてきたものであるから、明治・大正時代に起った現象は、長い歴史のなかで、その変遷の一齣にすぎないということになろうか。新旧の両文明の混淆に柳田は現実主義者の立場から発言している。

鉄道と近代文明という観点に話を戻すと、柳田國男は漱石とはまったく異なった見解を披歴していた。柳田は、鉄道の利便性を信じ、人々の鉄道への思いを文章で表現した民俗学者であった。柳田の著作のなかでも、とりわけ『明治大正史　世相篇』には、人々が鉄道の開発に熱烈な望みを託していた様子が描写されている。その著作で柳田は、ある時は辛口な言葉を発し、また別の機会には肯定的な評価を下しながら、鉄道の開通が地方住民の生活に与えた大きな影響について語っている。その著作の第四章は「風光推移」、続く五章は「故郷異郷」、六章は「新交通と文化輸送者」と題されていて、明治大正の時代が詳細に描写されている。いずれも旅と風景に関わる随筆である。

明治になって、「旅は安楽に面白いものとなった代わりに、同じ所へ二度来る人が少なく、静かに立って見て居ようといふ心持は減った。……風景の味ひは大いに淡くなった」（柳田國男　一九三一a〈一九七〇a：二一二〉）と嘆く柳田は、近代という時代に対して抱く人々の憂いの感情を代弁しているかのようである。しかしながら、「鉄の文化の宏大なる業績」、すなわち鉄道について書かれた論説を読むと、人々の鉄道への思いを柳田がどのように考えていたのか、伝わってくる。

所謂、鉄の文化の宏大なる業績を、たゞ無差別に殺風景と評し去ることは、多数民衆の感覚を無視した話である。例へば鉄道の如き平板でまた低調な、あらゆる地物を突き退けて進もうとして居るものでも、遠く之を望んで特殊の壮快が味はひ得るのみならず、土地の人たちの無邪気なる者も、共々にこの平和の攪乱者、煤と騒音の放散者に対して、感歎の声を惜まなかったのである（柳田國男　一九三一a〈一九七〇a：二一四〉）。

山林を伐採し山肌を削り取る鉄道の建設、煤と騒音をまき散らし運行していく鉄道、観方によっては、こうした光景は自然の破壊と映るかも知れない。田畑や山林の接収では、地元民と政府や企業との間には軋轢が生じ、紛争も絶えなかったかも知れない。反対運動の実態は多くは記録されてはいないので、柳田が言うように土地の者がすべて「特殊の壮快」を味わっていたのか、証拠は掴めない。観方によっては、柳田は強権的な政府権力の代弁者と言えなくもない。「土地の人たちの無邪気なる者」とは誰なのか、直感的な印象に基づき、確固とした統計的裏付けのない主観的描写のようでもある。

とはいえ、「平和の攪乱者」としての鉄道は、結局は多くの住民に支持され、博覧会が開催された時の喜悦に満ちた「感歎の声」で迎えられたことになる。長期的な展望を予見したうえで、この鉄道の出現を前にして柳田は、人力車や馬車の時代と決別した明治時代の変化を実感していた。鉄道に対して、土地の人々は「感歎な声を惜しまなかった」と言う。汽車路線の開通こそ明治の産業発展がもたらした最大の貢献であって、だからこそ人々はその恩恵を歓迎し、「感歎の声」を挙げていていた、と柳田は確信するに至る。

柳田の眼には、「地物を突き退けて進もうとする」鉄道は、時代を変える大きな力になりうるという展望があった。その強い調子の表現から、たとえ反対意見が強固であったにしても、自然を改良し時代を推し進めようとする明治時代の新しい息吹に、柳田はエネルギーの塊を感じていた。鉄道を見て発する「感歎の声」が「多数民衆の感覚」なのだ、と柳田は言う。「多数民衆」といっても統計的根拠を示していないので、この発言には柳田自身の主観的印象が込められていると読むべきかも知れない。そうは言っても、鉄道の開通した世の中を「殺風景」と評すような考えには同調していない。「殺風景」と発言した人物が誰であるかは詮索しなくとも、ここで夏目漱石の言葉を思い起こせばよい。柳田の明治時代への理解は、漱石と大いに異なっていることがはっきりとしてくる。

明治五年に新橋・横浜間で鉄道が開通して以後、日本の主要土地を結ぶ鉄道は順次、その路線を延長していった。その初期において、鉄道敷設をめぐって政府内で対立する意見が見られたが、その後の展開ではおおむね地元の市町村の有力者を中心に鉄道敷設の声が高まっていく。近年の研究では、各地の公文書などの分析から、鉄道に対して人々が抱く情念の世界も明るみに出されてきている。青木栄一の著作、『鉄道忌避伝説の謎』では、各地に伝わる鉄道忌避伝説を論じながら、鉄道が敷かれた時の人々の表情が描かれている。鉄道忌避伝説とは、鉄道敷設にあたって反対運動が行われたという語りで、なかには汽車に化けた狸が本物の汽車に轢き殺されるという伝説を伴っていたりしていた。丹念な資料の分析から青木は、伝説は伝説であって史実ではなく、実際は地元から盛大な支持を受けて鉄道は開通した、と多くの地元の公文書類を利用して突き止めている（青木栄一　二〇〇六）。ただし、この見解に対して老川が疑問を投げかけていることを忘れてはいけない。青木は忌避伝説を裏付ける文書がないと言うが、文書がないからといって、鉄道敷設に反対する事実が存在しなかったとは言えない、と批判するのである（老川慶喜　二〇一四：二九七）。この指摘は正しいし、実際に鉄道敷設にあたって土地売買で紛糾した例もあった。これらについては、将来はさらに煮詰めた議論が必要になろう。

とはいえ、鉄道敷設の推進者は官僚や地方の名望家であったにしても、一般人にとっても鉄道は希望を運んでくれる夢のような存在であった。鉄道敷設をめぐっての誘致合戦について柳田は論じていないが、「感歎の声を惜しまなかった」人たちとは、青木が論じた人々と同じ声の持ち主であったに違いない。柳田が農政官僚から民俗学者に転じていった時期は、鉄道が日本の片隅にまで敷設されていく時代とも重なっていて、その実現後に起った変化を柳田は素直に実感していたはずである。鉄道ではないが、電力というインフラ整備の拡充について論じた文章も柳田は書いている。鉄道の場合と同じように電力を論じる時も、柳田には一貫して流れている思想が基底にはある。それは経世済民の思想である。木曽谷にできた水力発電所について心情を吐露した次の文章を読めば、それは了解できる。

木曽の水力電気はこの谷の年久しき伝統を破って或は山霊を泣かしめて居るかも知れぬが、これが平野の経済活動の、また一つの水源になって居るといふ意識は、どれだけ奥在所の人々に心強い印象を与えたか知れぬのである（柳田國男　一九三二ａ〈一九七〇ａ：二一四―二一五〉）。

平地の経済活動に利益を与えたからといって、奥在所の木曽山中の住民がどれだけ喜んだのか、柳田は証拠を挙げていない。この文章はよそ者としての柳田が感じた印象を吐露しているにすぎないのかも知れない。数々の民間信仰を議論してきた柳田の、「山霊」を泣かす事態を肯定的に表現している文章に接して、民俗学者は驚くかも知れない。およそ『遠野物語』から連想される幽玄な世界描写からはほど遠い。しかしながら、日常生活を豊かにするため、電力供給は必要だと考える柳田は現実主義者であった。今風の言葉を使えば、現実を直視するリアリストであった。元をただせば農政官僚であった柳田にとって、人々の生活の向上こそが悲願であって、小作制度のもとで苦しむ農民に心を寄せ、農村改革に向けて政策実現のために思案を練っていた経世済民の思想家であったことを思えば、たとえ「山霊」が泣いても鉄道の開通は必要であるとの柳田の発言には、納得がいく。

柳田が見た現実は実際に追認することができる。木曽山中で鉄道敷設を喜んだ人たちの話が残されている。水力発電所の建設ではないが、鉄道という日常生活の基礎となるインフラ整備に歓喜の声をあげた山中の住民の記録である。木曽山中と言えば、「木曽路はすべて山の中である」で始まる島崎藤村の小説、『夜明け前』を思い起こす。この木曽路には明治七年、イギリス人のホルサムが鉄道敷設のための測量を目的として、訪れている。その光景を島崎は小説に描いている（島崎藤村　一九六七）。それからかなり時間が経過し、一八九四年になって木曽路には鉄道が開通した。その時の地元の喜びの声を松下孝昭は紹介している（松下孝昭　二〇〇五：九八―九九）。電力と鉄道、こうしたインフラ整備に莫大なエネルギーを投入することで近代日本は立ち上がった。この過程をしっかりと見据えていたのが、民俗学者としての柳田國男であった。夏目漱石のような脆弱な文明観に柳田は浸ってはいなかった。

柳田國男が『明治大正史　世相篇』を公刊して以後、農政を中心とした社会政策への発言は減少していき、やがて『祭日考』、『山宮考』、『氏神と氏子』などで代表される民間信仰の研究に傾斜していく。しかし、それでも明治時代に起った変化を評価する発言がなくなったわけではない。昭和十六年の時点でも、生活様式の変化を取り上げ、いかに文化の発達が生活に利便さをもたらしたのか、柳田は繰返して語っている。すぐ後で見るように、「文化政策といふこと」と題した論文で明治以来の歴史について触れ、「いつの間にかこの世は楽しく又望み多くなって居た」と断言している（柳田國男　一九四一b〈一九七〇a：四八六〉）。その論調は、『明治大正史　世相篇』での内容を踏襲していた。

ただし、柳田は単純に生活様式の変化を問題にしたのではなかった。文化の発達とは何だろうかと自問し、たんに松明が石油ランプになり、電燈に改まったことだけではない、と語りかける。その発言は、現在は不可能なことでも、未来には実現可能にさせる知恵が人間にはあると信じる柳田の素朴な人間観から出ている。柳田は詩人風な表現と断りながら、文化の発達とは「希望の地平線が、段々に遠く伸びる」ことである、と言う。明治維新からこのかた、例えば農民の子どもの就学機会がだんだんに多くなってきている。柳田にとって、それこそが希望の地平線が伸びてきたことの証明である。それだから、近代の変化に対して、柳田は概して肯定的態度を示す。

明治以来の七十何年の歴史は、どの方角を向いても聖代の恩沢を談らぬものは無い。特に我我が斯うあれかしと、念じ又は企てたので無くとも、いつの間にかこの世は楽しく又望み多くなって居たのである。其為に人が我儘勝手になり、欲が深くなったやうに感ずる者があり、寧ろもう一度不自由極まる過去世界へ戻った方がよい様にいふ者も稀にはあるが、そんな事は出来るわけが無い（柳田國男　一九四一b〈一九七〇a：四八六〉）。

このように柳田が発言した時代、思想界では「近代の超克」が盛んに唱道されていた。西欧文明の行き詰まりから近代そのものに懐疑を唱える思想上の流れは、著名な哲学者から機を見て敏なる評論家に至るまで、大きなうねりとなって押し寄せてきた。しかしながら、柳田國男は覚めた眼で歴史を見ていた。過去からいくたの改変を経て現在に至った日常生活の諸相を見守ろうとする柳田は、けっして進歩主義者を自認していなかったが、同時に保守主義者そのものでもなかった。柳田の掬い上げようとした世界とは、過去と現在が重層化している歴史であった。

柳田は『木綿以前の事』のなかで、麻から木綿へと移り変わっていく世相を論じている。江戸期に起った服飾の変化を取り上げ、それまでの麻に代わって、新たに栽培され出した木綿を着用するようになった理由を二つ挙げている。木綿が麻より優れている点は二つある。一番目は肌ざわりがよいことであり、二番目は多様な色に染色できる利点であった。人々は派手な色模様の衣服を身につけることが可能になったし、伸縮に優れた木綿服は身のこなしが以前よりはるかに自由になった。同じ変化は日常的に使う茶碗でも起こっていた。以前の白木の椀に代わって瀬戸物の登場は画期的であった。使い始めてすぐに汚れてしまう白木の椀に比べ、白い光沢を放つ茶碗は日常生活の中にまで神々しさを運んできた。かつて貴人が爪玉の音を楽しんだように、「かちりと前歯に当る陶器の幽かな響」きに人々は幸福を感じていた（柳田國男　一九二四ａ〈一九六九ａ：一〇〉）。こうした変化を忘却して、過去の世界を賛美し、良き古き過去への復帰を説く保守主義者に対して、柳田の批判は厳しい。身の回りの生活事象が過去から連綿と続いてきたと考える保守主義者は間違った思考に陥っていると非難し、「我々の保守主義などは、言はゞ只五七十年前の趣味の模倣」にすぎない、とまで言い放っている（柳田國男　一九二四ａ〈一九六九ａ：九〉）。

だからといって柳田は、近代文明の新しさに瞠目し、西洋直輸入の文明を礼賛する浅薄な近代主義者でもなかった。卑近な例で言えば昭和期の国民服を論じたなかで、洋服は西欧由来の衣服と観る考え方に対して、柳田は苦言を呈している。儀式に参列する男女が着用するぶらぶらと袖を垂らしたような着物（和服）を着て歩いていた日本人はいなかったと言い、「上衣と袴とはちゃんと二つに分かれていて、手首にも足首にも、まつはるものは何も無かった」と語気を強めて説いている。「今日ヤウフクなど、謂って有難がって居る衣服と、ほゞ同型のものを最初から着て居た」というのである（柳田國男　一九三九ａ〈一九六九ａ：四四〉）。柳田は「ヤウフク」とカタカナ表記を使っている。新たに定着した民俗語彙として用いているのだろうが、観方によっては当世風への皮肉を込めた表現とも受けとれる。洋服がもたらされる以前に着用していた農民の仕事着を見れば、たとえて言えばモンペでもよいから比べてみれば、よく分かることである。

柳田の歴史解釈の根本には、古くからの伝統と西欧からの新文化が混在した世界にこそ現代日本人の日常がある、と説くことにあった。「伝統と近代」と言ってしまえば味もそっけもない言葉になってしまうし、「和魂洋才」といったところで、この言葉に染みついた黴臭さはついて回る。人類学者の用語を使えば「異種混交」、つまりハイブリットということになる。だが、歴史的世界を省察して言えば、むしろ佐伯啓思の言葉を使って「重層する歴史」という表現に落ち着くことになろう。歴史の変化は決して断層的に起るのではなく、重層的に積み重なってゆくという理解の仕方である（佐伯啓思　二〇一四：三〇二）。近代主義者は「革命」によって伝統や古い価値観が破壊され、歴史は進歩すると考えるが、柳田はそうした単線的な進歩主義を信奉する民俗学者ではなかった。その意味で柳田は近代主義者ではなかったし、戦後の思想界を導いてきた進歩主義（革新思想）などは、いっさい信用していなかったと考えてよい。

「重層する歴史」について、柳田は機会あるごとに実例をあげて論じている。ただ、現在の生活事象に力点を置いて論じているのか、それとも過去の風習の意義を説いて論じているのか、その時々で論調は異なっている。例えば、新来の西欧の文物と日本の伝統とが共存した「二重生活は常に双方からの歩み合ひである」と宣言し、「所謂京に田舎あり、モダンには色々の昔が入り交じっている」（柳田國男　一九三五〈一九七〇b：二八〇〉）と言う時、その主張は中立的で、穏健な口調が感じられる。まさに、明治の世になって髷《まげ》や脇指《わきざし》が廃止され、人々は洋服を着るようになっても、背中には灸の痕が見られたりして、心の奥底に潜む意思や感情は変わっていないことを柳田は見抜いていた。これは「重層する歴史」の証であって、陽に進歩主義を唱えながら陰に旧来の行動規範を持ち続け、戦後民主主義を唱道してきた文化人への批判でもあり得た。「アメリカ風のスタイルをした紳士ですら、尚封建時代の親分子分の侠客的な精神を以て居るのである」（柳田　一九三五〈柳田　一九七〇b：二七九〉）という批判は、偽善的な文化人に対する柳田の心情をよく表している。今さら「アメリカ風のスタイル」とか、「封建時代の精神」と言ったところで、二十一世紀という現代を生きる人にとっては死語としか聞こえないにしても、民俗学者としての立場から柳田は伝統的習俗に光を当て、その過去の生活事象を「生活史蹟」と呼んで、歴史の意味を見つめていた（一九三三〈一九七〇a：七六〉）。

「生活史蹟」をとどめながら、なおかつ変化していく世界、そうした重層化された世界で、柳田が歴史の推進力と見たのはインフラ、すなわち生活の基盤構造の整備であった。今日では悪様のように言われる公共事業の充実である。そのインフラ整備、例えば鉄道の開通が人々に多大な幸福を呼び込んだことに柳田は気づいていた。先に紹介した木曽路での水力発電所の建設は山の神を怒らしたかも知れないが、地元住民の幸福には貢献したと賛意を送っていた。しかし、柳田の胸中を深く探っていけば、その脳裏に去来した感情は複雑であったであろうと察せられる。柳田が、「いつの間にかこの世は楽しく又望みが多く」なったと言う時、明治以来の社会変化で失った物と得た物を単純に差引計算し、残高の多寡を論じていたわけではもちろんないからである。

昭和期は観光ブームの沸き起こっていた時代である。この時に、東北地方では松島が観光地としてもてはやされ、多量の絵葉書が流通するようになった。柳田にとって、旅行とは個人が楽しむべきで、その楽しみごとは人によって異なり多様である。ところが、絵葉書は、そういう多様な感覚の世界を単一の枠組みのなかに押し込め、規格化してしまう。これは商売人の「押売根性」から出たのであって、柳田が恐れるのはこうした「つくねいも式」の世界の蔓延であった。この語りからは、個人の感性を慮る柳田の情念の世界が透視されてくる。

とはいっても、明治以来このかた、インフラの変化、あるいは生活基盤の構造変化が著しく進行した事実を何人も否定できない。なかでも鉄道の出現とその施設の拡充、さらには港湾施設の整備、こうした生活基盤の充実は人々を今までとは違う次元の世界へと導いていくことになった(1)。鉄道の開通は人と物資の移動を容易にさせ、人と物資の移動が拡大していけば、それに伴って情報量の飛躍的増加がもたらされる。人々は多くの物資とともに、いやそれ以上に、多くの情報を得ようと心がけていく。この鉄道の発達こそ、人々の生活圏を拡大させ、近代という時代を駆動させていく推進力であった。一つのエピソードを取り上げてみたい。明治期に鉄道事業に情熱を傾ける政治家が輩出したなかで、福島、愛知、福岡の県令（知事）を歴任した安場保和はその代表格であった（安場保吉編　二〇〇六）。私営の日本鉄道会社、九州鉄道会社の創成に貢献した安場は、福岡県知事時代、旧藩（筑前、築後、豊前）の既得権益を維持しようとする民権派の議員から鉄道敷設をめぐって厳しい批判を受けていた。既得権益を打破し、九州縦貫鉄道を敷設する安場の政策こそが、九州での物流を密にし、ひいては近代日本の立ち上げにつながった、と安場を評価したのは東條正である（東條正　二〇〇六：三〇七―三一〇）。閉鎖的なムラ社会を越えて高次元の統治形態を目指す安場の政治信念が、この鉄道事業には具現されていたのである。

日本であれ、日本が統治した植民地であれ、あるいは途上国であれ西欧列強そのものであれ、鉄道の登場はいずれの地においても近代という時代を根づかせるのに貢献し、その役割は普遍的であった。あるいは、近代社会の成立は鉄道の普及なしでは達成され得なかった、と言ってもよい。鉄道の開通こそは近代の始まりであった。一例として台湾の場合を紹介しておきたい。現在では多くの論著が出版されたことで台湾鉄道の歴史は詳細に知ることができる。なかでも、片倉佳史（二〇一〇、二〇一二）の著作は秀逸であり、台湾縦貫鉄道と近代日本との関わりを知ることができて重宝である。ここでは、それらの著作に補足をしておきたい。台湾の鉄道は清国統治下でも基隆・台北間で建設されていたし、領台後、初代総督・樺山資紀は台湾鉄道の持つ軍事的、経済的意義を認識していたのだが、この台湾縦貫鉄道を敷設しようと企画した最初の人物こそは安場保和であった。明治二十九年五月五日、台北から打狗（高雄）に至る縦貫線の敷設のため、「台湾鉄道株式会社」を組織したいという内容の「台湾鉄道布設願書」が二五六人の連名で提出されている。これとの関連文書として、明治三十年二月十三日に、「台湾鉄道会社利子補給請願」、「基隆台北間　鉄道線路及所属物件無償下附願」（山路所有文書）が時の台湾総督・乃木希典に提出されている。その書面によると、七人の旧華族が台湾鉄道会社の発起人（創立委員）として名を連ねていて、発起人総代（創立委員長）は安場保和であった(2)。この民間での企画は資金が十分に調達できなかったので、この株式会社による鉄道敷設は実現しなかった。とはいえ、安場保和の鉄道事業への熱い思い入れは植民地台湾にまで及んでいたのである。安場の経歴からして、近代日本を立ち上げた鉄道の意義を植民地台湾でも試みたい思いが強かったと判断される。

さて、こうして鉄道、あるいは港湾施設の建設の意義が明らかになってきた。生活が便利になったし、近代がそれによって立ち上がったとみた柳田國男の考えは、こうした時代の趨勢を反映したものでもあった。もっとも、鉄道の出現が国々や地域での生産性の向上に貢献し、物質的な豊かさをもたらしたとしても、そのことで人々は物欲が深くなったと断じてしまえば、言いすぎである。鉄道は情報をもたらす打出の小槌であった。近代に至って、人々の欲望の世界は確かに広がったが、同時に人々は多くの情報を獲得し、知識を身に付けることができた。人々は賢くなったのである。

注

（1）二〇一六年六月六日、NHKテレビは午後七時三十分からの番組、「プロフェッショナル　感動！日本一の巨大港」を放映していた。今日の名古屋港が舞台であり、そこで働く各種の仕事人の紹介が中心であった。その番組では、日本一の貿易港としての名古屋港の繁栄ぶりが映し出されていた。テレビ画面では触れられていないが、名古屋港が日本一の巨大港に成長していくのは昭和になってからで、明治期の名古屋港は遠浅の続く浜辺にあって、とても大型船の出入りができるような港ではなかった。海底を浚渫し、港湾改修した結果が現在の名古屋市の発展をもたらしたのである。美しい自然を改良し、生活の改善に役立てること、たとえ「海の神」の怒りに触れようとも、これが農政官僚としての柳田國男の意図する心情であって、柳田なら結局、この大規模な工事に賛成していたはずであろう。何回かの港湾築造の終了後、この事業の完成を記念して開催したのが、実は第八章で論じる「名古屋汎太平洋平和博覧会」であった。

（2）なお、この時の男爵・安場保和を創立委員長とした「台湾鉄道会社」の創立委員は、岡部長職（子爵）・堀田正養（子爵）、真中忠直、小野金六、松本直已、川村惇であった。

第二章　東京を見せる：大正期の二つの博覧会

明治三十六年の第五回内国勧業博覧会の後、大正期になると博覧会はいっそう華やかに盛り上がっていった。娯楽的要素を増したうえに、新しい科学的発見や技術改良を伴って会場の展示品は人々の興味を湧かせ、百貨店などの参入で新しい流行の発信基地ともなっていた。人々は新時代の到来を夢みるようになった。早くから地方都市では近隣府県が合同で「共進会」の名のもとに「物産会」程度の催物は経験していたものの、新流行の発信地は主に東京からであった。なかでも、大正三（一九一四）年の「東京大正博覧会」は新しい時代の到来を告げるかのように、新機軸を切り拓いた博覧会であった。

第一節　夢を乗せた大正時代の博覧会

大正期に開催された二つの博覧会、「東京大正博覧会（略して大正博）」と大正十一年の「平和記念東京博覧会（略して平和記念博）」はともに「東京」という首都の姿を展示していた。だが、その展示はあまりにも理想的な都市の生活を描きすぎている。東京という都市の住民構成は地方出身者が多いのに、都市対田舎という柳田國男の取り組んでいた観点から離れ、上京してきた田舎者のために都市の未来像を示すことに力点が置かれていた、と総括できる。言い換えると、江戸三百年の歴史に根づいた生活事象は脇に置かれ、伝統から脱却した近代都市としての側面が強調されていたことが指摘できる。江戸ではなく東京という近代都市の姿を描き出すことに博覧会の目標が集中していたため、東京は無臭化され、生活の匂いを欠いた街として姿を現していた。

ではいったい、東京を主題にして何を語ろうとしたのであろうか。それはインフラ整備の進んだ都市の姿を見せることにあった。インフラ施設の発達なくして、東京での都市生活は語れないので、それ自体は意義のある試みである。しかしながら、都市に特有な乱雑さ、例えば交通渋滞や騒音、喧嘩などが消去された世界は、作り話という印象を与えかねない。実際に、東京は近代日本の模範生になろうとして博覧会に登場した。大正三年の大正博は「東京の近代」を演じることで後世に名を留めることになった。

大正博開催のきっかけは明治四十一年十二月二十三日に遡る。その時、東京府会では産業振興のため一大博覧会の開催が建議され、明治四十五年に大規模な「日本大博覧会」を開設するよう政府に要請している。これが開催の発端であった。民間ではこれを歓迎し、製造業をはじめ産業界はこれに呼応し、外国にも参加の呼びかけを通達したほどであった。ところが、政府は突然、延期を発表する。その報に接するや、民間、とりわけ産業界には失望感が広がった。そこで東京府は、沈滞した気分を一掃するため、独自に博覧会開催を模索することにした。幸いなことに、東京府は明治四十年に「東京勧業博覧会」を開催した実績があり、博覧会運営の手法は持っていた。その経験をもとに、それならば、さらに大規模な博覧会を開催しようと、あらたな動きを活発化させたのである。この気運に乗って東京府が企画した博覧会、それが大正博であった（東京府庁　一九一六a：一―三）。会期は大正三年三月二十日から七月三十一日まで、場所は東京・上野公園であった。

大正三年に出版された一般雑誌『風俗画報』（大正博覧会号）には詳細な会場案内が掲載されている。それによると、会場になった上野公園には実に多くの展示館が第一会場と第二会場に分かれて建てられていた。第一会場には工業館、林業館、鉱山館、逓信省出品館、拓殖館（北海道館、満洲館、樺太館）、朝鮮館、園芸館、迎賓館、演芸館、教育学芸館、水産館、西陣館、美術館、体育館、そして東京市特別館が建てられた。一方、第二会場には農業館、運輸館、染織館、染織別館、外国館、機械館、台湾館、そして日華貿易参考館があった。出品点数を見ると、明治四十年の東京勧業博覧会が一〇万五七七一点であったのに対して、今回は二〇万点に達している。大阪で明治三十六年に開催された第五回内国勧業博覧会が二七万六七一九点だというから、それには及ばないにしても、かなりの注目度を集めた博覧会であった(1)。

明治十年に開催された、日本で最初の本格的な博覧会、すなわち「第一回内国勧業博覧会」からの伝統を引き継ぎ、大正博もまた殖産興業を意図した展示が中心になっていた。工業館や農業館には、その事実が読み取れる。それ以外にも、時代を反映した展示館（パビリオン）が建てられていたことに特徴があった。拓殖館とは北海道、満洲、樺太の物産を展示する建物であった。朝鮮館と台湾館もまた建てられていた。日華貿易参考館は中華民国が主役の展示場であった。こうした目新しい企画を登場させた大正博は、ほかにも重要な展示館を建てていた。これこそが主催者が精力を注ぎ込んで建てた「東京市特設館」であった。

『風俗画報』（大正博覧会号）の紹介する東京市特別館は、まさに東京という都市を綜合的に見せ、都市行政を市民に紹介するのが目的のようであった。浅草寺の縁起物をはじめ歴史的に重要な文化遺産の展示が人々の眼を惹きつけたことは確かであるが、大規模な東京市の模型、多摩川水道の水源地を表すパノラマ、玉川上水路やその他の浄水装置、こうした都市のインフラを鮮明に印象づけるよう、展示品は飾られていた。東京湾築港の模型、隅田川改良工事の模型も飾られていた。ほかにも下水処理設備と衛生試験所も紹介され、下水や衛生的な公衆便所も図示されていた。簡単に言えば、東京のインフラ設備の先進性を分かりやすく説明すること、これこそが東京市特別館に負わせられた使命であった。

このほかにも、展示場には時代の最先端を歩む工業機械の数々が披歴されていた。場内には本邦初となる「エスカレーター」が設置され、人々を興奮させていた。第一会場と第二会場を隔てる不忍池の上空には「ケーブルカー」が走り、見たこともない文明の利器に人々は興じていた。人々はこの現代文明の最先端に触れることで、明るい未来の到来を予感し初めていた。東京大正博覧会開催の主たる意義は、この夢を人々に抱かせることにあり、東京は最先端の文明地であることを納得させることにあった。

図Ⅱ－1　東京大正博覧会に登場したエスカレーターとケーブルカー（絵葉書）

このケーブルカーは不忍池を跨いで開通した。

この博覧会の直後、世界中が第一次世界大戦という惨禍に襲われる。その戦争が終了した後の大正十一年、第一次世界大戦の終結を記念し、産業界の育成を目的として開催されたのが「平和記念東京博覧会（以下、平和記念博）」であった。産業の展示という目的を掲げているため、大正博と比べてみて、出品物の種類に根本的な相違はない。しかし、微妙な差異があって、最初にその差異の意味について考えておきたい。両者の博覧会も、その企画段階で日本各地の個人、団体、さらに企業などを対象に出品依頼を呼びかけていて、そのための「出品要項」が定められている。この段階で重要な作業は、応募してきた出品物を分類し、どの展示館に配置するか決めることである。大正博と平和記念博との間で見られた若干の差異からは、ある程度まで博覧会展示の特色が浮かび上がってくる。大正博と平和記念博との比較をすれば、表Ⅱ―1の通りになる。

この表（Ⅱ―1）を比較して見ると、この二つの博覧会は基本的には同じ内容を持っているが、平和記念博では分類基準がいっそう細分化されているのが分かる。それは、産業の発達に伴い出品物が増加し、かつ多様化してきていて、専門分化が著しくなってきた事情を反映している。平和記念博では「社会事業」があらたに加わり、さらに「機械」などの分野で展示がさらに拡充されているのが分かる。この一覧表には現れていないが、平和記念博では「東京」を展示することにも大いなる関心を寄せていた。関東大震災を経験する直前、日本の首都としての東京の建設は最重要政策の一つであり、「東京」の展示には重量感が溢れていた。博覧会はその課題に沿うよう企画されていたためで、すぐ後で見るように、その背景には当時の東京市長であった後藤新平の都市構想

表Ⅱ―1　出品分類の比較（東京大正博覧会と東京平和博覧会）

大正博覧会		東京平和博覧会	
第１部	教育及学芸	第１部	教育及学芸
第２部	美術及美術工芸	第２部	美術
		第３部	社会事業
第３部	農業及演芸	第６部	農業
第４部	林業	第７部	林業
第５部	水産	第８部	水産業
第６部	飲食品	第５部	食糧
第７部	採鉱冶金	第９部	鉱業
第８部	化学工業	第12部	化学工業
第９部	染織工業	第13部	染織工業
第10部	製作工業	第14部	製作工業
第11部	建築及室内装飾	第15部	建築
第12部	機械、船舶及電気	第11部	電気工業
		第10部	機械工業
第13部	土木及通運	第16部	土木及交通
第14部	経済及衛生	第４部	保健衛生
		第17部	航空及運輸

出典：平和記念東京博覧会 1924 a および東京府庁 1916 a から作成

が控えていた。とりわけ、平和記念博では独自の「東京自治会館」という展示館を設立し、近代都市としての「東京」を展示対象としたところに後藤新平の都市計画のすべてが凝縮されていた。

大正十一年、東京・上野公園で開催された東京府主催の平和記念博、すなわち「平和記念東京博覧会」は、期間は三月十日から七月三十一日までの長期にわたっている。それだけに主催者側は開催準備に巨額の資金を投入することになる。この博覧会に対しては大正十年度から予算が組まれ、十一年度、十二年度の三年間で総計、四七七万六六八五円九一銭の費用が支出されている。それに対して、収入の総額は三八七万九八三〇円八六銭だったので、相当の赤字を出したことになる。これだけを考えると平和記念博は失敗したかのようにも思える。しかし、その原因は博覧会の規模が大きすぎて、会場の建築費だけで五八％と多額の費用をかけたのが原因であって、観方を変えれば、それだけ設備投資をして世紀の祭典を盛り上げたということでもある。実際に入場者が一一〇三万二五八四人もいて、その数字は戦前に東京で開催された博覧会では最高を記録していた。ちなみに大正博の入場者は七四六万三四〇〇人であった。入場者の増加は、それに見合う収益をもたらすもので、今回の入場料収入だけを計算すれば、三二一万四二一六円八七銭を数えている（東京府庁　一九二四b：五〇一、五四九―五五〇）。これからすれば、平和記念博は規模の大きい博覧会であった、と判断して差し支えない。

これだけの人数を会場に運ばせるためには、主催者はかなりの努力を払わなければならなかった。初日こそ雨にたたられ出足は鈍かったが、それでも新聞は熱狂ぶりを伝えている。『東京朝日新聞』は、「地方からの客で上野界隈の雑踏／駅も宿屋も一杯の人」という記事を載せ、過熱した会場風景を書き立てている。「ぬかるみも厭はず押し寄せる万世橋から会場への沿道」、「ごった返す模擬店のお客／フロックや袴羽織が濡れ鼠で飲んで廻る」、さらには「余興は大人気／南洋館で接待の紅茶は忽ちに売切れ」など、当日の熱狂ぶりを伝える記事は続いていた(2)。

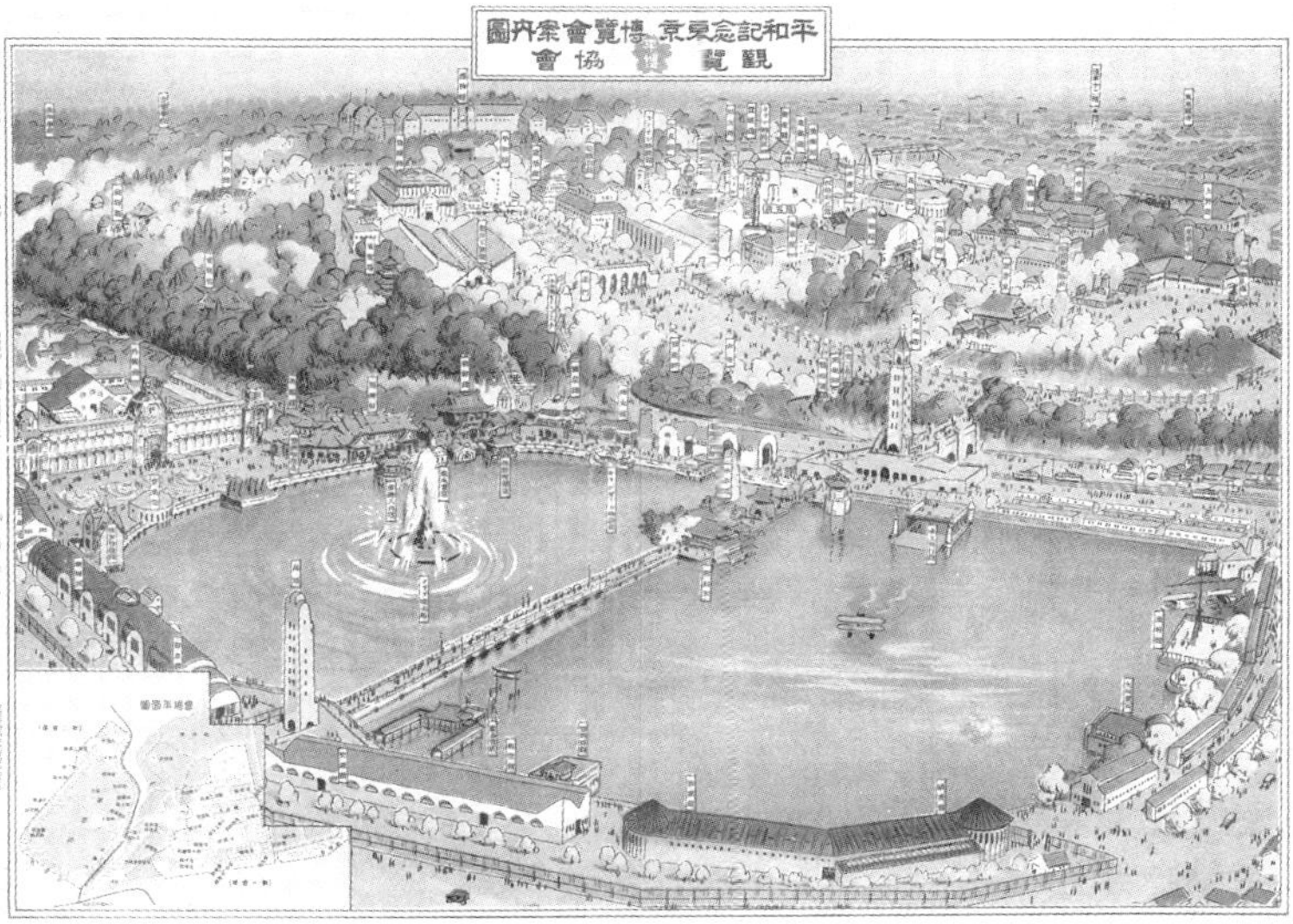

図Ⅱ－2　平和記念東京博覧会場案内図（大型ポスター）

原図は「観覧協会」の製作。上野公園の不忍池周囲に展示館が建てられていた。

図Ⅱ－3　駅弁の包装紙

博覧会の宣伝には多彩な方法があった。駅弁の包装紙も使われていた。この包装紙には「綾部駅　鶴壽軒」と記されている。この博覧会にはイギリスの皇太子も参観していて、包装紙には日本とイギリスの国旗が描かれている。このデザインは東京で作られ、地方に配送され、駅弁包装紙として使われた。この図は綾部駅（京都府）で使用されたものである。

第二節　後藤新平、都市計画と博覧会

平和記念博に後藤新平が深く関わっていたことは、すでに記しておいた。元来が医者であった後藤は、台湾総督府民政長官、満鉄総裁、さらに桂内閣の逓信相、寺内内閣では内務相を歴任した後、一九二〇年に東京市長に就任している。当時の東京の景観は雑然としていて、汚穢が道に溢れ、都市行政の遅れが目立っていた。後藤新平は市長就任後、東京を建て直すため、都市改造の計画を立て、その実施に着手している。大正十（一九二一）年、日本興業倶楽部で行った講演で、後藤は都市政策の根本命題を語っている。その講演は「都市市政要項」と題され、東京の道路政策、衛生問題などの立ち遅れを指摘し、改善を促す趣旨の内容であった。それを実施するには八億円規模の予算を必要とすることから「八億円計画」と言われ、その巨額の金額のために「大風呂敷」とさえ揶揄されたが、東京市の改造をもくろむ後藤の方針がそこには込められていた（越沢明　二〇一一：一九四―一九五）。

後藤が東京市改革をめざした事業計画は多方面にわたっていて、以下の一六項目から構成されていた（後藤新平没八十周年記念事業実行委員会編　二〇一〇：一九四―一九五）。

1、都市計画の設計に基く重要街路の新設及び拡築。
2、重要街路の舗装。
3、重要街路を占用する工作物（地下埋設物及び路上建設物の類）の整理。
4、糞尿及び塵埃類の処分。

5、社会事業に関する各種の施設。
6、教育機関の拡充。
7、下水改良事業の完成。
8、住宅地の経営。
9、電気及びガス事業の改善。
10、港湾の修築及び水運の改良。
11、河川の改修。
12、大小公園及び広場類の新設及び改設。
13、葬場の新設。
14、市場及び屠場類の新設。
15、上水拡張事業の完成。
16、市庁舎・公会堂の新営。

これらの項目のうち、糞尿処理と下水道の不備などが指摘されているのを読むと、東京は汚穢だらけの不衛生な都市であったことを連想させる。元来は医者であった後藤が衛生方面に予算を注ぎ込む理由は理解できる。こうした都市の抱える諸問題の解決のためには土台作りが重要だと考えた後藤は、大正十一年、壮大な計画を実施する目的で「東京市政調査会」を立ち上げた。市民に自治の根本的意義を会得させるために現代科学の成果を活用し、合理的知識をもとにした市政を確立するという信念から、その第一歩は始まった。

大正十一年二月十七日、都市政策に関する調査機関の設立が必要という主旨に基づいて、後藤は内務大臣、床次竹二郎に上申書を提出している。同年二月二十四日にはその設立許可が下り、調査会長に後藤新平が就任する。この時に、「財団法人　東京市政調査会寄付行為」が制定されたが、その活動内容には「都市政策に関する科学的調査研究」、「都市政策に関する智識の啓発、及普及の為にする講習所図書館、展覧会等の開設」、あるいは「都市施設に関する計画の樹立」などが盛り込まれていた（東京市政調査会　一九二二：六九—七〇）。総括すると、この条文では科学的調査研究と都市政策に関する知識の啓蒙とが強調されていた。ところが、ことさら博覧会については言及されていない。それもそのはずで、平和記念博はすでにこの年の三月に開催が確定されていたからである。その平和記念博の会場に建てられた展示館、「東京自治会館」こそは、後藤の都市計画の政策を一般化し、分かりやすく説明する役割をすでに担っていたのである。講習所、図書館の拡充を政策に掲げ、博覧会や展覧会などの開設を促していた後藤にとって、平和記念博は自己の政策を啓蒙するための絶好の機会であった。

平和記念博の情報を知るうえでもっとも詳しい著作は、加藤知正・内外教育資料調査会が編集した『最新変動教材集録』一一巻一九号である。それは「臨時増刊号」として刊行され、「平和博覧会号」と名付けられた特集号であって、具体的な内容が詳細な図表をもとに記述されている。そのなかで、最初に記述されている項目が「東京自治会館」である。その詳細な記述からして、都市計画に基づく東京を見せるため、特別の展示館として設営されたという目的が伝わってくる。「東京自治会館」の一〇三〇坪という広大な敷地のなかには、東京市役所が三〇万六七〇〇円の工費を拠出して建てた二階建ての展示館があって、そこには後藤新平市長が過去と現在の東京市勢を見据え、さらに将来像を全市民向けに発信した意図が読み取れる。それは、宣伝効果を充分に考え、そのうえで練り上げた計画であった。「東京自治会館設立趣旨」を読むと、その目的がはっきりする（加藤知正・内外教育資料調査会編　一九二二：一九）。それによると、市政に対して市民の諒解を求め、同時に自治精神の涵養が説かれていて、後藤の政策そのものが表明されている。「東京自治会館」は八〇〇余名を収容する大講堂とともに、市政に関する図表、模型、ポスターなどを収録した二〇〇余坪の陳列室も設けられていた。そこでの出品物を細かく検討すると、東京の都市計画の全貌が明らかになってくる。次のように主要点を整理してみたい（加藤知正・内外教育資料調査会編　一九二二：八三―一四七）。

1、都市計画：東京の模型、地価騰貴図表、地番整理図解。
2、上水道：江戸時代上水路図、東京市水道鉄管施設図、水源林模型、村山貯水池模型、浄水所模型。
3、下水道：下水道改良計画図。
4、道路：永代橋模型、道路工事用機械の写真、地下埋設物模型、橋梁統計図。
5、河川：河川堤防の今昔図、水運の現在と将来、世界の都市と水運。

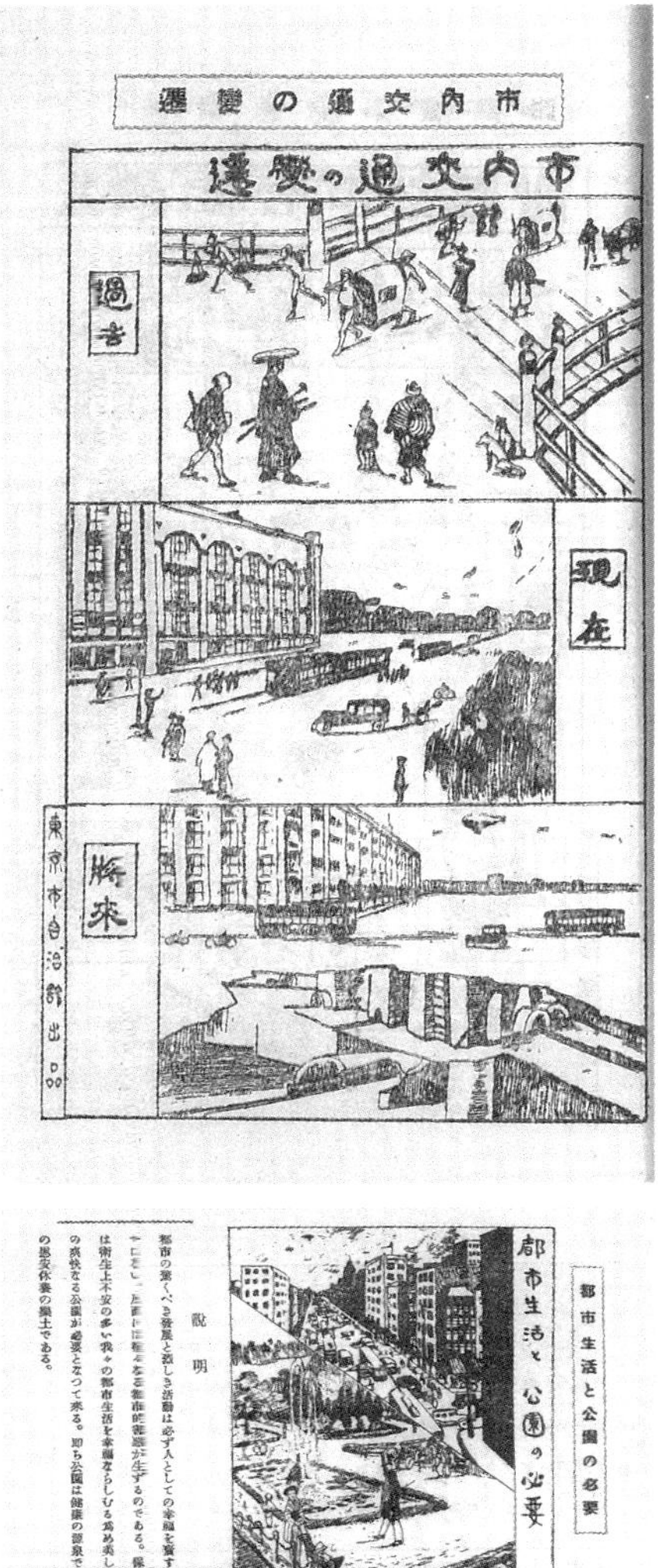

図Ⅱ－4　発展する東京

博覧会場の「東京自治会館」には多数のポスターが用いられた。東京の発展を予測した未来の理想像が多く描かれていた。

（上）：「市内交通の変遷」

（下）：「都市生活と公園の必要」

出典：加藤知正・内外教育資料調査会編 1922：37、66。

6、公園と墓地：都市生活と公園の必要性、道路樹木の配置図、東京市の墓地。
7、電気事業：電車運転系統図、市内交通機関の発達図。
8、衛生：塵埃量と運搬系統図表、伝染病予防施設、療養所、衛生的な住宅設計、衛生的便所の模型、寄生虫の実物標本、水質試験装置。
9、建築：東京市庁舎建築設計図。
10、教育：東京市立学校分布図、六大都市教育状況比較図表、小学校校勢の変遷、児童智力調査図表、運動場の面積・施設調査。
11、青年団、図書館：閲覧室模型、青年団綱領のポスター。
12、商工：集散貨物累年比較表、工場分布図、市設市場模型、食料品価格などの統計。
13、社会事業：公衆食堂、市営住宅、施療病院、託児所、職業紹介所、養育所。
14、市財政：大正十年度歳出の統計。
15、市職制：六大都市の職制比較。

上下水道の設置、道路や河川の改善、電気事業としては交通網の整備、小学校などの教育施設の増設、公園の確保、さらには墓地など衛生面からの改善、これらの展示はいずれも後藤の都市政策を体現したもので、インフラ整備に取り組む後藤の姿勢が映し出されている。まさに後藤新平の都市改造計画の見取り図が描かれていたのである。

この東京自治会館と並んで、会場内には「保健衛生館」も建てられていた。これは直接的には東京市が中心になって出品したわけではないが、都市行政からする衛生問題と深く結びついていて、後藤の都市計画案が反映されていたと考えてよい。衛生館は、今までの博覧会では独立した展示館を持っていなかったので、今回が新しい試みであった。その建設は、国民保健についての関心の高まりと関連していて、保健衛生思想の普及を図るべきだとの要請に応じ、警視庁の衛生部、内務省衛生局の技師が中心になり、出品をめぐって協議が進められてきた経緯がある。民間では大日本私立衛生会の会長であった北里柴三郎も協力し、その結果、東京府も賛同し、ここに保健衛生館の設立が立ち上がった(3)。

衛生館の展示は新しい試みであった。しかしながら、多数の図版を並列して視覚に訴える展示方法では、どこまで人々を納得させたかは分からない。事例の羅列に終わっていて、展示方法自体には説得力が乏しい印象を与えているからである。とはいっても、こうした企画は初めてのことで、その意義は小さくはなかった。先に紹介した『最新変動教材集録』にもまた、「衛生館」についての項目が記述されている。要約すると、次のようになる（加藤知正・内外教育資料調査会編　一九二二：二五〇―二五九）。

1、栄養と衛生上から見た食器類、飲食物貯蔵法。
2、公衆衛生：上下水道、公園、墓地、療養所などの設計。
3、防疫：伝染病予防など。
4、被服・住居：衛生上より見た改良服。住居の彩光、通風、換気。
5、病原体：伝染病の経路、治療。
6、特定の疾患：結核、トラホーム、花柳病。
7、婦人児童の衛生：妊娠、分娩、児童運動遊戯。

これらを通覧すると、食品衛生、公衆衛生、さらには病気の予防という事柄に集約されているのが了解される。一言で表現すれば、都市の清潔という近代の思考を打ち出した展示であった。展示する側も専門機関が請け負っている。例えば、次の通りである（加藤知正・内外教育資料調査会編　一九二三：二五〇）。

北里研究所：伝染病研究部門で細菌の新研究、モルモットの解剖。
内務省（衛生局）：婦人と子どもの衛生。
警視庁：児童玩具の選択。
栄養研究所：毎日の献立、栄養食物と廃物の利用。
赤十字社：看護婦養成所の説明模型。

多くの医学関係の権威を動員しての展示は、東京が近代都市として成長していく様子を見せつけている。その展示は啓蒙というよりも、専門知識の授受と言った方が適切かもしれない。だが、いずれにしても、主催者側の意図は清潔な街づくりを目指していたことにあり、東京はこの方面でも近代文明の発信基地としての役割を負わせられていた。

第三節　文化を見せる

1　柳田國男と二重生活

明治期の日本が西欧の文化を取入れ、西欧風と和風との二重生活で暮らしているという認識は、柳田國男も当時の多くの知識人とともに共有していた。大正期には「文化」という言葉を冠した語彙は頻繁に使われていて、「文化住宅」はその代表例であった。ほかにもたくさんある。「文化美濃紙」とは「白くて破れ易き障子紙」、「文化腰巻」とは「毛のむくむくして働くものにはとても纏へないような真赤な腰巻」を指して使われていたし、「文化住宅」は「軒浅く柱細く、縁側を取去って、畳に坐して窓から顔だけを出す」ような「可憐の小屋」だと、いささか皮肉を込めて世相を解説したのは柳田國男であった。このような「文化」の用語の使い方に柳田は明らかに不快感を顕わにしていた。柳田が文化住宅についての情報をどこから得ていたのかは分からないが、いくつもの通俗的な雑誌にはしばしば散見していたので、いやがうえでも文化住宅の実情は熟知していたと思われる。だが、柳田にとって「文化住宅」は決して「異国趣味の踏襲」とはみなしていなかった。むしろ、その住宅様式のなかに、「二つの趣味二つの生活様式」が併存していることに関心を払っていた。「二箇以上の未だ調和せざる生活様式」の併存こそが、時代を特徴づけていると考えていたのである（柳田國男　一九二九〈一九六九b：二八九―二九〇〉）。

　当時「二重生活」という言葉に各界の著名人から発せられていて、柳田もそうした著名人にならって発言していた。洋服を着た紳士の背中にお灸の痕があったりするのを見て、外面の変化と内面に残る古い習慣とが断層しながら接続されている、ちぐはぐな状況を柳田はよく観察していたし、人々の意志や感情はそう簡単には変化しないことも理解していた。そのずれはどの国の文化にも見られるのであって、しかもそのずれの変化の方向は定まっていないことも理解していた。『郷土生活の研究法』に収録されている論文、「フオクロアの宝島」には次の一文がある（柳田國男　一九三五〈一九七〇b：二八〇〉）。

> 所謂合の子文明は独り日本のみでなく、東洋の何れの湊に行ってもそれぞれこれが見られるのである。文化の複合には必ずしも定まった方式はない。一方が退かなければ一方がその場所に進み得ないといふものではなく、二重生活は常に双方からの歩み合ひである。

どの港、すなわちどの国に行っても文化は他の文化と合成され、複合化していて、しかもその複合には定まった方式はない、と柳田は言う。柳田はここで「二重生活」という言葉を意識して使っている。人々の生活相を見ると、いずれの地域でも新旧の文化は混淆して存在しているもので、日本でもこの特徴は顕著であると自説を述べている。ここから、すでに引用した有名な表現を再度、繰り返してみたい気に駆られる。

所謂京に田舎あり、モダンには色々の昔が入り混じっている。いはば我々は縁あってこの学問の宝島に生れ合せて居たのであった（柳田國男　一九三五〈一九七〇b：二八〇〉）。

平和記念博の呼び物の一つに「文化住宅」として人々の関心を集めた住宅の展示があった。その住宅の間取り形式はまさに日本風と欧米風の折衷であって、ここから「二重生活」が巷の議論としても評判になっていた。柳田が「フォクロアの宝島」で二重生活と言う時、どの現実を指しているのか不明であるにしても、博覧会に出現した文化住宅を念頭に置いていた可能性は高い。

柳田の二重生活論は今でいう「ハイブリッド」あるいは「異種混交」の概念に置き換えてよい。西洋と日本、あるいは都市と田舎との混交した世相こそが、明治の特徴だと柳田は捉えていた。「モダンには色々の昔がある」と表現したなかで、「色々の昔」を明かすことが柳田民俗学の核心的部分であるが、「二重生活」の日本を認識していたことにこそ、現実主義者としての柳田の顔がうかがえる。

柳田は、後に『時代ト農政』（一九一〇年、東京：聚精堂）に収録された随想、「田舎対都会の問題」を明治三十九年に著している。[4] この随想には、農政官僚としての柳田がつぶさに農村調査をしていた時に感じた心情が吐露されていて、その核心的発想には「鄙の中に都を、都の中に鄙を」という時代の流行語に寄せる思いが込められていた（柳田國男一九〇六〈一九六九b：四五〉）。都会人が努めて田園の趣味を鼓吹し、田舎人が都会の快楽に喜びを求めるという双方的な交流の重要性を説く柳田にとって、都会の繁栄と田舎の繁栄との両立を求める流行語は心に響くものがあった。いささか浪漫的な響きがするが、この言葉には柳田が二重生活を積極的に評価する心意気が潜んでいたのである（柳田國男一九〇六〈一九六九b：四五〉）。

田舎の生活を改良し、従来都会にのみ備はって居った健全にして且つ高尚なる快楽を成るべく田舎にも与ふるやうに力め、更に都会の方の人たちには田舎生活の清くして活〻とした趣味を覚らせるやうにすることであります。

しかしながら、柳田國男にとって「文化住宅」など新しい流行は、研究対象にするのに不得手な領域であった。平和記念博で「文化村」が造られ、二重生活を代表するような最新の建築物が多く展示されたが、柳田はここでの「文化住宅」について正面切って語ることはなかった。とはいっても、柳田國男は住居の現代的変化に目をつぶっていたのではなかった。『明治大正史　世相篇』には、柳田が「デイ」について論じた文章がある。民俗学の事典をひも解いて出てくる定義では、デイとは「母屋の接客用の室」のことであって、地域差はあるものの、一般的には「母屋の大戸口に近い、土間からの上りはなの室」を指している（市原輝士　一九七二：四七一）。家屋の一室としてのデイは、地域によっては「台所」を指すが、他方で「座敷」、「奥の間」、「客間」などを指す地域もある。柳田はこのデイの用語の変化に深い洞察を加えている。家屋の構造は変化していくものだが、その背景には人々の生活習慣の変化があることを見抜いていた。デイは文字通りの意味では、「出でて外の人と共に居る場所」と解釈した柳田は、デイが座敷という名に改まっていく過程を検証し、この変化の背景には「接客法の革命」があったと考えている。囲炉裏での接待が主な方法であった時代から、貴人との交際が頻繁になり、格式ばった行儀法が浸透していった結果、デイを座敷と呼ぶようになったと言い、日本人の交際方法が変化したことに変化の原因を求めるのである（柳田國男　一九二七b〈一九六九a：四八八―四九五〉）。

このデイも明治大正期には大きな変化を蒙っていた。とりわけ大正十二年の関東大震災では、古い家屋が倒壊したため旧来の考えを改める機会になった、と反省を交えて柳田は語る。関東大震災は「涙なくしては想起出来ぬ歴史ではあったが、より良き将来を期すべく人々は此機会を利用した」と『明治大正史　世相篇』では書き記している。そして、「消え去る何物の惜しむべく懐かしむべきかを感じ」ながらも、今までの住居の住み心地を考えた時、「心置き無く今までの住居の暗く寒かった部分を、批評すること」ができるはずだ、と時代の変化に敏感に反応していた（柳田國男　一九三一a〈一九七〇a：一八八〉）。

『明治大正史　世相篇』の第三章は「家と住心地」という題目である。柳田は、このなかで「障子紙から板硝子」の変化を取り上げ、家屋を明るくした技術の進歩は人々に大きな印象を与えたはずだと断定している。もともと寒風を遮るため木戸や蔀戸が必要であったが、近世以後には紙窓（障子）ができ、外の光が差し込むことで家屋は明るくなった。その時の農民の悦びは相当なものであったと推測し、日常生活にも予想以上の結果をもたらした、と柳田は説いている（柳田國男　一九三一a〈一九七〇a：一九四〉）。

第一に壁や天井の薄ぎたなさが眼について、知らず知らずに之を見よくしようといふ心持の起って来たことである。障子に日の影の一ぱいに指す光は、初めて経験した者には偉大な印象であったに相違ない。

この文章に続いて、板ガラスの使用が拍車をかけいっそう明るい世になった、と柳田は言う。こうした技術の進歩とともに、間取りの変化にも大きな影響が及んできた。これに続く「出居の衰微」という文章では、座敷が発達し、また客間の登場につれてデイの衰えていく過程を跡づけている。だが、このデイの衰退は日本人の接待法に変化をもたらしてしまった。来客を客間に通せば濃厚な接待と評され、玄関口で用を足せば冷淡な対応と思われてしまう、というように接待法は両極端になったと柳田は考えた。

大正期の文化住宅はこうした欠点に気づいていたようだが、それでもデイの衰退は否定できない。その文化住宅は、やはり大部分はデイを不要としていて、これを省略しがちであった。加えて、本来は客室への臨時の出入り口であった玄関の見栄えが重視され、「家はあべこべにこの臨時設備の附属物の如く」になってしまった（柳田國男　一九三一ａ〈一九七〇ａ：二〇三〉）、と柳田はいささか嘆息気味に語りかける。

明治大正期の変化は日本人の生活構造、とりわけ居住空間に多大な変化をもたらした。その変化を端的に語るのが、平和記念博に登場した「文化村」の住宅群であった。そこには、まさに近代日本が凝縮されていた。

2　「平和記念東京博覧会」と文化住宅

大正期の日本は、明治期から引き続いた欧米化の波が生活の隅々に浸透しようとしていた時代であった。衣食住などの日常生活の面でも、新旧の二つの勢力が渦巻きながら、ぶつかっていた時代であった。新しい潮流を生み出そうと大正九（一九二〇）年には文部省（現・文部科学省）の外郭団体として「生活改善同盟会」が結成されている。衣食住や服装、冠婚葬祭をはじめとした社交儀礼、さらに食事など、生活全般にわたっての改善を目的として結成された財団法人である。会長には井上馨の甥で伊藤博文の養子であった伊藤博邦が就任している。この組織の任務は改善事項の調査を行い、問題点を提言することにあった。この改善項目のなかには住宅関係も含まれ、「住宅改善調査委員会」が設置されていた。その委員長には東京帝大教授の佐野利器が任命され、副委員長には田辺淳吉（中村田辺建築事務所主）、委員には大隈喜邦（大蔵技師）、棚橋源太郎（東京博物館長）、今和次郎（早稲田大学教授）などが名前を連ねていた。

住宅改善調査委員会が取りまとめた方針案はいくつもの事柄に及んでいた。以下が、提言された内容であった（生活改善同盟会編　一九二四：三―九）。

1、住宅は漸次椅子式に改めたい。
2、住宅の間取設備は在来の接客本位を家族本位に改めること。
3、住宅の構造及び設備は虚飾を避け衛生及び防災等実用に重きを置くこと。
4、庭園は在来の鑑賞本位に偏せず保健防災等の実用に重きを置くこと。
5、家具は簡便堅牢を旨とし住宅の改善に準ずること。
6、大都市では地域の状況に依り共同住宅（アパートメント）並に田園都市の施設を奨励すること。

これらの提言のなかでも、直接的に家族関係に関わる問題として、住宅の間取りに照準を当てた発言が出されていることに時代の特徴が窺える。従来の住宅は接客本位に建てられていて、家族の日常生活を考慮していなかったという反省を踏まえての発言である。今までは良好な方位に客間が置かれ、広い面積を占めていたが、これからは家族の生活空間に配慮し、居間、食事室、寝間、台所などに重点を置くようにとの内容が、これらの提言には含まれていた。この意見には柳田國男にも共通する点が認められる。家族生活を中心に間取りを設定すること、これが今後に改めるべき課題として提起されたのである。その提言には、職場や学校などの環境に歩調を合わせ、椅子式の生活の利便性を説く議論がかなり浸透してきたことを窺わせる。

住宅建築のうえでも欧化の波が押し寄せ、大きな変革に晒されていたこの時代、学術雑誌のみならず『婦人之友』などの一般雑誌でも、理想的な住宅を模索し、華やかな話題を提供していた。その背景には、都市における住宅事情という社会問題を抱えていて、その解決を必要としたことに原因があったし、また家族生活のあり方が大きく変容しつつあったことにも理由があった。

欧米からの新しい家屋の模型が紹介されたのも、この時代の特徴であった。建築学者の内田青蔵は、アメリカに渡り建築事業を学んで帰国した橋口信助を主人公とした伝記風の著作を出版している。帰国後の橋口は、「建築設計請負」「家具製作販売」を業務とした建築家であって、屋号からもすぐに察せられるように、「あめりか屋」と称する店舗を東京で立ち上げ、アメリカ風住宅の宣伝と販売に携わっていた。この事業で橋口が取り組んだ課題は、日本に椅子座式の西洋風建物を根づかせることであった。だが、橋口の道のりは決して単調ではなかった。試行錯誤のうえ、欧米を基準としての和洋折衷の建築を橋口に試みる。渡米以降の橋口は波乱の多い歳月を送ることになったが、その事業について、内田はこう結論づけている。「このあめりか屋の住宅の変遷の過程は、起居様式の異なる西洋館をいかにわが国に定着させるかという歩みであった。そのために行われた試みは〈西洋館の和風化〉と呼べるかもしれない」と（内田青蔵　一九八七：二一九）。

大正時代はこのように住宅改造の声が人々の口から盛んに発せられ、新しい建築が世間の注目を集めていた時代であった。住宅改善調査委員会の活動は、その大正期の風潮を代弁していた。一方で、学術関係機関としての建築学会もまた住宅改善問題に関心を寄せていて、防災や都市計画の立場から、時として文明論にまで及ぶ議論を闘わせていた。その機関誌、『建築雑誌』四一六号（大正十年）は「建築と文化」についての特集を組んでいる。後藤新平や吉野作造らの寄稿とともに、建築学会長の中村達太郎（東京帝大名誉教授）をはじめ佐野利器（東京帝大）、内田祥三（東京帝大）、野田俊彦（内務技師）、片岡安（日本建築協会副会頭）ら専門家の論考が掲載されている。内田祥三は「文化政策と建築政策」、佐野利器は「文化生活」、野田俊彦は「建築と文化生活」を発表していて、これらの論題から判断される

ように、「文化生活」という視点から切り込んだ議論の関心の高さが窺える。(5)

「文化生活」を鍵概念にした建築家の論考は啓蒙活動を目的にしていた。その目的を形に表現した場所こそは平和記念博であって、会場には「文化村」と呼ばれる一画が出現し、そこに最尖端様式の住宅が一四棟も建てられていた。いずれも展示用、すなわち今でいうモデルルームとして、都市住民の願望を満たすように設計された家屋群であった。ことさら「文化」という冠を被せた表現が使われていて、それが時代の先端の象徴と認識されていることを証拠立てている。

文化村が博覧会で登場した成立過程を追跡した内田青蔵は、その意義を「建築学会が一般社会に対して行った啓蒙活動の一つ」と位置づけている（内田青蔵　二〇〇〇：二六三）。新しい住宅モデルをめぐって建築学会が社会に対し提示した政策的意義を詳細に論じたのが内田であった。新しい住宅モデルは「家族本位」の考えに基づいて作られていたこと、また伝統的生活様式と欧米の生活様式の混在した「二重生活」の弊害を取り除いた改良住宅を示すこと、これらの特徴を住宅平面図から読み取って論証している（内田青蔵　二〇〇〇：二六八―二六九）。

二重生活とは様式と和式とが混在する状態を指し、当時の日本では、日常生活での煩雑さがしばしば指摘されてきた。その改善を目指していた折、遭遇したのがこの博覧会であると言ったのは田辺淳吉であり、当初において博覧会主催者側はこの計画をしていなかったが、建築学会は啓蒙の意図を込めて住宅展示の必要性を訴え、申し入れたところ快諾を得ることができた、と田辺は回想している（田辺淳吉　一九二二：二一四）。田辺は建築学会の正会員であり、中村田辺建築事務所長であって、当時の建築学会長・中村達太郎とは親密な関係を保っていた。建築学会は大正十年三月に「平和博覧会準備委員会」を立ち上げ、田辺淳吉を委員長に任命している。委員会は即座に活動を開始し、「敷地の要求」「出品勧誘」などについて検討をはじめ、九月には「小住宅出品の件に関する協議会」を設置し、その二十日後には初会合を開いている。この会合には、生活改善同盟、木材問屋組合、清水組、建築興業株式会社、さらに庭園協会、家具装飾業協会、日本電飾会社、日本セメント興業株式会社など、建築関連団体・企業の代表者が出席していた(6)。

「文化村」という名称の発案者は確かでない。『平和記念東京博覧会出品　文化村住宅設計図説』には、出品した一四戸が「桜の林の附近に一つの部落を形作ったので、文化的住宅の部落であるといふ事からこれに文化村の名が冠せられ、錢高、飯田両氏が助役、大熊が村長といふ名で選ばれて共同事務を執る」ことになった、との記載がある（大熊喜邦　一九二二b：一二）。「桜の林」とは会場内の一画にあって、内田はこの「文化村」という名称は大正十年十二月頃には決定されたと推測している（内田青蔵　二〇〇〇：二六六）。時期はともかくとして、名称自身は出品者の間から自然発生的に生まれたようである。出品者たちの使った「文化」という言葉が、魔法をかけられたかのように人口に膾炙していき、とうとう人々の脳裏に食い込んでしまったというのが実情と考えて差支えない。この博覧会が人々の関心を呼んだのは、新しい建築様式の住宅に興味が注がれたと同時に、この言葉の魔術が人々を魅了させたからであった。

「文化村」の展示はどうなったのであろうか。先の『平和記念東京博覧会出品　文化村住宅設計図説』では一四戸の出品が紹介されている（高橋仁編　一九二二：一五―八一）。その建築物について表Ⅱ―2にまとめておいた。これらの住宅のうち、東京材木問屋同業組合はメートル法を尺度にした設計だが、他は尺貫法を単位にしている。日本セメント工業株式会社の出品は鉄筋ブロック造の耐火建築であるが、他は木造建築である。バンガロー風の建物もあって、このように多彩な様式がこの文化村には出現していた。だが、共通な理念が貫かれていて、そこには伝統的な居住様式を改めるための新しい考えが反映されていた。出品者が従うべき規則は「文化村住宅出品要項」に定められ、全部で一五項目の規則のうち、その第六項には、「居間、客間、食堂は必ず椅子式となすこと」と明記されていた（高橋仁編　一九二二：五）。

そのほかにも、生活改善運動の主旨に沿った展示の見本例として、「生々園」から出品された家屋がある。そこが掲げた「数人の家族を抱擁する一間の家」という宣伝文は出品要項の理念をよく代弁している。他のすべての家屋は「一

表Ⅱ－2 「文化村」出品一覧表（14戸の出品と個別的評価）

上段は出品者とそのキャッチフレーズ、下段の［　］は博覧会審査員の評価を表す。

	出品者	キャッチフレーズ
1	生々園 ［数室を連結して一室とした点に着想の妙がある］	「数人の家族を抱擁する一間の家」
2	吉永京造 ［日本住宅の趣を加味していて良い］	「住み心地よき折衷式中流住宅。」
3	日本セメント工業株式会社 ［鉄筋ブロックを用いたのが特色］	「鉄筋ブロック造の耐火的建築」
4	建築興業会社 ［無理して（慭ぎんに）和風座敷の居間を設けて散漫に陥っている］	「近代趣味を象徴せる米国式建築」
5	島田藤吉 ［房室の配置大いに観るべし］	「シヤレーの風韻を掬む洋風住宅。」
6	あめりか屋 ［徹底した新住宅の手法を示していて、好建築である］	「洋式生活を包装する瀟洒な住宅」
7	小沢慎太郎 ［やや小巧に陥っているが、整美である］	「腰掛け式の一般向簡易小住宅」
8	銭高作太郎 ［内容、外観ともに温情があって、好個の住宅］	「家族本位の趣味の郊外向住宅」
9	飯田徳三郎 ［堅実であるが、プランは不可である］	「レデーカット式の耐震的住宅」
10	前田錦蔵 ［軽快で品のよさ（洒瀟しょう）を求めているが、未だ成功していない］	「茶室化せる日本のバンガロー」
11	上遠喜三郎 ［内容の工夫はあるものの、外観が振るわない］	「衛生設備の行届いた経済住宅」
12	東京木材問屋同業組合 ［純和式にしてメートル法で設計］	「メートル法による木造建築の標本」
13	生活改善同盟 ［プランが整っている、外観も趣味あり］	「二重生活を醇化せる改善住宅」
14	樋口久五郎 ［工費は過大であるが、内外とも秀清であって、住人に快適感を与える］	「外観清楚なる簡便光華の家」

この他に、次の建築物も出品されていたが、ここでは議論の対象外である。

15	木村清兵衛の出品：茶室 ［おおいに意匠を凝らしているが、かえって雅趣味をなくしている］
16	清水仁三郎の出品：茶室 ［簡素にして無難だが、特筆するものはない］
17	建築模型2点 ［言うべきところはない］

出典：上段の引用は高橋仁編　1922 : 15-81、下段の引用は伊東忠太　1923 : 950–951。

間の家」ではなく、寝室、子ども室など複数の部屋に分かれているが、この宣伝文にみる「家族を抱擁する」という一語は、ほかのすべての展示家屋と共有する理念であった。例えば、「小沢慎太郎商店出品住宅」では、「家族室」が記載されていて、内田青蔵（二〇〇〇：二六八）も指摘しているように、家屋の建築は「家族の生活の場を中心に計画」された、という共通の特徴を持っていた。

島田藤吉氏出品住宅は一階に「家族室」が置かれ、「内部は総て便利な椅子式で、家族室の一隅にはピアノ迄備へ付けて有り、其廻りにソファーを配して有って如何にも楽しそう」だという説明がついている（高梨由太郎編　一九二二：一五）。家族による一家団欒の姿が洋風の建物にも強調されていたのである。一家団欒の雰囲気を誘う部屋の間取りは現代のマンションでの生活スタイルと同じである。「子供室」の設置も多く見られた。これも現代の生活様式を先取りしている。文化村建設の当初から目標としていた「住宅の間取設備は在来の接客本位を家族本位に改める」（大熊喜邦　一九二二b：七―八）という理念は、疑いもなく貫徹されていた。

洋風の外観でありながら、内部は和式と様式が混淆していたのも大きな特徴であった。「あめりか屋」の出品は、社名とは裏腹に、「日本趣味」を加えた平屋建てで、屋根は日本風の赤瓦であった（高梨由太郎編　一九二二：一八）。椅子式の建て付けで洋風の外観を出しながら、同時に和風も表現すること、これもまた文化住宅の特徴であった。「二重生活を醇化せる改善住宅」を標榜し、「住宅は漸次椅子式に改める」ことを力説していた生活改善同盟とても、洋風のなかに和風を取り入れることに努めてきた。生活改善同盟会が出品した住宅には次の説明が与えられていた。

内部は洋式でありながら外観に懐しき日本趣味の失せないのは奥床しい。黒茶色下見張に上部の白い壁や屋根の黒瓦も落付た感じを与へます。間取は家族本位で中央に居間を大きく取り、其周囲に書斎、玄関、食事室、台所、湯殿、洗面所、寝間、児童室と巧みに配置してあり、特に児童室及び寝間は詳間《ママ》であり乍ら寝所を一段と長くしてあるな

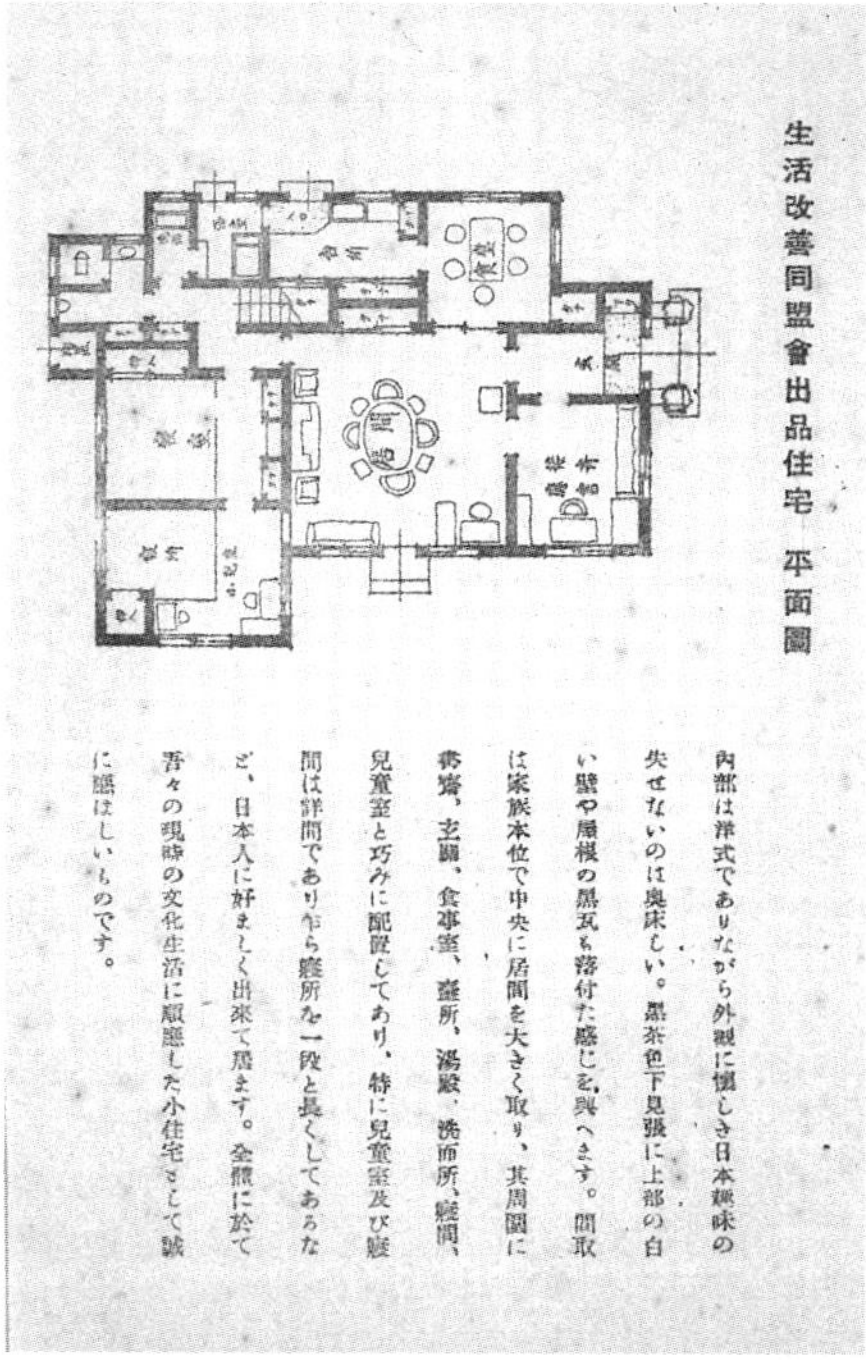

図Ⅱ－5　文化村出品の住宅

ここでは一例として「生活改善同盟」の出品物を提示しておく。

出典：高橋由太郎 1922：41、および挿入写真。

ど、日本人に好ましく出来て居ます。全体に於て吾々の現時の文化生活に順応した小住宅として誠に応はしいものです（高梨由太郎編　一九二二：四一）。

この文章で「外観に懐かしき日本趣味」とあるのは、屋根に葺いた日本瓦のことである。間取りは家族本位であり、総じて言えば、「現時の文化生活に順応した」住宅として評価された。別の評者に従えば、「中流住宅として表示するに過不及なく、その二重生活を醇化して動作、形式等の上に不自然なく」と高い評価を得ていたのである（高橋仁編　一九二二：七八）。

「文化村」は確かに平和記念博を盛り上げる効果を生み出していた。同時に、建築物に対して厳しい批判も聞くことができる。平和記念博には「文化村」とは別の場所に、「建築館」と称した展示館も建っていて、多くの建築関係者が参加していた。厳しい批判はこの「建築館」に出品された展示物に向けられていた。博覧会の主催者側としてみれば、むしろこの一般的な「建築館」こそ、展示の主力と考えていたようである。その展示館には、出品数では三〇五五点、出品人員は一三四〇人の多数が参加していた。成績を見ると、「名誉大賞牌」には一点が輝いていて、ほかに「名誉賞牌」は六点、「金牌」は四二点、「銀牌」は五八点、「銅牌」は一〇九点、「褒状」は二九五点という結果で、[7]成績としては悪くはないが、種々の点で改良が必要だという批判は強かった。

出品物の審査に当っては、第一五部の建築部門では、審査部長に東京帝大教授の塚本靖が任命され、『平和記念東京博覧会審査報告　下巻』の「第15部審査報告」には、その部門に属す各類の審査官として以下の専門家の名前が記載されている。いずれも建築学界の錚々たる構成員であった（平和記念東京博覧会　一九二三b：九四七―九六四）。

伊東忠太　一七三類「建築及其ノ局部ノ設計、図面模型」。
佐野利器　一七五類「一般建築ニ関スル設計　図面、模型及材料」。
内田祥三　一七六類「耐震耐水耐火及防腐ニ関スル構造装置及特殊ノ材料」。
岡田信一郎　一八二類「家具」。
大熊喜邦　一八三、一八四、一八五類「点灯具」、「敷物類」、「建具類」。
伊東忠太　一八七類「屋外建造物並庭園ノ設計模型、図面、材料」。

審査部長の塚本靖は建築関係全般についての評価を下している。その評価は厳しい内容であった。とりわけ、第一七四部門として割り当てられた「田園都市計画ニ関スル集合建築ノ設計図面模型」など、重要部門の展示がなかったことに遺憾の意を表したうえで、次のような反省を促している（塚本靖　一九二三：九四七―九四八）。

1、耐風、耐火、耐震などに関する特殊の考案はほとんどなかった。
2、室内装飾の出品には見るべきものがなかった。図案や配色には一層の改良が必要。
3、家具類は意匠や技巧で進歩の跡が認められるにしても、世の中の進歩に追いついていない。
4、暖房器具の形状、意匠は外国製品を模したるにすぎず、新たな考案が見られない。便所、浴室の設備には新たな考案がない。

簡潔に言えば、博覧会での建築群は見かけ倒しの代物である、という評価であった。実は、この「建築館」の審査官は、「文化村」の評価にも専門家の立場から参加していた。その審査官の一人、東京帝大の伊東忠太の評価は、出品業者の美麗な謳い文句とはかなり隔たっていて、厳しい内容であった。出品物を概評し、伊東は以下の欠点を指摘している（伊東忠太　一九二三：九五〇―九五一）。

1、ほとんど木造であって、耐火性に欠け、とうてい都市の住宅に適しない。
2、その様式は主として欧米に範を取り、多少の新案はあるものの、独創性に欠けている。
3、一坪の工費は二百円を標準としているので、工事の程度に粗略さがあるのは免れない。
4、室の配置を見ると、無駄な空室を省いて部屋使用の利便性を高めているが、極端に能率を上げようとして、実際にはかえって能率を失っている。
5、ほとんどの住宅は欧米の坐式と和風の坐式を採用し、和洋折衷式を取り入れているが、未だ渾然としていて和洋融合の域に達していない。

伊東は「文化村」の住宅が未だ時代の先端を歩んでいないことにいらだちを隠せないでいた。とはいえ、展示された住宅がまだ「和洋融合」の域に達していないと批判しながらも、伊東は各方面にわたって工夫が施されていることを見逃さなかった。伊東が注目した点はいくつかあった（伊東忠太　一九二三：九五一）。

1、質素な材料を用いていても防腐剤を施している。
2、外壁に特殊の金物を入れ雨水を遮断している。
3、便所に浄化装置を施している。
4、暖房に電気を用いている。
5、畳の室に寝台を置いている。

こうした判断のもとで、住宅一四棟、茶室二棟、建築模型二点の出品物のうち、金牌一二、銀杯三を授与していて、全体的には有意義な試みとして評価を下したのである。確かに、「文化村」は平和記念博を鮮やかに彩っていて、人々の関心を惹いていた。しかしながら、戸建て建築を購入できる人たちは社会的に地位が高く、相当な資力を持ち、かつ文化生活を深く理解している少数者に限られていたはずである。文化住宅は一般庶民にとっては高嶺の花であったことは間違いない。やはりとでも言うべきか、妬みの類いの恨み節はこの会場でも囁かれていた。

ある男は、家屋のなかに入るには紹介状が必要で、それがないため室内観覧ができず、不平をこぼしていた人たちがいることを書きとめていた。そうした不平を嘆く人たちは、興味を持っていても、内部の家具類などの展示を見るには窓や玄関から覗き込むよりほかはなかったようである。その男は中に入れたようであるが、「紙の家に住み慣れたものには何だか陰気な」感じがすると不満を語る。「西洋人にも日本人にも向かない中途半端」な家もあったと言い、押入れの少なさから家具の収納に不便だろうとも考え、こう皮肉っていた(8)。

此設計では吾等は一切の小道具を売り払ひ、革命的生活改善をやった上でなければ、住まはれぬやうな気がした。

伝統的習慣に心を寄せ、新しい建築物に嫌悪感を抱いていた女もいた。「文化村」などは昔気質の人間がまったく相手にする代物ではなく、仮にいたとしても、その人物は道にでも迷ったにすぎないと、素っ気なく言ってのける（堀越保子　一九二二：七〇）。

博覧会の内でも此の区域を見に来る人は、大分種が違うやうだ。こゝには権現様時代から代々譲り受けた着物を着て、赤毛布を背負ひ、頸っ玉鬱金木綿の手拭を結び着け、吉野紙を桃色に染めて作った桜の造花を、胡麻塩の丸髷や、中折帽子に、かざして目標とする連中はめったに来ない。たまにその種の人が、こゝに見えても、それは大かた、道にでも迷ったのでゞもあろう。

いつの世にも不平をこぼす人たちはいるものである。この例も、そうした人たちに属すのであろうから、これ以上の詮索は止めておくべきであろう。むしろ、この「文化村」の登場は日本の住宅建築に衝撃を与えたはずで、影響が大きかった側面を強調しておきたい。興味ある現象は、地方都市で博覧会が行われた時、そこにも小規模な「文化村」、あるいは「文化住宅」が建てられていたことである。地方都市では、この東京での新しい住宅様式に新鮮な憧れを抱いていたのであろうか、東京発の「文化」が地方都市に波及していた一面を見ることができる。

3 「文化村」：憧れの世界へ

昭和期に地方都市で博覧会が開催された時、会場の一画に新しい様式の「文化住宅」が展示されていたのは珍しいことではない。平和記念博での文化住宅は当時の最新の流行として各地で旋風を引き起こしていた。

大正十一年十月、平和記念博の閉会直後、大阪の箕面では「住宅改造博覧会」が開催されている。大林組や鴻池組の奢侈な洋風の建築物が並んでいて、大正という時代を感じさせる展示会であった（ＩＮＡＸギャラリー企画委員会　一九八八）。この時、大阪北区に事務所を置く葛野建築事務所の設計した住宅も出品されていた。その形式は屋根が瓦葺で居間は畳敷きというように建築構造に和風を基調としていたが、縁側は設けず、吹抜けのポーチを二ヶ所設けていて、しかも居間は椅子式に適合的に設計されていた。和式の様式を留め、かつ生活様式では洋式という折衷的な居住様式がここでも宣伝されていた。

こうした都会風の生活スタイルは地方にも広がっていき、仙台市、広島市、岡山市、熊本市、名古屋市など、昭和初期から十年代にかけて開催された博覧会でも文化住宅は出品されていた。昭和三年に岡山で開かれた「岡山市主催　大日本勧業博覧会」でも、地元建設会社が設計・施工した二階建ての家屋が建っていた。一階に玄関、広間、応接室、女中部屋、台所、浴場、茶の間が配置され、二階には客間、勉強室、化粧室、物置が設えられていた。さらに、岡山瓦斯会社も加わり、室内には新機軸を凝らしてガス装置が取り付けられていた。ガスの重要性を宣伝した企画が、文化住宅に花を添えて展示されていたのであった（岡山市勧業課編　一九二九：三一六）。

同じ年、仙台市で「東北産業博覧会」が開催された時、ここでも文化住宅が四棟、農村住宅が一棟、建てられていた。農村住宅には居住家屋のほか、堆肥舎、厩舎、牛舎、鶏舎、羊舎、豚舎、作業場、倉庫など農家に必要な建築物もまた建てられていた（仙台商工会議所編　一九二九：一五二）。後に見る、同時期に開催された「広島市主催　昭和産業博覧会」でも同じ光景が登場している。ただ、多くの地方博覧会では、その文化住宅についての詳細な記録が残されていない。写真から判断するより方法はないが、昭和初期は東京での新文化が地方都市に伝播し、東京での流行が全国的に拡散していった時代であった。当時の農村でもモダニズムが流行し始めていて、その流行の一環として東京の新文化が取り入れられていたことになる。

昭和十年三月二十五日から五月十三日まで行われた、熊本市主催の「新興熊本大博覧会」でも、同じ状況が展開していた。地元の建設会社、四社が設計・施工した「近代住宅」が展示されていたのである。株式会社増永組は「現代の文化生活をする家族が、気持ちよく住み得る家」の実現を目標において「小家族の近代住宅」を出品している。それは夫婦、子女二人、女中一人、計五人の居住する文化住宅であった。応接室、子ども室、洋風と和風の居間を二室、女中室、それに茶の間、台所、湯殿、便所を備えた、建坪二九坪の家である。通風と採光に配慮した建築物は、外観はもちろん室内の間取りを見ても、東京や大阪の博覧会で見た建築物と同じである（熊本市役所編　一九三六：六一四―六一八）。

こうした現象には家族観の変化、さらに大正期に顕著になった子ども観の変化がおおいに影響している。鈴木三重吉

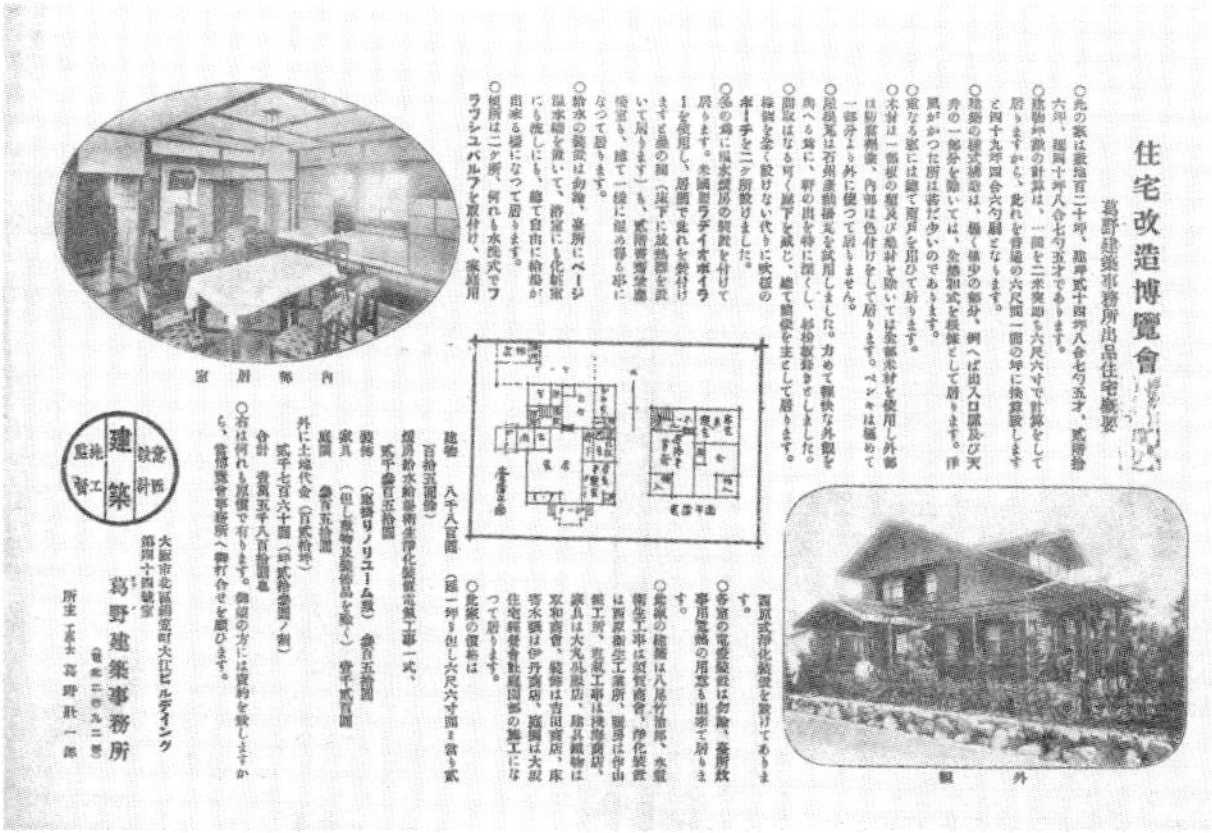

図Ⅱ－6　箕面市の「住宅改造博覧会」（パンフレット）

このパンフレットは、「葛野建築事務所出品住宅概要」として会場に配られた資料である。

外観も内部居室も「生活改善同盟」と同じ形式である。

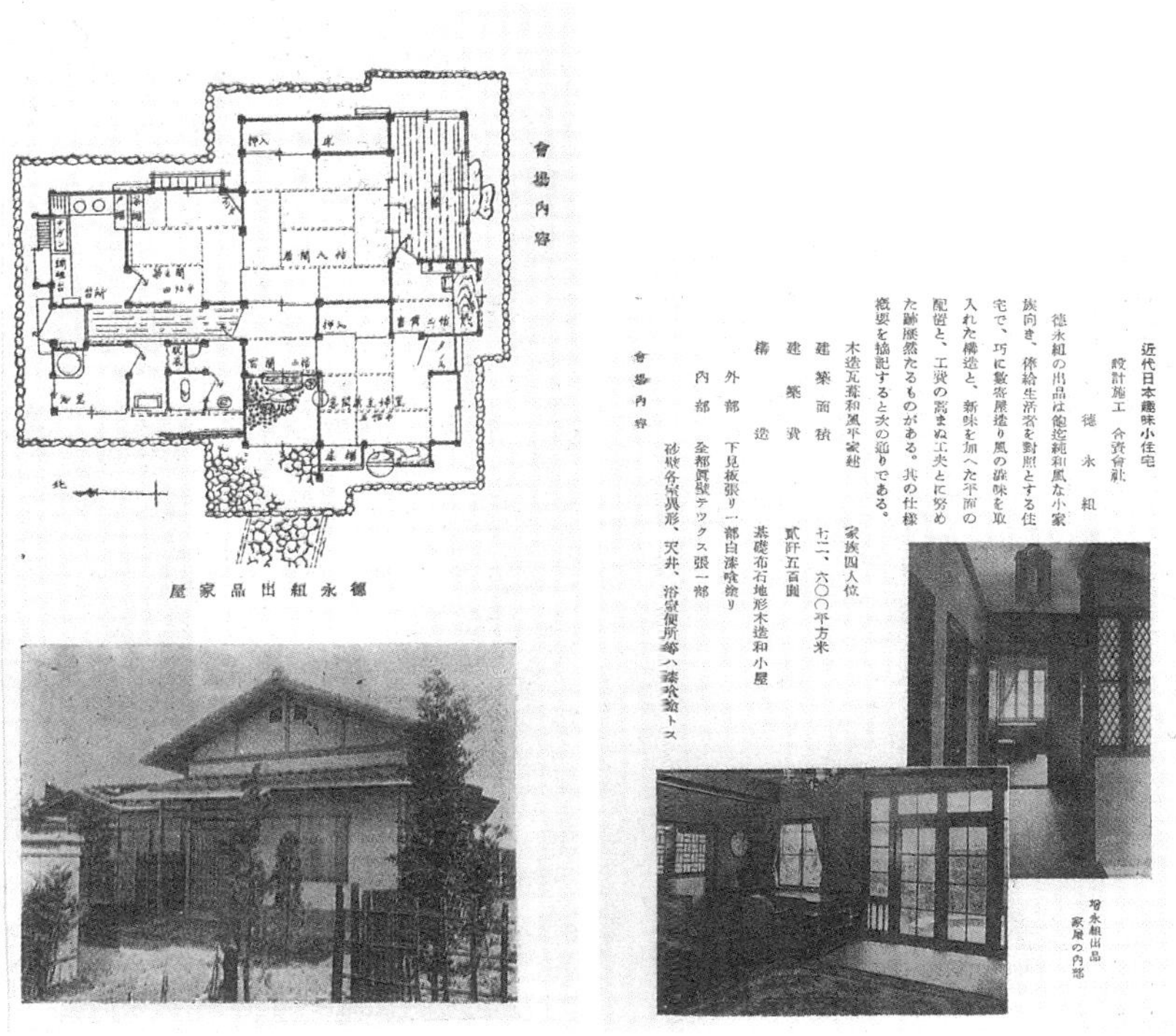

図Ⅱ－7　地方博覧会に見る「文化住宅」（熊本市）

出典：熊本市役所編 1936 : 619-620。

の創刊した『赤い鳥』が一世を風靡して以来、「童心」を持った子どもは「大人」とは別個の人格として位置づけられていったのが、大正以後の時代であった。江戸から明治期に描かれた桃太郎像が凛々しい「青年」の姿をしていたのに対して、大正期以降の桃太郎がかわいらしい「子ども」として描かれているのを説き明かしたのは滑川道夫（一九八一）であった。この変化は子ども観の変貌を意味している。大正期には、「子ども」は「大人（おとな）」とは独立した人格を持った一人の存在として認知され始めていた。大正期の住宅に「子ども部屋」が登場するのは、こうした時代的背景があった。

一方、昭和の前半期は東京の文化が地方に押し寄せ、東京の生活様式が浸透していく時代でもあった。その変化を説得的に表現するため「文化」という魔術を持った言葉が使われていた。明治初年の流行語には「文明開化」という呪力のこもった言葉があったことを想起すればよい。昭和期に至っては、「文化」という言葉が全国的に浸透し、「文化」を冠した多くの言葉、例えば「文化生活」などの言葉が魔法の言葉のように日本中を席巻している。東京発の流行の波は高いうねりになって地方都市に押し寄せていったのである。

東京発の事物はほかにも多く見ることができる。例えば、子ども用の滑り台である。地方都市の博覧会場には滑り台など、子どもの遊戯類が一様に用意されていく。都会の最新の文物をいち早く取り込む時代の到来であり、憧れの「文化住宅」に住むことも、地方都市の住民にとって手の届くところまで来ていた。

4　歓楽に興じる博覧会

柳田國男が『明治大正史　世相篇』を執筆していた昭和初期、東京、大阪では都市文化が爛熟していて、その影響は地方にも拡散しつつあった。世にいう「大正ロマン」、すなわちモダニズムの世界が街路に溢れ出していた時代であった。このモダニズムの登場に柳田國男は辟易していたようである。『明治大正史　世相篇』を執筆した元来の動機は、「自序」に書かれているように、「田舎では書物は町から携へ還るみやげ」であり、一方で「都市の人に読ましめる為の地方書」があってもよい、との考えが根底にあった（柳田國男　一九三一ａ〈一九七〇ａ：一三二〉）。だが、流行しつつあった都市の生活、とりわけ「モダン振り」に柳田はそうとうな違和感を覚えていたらしく、この文章の数行前では、「最近の所謂モダン振りには、自分も相応に悩まされて居る一人である」と隠さずに告白している。「悩まされている」状況だから、記述の対象にしなかったのは理解できる。柳田は、そのための弁解もしている。それは、「自分が不調法であるのと、既に多数の通又は大家があるのと、議論が簡単に決しそうも無いのと、三つの原因に基づいて居る」からだと言う（柳田國男　一九三一ａ〈一九七〇ａ：一三二〉）。

だが実際は、柳田は「モダン振り」を忌避していたからと思われる。後に、柳田は桑原武夫と「日本人の道徳意識」を主題にした対談をしている。この時に柳田は、一神教に根ざした道徳観念が人々の価値体系を律している西洋と対比し、日本人は異なる神観念を持っていると指摘したうえで、先祖が一団になって子孫を見守っていく祖霊信仰を例に挙げ、日本と西欧文化との差異を説き明かしている。連綿として受け継がれてきた日本人の祖先観、死してなお草葉の陰で泣いて見守ってくれる祖先に対する思慕の情念、こうした民間信仰が良心の支えになっていて、西欧的観念に立たずにいる自己を語るのである。そうして、「要するに私はモダンになりきらないんですね」と本音を吐露することになった（柳田國男など　一九六四：二四〇）。

水道、電気、交通機関など、インフラ整備が進行していった大正時代、都市の世相は大きく変わろうとしていた。しかし、江戸期から続く民間信仰や芸能の世界はそれほど大きな変化は蒙っていなかった。例えば、年齢、性別、職業などで差異があるとはいえ、女性の服装に限れば大きな変化は現われていなかった。その時代の世相の実情を注意深く観察していた人物に今和次郎がいる。大正十四年五月、東京の銀座で道行く人の風俗調査をしていた今和次郎は、和服を着た女性が圧倒的に多く、洋装の女性は一パーセントにすぎなかったという観察結果を活字で発表している（今和次郎　一九二五（一九八七：一二四））。その一方で、モガの風俗、すなわち「断髪のモダンガール」が衝撃的な話題をさらう世相が展開していたことも事実である（森まゆみ　二〇一〇）。統計的にははるかに少数派であったにしても、モボ（モダンボーイ）と並んで、モガの出現が社会に与えた印象は強烈であった。だが、「モダンになりきらない」柳田が、モガについて好意的態度を寄せていたことなど、あり得ない話であった。柳田の視点が「生活遺跡」の中に「歴史の重層性」を見る立場であるから、それは当然の帰結であったと言うべきなのかも知れない。しかしながら、鉄道が走り、港湾施設が整備され、都市が活気を帯びてきた時代、モボとモガはともかくとして、明治大正の世相に新たに登場した風俗が歴史の一ページに何を刻みこんだのか記述しなければ、『明治大正史　世相篇』は完結できなかったはずである。

実際に、当時の日本では、柳田の想いをよそに地方都市にまで新しい文化の波が押し寄せて来ていた。多くの地方都市では、産業と文化の興隆を意図し、盛大な催しが繰り広げられていた。インフラ整備が地元産業の育成を促し、地方都市を活性化していく。それに伴い、新しい種類の娯楽が広がっていった。こうした波動はやがて大きなうねりとなって地方に押し寄せ、地方都市は博覧会を開催してその普及に努めるようになった。その動きを引き起こした震源地は東京と大阪という大都市であった。

明治三十六年に大阪で行われた第五回内国勧業博覧会は眩しいほどの光沢を放っていた。多様な電気機械装置が発明された十九世紀から、長足な進歩を遂げた二十世紀に至ると、人々は「電気時代」を経験することになる。夜空に映えるネオンの世界、そのネオンに誘い出された人々の群れ、こうした時代の到来を「余暇文化」という概念で論じたのは竹村民郎である。市民社会のレジャーが質的にも量的にも拡大されたことを指摘して、竹村は「余暇のシステム化」という用語で概念化し、映画など大衆娯楽産業の成長を分析している。とりわけ万国博覧会を例にすれば、博覧会場にはレジャー施設が設けられていたことに着目し、レジャー文化を体現した典型例として明治三十六年の大阪の第五回内国勧業博覧会を位置づけている。かくして、博覧会は「資本追求のための情報空間」であると同時に、そのレジャー施設は「享楽原則が支配する遊びの世界」だと結論づけたのである（竹村民郎　一九九六：五五）[9]。

さらに竹村は大阪に焦点を合わせ、第五回内国勧業博覧会の跡地に出現したレジャー施設、新世界やルナ・パークを研究対象として論じる。この議論の射程距離は長く、宝塚少女歌劇から中等学校野球まで幅広い範囲にわたって竹村の議論は続いている。その時代、関西には雄志を抱いた企業家に小林一三がいた。小林は阪急電鉄の創始者であり、沿線にそって百貨店や娯楽施設をつくりあげた企業家である。こうした一連の企業活動の展開を踏まえ、情報＝交通ネットワークの広がり、都市文化の形成のもとで産み出された時代の趨勢を読んで、竹村は「笑楽の系譜」という概念を創出したのであった。

大正三年、大正天皇即位を奉祝し、産業を奨励するという目的で開催された大正博は、竹村が見た娯楽の殿堂を実現した祭典であった。一例をあげてみよう。この博覧会では、いささか奇妙な名前を付けられた建物、「美人島旅行館」が建てられていた。名称から猟奇的印象を与えていて、識者には戸惑いを感じさせたようであるが、これこそが「笑楽の系譜」を体現するにふさわしい代表例と考えてよい。

ここに「美人島旅行館」のパンフレットがある。その標題には「神出鬼没　美人島旅行館プログラム」と書かれていて、この怪しげな言葉遣いから大衆受けをする見世物を連想させる。実際に、ここは見世物的な舞台装置が設えてあって、登場する美人は特別な言い回しで表現されていた。その譬え方は確かに奇抜であった。そこに記載された美人とは、次の通りである。

1、火焔上の美人：焔々たる烈火も花の如き美人を能く焼く能はず

2、幽霊美人：荒涼たる原頭の空中に鬼気人を襲ふ幽霊

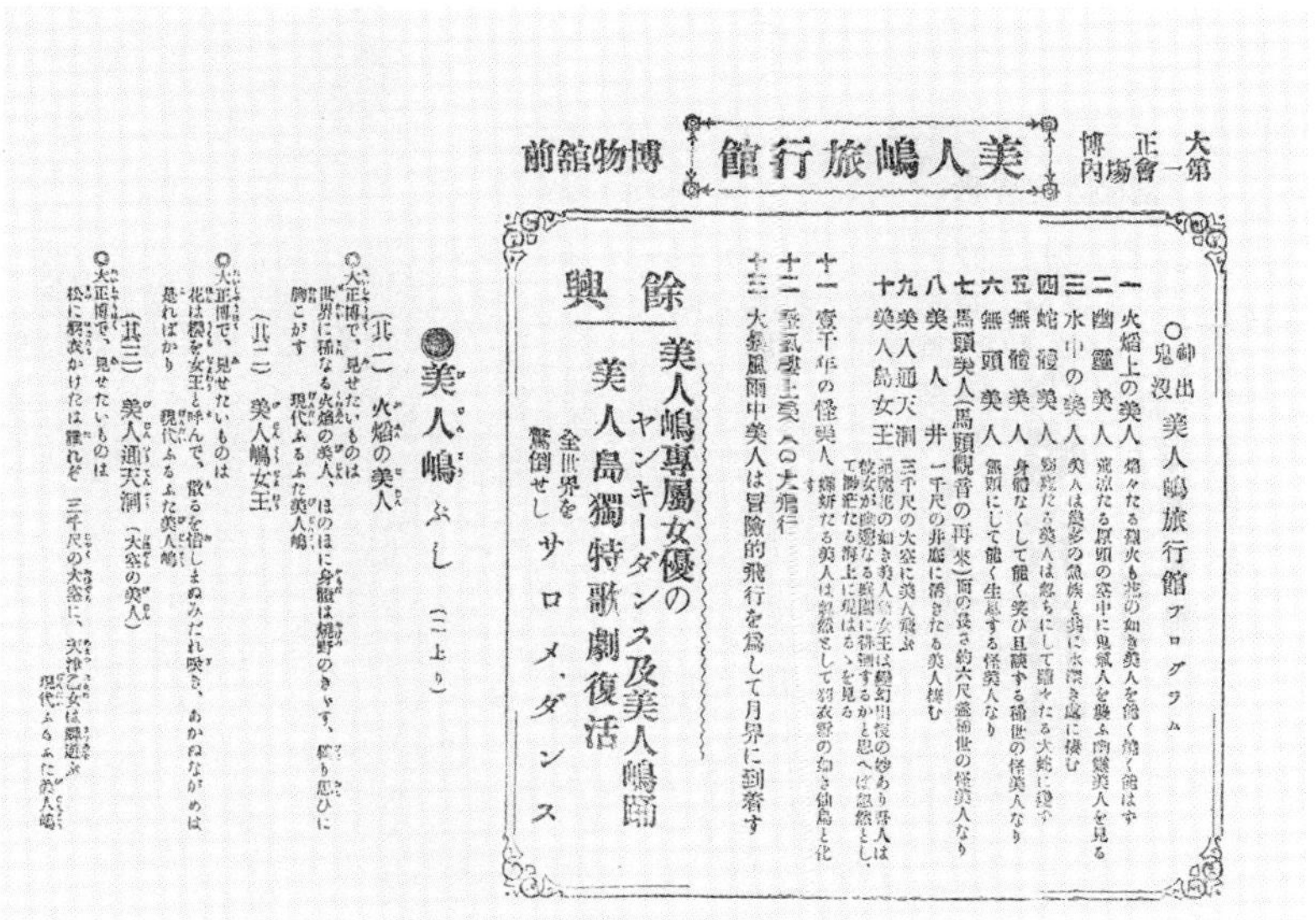

図Ⅱ－8　「美人島旅行館」の案内パンフレット

美人を見る

3、水中の美人：美人は幾多の魚族と共に水深き處に棲む

4、蛇体美人：窈窕たる美人は忽ちにして躍々たる大蛇に変ず

5、無体美人：身体なくして能く笑ひ且談ずる稀世の怪美人なり

6、無頭美人：無頭にして能く生息する怪美人なり

7、馬頭美人（馬頭観音の再来）：面の長さ約六尺蓋稀世の美人なり

8、美人井：一千尺の井底に活きたる美人棲む

9、美人通天洞：三千尺の大空に美人飛ぶ

10、美人島女王：艶麗花の如き美人島女王は変幻出没の妙あり。吾人は彼女が幽邃なる庭園に徘徊するかと思へば忽然として渺茫たる海上に現はるゝを見る

11、壹千年の怪美人：嬋妍たる美人は忽然として羽衣雪の如き仙鳥と化す

12、蜃気楼上美人の大飛行

13、大風雨中美人は冒険的飛行を為して月世界に到着す

この奇を衒った言葉を見ても、それだけでは何を表現しているのか見当がつかない。むしろ、奇抜な言葉で人々の関心を引こうとする怪しげな魂胆が見え隠れしている。加えて、それぞれの美人には「美人島節」と呼ばれる歌詞がついていて、いっそう好奇心を煽る手立てが講じられていた。例えば「火焔の美人」と称する歌詞は、次の通りである。

大正博で、見せたいものは／世界に稀なる火焔の美人、ほのほに身体は焼野のきゞす、独り思ひに胸こがす／現代ふ

るふた美人島

この表現だけでは何の意味だか理解不可能である。けれども、実はこの見世物には、照明機材や鏡などを用いて人々の眼を眩惑させる仕掛けがあった。長らく博覧会関係の装飾業（ランカイ屋）を営んできた中川童二は、その種明かしをしている。「火焔の美人」の舞台とは、赤電球と背景の絵を入れたトタン製の円筒に美人を潜りこませ、ぐるぐる廻しながら光線を当てると、赤電球が燃え上がるように見え、火焔のなかに美人がいるように映るというのが、そのからくりであった（中川童二　一九六九：一〇五）。

この「美人島旅行館」では余興として「ヤンキーダンス」や「サロメダンス」などの歌舞ショーも演じられていた。

図Ⅱ－9　「美人島旅行館」の余興（絵葉書）
（上）：「美人島旅行館」の出演美人。
（下）：サロメダンスを踊る美人。

ここに、何枚かの絵葉書を紹介しておきたい。「サロメダンス」といえば、当時としては垢抜けした人気のある踊りであった。踊り手たちは「美人島節」に合わせて舞台で踊る。絵葉書に見る「美人ダンス」はいささか国籍不明の感じがするにしても、その姿からは宝塚少女歌劇の大衆版が想像される。

大正博での余興は美人島旅行館だけにとどまらなかった。異国情緒を漂わす「シベリア館」や「ギリヤーク館」があって、ロシア人のダンスが行われていた。このほかに、「南洋館」もあった。南洋館では異国趣味を味わうことができたし、南洋の特産物や手工芸品が展示されていて、即売も行われていた。ここでは、マレーシアの踊りもあった(10)。

博覧会での楽しみの一つは、特別に出展された地域の料理を堪能することにある。なかには変わった料理店も出店していた。博覧会の名称にちなんで「文化食堂」が現れているが、これは「文化」という流行語を借用しただけのことで、茶碗どんぶり、朝鮮料理、アメリカ式料理を食させる店舗であった。日露食堂、台湾食堂などが並ぶなかで、カレーライスを出すインド料理店は、日本で最初の純インド料理という触れ込みで登場した（坂本紅蓮銅　一九二二：五四）。

大正十一年の平和記念博でも「南洋館」は建てられていた。異国情緒の調べを奏でていた「南洋館」は大正博にも登場したが、平和記念博にも出現している。いずれも南洋の物珍しい光景で会場を包み込んでいた。ただし、両者の性格には差異があった。この二つの博覧会を松田京子は取り上げ、性格の相異を論じている。南洋の光景といっても、前者の大正博では珍奇さが表象され、「食人種」というモチーフを中心にし「野蛮性」が強調されていた。この興行を行った「南洋興業社」は絵葉書の製作、販売もしていて、パプアニューギニアの絵葉書には「食人種」というキャプションを入れて発行していた。それに対して、後者、すなわち平和記念博ではいささか様相が異なり、観光資源化された姿が見られる、と松田は言う（松田京子　二〇一五：六一）。

平和記念博の会場の一画にあった南洋館には演芸場が設けられていて、インドネシアから大歌舞団が来日し、演芸ショーやマジックを上演していた。その様子は新聞紙上でも報道され、人々の歓心を誘っていたし、絵葉書でも紹介されていた。南洋館には興行性、あるいは娯楽性が込められていたとする松田の指摘は正しい。こうした差異は、ミクロネシアの領有前と領有後という時代差に関連していると考えられる。とはいえ、竹村の言う「笑楽」の世界は演劇としても、あるいは見世物としても、二つの博覧会では共通して見ることができた。この傾向は昭和になっても続くが、大正期の博覧会は、それがもっとも高潮した時代であった。

平和記念博では、南洋館の近くに「万国街」が開設されていた。文字通り様々な国の余興を楽しむ空間である。いかにも異国情緒が堪能できる場所として会場は設営されていて、その入り口にはラクダが控え、ピラミッドの写真を前にして出来合いの雰囲気を作りあげていた。万国街の目玉は、エジプトやハワイから呼んだ歌姫が踊る舞台であり、動物の曲芸であった。「万国街」のチラシには刺激的文言が躍っていて、上面には「オットセーの驚異的大演技」、下面には

図Ⅱ－10　「南洋館」の光景（絵葉書）
（上）：南洋館を望む。
（下）：館内の演劇（マレー歌劇）。

図Ⅱ－11　「万国街」のチラシ広告
「平和博第一の大呼物」として、「世界の大驚異　オットセーの音楽と曲芸」のほか11個の出し物が紹介され、「万国博を見ぬ人は平和博を見たとは言はれぬ」と宣伝されていた。

「万国街を見ぬ人は平和博を見たとは言はれぬ」という大言壮語が印刷されている。オットセーの演技とは、今日の水族館でも見られる曲芸に等しいが、当時はまったく斬新な出し物であった。会場で配布されていたチラシには、「平和博第一の大呼物」として次のプログラムが書き込まれていた。

世界の大驚異　オットセーの音楽と曲芸
全世界を衝動せる　埃及の筋肉霊動ダンス
世界無比　米国黒人ダンス
抱腹絶倒　チャーレーチャップリン二世の大活動
欧米を驚倒せる布哇のフラフラダンス
人か馬か神か　学者馬の実験
妙義神に入る　カウボーイの大離れ業
千古の大秘密　アラビアン大魔宮殿
空中の大奇観　自働車の空中飛行
通力自在　美人雲間のダンス
愉絶快絶　万国街大歌劇

このチラシを読むと、興味本位で珍奇さを演じる興行、インドやマレーシアの踊りやハワイのフラダンスなど芸能色の濃い歌舞、サーカスまがいの曲芸、これらの余興を「大呼物」として演じている光景が眼に浮かぶ。それらに挟まって奇術も登場している。『東京朝日新聞』は、「ゴタついた万国街」という見出しで経費負担問題での争いに触れながら、出し物について簡単な紹介をしている。[11] それによると、「自働車の空中旅行」とは手品そのものであった。光の照明を利用した仕掛けが施されていて、豆自動車に乗った女がスポットライトを浴び、あたかも空中で運転しているかのような錯覚を起こさせていたのである。筋肉ダンスにせよ、エジプトの占いにせよ、機械と光学を利用し衆目を仰天させるような演出であった。万国街は、南洋にいる気分を味わいながら、余興を楽しむ場所でもあった。

注

（1）無署名（第二章a）一九一四：六。大正三年五月に出版された『風俗画報』四五七号（大正博覧会号）には五ページから七〇ページにわたって会場内の紹介が記載されている。ただし、執筆者名は記されていない。

（2）『東京朝日新聞』、大正十一年三月十一日。

（3）無署名（第二章b）一九二二：五六九。

（4）「田舎対都会の問題」は明治三九年に「大日本農会」第百四回小集会で発表された後、明治四十三年に聚精堂から出版された『時代ト農政』に収録された。その後、『定本　柳田國男集』一六巻（東京：筑摩書房、一九六九年）に再度、収録されている。

（5）『建築雑誌』四一六号は大正十年四月に行われた大会を紹介している。この時の講演題目には、後藤新平（東京市長）の「文化生活」、吉野作造（東京帝大）の「石工組合、〈フリー・メーゾンリー〉の話」があった。日本建築協会副会長の片岡安は「建築物の電気的設備に就て」であり、ほかに文系の立場から、瀧精一（東京帝大）が「現代建築と文化生活」を論じていた。

（6）『建築雑誌』四二〇号（一九二一年）の「本会記事」（五三三ページ）にこの時の出席者の名前が列挙されている。
なお、「文化村」の成立に至る一連の経過、準備段階から参加者の出品リストの内訳に至るまで、内田（二〇〇〇：二六三―二七〇）は詳細に記述している。内田は主に高橋仁編（一九二二）、および高梨由太郎編（一九二二）を参考に論考をまとめ上げている。

（7）ちなみに「文化村」については、住宅一四棟とともに茶室二棟、建築模型二点が出されていて、すぐ後で見るが、このうち「金牌」を獲得したのは一二点、「銀牌」は三点であった。

（8）無署名（第二章c）一九二二：三三八。この記述は加藤知正編・内外教育資料調査会編（一九二二：三三七―三三九）に「文化村」として収録されている。

（9）第五回内国勧業博覧会の会場模様は山路勝彦（二〇一四）も記述しておいた。会場には、文明の利器として「ウォーターシュート」（船すべり）」が登場したりしていて、余興気分を楽しむ様子が満ちていた。

（10）無署名（第二章d〈記者〉）一九二二：二〇）。「西伯利亜（シベリア）館」でもロシア人のダンスがあった。

（11）この記事は「ゴタついた万国街」として、『東京朝日新聞』、大正十一年三月十六日に掲載されていた。

第三章　国産振興博覧会への道

第一次世界大戦の後、日本を襲った経済危機は国際関係に影響を及ぼし、とりわけ貿易関係に多大な軋轢を生み出した。輸入超過が問題になり、ここから国産品奨励の動きが強まってくる。産業の基盤を堅牢にするための政策が要請され、その一環として登場したのが「国産振興」を基調とした博覧会であった。こうして、文明の発展を見せることを基調とした明治大正期から博覧会は性格を変えようとしていた。東京、そして大阪と名古屋へと国産品を奨励する動きは強まり、やがて全国的に「産業博覧会」を冠した博覧会が行われるようになる。この活動を担ったのは、その初期の段階では「工政会」などに関連した科学者や技術者であった。この章では、こうした動きを据えながら、東京を中心として展開していった「国産振興」を掲げた博覧会の流れを追求していく。

第一節　工政会の活動

明治末期から大正期にかけて農業国から工業国へと転換することで飛躍的に経済発展した日本では、工学系の高等教育の充実が求められていた。第一次世界大戦後では、とりわけ重工業が勃興し、機械製造や軍事を含む多方面にわたる工業技術は著しく発展し、技術者養成の需要が高まっていく。しかしながら、人材育成に向けての政策は不十分であった。この状況を憂慮して、大正六（一九一七）年に「財団法人　理化学研究所」が東京で設立された。初代所長は菊池大麓、三代目所長に大河内正敏がいた。この研究所は、後にノーベル賞受賞の湯川秀樹、朝永振一郎らの業績を生み出した強力な科学技術系の研究機関であった。

大河内正敏は明治十（一八七八）年生まれの物理学者である。東京帝大で造兵学科に学び、その後ドイツ留学を果たしている。帰国後に東京帝大教授になり、理化学研究所の三代目所長への就任は大正十年であった。この大河内はまた、政府組織の国産振興委員会の一員として活躍していた。大河内は多彩な能力を持っていて、陶磁器についての造詣も深く、『古九谷』（一九四七年、宝雲舎）などの著作がある。当時の疲弊していた農村に眼を向け、「農村の機械工業化」を唱道していたのも大河内であった。大河内は、農村が発展するには、陋習を打破し、科学的知識に基づいて生産する必要性を主張し、廉価で良質な工業製品は「科学主義」のもとでこそ製造可能になる、という考えの持ち主であった。日本は豊かな資源国である。なぜなら、科学の力で資源を創造できるからと言い、このような主張をもって大河内は組織の充実と専門家の育成に尽力していた（大河内正敏　一九三八、一九三九、宮田親平　二〇一四）。

大河内と志を共有する科学者には寺野精一、斯波忠三郎、佐野利器、加茂正雄、井上匡四郎らがいた。いずれも東京帝大工科大教授である。民間においても、今泉嘉一郎（日本鋼管）ら有力企業の経営者、あるいは技師らが同じ理念を抱いていた。彼らは、有力発起人になり、技術者の地位の向上と日本の工業の発展を目指し、大正七年に「工政会」を立ち上げる。科学技術の重要性、工業立国化、テクノクラートの養成、おおよそこれらの目標を掲げ、大学、官僚、企業の技術系エリートが中心になって組織されたのが「工政会」であった（大淀昇一　二〇〇九：一五七―一五八）[1]。

この工政会の綱領には、工業教育の充実と技術系エリートの重要性が宣言されている。その目標は、日本の産業の発展の基礎は工業にあるとの信念のもとで、工業関係者の組織をつくり、工業教育の充実を図ることであった[2]。

本会は邦家発展の基礎は工業にありとの信条の下に団結し、工業の独立を確保せんが為め工業家の連絡を完ふし、工業に関する組織及び行政の刷新を遂行し、工業教育の振興に努め、又国家的緊急問題を討議して国民を指導し、当局を誘掖するの任に当らんとす。

この工政会の誕生が大正七年であったことには特別の意味がある。その成立は第一次世界大戦の終了直後であった。その戦争によって西洋列強の経済力と軍事力の強大さを見せつけられた日本が、今後の生き残り戦術を模索して立てた方針は、工業化のいっそうの推進であった。葉賀七三男は『工政会々報』創刊号に記載された「趣意書」から、第一次世界大戦が及ぼした影響として、工政会の成立を考えている（葉賀七三男　一九八六：二四）[3]。

この時代の科学技術を牽引していたのは工学系の研究者で、工政会の初代理事長は寺野精一であり、その後、四代目に斯波忠三郎、五代目に大河内正敏と、博覧会に関係深い科学者が就任している。その後も、工政会は順調に会員数を伸ばし、東京支部、関西支部、朝鮮支部、東海支部と同調者を増やしていく。産業の振興を促すことが国家の喫緊な課題であると認識した大河内正敏、斯波忠三郎らは、技術の向上を図る制度の確立を各方面に訴えていき、政府に対し種々の提言をするようになる。同時に、地方支部でも講演会などを行い、工業技術の向上を求める広範囲な運動を起こしていった。成立時の大正七年で五〇〇名であった会員数は、その後は激増の一途をたどっている。大正九年には一〇七二名となり、大正十二年には二五〇九人になっていた（倉橋藤治郎　一九二四：三九）。

設立後の工政会の活動は活発化し、「工業振興委員会」を組織する。そこでは基礎工業の現況が討議され、大正十三年八月には重要な内容をはらんだ建議書が政府に提出されている。斯波忠三郎が代表になり、内閣総理大臣・加藤高明、および農商務大臣・高橋是清、大蔵大臣・浜口雄幸の三氏宛に提出した建議書は「基礎工業振興ニ関スル建議」と題され、今後の活動方針に深く関わる内容を持っていた。この基礎工業とは染料、曹達（ソーダ）灰、工作機械、製造用機械、製鉄、造船、生糸、羊毛工業を指していて、大戦後に苦境に落ち込んでいるので、産業国策上および国防計画上、適当なる処置を採るようにと政府に促す内容であった（無署名〈工政会c〉一九二四：甲1）。

その建議書に盛られた項目は保護貿易的色彩が強く反映されていた。具体的には、官公庁などで外国製品を崇拝する弊風を改めること、官と民との連携を重んじること、輸入関税を引き上げること、ダンピングを取り締まること、重要産業の輸出に対しては助成策を実施すること、などである。表現を変えれば、自由貿易を制限し、保護貿易を採用するようにと政策提言をしたことになる。

実際に第一次世界大戦後、欧米の通商政策で際立った特徴は保護主義的傾向の進展であった。各国での通貨は下落し、廉売競争を引き起こし、このため関税率を引き上げて自国産業の保護を図る政策が行われるようになっていた。結果として自由主義貿易は衰退し、ブロック化が進行していく状況が生じていた。自由貿易を国是としてきたイギリスは大戦の勃発とともに輸入制限を行うようになり、大正十四（一九二五）年には羽二重などの絹織物に高率の関税をかけるようになる。これが原因で日本の輸出額は激減したのである。

フランスやアメリカもまた、この時期に関税を引き上げていく。アメリカの場合、大戦後に廉価物品の輸入を制限して関税率の引き上げを実施しているばかりか、大正十三年には「排日移民法」を実施していて、日米経済摩擦は深刻化していった（大蔵省関税局編　一九七二：四一七―四一九）。

大正十三年十月、工政会は再び農商務大臣の高橋是清に「基礎工業品輸入関税改正ニ関スル建議」を提出している。さきに例示した基礎工業品に対して、輸入関税を適当に改正するようにとの申し入れであった。国内産業の育成を目的とした保護貿易の主張は明白であった（無署名〈工政会ｄ〉一九二四）。こうした運動を支えた人物として、工政会の理事を務めた倉橋藤治郎がいた。倉橋については、美術界と実業界とを横断して活躍していた人物として、すでに浜田琢司が詳細に論じている（浜田琢司　二〇一〇：二四九―三〇一）。倉橋を紹介した著作もある（笠原洪平　一九八九）。それらによれば、倉橋の経歴は異色に富んでいる。明治二十年生まれの倉橋は大阪高等工業学校（現・大阪大学）の窯業科を卒業している。この経歴から分かるように、倉橋は陶芸家でもあり、この関係の著書を多く出版している。一時的には、民芸の分野で名を馳せた柳宗悦とも関係を持っていた。昭和三（一九二八）年の「大礼記念　国産振興東京博覧会」で事務局を組織し、同時に柳宗悦に働きかけ「民芸館」の設立に尽力をつくした人物である。

その一方で、倉橋は産業界に身を置き、国策に深く関わっていた来歴もある。倉橋は保護貿易主義を主張した急先鋒の一人でもあった。それについて倉橋は多くの論考を発表していて、西欧の関税政策に対して厳しい口調で非難を繰り返し、西欧こそが世界秩序の攪乱者だと言わんばかりに大声をあげていた。その倉橋は、三十歳前後の若き頃、農商務省からの派遣でアメリカ留学を果たし、各地でアメリカの産業の隆盛を目の当りにしていた（倉橋藤治郎　一九一八：三三九）。この経歴が語るように、若き時代の倉橋はアメリカ工業界の動向に精通していた、いわば国際派であった。

けれども、倉橋にはやがて大きな転換点が訪れる。昭和二年、スイスのジュネーブで開催された国際経済会議に代表団の一員として参加するという檜舞台が倉橋に訪れる。そこで、欧米の経済界の重要人物と会談し、つぶさに各国の経済状況について情報を得たことは、大いなる収穫であった。だが、自由貿易を唱道しつつも、なおかつ国産振興運動を推進し、保護関税政策のもとで外国産品の排斥運動さえ起していたヨーロッパの現実を見たことは、倉橋にとって衝撃的な経験であった。この事実を目撃した倉橋は、西欧事情について認識を改めざるを得なかった（倉橋藤治郎　一九二八：三）。

昭和初期、工政会が声高く唱える国産振興の合唱は日本中に響き渡っていて、倉橋と同じ認識は別の論者にも見ることができる。その当時のイギリスの事情について、ある論者はこのように伝えていた。その主張を要約すると、「国産」にこだわるイギリスの姿が浮かんでくる（国産振興会編　一九二八：二二―二四）。

英国愛国婦人連盟によって英帝国買物週間が挙行されている。この団体は、官庁用品は原則として国産品使用を訴えていた。英国産業協会も国産愛用運動を起こしていた。さらには、タイムス社の寄稿欄に、郵便物には「英国国産は最善なり」と捺印するようにとの投書を読んだことは、衝撃的であった。

保護主義的政策はイギリスだけに採用されていたわけではなかった。カナダでもブリティッシュコロンビアでは「国産品週間」があった。オーストラリア、フランス、イタリアでも類似の状況が展開していた。デンマークに至っては「デンマーク・デイ」と称して、毎週金曜日には新聞が各種交通機関に広告を出し、国産品愛用の観念を国民に浸透させていた。アメリカでは、さほどでもないにしても、「アメリカ第一」運動が勢力を持っていて、国産品愛用が商業方面では見られた（国産振興会編　一九二八：二七―二八）。

このような事情を知って倉橋は、西欧で流布していた国産愛用のポスター類を収集し、小冊子に編集している。「国産振興運動は各国共通の趨勢である」との書き出しで始まるその小冊子には、実際に欧米諸国の国産愛用の実例が紹介されている。収録されたポスター類は、イギリス、カナダについては三菱合資会社が収集し、オーストラリアのポスター類は現地滞在者が集めて国産振興会の阪谷会長に寄贈したものであった。ベルギーについては、商業会議所が収集していた。大蔵省（現・財務省）理財課の調査した資料も、その小冊子には掲載されている（倉橋藤治郎編　一九二六：一―一四）。

倉橋が見たイギリスは、深刻な不況を抱え失業問題に苦しんでいる状況にあった。自由貿易を唱えていても、イギリスでは様々な製造会社は輸入防遏運動を行っていて、しかも愛国的感情に訴える運動が広がりを見せていた情勢が続いていた。新聞などを利用し、イギリス商品購入の宣伝を繰り返し、「地方購入週間」の設置も呼びかけていた。同じくカナダでは「カナダ工業者協会」が先頭に立ち、国産奨励運動を展開していた。こうした各国の動きを実体験して、国際通の倉橋さえも国産振興運動に邁進していく。

ただし、明治時代に活躍した佐田介石のような西欧排撃の思想は倉橋にはなかった。いたずらに舶来品を崇拝すべきではないと自覚しつつ、むしろこうした西欧の動きに対処するには、西欧に十分に太刀打ちできる国産品の製造こそが必要であると考えていた。そのためにも、国産品の育成を図り、さらには製品の改良に努める必要性を痛感していたほどである。倉橋の唱える国産振興とは、優良な国産品を製造させ、産業を振興させるという意図が込められていたのである。

国産振興を遂行することで、倉橋はドイツ、イギリス、フランスの関税政策を強く非難する立場に身を置くようになっていく。倉橋の論調を整理してみると、次の通りになる（倉橋藤治郎　一九二五：六五―六六）。すなわち、十九世紀後半、ドイツは輸入防遏の目的で保護関税を設定し企業収益の向上をもたらした。製鉄、染料工業の分野で内地市場を独占し、ついには外国市場まで攪乱することになった経緯がある。イギリスではソーダ灰を不当廉価したことで、日本を含めこの産業の育成に打撃を与えていた。さらには、マッチの原料になる赤燐製造業でイギリス、ドイツ、フランスはシンジケートを結成し、アジア市場で不当廉売を実施していて、日本ではこの産業を発達させる芽が塞がれてしまった。そのため、日本は欧米工業国のダンピング市場と化していた。第一次大戦後になって欧米諸国は不当廉売を取り締まる改正法令を相次いで制定したが、日本での取り組みは遅れていて、法律の文言そのものに不備があり、関税定率は旧態依然としていた。それゆえ、いぜんとして日本は欧米工業国のダンピング市場に晒されているのが実情であるとし、厳しい非難の声をあげるのに倉橋は躊躇しなかった。

先に紹介した大河内正敏も同じ信条の持ち主であった。大河内もまた、第一次世界大戦後の欧米諸国では国産品愛用運動が盛んになり、産業界の激烈な競争に打ち勝つ努力をしていると世界情勢を分析していた。こうした状況を考えて、加工品の輸入に頼ってきた日本はもはや「民族として生存」することができない恐れさえある、と憂える。この危機からの脱出には廉価な製品の製造が必要だ、と大河内は言う。すなわち、「一面に於て国産振興の声をあげると同時に、内に省みて吾人の生産する所の物質を優秀にして且つ外国よりも廉い物を造ることを第一義、根本義とする」と発言するのである。とりわけ、基礎工業、なかでも時計などの精密機械工業の育成が肝心であり、精密工業の発展は製鉄業の発展をもたらし、さらにはその副産物として染料工業、化学工業も生み出していくであろうと説く。この考えのもとで大河内は、国産振興の道筋を語り、政府関係者に働きかけていく（大河内正敏　一九二八：一―二二）。

時代の流れは、倉橋や大河内らの発言に大きな力を持たせるようになり、日本の産業と貿易の方向性を模索する議論が全国的な規模で高まっていく。大正末から昭和にかけて、大学教授、企業経営者、技術者、行政担当者などの工政会関係者は、親睦を図り意見交換を目的として、日本産業の現状について討論するための全国的規模の集会を開催する。工政会主催の「全国工業家大会」が、それである。その第一回全国工業家大会は、大正十三年十月十七日から十九日まで神戸で開かれた。ついで第二回は大正十四年四月に名古屋、第三回は大正十五年十月に東京で行われている。第四回は大阪で行われ、以後、数回にわたって各地で開催されている。

この大会がどのような性格を持っていたのか、第一回全国工業家大会の模様を見ておくと明らかになる。大会は次の日程で開催された(4)。

第一日
　講演会：斯波忠三郎「工業国策の樹立」、今泉嘉一郎「産業の組織に就て」、今岡純一郎「産業の将来」。
第二日
　工場参観：神戸製鋼所、川崎造船所葺合工場、神戸港など。夜の部では、電気機械学会による講演会、例えば「電気の普遍性」など。日本建築協会による講演会、例えば「古社寺建築に就て」など。
第三日
　金毘羅神社参詣、高松見学の後、講演会「ディゼルエンジンに就て」など。

　このうち、初日の斯波忠三郎（工政会理事長）、今泉嘉一郎の講演は工政会全体の主張を代弁する内容になっている。会議の冒頭を飾る斯波の講演は、今日の各国に行はれる思潮は「自給自足主義」だと警鐘を鳴らすことに主旨が置かれていた。そのうえで「農工商並立主義」の重要性を説き、農業の発達を無視した国策の樹立は危険であって、機械工作品の利用は農業の効率化にも貢献するとも言う。「産業の組織に就て」と題した今泉嘉一郎工学博士の講演は、日本の産業界が今なお十九世紀そのままの百鬼夜行の状態なのは遺憾であると述べ、廉価な生産品を提供するはずであった自由競争主義が、今や割拠主義、排他主義となって産業の発達を害しているとの見解を披歴している（水谷生　一九二四：四六）。この日の講演では、自由貿易主義が衰え、ブロック化していく世界経済に危機感を抱いている専門家の見解が示された。昭和初期には各地で「国産振興」を目的とした博覧会が多発していたが、その背景にはこの危機感の共有があった。その意味で、この時の大会は歴史的に見て重要であった。それは昭和時代の今後を予見していたようである。

第二回全国工業家大会は名古屋市で、大正十四年四月三日から五日にかけて行われた。第一日は大河内正敏ら学者や実務家による講演会、第二日は講演会の後、名古屋の著名な工場の見学、そして第三日は名古屋近郊の観光旅行という日程であった。[5] 全国工業家大会も三回目を迎えると、目的も手段も具体的になってくる。東京での第三回目の会合では日本の抱える問題点が鮮明になり、議論も活発化してきた。その「第三回全国工業家大会」の日程は次の通りに行われた（無署名〈工政会h〉一九二六：五—八九）。大会第一日目は、工場見学などの視察訪問をするかたわら、会議場では最初に加茂正雄の「動力問題に就て」、ついで今泉嘉一郎が「国産奨励問題に就て」、そして佐野利器の「工業教育問題に就て」と題した講演が続いて行われた。

第二日は、前日の三者に対する質問とその応答が繰り広げられるなかで進行していく。動力問題では、倉橋藤治郎が水力発電の今後の可能性を質し、国産奨励問題では、優良国産品の使用を普及させる方策などが討議されている。具体的な貿易品目を取り上げ、輸入超過がもたらした影響が論じられ、その際の克明な資料提示は熱い議論をより熱くさせていく。工業教育問題では文部省實業学務局長の武部欣一が論陣を張り、工業立国として成長している日本にとって工業補習学校の不振が目立つし、教員や教科内容の充実も必要だと力説している。こうした活発な討論の後に提出された多岐の項目にわたる決議案は、日本の将来の工業界に必須な事項として承認された。そのうち、「国産奨励」に関する決議は、次のように要約できる（無署名〈工政会h〉一九二六：八五—八六）。[6]

1、吾人は政府が権威ある中央機関を設け、各官公衙及公共団体等を督励して国産奨励の目的を達成せんがために、速に適切なる処置を採らんことを望む。

2、吾人は全国の産業及経済に関する公益団体、相提携聯絡して、国産奨励に関する一大機関を作り、政府と協力して其目的を貫徹せんことを期す。

国産奨励のための研究機関の設置がここで決議されている。さらに重要な事柄を補足すると、同時に「本決議の実行に関しては之を社団法人工政会に一任す」という一条が附帯されたことである。この附帯決議によって、多くの研究者、実業家、政府関係者に対して、工政会の活動の正当性が担保されることになった。工政会の役割は以前にも増して強化されたわけである。この決議のなかで、「国産奨励に関する決議」の文案に、「国産奨励に関する一大機関」を作るという一項が言及されたことは、特に強調してよい。後に見るように、この決議は実行に移され、その結果として「国産振興会」があらたに立ち上げられ、この組織の発言力は強大化されていくことになった。この組織の強力な影響力はこの時に下地が形成されたのであった。

大正十五年四月になって、大阪で「第四回全国工業家大会」が開催されている（無署名（工政会ｉ）一九二六）。この大会が開かれていた時期と重なって、社団法人主催による「電気大博覧会」が大阪の天王寺公園で行われていたことも、工業化を目指す方針の工政会と因縁の深さを感じさせる。この博覧会は電気に関する知識の普及を図り、事業の発展を通して産業振興を図る目的を持っていた（土田令吉編　一九二七：五）。その博覧会場の一部であった「娯楽館」を貸し切り、工政会の大会の開会式が行われた。偶然であろうが、産業の振興を図る目的の二つの大会が、あたかも時代を象徴するかのように、共振しながら行われていたのである。

大会翌日の十一日、電気大博覧会は「国産振興デー」を実施し、舶来品崇拝を改め、国産品の愛用を訴える企画をしていた。三越、白木屋、大丸などの百貨店をはじめ、大阪の繁華街には「国産を愛用せよ」と書かれたポスターが貼られ、その雰囲気を高めていく。中之島の公会堂では国産振興大講演会が催され、大河内正敏、倉橋藤治郎などの講演が行われていた。

この時の大河内の講演は「国産振興と基礎工業の発達」と題したもので、常日頃の持論を述べた内容である。外国製品よりも廉価で優秀な製品を作ることが今後の日本の将来に欠かせないとして、基礎工業としての製鉄業、染料などの化学工業、さらには機械工業を発展させ、外国製品に太刀打ちできる産業を起こす必要性を説いた内容であった（大河内正敏　一九二六：三〇―三七）。講演の冒頭で、日本は経済的困難に直面していると語り、この事態を救うのが国産振興運動と位置づけたうえで、大河内は持論を展開する。「自主的、独創的なる新日本文化建設の理想を背景とし、而して之を産業的に云ひ現したものが即ち今日の国産振興運動」であると述べ、明治期の鹿鳴館時代からの舶来品崇拝思想の浸透に懸念を示す。その発言には、「欧米文化へ、欧米の風への追従模倣が稍々過ぎた」と反省を促す大河内の思想が込められていた。倉橋の立場も同じである。日本の歩む道は欧米の追随ではなく、「東西文明の融合」であったはずと言い、欧米に心酔し舶来品を崇拝する風潮を厳しく批判していた（倉橋藤治郎　一九二六：三七―四一）。

この両者はとくに新しい見解を述べたものではないが、大阪での講演は地元に大きな影響を及ぼしたと考えてよい。大阪では、この大会以前にも国産品の奨励が進められていたにしても、この大会後にはさらに国産愛好運動が盛んになり、多様な分野での国産愛好の博覧会、展覧会が催されるようになった[7]。昭和の大阪は国産振興運動を進める日本一の拠点となっていた。

第二節　国産振興会の活動

第一次世界大戦中は主戦場になったヨーロッパに供給することで輸出が好調であった日本は、戦後になって急激に輸出が減少し、貿易収支は赤字に転落した。大戦期に蓄積した外貨は流出し、記録的な入超の時期が続くことになる。すでになされた先行研究は、この時期の日本経済の落ち込みを共通して指摘している。一九二〇年代末から一九三〇年代の主要輸出品をみても、繊維品の割合が減少していて、輸出産業の花形であった生糸の減少はとりわけ顕著であった（奥和義　二〇一二）。

同様な指摘は一九八〇年代に相次いで発表されている。日本統計研究所、農商務省・商工省の統計的資料を用い、一九一二年から一九四〇年までの期間を対象とした山本義彦の研究によれば、年次別、種類別（食料品、原料品、原料用製品、雑品など）に分類し、日本の貿易収支の動態を分析した結果、貿易総額では一九一五年から一八年にかけては黒字で、一九一九年に赤字に転じ、以後、一九三三年までは赤字の連続であった。とりわけ一九二三年と二四年は極端な赤字であったことが示されている（山本義彦　一九八七：五二―五四）。杉野幹夫によれば、この時期の貿易の特徴には三つの問題点が指摘される。整理すると、次のようになる（杉野幹夫　一九八五：六三）。

1、一九二〇年代は日本貿易史の上で記録的な輸入超過を続けた時期であり、その赤字額は年平均で四億円に達している。
2、一九二〇年代は国内産業の変動期で、重化学工業の比率が高まったが、貿易面に反映するまでに至っていない。
3、関税引き上げなどの政策が採用され、保護貿易主義が台頭した。

このような第一次世界大戦後の不況下の産業界を顧みて、輸入超過の状態を建て直すために、国内産業の振興を求める声が高まっていく。すでに見たように、「第三回全国工業家大会」では国産振興を促す決議が出されていた。その決議に賛同して、大正十四年十一月十八日に東京商業会議所、東京実業組合聯合会、日本工業倶楽部、工政会、帝国発明協会、日本産業協会の六団体は統一組織を結成するため、東京商業会議所で会合を開いている。その会合では、具体的な実務を執行するため「国産研究会」の設立が提案された。この研究会こそは、すぐに後に名称を変更し、新たに命名された「国産振興会」であった（国産振興会　一九二六：八―九）。

国産振興会の成立は、外国製品に高い関税額を課して輸入を制限し、国内製品の保護のために生産と消費を呼びかける保護主義の時代の到来を告げていた。国産振興会は国内産業の育成をめざし、そのための調査研究を目的とした組織である。その「設立趣意書」にはそのことが明記されている（国産振興会　一九二六　裏扉）。

本会は、此秋に当り、政府及官公私各方面の諸機関と聯絡提携して、我国産品の研究調査を遂げ、其の改良発達の方策を講じ、優良品の愛用を奨励し、依て産業の発達と貿易の振興とに資し、併せて国防上並に社会問題の解決に寄与し、以て国力の充実と国運の進展とに貢献せん事を期するものであります。

この文面が語るように、研究調査を行う機関としての国産振興会は「優良品の愛用を奨励」する任務を担い、「産業の発達と貿易の振興」を図ることを目標としていた。この主旨に沿って、「国産振興会規約」として国産振興会の取り組むべき事業が示された。その規約第四条には以下の内容が書かれている（国産振興会　一九二六：一）。

1、国産振興に関する調査及研究。
2、産業制度の改善に関する事項。
3、国産品の博覧会、品評会、見本市等の開催。
4、国産振興に関する講演及印刷物刊行。
5、其他本会の目的達成に必要なる諸般の事項。

これらの事業のうち、次の三点、調査研究、博覧会開催、講演会と出版事業は重要であって、とりわけ調査研究の事業に膨大な時間とエネルギーをかけていた事実は、国産振興会の出版物、『国産台帳』をひも解けばすぐに了解できる。国産振興会には「重要産業振興方策特別委員会」が設置されていて、その内部は多数の専門分野に分かれ、それぞれの分野の担当委員が貿易収支に関わる多岐にわたる項目を調査事業の対象として請け負っていた。その多岐にわたる項目を検証して貿易収支の実情を統計資料で整理した著作が『国産台帳』である。その検証項目は次の通りであり、当時の日本で必要とされた工業のほとんどの分野が含まれていた。

銑鉄及鋼鉄、合成化学工業、曹達灰、精密機械、原動機、紡績機械、工作機械、電気機械、船舶業、羊毛工業、自動車、アルミニューム、窒素固定化学、生糸及絹工業、綿紡織。

この『国産台帳』は、今泉嘉一郎を調査委員長として取り組んだ刊行物で、上下二冊本、合計で二三三二ページに及ぶ大冊である。大蔵省（現・財務省）の資料を基礎にし、品目別の貿易収支を細密な統計で示した内容は、国産品振興を奨励する際の基礎資料としての性格を持っていた。本書を通して見ると対外貿易の実情が掴めてくる。大正十五（昭和元）年の一般状況を例にして日本全体での貿易収支を見ると、輸出は二〇億四四七二万七〇〇〇円であり、これに対して輸入は二三億七七四八万四〇〇〇円であって、差引では三億三二七五万円の輸入超過であった。しかも前年度との対比で言えば、輸出は二億六〇〇〇万円（11.3%）、輸入は一億九五〇〇万円（7.6%）と、それぞれ減少している。輸入に比べても輸出の減退は統計的にはっきりと示されていた。この傾向は大正十一年からの五年間も同様であって、輸入超過の傾向が長期間、続いていたことが明らかになる（平沢富蔵編　一九二八a：二三二）。

個々の品目の詳細もはっきりしていて、前年と比べ増加した重要輸出品は絹織物で、ついで植物性肪脂油、缶詰食品、陶磁器であった。しかし、生糸、綿繊維、綿織物は減少している。これに対して、増加した輸入品は木材、鉄、小麦、油粕、硫酸アンモニウム、砂糖、採油用原料、生ゴム、自動車とその部品などである。綿花、米、羊毛、毛織物、豆類などは減少している（平沢富蔵編　一九二八ａ：二三二四〇―二四三）。

このような貿易収支の赤字は輸入防遏という新しい課題を生み出していった。もっとも輸入防遏といっても、海外産品の排斥を主眼としたものではなく、日本の産業の質の向上をめざし、外国に劣らない良質の製品開発を目指すという意気込みが高かったことが、評価されるべきであろう。この製品開発を奨励する場として活用されたものこそ、昭和期に盛んに行われていた国産振興博覧会、あるいは類似の性格を帯びた産業博覧会であった。

工政会を中心として結成された国産振興会は、その後、第二回目の会合として創立総会を大正十四年十一月二十五日に開いている（国産振興会　一九二六：一〇―一一）。この総会で阪谷芳郎を会長に選出し[8]、その下に置かれた四人の理事のうち、会計担当理事として大山斐瑳磨、庶務担当理事として倉橋藤治郎が選任されている。すでに見たように、倉橋藤治郎は工政会の中心人物であり、各種の博覧会で事務局長を担当していた実務家であった。

総会では阪谷会長、倉橋理事から経過説明があり、ついで名称を「国産研究会」を改め「国産振興会」とする提案が出され、賛同を得ている。この総会に引き続いて、専門の委員会が開かれ、重要な事項が提起された。それは、「国産博覧会、国産講習会、其他本会の着手すべき事業」を委員会において協議する、という内容である。いよいよ国産振興のための博覧会が議題に上ってきたのである。この時に二種の博覧会が企画されている。一つは「汽車博覧会」である。汽車の車中に物産を並べ、各地をめぐる「汽車博覧会」はすでに明治期に行われていたが、国産振興会の企画はさらに盛大であった[9]。他の一つは、名称に「国産振興博覧会」を冠したほどの本格的な博覧会である。そこには主催者側の執念が読み取れる。

発足したばかりの国産振興会は力強い動きを示していた。その活動は政府関係者を動かし、大正十五年六月十日には

図Ⅲ－1　明治39年の国産振興汽車博覧会（絵葉書）

（上）：日本各地を二手に分かれて巡回した時の汽車。

（下）：汽車内の陳列品（丸善の陳列品）。

勅令一六〇号として「国産振興委員会官制」を公布させることになる。「国産振興委員会」という名称を付けた新しい組織が政府内にも立ちあがったのである。国産振興委員会の会長は商工大臣の藤沢幾之輔が務め、委員には関係省庁の次官とともに阪谷芳郎、大河内正敏の名前を見ることができる。この法制度が成立したことで、国産振興に関わる活動は商工大臣の管轄下に置かれることになった(10)。今や、中央の政府が率先して運動を展開していくことになったのである。

中央での国産振興の運動は地方都市にも大きな影響を及ぼしていく。大正から昭和にかけ、大阪、名古屋、京都は言うに及ばず、ほかの地方都市でも相次いで国産振興会が立ち上げられている。その活動は中央にもまして熱がこもっていて、北海道から沖縄まで地方自治体は盛んに国産振興のキャンペーンを繰り返している。ポスターやチラシを作成し、あるいは住民からは標語を募集し、人々の意識を喚起していった。それらの宣伝媒体には独創的な文言、あるいは笑いをそそる表現も見られ、そのことが運動を下支えし、かつ浸透させていく下地を作っていくのであった。例えば、富山県では、「明治の舶来　昭和の国産」と記したゴム印を県庁発行の文書に押印していた（社会局・臨時産業合理局一九三一：一六九）。沖縄県、三重県でも積極的に宣伝活動を進めていた。

沖縄県：九月の国産愛用週間に「醒めよ国民　愛せよ国産」と記したビラを配布（社会局・臨時産業合理局　一九三一：二一〇）。

三重県：「国産の名誉のために　粗製品を駆逐せよ」（社会局・臨時産業合理局　一九三一：一一三）。

滋賀県に至っては、国産愛用週間に向けて草津節に合わせた民謡調での標語の募集をしていた（社会局・臨時産業合理局　一九三一：一三七）。「草津節」に合わせて標語をつくり、「国産笑って暮せ／やがて景気の風も吹く」、あるいは「金は入船／荷物は出船／国産愛用で国富ます」、さらには「不況の洪水／失業の浪に／国産愛用の救助船」などと民謡調に歌詞を付け、唄って運動を盛り上げていた。各県ごとに、あたかも競い合うかのように、独自の標語を編み出し、運動を過熱させていったのである。かくして、この運動は官民双方の協力のもと、全国的に国産振興の推進運動として展開していく。国産振興を図る目的で博覧会を開催しようとする機運は、この運動に支えられて進展していった。

国産振興会は、日本産業協会副会長・杉原栄三郎に博覧会開催の予算作成を依頼し、商工省との折衝には倉橋藤治郎を起用している。こうして準備は着実に進んでいき、さらに特別委員会、すなわち「博覧会特別委員」、「関税特別委員」、「国際振興関係法規特別委員会」、「発明研究特別委員会」、「資源調査特別委員会」を発足させ、幅広く活動の範囲を広げていくことになった。国産振興会は多方面にわたる分野を網羅する組織として成長していったことが確認できる（国産振興会　一九二六：三六―三七）。各々の特別委員会は独自の対象を設定し、それぞれが扱うべき課題を煮詰めていく。こうして担当分野は専門化していくが、その業務の全体像を見ると、この機関に負わせられた任務の重さがはっきりとしてくる。以下の検討課題に見るように、関税問題、国策としてのエネルギー問題、さらには研究機関の設置など、多様な分野での活動が要請されるようになったのである（国産振興会　一九二六：一八―一九）。すなわち、

1、国産振興法および国産奨励基金特別会計法に関する件。
2、不正競争防止法に関する件。
3、通商条約における我国の利益擁護に関する件。
4、国産振興の趣旨に基ける関税政策確立に関する件。
附　不当廉売の趣旨に基ける関税政策確立に関する件。
5、産業組織の改善に関する件。
6、原料、燃料、動力国策に関する件。
7、科学および産業に関する試験、および研究機関に関する件。
8、発明助長を目的とする公開実験所に関する件。
9、輸入品および国産品に対する産地ならびに生産者銘記に関する件。
10、博覧会、展覧会、見本市などに関する件。

各々の特別委員会は個別に会議を招集し、議論を深めていく。それぞれでなされた議論は総会に提案され、承認を得られれば、実行に移すという手続きを踏んで進行していった。ここでは、「博覧会特別委員会」に照準を絞ってみたい。その第一回目の博覧会特別委員会は大正十五年一月十九日に開かれている。出席者は高松豊吉、鶴見左吉雄、山本留次、杉原栄三郎の各委員であり、このほかに理事として大山斐瑳磨が参加している。この時の決議事項は、要約すれば次の通りであった（国産振興会　一九二六：二三―二四）。

1、国産博覧会の経営は通常の博覧会とその趣を異にし、営利的目的に流れず、真面目に国産品を研究、推奨し得る方針を採ること。

2、国産博覧会の出品は優良国産の製造品、ならびにその製産《ママ》者につき慎重審議し、原則として指定出品の方法を採ること。

3、国産博覧会の会場は各種類の品を悉く網羅する適当の場所なきを以て、国産振興上、緊急を要する産業より順次開催すること。

4、国産博覧会の経費はその一部を政府の補助に仰ぎ、相当大規模とし、充分その特色を発揮するよう最善の努力をなすこと。

5、東京において適当の場所に大規模の常設博覧会を建設するよう、各委員において考究しておくこと。

この決議には博覧会の開催趣旨が明確に唱えられている。国産品の開発研究を目的とし、優れた国産品を推奨するという原則を規定し、この主旨を尊重し博覧会の名称を「国産振興博覧会」とする、と決められたのであった。しかし、その時期と予算はまだ課題として残されたままであった。それを討議するため、第二回博覧会特別委員会は大正十五年一月二十五日に開催され、この問題について議論が行われている。この時には四人の委員のほか、理事の倉橋藤治郎も参加し、開催時期はこの年の秋とし、政府に補助金を申請するという内容が確認されている。ただし、適当な会場が確保できなければ、来年三月にまで延長するという含みを持たせた内容であった（国産振興会　一九二六：二四―二五）。

第三節　技術革新をもとめて：「大礼記念国産振興東京博覧会」の開催

大正十五（一九二六）年三月一日に開かれた第五回博覧会特別委員会は、翌年（一九二七年）に上野公園で国産振興博覧会の開催を決定し、三月八日の第五回総会でその事案が承認された（国産振興会　一九二六：三四―三五）。ここに「国産振興東京博覧会」の開催が確定されたのである。ところが、計画準備中に大きな出来事が発生する。大正十五年十二月二十五日に大正天皇が崩御し、実施は延期せざるを得なくなったのである。そのうえ、昭和二年には銀行の倒産が相次ぎ、不景気に襲われるという経済状態の悪化が重なり、開催に暗雲が立ち込めてしまった。

しかし、昭和天皇の即位式が行われた年、昭和三年という時機を委員会は見過ごすことはしなかった。天皇即位の慶祝を目的に加え、名称に「大礼記念」と冠をかぶせ、博覧会を開催する案が浮上したのである。かくして、東京の上野公園で「大礼記念国産振興東京博覧会」（以下、「国産振興東京博」と略）が開催されることになった。紆余曲折を経て、昭和三年三月二十四日から五月二十七日までの六十五日間にわたり、東京商工会議所主催、商工省、東京府、東京市の協賛のもとで、この博覧会は開催された（大礼記念国産振興東京博覧会　一九二九a：三―八）。事務総長には国産振興会理事を務めていた倉橋藤治郎が委嘱されている。

国産振興東京博では数々の新しい趣向が講じられ、楽しめる余興も登場したので、会場を賑わせるはずであった。しかしながら、入場人員をみると、無料招待者を含め、二二三万三四八七人で、一日平均は三万四三六一人にすぎなかった（大礼記念国産振興東京博覧会　一九二九a：一八八、一九二）。この数字は、平和記念東京博と比べてはるかに劣り、三六五万五九一八人を動員した大正博にさえ及ばない。経済不況が悪い影響を及ぼしていたのである。

肝心な出品内容はどうであったのであろうか。開催に際して、主催者側は「国産振興博覧会計画大綱」を発表している。そこでの取り決めでは出品は国内品に限定され、その基本方針は次のように定められた（大礼記念国産振興東京博覧会　一九二九ａ：一二—一三）。原文のカタカナをひらがなに変え、紹介してみたい。

1、輸入品と同種類の優良品。
2、輸入品に代用し得へき優良品。
3、輸出を奨励する優良品。
4、其の他の重要国産品。
5、前記各項に関する参考品。

まさに「国産」を標榜した博覧会そのものである。しかし、外国製品の排撃が目的ではなく、国内製品の品質を高め、輸出品としての競争力を高めることに重点が置かれていたことには注意しておかねばならない。安価で粗悪品という日本製品の印象を払拭し、品質の良い製品、今日の言葉ではブランド品の開発に向けての意欲的な試みが、この博覧会を契機に始まったのである。明治期に活躍した佐田介石の時代とは明らかに違っていた。また、地方の特産を並べて展示させるだけの、これまでの博覧会とは趣が異なっていた。

展示館の名称はおおむね従来の方法を踏襲している。会場は第一会場と第二会場に分かれ、第一会場は東一号館、東二号館、西一号館、西二号館、西三号館とその別館、さらに大礼記念館および附属館、演芸館、工業研究館、民藝館などが設けられていた。第二会場には陳列本館が建てられていた。とくにこの博覧会で興味を惹くのは特設館であって、第一会場には神奈川県館、放送局特設館、百貨店協会特設館、三重県館、日本羊毛工業会特設館、八幡製鉄所特設館が設けられ、第二会場には北海道館、台湾館、樺太館、朝鮮館、航空館、国防館が置かれていた。特設館を除けば、産業関係の出品物はだいたい種類ごとにまとめられ、同じ展示館に並べられていた。

この博覧会でも、各地から寄せられた優秀な製品を判定し、優秀品を表彰するという一般的形式を踏まえている。全国から寄せられた出品物は膨大で、分野も広いため、あらかじめ分類作業が必要である。この博覧会では、その分類は六部の範疇から構成されるように決められた。

1、飲食品工業。
2、紡績工業。
3、化学工業。
4、機械工業。
5、電気工業。
6、一般製作工業。

この六分類は基本的分類単位で、さらに専門分野に応じて細分化された分野が設定されていた。六分類に従属する下位の小分類だけで九二の項目に分かれ、それぞれで出来栄えに応じた評価が下されたのである。その評価基準は輸入防遏、輸出振興という観点に基づき、優秀作品には優良国産賞牌が授与され、それには及ばずといえども佳作には有功賞牌が与えられた。優良国産賞牌の判断は次の基準に沿って下されていた。「審査細則」および「擬《ママ》賞の標準」の大意を紹介しておきたい（大礼記念国産振興東京博覧会　一九二九c：七―八）。

1、外国品と同等な品質で、輸入の防遏ができる製品。
2、品質は劣っても、金額のうえで輸入品の代用ができる製品。
3、海外市場で外国品に対抗できる優秀な品質の製品。
4、品質は優良ではないが、輸出価格が安い製品。

審査員は大学や研究所、企業に勤める専門家であり、総元締めの審査総長は東京帝大教授を務めた大河内正敏であった。大河内は全体の出品物を通して、次のような総評を与えている（大礼記念国産振興東京博覧会　一九二九b：序文一―四）。

1、飲食工業については、大量生産の進行、製造機械の利用、貯蔵方法などにおいて従来よりも一新された成果が出ている。
2、紡績工業では代表的な製品が網羅されていない。輸出品の代表である絹糸、絹織物、綿糸布は改良が加えられているが、未だ十分ではない。
3、合成アンモニアなどの基礎的薬品工業の発展が認められる。
4、機械工業、とくに国産自動車、航空機の出品はとくに注目すべきである。
5、電気工業は、今や特殊の機具を除けばほとんど国産品で充当され、東南アジア方面には輸出の増進が見られる。
6、製作上の技術に進歩が見られ、かつ輸出振興に貢献するとともに輸入防遏の努力が認められる。

大河内は最高責任者として全体を俯瞰して好意的評価を下しているが、六分野に属す個別のそれぞれの出品については、各々の専門家によって詳細な判定が下されている。その専門家の発言は時として辛口で、その発言からは当時の日本の産業水準が推量され、貴重である。表Ⅲ―1は出品物の一覧表であり、それを参考にしながら評価内容の詳細を見ておきたい。

表Ⅲ―1　出品物一覧表

		出品人員	出品点数	受賞者			出品人員に対する受賞比率
				優良国産賞	有功賞	計	
第一部　飲食品工業							
1類	穀粉、澱粉其他粉類	59	77	6	18	24	40.7
2類	麺類及砂糖を含まざる穀粉澱粉製品	104	209	29	23	52	50
3類	砂糖類	24	75	11	8	19	79.2
4類	菓子、ビスケット及糖菓類	258	496	8	91	99	38.4
5類	加工香辛料	2	2	0	1	1	50
6類	ソース、食酢其の他調味料	201	235	11	74	85	42.3
7類	罐詰及瓶詰（農産、畜産、水産）	105	450	45	9	54	51.4
8類	燻肉、腸詰其他肉製品	7	20	3	0	3	42.9
9類	コンデンスドミルク、粉乳、バター、チーズ其他の乳製品	18	25	10	0	10	55.6
10類	紅茶其他芳香飲料	390	469	134	17	151	38.7
11類	清涼飲料	58	115	5	23	28	48.3
12類	酒類	455	576	43	235	278	61.1
13類	雑食品（水産品、其他）	549	808	111	105	216	39.3
	小計	2230	3557	416	604	1020	45.7
第二部　紡績工業							
14類(1)	機械製糸、玉糸、天柞、蚕糸、真綿	79	112	34	4	38	48.1
14類(2)	紡績糸、人造絹糸	146	303	59	0	59	40.4

15 類	糸類	26	139	3	9	12	46.1
16 類	広巾又は新規の綿及絹棉及交織物						
	中小幅綿布及交織物　合算	785	2322	75	201	276	35.1
17 類	広幅・新規の麻織物、交織物	58	210	7	21	28	48
18 類	広幅又は新規の絹及人造絹織物並に交織物	991	2530	94	305	399	40
19 類	毛織物及交織物	91	251	43	0	43	47.3
20 類	広幅又は新規の染布捺染物布及絞纈類	239	1280	27	65	92	38.5
21 類	油布、防水布、擬革布、其他加工布	7	138	7	0	7	100
22 類	ブランケット、旅氈、緞通、リノリウム、其他の敷物類	13	108	6	0	6	46.3
23 類	リボン、テープ、糸組物及トリムミング類	32	327	14	2	16	50
24 類	帽子	48	333	19	0	19	39.5
25 類	メリヤス布、メリヤス製品、其他の編物類	86	472	34	0	34	39.5
26 類	窓掛、テーブルクロース、ナプキン、手巾等	23	189	10	0	10	43.5
27 類	洋服、輸出キモノ及附属裁縫品	83	677	30	0	30	36
28 類	刺繍品	8	24	3	1	4	50
29 類	雑品（織物、糸加工品、加工布帛、雑種）	127	590	1	41	42	33.9
	小　計	2884	10008	465	648	1113	39.1
第三部　化学工業							
30 類	薬剤、製薬	85	692	34	0	34	40
31 類	工業薬品、化学薬品	42	180	15	0	15	35.7
32 類	電気化学製品	33	73	4	2	6	18
33 類	瓦斯副生物、タール蒸留品	4	31	2	2	4	100
34 類	木材乾餾生成物	163	199	2	57	59	36.2
35 類	油脂、蝋類	70	117	29	0	29	41.4
36 類	石鹸、蝋燭	38	176	18	0	18	47.4
37 類	グリセリン、ステアリン、オレイン	6	19	3	0	3	50
38 類	鉱油、鉱油製品	7	106	2	0	2	28.5
39 類	香料、化粧品	44	350	21	0	21	48

40 類	染料	14	89	4	1	5	35.7
41 類	顔料、塗料	56	282	26	0	26	46.4
42 類	インキ、靴墨等	12	196	5	0	5	41.7
43 類	皮革	10	55	5	0	5	50
44 類	セルロイド、類似品	5	94	1	1	2	40
45 類	護謨製品	50	605	21	0	21	42
46 類	爆発物、マッチ	4	31	1	1	2	50
47 類	写真用品	8	304	3	0	3	37.5
48 類	パルプ、製紙	159	468	23	27	50	31
49 類	肥料	58	124	14	0	14	24.1
50 類	金属	28	291	8	9	17	60.7
51 類	耐火煉瓦、陶磁器、碍子、その他窯業品	390	9486	97	60	157	40
52 類	雑種化学製品	20	219	6	2	8	40
	小　計	1306	14187	344	162	506	38.7
第四部　機械工業							
53 類	時計	15	721	?	?	?	?
54 類	光学器、写真機、医療器、其他学術器	?	?	?	?	?	?
55 類	楽器、蓄音機	65	576	10	19	29	42.3
56 類	試験器、度量衡器、計測器	46	1001	6	21	27	58.7
57 類	車輛及附属品	72	557	39	3	42	58.4
58 類	船舶及船舶用品	2	11	2	0	2	100
59 類	航空機	8	29	7	0	7	87.5
60 類	原動機及附属機械装置	21	40	?	?	?	?
61 類	ポンプ、起重機、気体圧縮機其他一般機械	36	153	9	9	18	50
62 類	工作機械及工具	31	290	13	7	20	64.5
63 類	製造加工用機械	59	396	22	17	39	66.1
64 類	鉱業、農業、土木、建築用機械	36	126	6	9	15	41.7
65 類	雑種機械	25	98	8	5	13	52

66類	器械部分品及附属品	25	219	12	3	15	60
	小　計	441	4217	134	93	227	51.5
第五部　電気工業							
67類	発電、変電、電動及配電用機械器具及其材料	32	199	9	6	15	46.9
68類	電熱応用装置及家庭用電気器具	16	47	5	4	9	56.2
69類	電力応用装置及農業用電気器具	6	15	3	2	5	83.3
70類	電燈及照明器具	32	308	11	4	15	46.9
71類	電信、電話及電気信号用機械器具及其材料	23	186	11	1	12	52.2
72類	電池、電気化学用装置及其材料	14	193	7	1	8	57.1
73類	電気測定器、医療器械其他	15	94	6	1	7	46.7
74類	電線、電纜及電線路用材料及其器具	18	234	7	1	8	44.4
75類	電気鉄道用機械器具及材料	9	23	6	2	8	88.9
	小　計	165	1299	65	22	87	52.7
第六部　一般製作工業							
76類(1)	金属製品の中、室内戸外装置器	229	1311	19	67	86	37.6
76類(2､3)	金属製品の中、飲食器及庖厨用器具	55	879	11	14	25	45.4
76類(4)	金属製品の中、刃物類	222	2159	27	67	94	42.3
76類(5)	金属製品の中、家具及建築用金物類	39	316	8	11	19	48.7
76類(6､7)	金属製品の中、釘及針類、工匠具及農具	40	259	9	7	16	40
77類	暖房冷蔵及衛生工業品	36	168	9	6	15	41.7
78類	木製家具飲食器及庖厨用具	184	631	3	63	66	35.9
79類	漆器	311	1481	4	113	117	37.7
80類	紙工品	107	1437	12	28	40	37.3
81類	文房具及机上用品	78	1733	15	10	25	32
82類	絵画用具	7	142	2	1	3	42.9
83類	婦人頭飾品	74	722	4	32	36	48.6
84類･85類	装身具、衣服附属装身具	127	3457	7	35	42	33

86類	携帯品	254	1151	24	77	101	39.8
87類	履物類（靴類を含む）	493	3003	24	170	194	39.3
88類	旅行用具	44	238	6	13	19	43.2
89類	事務用具及店舗用具	24	681	4	7	11	45.8
90類	遊戯具、体操及運動具	53	2252	14	11	25	47.1
91類	玩具	212	1524	34	37	71	33.5
92類	雑工作品	464	2920	40	82	122	26.2
	小　計	3053	26464	278	849	1127	36.9

標記のなかで「？」は報告書に記述なしを意味し、百分率の統計から除外している。また百分率の計算での明らかな間違いは修正しておいた。なお、一部の漢字表記をひらがなに直し、また句読点を入れて簡易な表記にしている。
出典：大礼記念東京博覧会 1929 b。

1、第一部「飲食工業」

この分野は、小麦粉、砂糖、菓子、醤油、鮭および蟹罐詰、それに練乳、清涼飲料、麦酒、清酒、焼酎などの品目が属していて、審査部長は矢部規矩治（農学博士、大蔵技師）であった。いずれの品目も需要が増進し、大量生産を行うほどに成長していた。製造規模もすこぶる大きくなり、機械の応用も年ごとに拡張されている。その製造のみならず、貯蔵も冷却機を応用し、船舶や車輌なども冷却庫を設備している。この方法は飲食品に対して有効であって、その製造、貯蔵、運搬などの方法で面目を一新したことが大いに注目される（大礼記念国産振興東京博覧会　一九二九b：一）。

2、第二部「紡績工業」

この分野の審査は斎藤俊吉（東京高等学校教授）によって、以下のように報告された。短所は、日本を代表する企業の紡織製品が網羅されていないことである。しかし、国内用の製品では、技術的にみても品質や価格の点では深い考慮の跡が歴然としている。人造絹糸の製造とその応用は進歩していて、時流に適応した新規の製品を製造するのに努力をしていることは喜ばしい。紡織工業製産品の品種とその真価を広く一般に紹介し、その合理的な使用をもたらしたことは時機を得ている。需要者は紡織製品の品質を直に見て、製品の種類も多種多様になり、品質が著しく改良され、価格も低下したことを知ることができた。これによって日本製品の実用化がさらに増加することになろう（大礼記念国産振興東京博覧会　一九二九ｂ：二一九―二二〇）。

この部類のなかでも、「機械製糸、玉糸、天拃、蚕糸、真綿」の産品は日本の誇る輸出品であるだけに、評価担当者の平林興喜太（生糸検査所技師）は慎重であった。この分野の蚕糸類の出品は一二〇点、出品人員は七九名で、そのうちでも生糸の出品は少数府県にとどまり、出品点数も少なく、寂寥の感があると感想をもらしている。ただし、その成果は評価できるとし、理由を挙げている。長野県は製糸工業の隆盛を極めているだけあって、良糸を出品して博覧会場内に異彩を放っている。以前の平和記念博での出品と比べ、品質改善の成果が現れている。それは原料の繭の質が改善された成果である。富士瓦斯紡績株式会社の絹糸は輸出用として優れ、したがって輸入防遏品として推奨できる。人造絹糸についても、数年前に比べて進歩が著しい。とくに日本レーヨン、旭絹、帝国人造絹糸などの製品は優良である（大礼記念国産振興東京博覧会　一九二九ｂ：二三一―二三二）。

一方、絹織物については厳しい評価が下されている（大礼記念国産振興東京博覧会　一九二九ｂ：二四六―二六一）。国内用と輸出用の両面で審査は行われているので、順に整理しておきたい。内地向け絹織物の審査員は吉岡直富（商工技師）が主任となり、他に絹業試験所技師、染織試験場長技師などが加わっている。内地向けの出品点数二二八〇点あり、出品人員は八七三人であった。優良な出品物が多かった割には、とくに目立って新しい特色はないというのが全体的評価である。ただ、レーヨンについては、技術が著しく上達し、繊維に特殊の理化学的加工を施して別趣の新味を付与していることは認められる。

輸出向け絹織物の審査主任にも吉岡直富（商工技師）が就き、他にも輸出絹織物検査所技師などが参加している。その評価は、優越した出品は多いわけではなく、物足りなさを感じたと厳しかった。

これに対して、審査員の一人、鹿島英二（東京高等工芸学校教授）は、この絹織物についてある程度の好意的評価を付け加えている。「伊勢崎の絣」、「桐生のレーヨン片側帯」、「八王子の羽織袴」、「茨城の豊田絣」など、「出色の感」があると好意的であった（鹿島英二　一九二九：二七六―二八一）。その理由として、生産者と需要者との間で意見交換が行われ、斬新な図案が生まれていることを指摘している。土地柄が時代の空気に調和していると肯定的に評価し、その業界の発展を希求する立場からの発言であった。

3、第三部「化学工業」

この部門では山村鋭吉（東京工業試験所第一部長）が審査部長であった。薬剤、工業薬品、電気化学製品、木材製品、油脂、石鹸、グリセリン、鉱油、香料、顔料、インク、皮革、セルロイド、ゴム製品、マッチ、写真用品、パルプ、肥料、金属、レンガ、陶磁器などの製品が審査の対象である。全般的にみて、進歩発達の跡が認められ、独創的な出品も相当数あった、と山村の評価は高かった（大礼記念国産振興東京博覧会　一九二九b：三〇三）。しかしながら、日本の輸出品の代表格である陶磁器の出品の少ないことに審査員の一人は嘆き、信楽焼に優秀なる作品があって博覧会の目的が達成されたとはいえ、それ以外の陶磁器には改良の跡が見られない、と遺憾の気持ちを表している（大礼記念国産振興東京博覧会　一九二九b：四二四）。

4、第四部「機械工業」

この部門では加茂正雄（工学博士、東京帝大工学部教授）が審査主任である。第四部には自動車、航空機など、将来の日本の重工業を支えた製品が登場していた。しかしながら、成長段階の初期過程に止まっていて、その評価ははなはだ劣るというものであった。

自動車は東京瓦斯電気株式会社と石川島造船所から二点だけ、それも部品のみ出品されていた。自動車製造工業が微々として振るわないなかで、この二社は外国品との競争に耐え、ようやく一般に名を知られるに至って博覧会に出品されたことは大いに意を強くすると述べながらも、「価格はいずれも外国品に比して著しい遜色がある。設計、工作なども無条件に承認し得ない」と辛らつな批判が下されている（大礼記念国産振興東京博覧会　一九二九ｂ：四八一）。部品、付属品は内地製品であり、輸入防遏に貢献しているとしても、はなはだ製造規模は小さく、その製品は単に外国製品の模倣と見るべきものが多く、粗製品だと評価は厳しい。製品の規格統一によって分業組織を徹底させ、価格の低減を図り、適当な研究機関を設けて製品の進歩改良を図らねばならないと、厳しい注釈も付け加えている（大礼記念国産振興東京博覧会　一九二九ｂ：四八一―四八二）。

自転車はほとんど外国産を駆逐し、一部は外国に輸出されていると歓迎しているのに対し、鉄道車輌関係の評価は低い。鉄道関係の出品は蒸気機関車の模型などであったが、寂寞感は残るとし、ディーゼル機関車、客車の見劣りを指摘している。すでに国有鉄道が産業の成長に貢献した結果、鉄道車輌工業はすでに外国品を駆逐し、車輌部品などでは定評があるが、それに対して価格で外国品に劣る、とたいへん批判的であった。

一方、航空機関係の産業の発達には満足していた。数年前までは航空機、発動機はもちろんすべての計測器、付属品に至るまで海外からの供給に頼っていた現状があった。特に民間航空事業は立ち遅れ、軍需工業として存在していたにすぎなかった。しかし、今日では民間企業の努力により航空機工業は目覚ましく発展し、部品は国産品で賄えるようになったと評価している。

日本では元来、航空機事業は軍需工業として起こったもので、機材を調達する陸海軍は厳密な採用試験を行ってきたゆえに、技術的に精度の高さが求められていた。その高い技術水準が結果として国産品の優位を確保し輸入防遏に貢献したことになる。出品者八名のうち、六名が優良国産賞を得たことは、その成果の現れであった（大礼記念国産振興東京博覧会　一九二九b：四九、四九三）。

新聞紙上でも航空機業界の発達を報道している。「航空館特設／長足の進歩を示した／我航空工業を紹介」という見出しで記事を載せたのは『東京朝日新聞』であった[11]。帝国飛行協会が、川崎造船、愛知時計、石川島飛行機、三菱、川西の各製作関係者と協議して企画した出品は「最近著しく進歩した我国の航空工業」を代表していると紹介している。「航空館」の設置は、尖端的産業の登場に期待する新しい時代の到来を予告していた。

5、第五部「電気工業」

審査部長の稲田三之助（逓信省工務局長）が下した総評は好意的で、日本の技術水準の向上を評価している。受賞者は優良国産賞が六五人、有功賞は二二人、合計して八七人が受賞している。出品人員が従来の博覧会に比して少数であったにもかかわらず、優良な出品の多かったのは製造業の進歩の速さを示す、と高い評価を与えている（大礼記念国産振興東京博覧会　一九二九b：五三三—五三六）。稲田は欠点の指摘も忘れていない。大型の電気器具の出品がなかったことは、はなはだしく寂莫さを感じさせてしまった、と心情を吐露している。今後は各製造業者がふるって優秀な製品を陳列し、日本の産業の進歩に貢献することを切望する、と稲田は注釈をつけ、今後の発展を促している（大礼記念国産振興東京博覧会　一九二九b：五四四）。

6、第六部「一般製作工業」

審査部長を務めた関口八重吉（工学博士、東京高等工業学校教授）は、その基準を次の諸点に求めていた。①材質、耐久力、設計、考案、研究、製作、②価格、設備、年間生産額、③輸出額と輸入防遏であり、とくに輸出に対する功績、将来の輸入防遏および輸出に対する見込みという諸点に重点が置かれていた。その基準に照らして見ると、次のことが言える。代表的な出品企業は多くなかったにしても、製作技術などの進歩は顕著で、輸出、および輸入防遏に関して努力の跡が大いにあった。しかしながら、なお旧来の慣習を守って手工業の域を脱しないものも多々あった。それだから、将来は独創的機械を使用し、多量の優良品の産出に努め、国産の発展を期待する、という指摘がなされた（大礼記念国産振興東京博覧会　一九二九b：五八七—五八八）。

各府県で、明治期に行われていた「共進会」は物産会に等しい展示会であって、地域の産物を陳列して観覧させることに主眼点が置かれていた。その意味では「お国自慢の物産会」の域を出なかった。こうした共進会と違って、博覧会は各地の物産や製造品を展示するなかで、品質と技量を競い合い、評価を下す目的で開催されたものである。時代は昭和に移り、国際関係が重要になると、貿易という観点から出品物は評価され始めた。国産振興東京博では、とりわけ国際競争力に耐えられるかという観点から、出品物は評価が下されていた。昭和の日本は工業化への道を歩み始め、産業界は離陸への羽ばたきを繰り返していた。こうした状況下では、旧来の技術のもとでは日本の将来が見込めない、と人々に認識させる必要があった。一言で要約すれば、技術革新の追求、これこそが時代の要求であった。「国産振興」という掛け声の背景には、こうした時代の要請が控えていた。この博覧会、すなわち「大礼記念国産振興東京博覧会」は、日本が直面していた困難の時代を映し出す鏡であった。必死に技術革新を模索していたのが、この博覧会であった。

第四節　新しい企画：国防館と子供の国、そして百貨店

動員された観覧者数からすれば、国産振興東京博は決して成功したとは言えない。しかしながら、その後に開催された博覧会に大きな影響を及ぼしたことを考えれば、この博覧会は深い意義を持っていた。博覧会は時代の世相を敏感に映し出す鏡である。同時に、最先端を競い、意外性を伴う新奇な企画が登場する機会にもなり得た。様々な階層、多様な職種、多くの人々の関心を引き寄せるため、展示館は独特な建築様式で飾られ、数々の余興もまた用意された。とりわけ、人々を驚愕させ、楽しませる企画は必要であった。その要請に応じて、国産振興博では「国防館」、「航空館」、「子供の家」など、今までの博覧会には見られない建物や施設が作り出されていた。国防館、子供の家などは博覧会では馴染み深い存在であるが、それらの原点はこの国産振興東京博にあった。その意味では、この時の展示は以後の展示の基本的形態を提供していたことになる。

1　国防館の建設

国防知識を周知させるため、陸軍省の計画で設立されたのが「国防館」であった。国防省内の多くの部局からは、多数の武器を中心として、軍隊の装備に関わる展示が並べられた。いったい、国防館の展示はどの角度から分析したらよいのだろうか。もちろん、第一は軍事的観点からであり、これは武器の展示そのものに関わってくる。同時に、武器そのものが科学的研究の応用という性質を持っている。さらに、軍事と産業との関係を見ておく必要がある。これは航空産業との関連を考えた時、避けて通れない課題を突き付ける。最初に、国防館に出品された展示品と出品機関を取り上

げておきたい（大礼記念国産振興東京博覧会　一九二九ａ：三八〇―三八二）。

陸軍科学研究所：野戦での科学兵器の使用状況。平時における科学兵器、例えば毒ガスの消毒効果と殺菌力の効果、毒ガス防御マスクなどの科学兵器、赤外線による撮影効果、耐錆鋼など。

航空本部：航空機の実物断面を用いて操縦法を説明。最新の国産飛行機の実物。パラシュートなど。

東京工廠：歩兵銃、機関銃、軍刀など。

陸地測量部：各種地図。

陸軍軍医学校：レントゲン写真など。

陸軍工科学校：手榴弾、照明弾など。

東京陸軍兵器支廠：機関銃、山砲、臼砲など。

陸軍衛生材料廠：レントゲン器械、外科用メスなど。

陸軍糧秣本廠：軍隊料理模型など。

陸軍被服本廠：陸軍被服、軍靴など。

博覧会で「国防館」という名称の建物が登場したのは、これが嚆矢である。観覧者に興味を惹かせるため、その展示にはパノラマを用い、科学兵器の実物展示を行うという手法を採用していた。最新兵器は極秘なので登場しなかったとはいえ、実物兵器の変遷が一目で分かるよう展示されていて、軍事知識の学習と啓蒙を目的としていたことは明らかである（星野辰男　一九二八：三四）。航空機の実物断面を展示し、操縦法を説明するなど、工夫を凝らした展示もあった。多大な犠牲者を生み出し、世界中に衝撃を与えた第一次世界大戦の結果から、陸海軍は国防意識を覚醒させる必要性

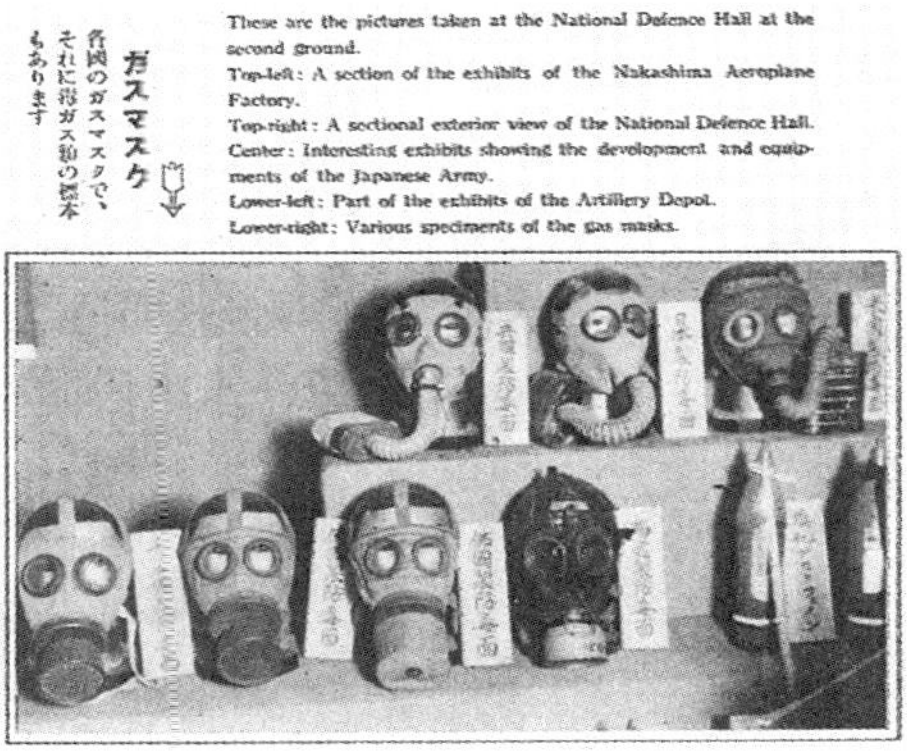

図Ⅲ－2　国防館と防毒マスクの展示

この博覧会では毒ガスについての解説が詳しかった。

出典：星野辰夫 1928：34。

に気づいていたはずである。展示品のなかでも、とりわけ関心を呼んだのは毒ガス関係の道具類であった。毒ガスは第一次世界大戦で実戦に使われ、人々の恐怖心をあおった武器である。毒ガスの実戦配備を目の当たりにした陸軍省は、その効用について研鑽を積んできていた。館内では、各国の防御マスクが展示され、その傍らには毒ガスの見本が置かれていた。その展示には、国産振興東京博を宣伝媒体の絶好の機会と考えた陸軍省の思惑が見えてくる。

これ以後、各地で行われた博覧会ではいつも国防館が建立されている。だが、展示の方法は時代の推移に伴い、初期段階では武器を並べるだけであったのに対して、日中戦争の激化に伴い、昭和十年代になると展示の焦点は兵士の戦場での姿を映し出す戦場の展示へと移っていく。国産振興東京博は、軍事関連展示の原型と位置づけることができるが、この段階では武器の展示に止まっていた。

国防館の存在理由は啓蒙の役割を果すことにあり、軍事だけではなく、科学技術の観点から、さらには民生用との関連で展示することも業務の一つであった。国防館の毒ガス展示のコーナーでは、科学兵器としての毒ガスは野戦における武器であるとともに、平時では水道消毒、蔬菜の殺虫効果や一般的な消毒にも有効だと、陸軍科学研究所はその使用法について紹介し、毒性を化学という観点から説明している。そのほか、陸軍軍医学校はレントゲン写真とその機械を展示していたし、医学用のメスも展示していて、傷病兵の看護についての医学的な見地からの展示もあった。これらの一連の展示は、いずれも軍事用と民生用とは、相互転換が可能であることを示している。

Ⅲ－3　航空機の展示（絵葉書）

国産振興東京博の国防館に初登場した航空機。

「航空館」についてはどうであろうか。平和記念博でも「航空館」は登場していたが、この時は飛行機の模型や写真が展示の中心であり、エンジンなど各種の部品が並べられていたにすぎなかった。これに比べて、今回の展示は飛行機の機体自体を展示していた。国産品の飛行機を実際に見ることで、人々は新しい交通運輸の時代を予感したのだろうか、それを凝視する人々の姿は絵葉書の対象にもなっていたほどである。

「航空館」には、西川製作所などの工場が純国産の航空機を出品していた。国防館と同一の建物の一画を占めていたにすぎないが、あらたな運輸手段として、この展示は人々の興味を呼び起こしていた。関心を呼び起こした理由は、いくつか考えられる。第一は、航空機は第一次世界大戦で実戦に登場した武器であり、その空中戦は人々に強い印象を残していた。第二は、折から太平洋横断飛行計画が持ち上がっていて興味を惹きつけたことにある。飛行機は民間用として見れば、新しい冒険の時代へと夢を運んでくれる乗物であった。この時の展示では、飛行士の携帯品や搭載品が話題をさらっていたが、そのことがいっそう飛行機に関心を向けることになった（大礼記念国産振興東京博覧会　一九二九a：三八三）。この小さな展示には冒険への夢が託されていたのである。軍事産業としての航空機製造、未知への冒険を誘う夢の乗物、この両面を航空館は満たしていた。

2　「子供の国」の登場

新しい試みとして、この博覧会では「子供の国」と呼ばれる遊戯空間が設けられていた。これは東京日日新聞社による特設館で、いわば子ども遊園地として企画され、遊戯道具が整えられていた。象の形をした滑り台があったし、「母の家」、「子供の家」、「獅子の家」、「兎の家」、「雀の家」があって、子どもが遊べる場所が用意されていた。川上児童劇団が出演する「子供座」があったのも特徴的であった。[12]それは、明治の後半期以降、子どもを対象とした商品開発が著しく進んでいった社会状況に関連している。すでに見ておいた滑川道夫（一九八一）の桃太郎像の変遷についての研究からも推量できるように、それは子ども観の変化に伴った現象であった。その背景には、あらたに消費者として登場してきた「婦人」、「子ども」、「家庭」の存在があって、博覧会の照準もこの新消費者に向けられていた。時流に便乗し、「新しい消費生活のイメージをモデル的に提示」する博覧会の登場である（吉見俊哉　一九九二：一五五）。

子どもを対象とした遊具としては、例えば明治三六（一九〇三）年に大阪で開催された第五回内国勧業博覧会にメリーゴーランドが登場していて、会場で子ども連れが楽しめる仕掛けが作られていた。子どもの作製した製作品の展示会もまた明治三十九年に三越呉服店（三越百貨店）で開催され、評判になっていた。子どもの生活にじかに接するような博覧会の開催機運が高まり、こうした動きを受けて、明治四十二年、三越は「児童博覧会」の開催を実施する。子どもに関する衣服、調度品、教育品、玩具類などを蒐集して開示する試みであった。三越が所有する広場に建設され、服飾館、工芸館、美術館などと命名された区画があって、例えば服飾ではイタリーの風俗人形が並べられ、また児童の喜ぶ品々、例えばゾウやトラなどの玩具類が陳列ケースに収容されていた。加えて犬、猫、猿、熊などを集めた小規模の動物園も併設されていた。

もっとも、この博覧会には批判も寄せられていて、児童博覧会審査委員を務めた識者は、年齢や性別によって展示の配置を工夫すべきだし、子どもの玩具は心身の発達を考えて製作すべきだと忠言していた。さらには、ブランコなどの運動器具のないことに不満も述べていた（高島平三郎　一九〇九：一〇三―一〇七）。こうした批判はあるものの、博覧会顧問に巌谷小波を迎え、新機軸を打ち出した企画力はおおいに評価されることになり、以後、子どもと博覧会は密接な関係で結ばれていく。ただし児童作品の展示ではなく、集客力に着目して、すなわち子連れ家族を誘い出す方法として子どもの存在は注目されたのである。子どもが来場するためには子どものための空間が必要であり、子どものための娯楽施設を整えておかねばならない。ここに子ども用のレジャーランドとして「子供の国」が併設されていく理由があった。「子供の国」という名称は大礼記念国産振興東京博覧会が始まりであった。

これ以後の博覧会でも、子どものための遊技場が備えられ、どの会場でも「子供の国」が登場する。遊具設備も多様化し、子ども専用の汽車が走るというように、今日の遊園地で見かける光景も出現していく。子どもを対象とした施設は、親子連れを会場に呼び込むための仕掛けとして不可欠な存在になった。

図Ⅲ－4　三越と「児童博覧会」
『みつこしタイムス臨時増刊』（7巻8号）の表紙。

図Ⅲ－5　「子供の国」（絵葉書）
博覧会では「子供の国」は定番として登場していた。この絵葉書は「広島市主催昭和産業博覧会」（昭和4年）の時の絵葉書で、「子供の国」の乗物の機関車である。

3　百貨店の戦略

昭和初期の博覧会で集客力を高めたのは、新興勢力として勃興してきた百貨店の戦略が大きかった。百貨店は昭和四年までに多くの地方で株式会社として営業を行うようになっていて、その所在地は北海道から鹿児島までに広がっていた。代表的な百貨店は、札幌の「今井商店」、弘前の「かくは宮川呉服店」、仙台では「藤崎呉服店」、富山の「岡部呉服店」、金沢には「宮市百貨店」、岡山の「天満屋」、福岡の「紙與呉服店」と「福岡玉屋」、そして鹿児島では「山形屋」が挙げられる（末田智樹　二〇一〇：三〇一）。いずれも明治期、さらには江戸期からの商業に携わってきた来歴を持っている。しかも昭和初期には、弘前を除けば、これら都市は多数の消費者を抱えていて、その消費者の入場を期待して博覧会を開催していたことで共通している。地方都市の住民もまた、東京、大阪と同じように消費生活を楽しむ環境に置かれていたのである。

百貨店と博覧会の関係と言えば、先に見た三越が「児童博覧会」を開催した例があった。自社製品の宣伝の場として博覧会を活用した例は、平和記念博での「染織館」に見ることができる。その付属施設として建てられた「染織別館」には、三越、高島屋、伊藤松坂、白木屋、伊勢丹、松屋、ほてい屋、小川屋が出品し、技巧を凝らした衣装の華麗さを競い合っていた。その華美な服装は時代の世相と調和するよう仕立てられていた（無署名〈第二章d〉一九二二：八―九）。国産振興東京博での展示は基本的にそれと同じである。変化したのは展示館の名称であって、この博覧会では「百貨店協会特設館」と名付けられていた。「特設館」という名付けは小さな変化に違いないが、百貨店の社会的位置が格段に上がり、高級ブランド品の供給者として定着した様子がよく表現されている。出品は三越、白木屋、松坂屋、松屋、ほてい屋、横浜野沢屋の七大百貨店からであった（大礼記念国産振興東京博覧会　一九二九a：三八三）。三越はピアノを弾く娘とともに和装で談笑する二人の女性、松坂屋はダンスに興じる和服と洋服の女性、松屋では子連れの女性、いずれの百貨店とも室内整備を整えたうえで、眩しいほどに着飾った人形を排列し、和服姿と洋服姿の美装を競わせな

図Ⅲ－6　百貨店協会特設館の光景（絵葉書）

館内の光景は美麗である。和装姿と洋装、椅子とピアノの組合せは最尖端の流行であった。
（上）：館内全景。
（下）：三越呉服店出品。

がら、和と洋との異種混合形式を意識的に商品として展示したことに人々の関心が集まった。

この百貨店の戦略は功を奏したようで、地方都市の博覧会でも同様な手法は採用されていく。例えば、昭和二年に山形市が主催した「全国産業博覧会」では、第二会場の染織館に商品陳列所が設置され、京都、和歌山、群馬、宮城、埼玉、新潟、秋田の諸県および山形県内の染織物出品が陳列されていた。このなかには、三越、松坂屋などの百貨店も参加している（山形市役所　一九二八：一二〇）。東京で流行していた衣装が山形でも紹介されるというように、中央の流行が即座に地方に波及する状況が展開されることになったのである。地方都市は東京と結びつき、少なくとも都市部では表面的には生活様式の均質化が進んでいった。ただし、その変化の過程では、地方文化、あるいは伝統を維持しようとする反発した動きも活発化してくる。郷土意識を醸成する一方で、郷土を観光の対象とする博覧会が昭和の時代には勃興し、地域を重視し、日本文化の多様性を訴えるかのような様相が生まれてきたのは昭和期の特徴であった。地域性の主張と均質化への動き、この相反する考え方がせめぎ合っていたのが、地方都市での博覧会であった。

注

（1）工政会は、その後、大正十三年十月九日の臨時総会で正式に「社団法人」にすることを決議している（無署名〈工政会a〉一九二四）。

（2）この引用文は『工政』大正十二年八月号の表紙に掲載されたものである（無署名〈工政会b〉一九二三）。大淀昇一（二〇〇九：一五六）も設立時の綱領を紹介している。両者は、句読点と仮名遣いに微小な違いがあるとはいえ、表現はまったく同じである。大淀は『工政』二〇一号（一九三七年）に記載された文面を引用している。

（3）工政会誕生後に『工政会々報』が発行され、創刊号には「工政会設立趣意書」が記載されている。その設立経緯を検討しながら、趣意書を紹介したのは葉賀七三男（一九八六）であった。葉賀の紹介した趣意書は「創立二十周年記念号」として刊行された（『工政』二〇一号（一九三七年三月号）にも、そのままの表現で再録されている。『工政』二〇一号から、最初の一節を引用してみたい。

「国家の隆替は懸りて工業の盛衰にあり。工業を外にして国家を拓くに由なく、工業の後援なき国防論は畢竟架空の言議たるに過ぎず。現時の禍乱に際し、各交戦国の鋭意其の工業施設を緊張して、最後の捷利を獲得せんとするの努力と奮闘とは実に吾人に対つて、甚大甚深なる衝動と教訓とを與ふるものに非ずや。今にして大に工業会を刷新し、之が振作発展の策を確立するに非ざれば、帝国の前途実に寒心に禁へざるものあり。国家焦眉の務之より急なるは無きなり。」

（4）（無署名〈工政会f〉一九二四「工政会主催全国工業家大会記」『工政』六一：四四）。

（5）『工政』六五号（大正十四年）は「名古屋工業大観」を特集している。この時、倉橋藤治郎（工政会常務理事）は「産業国策上に於る名古屋の地位」を発表した。

（6）この時の決議案は、他に「動力問題に関する決議」、「工業教育に関する決議」もなされている。参考までに掲げておく（無署名〈工政会h〉一九二六：八五―八六）。

動力問題に関する決議：

1、吾人は政府が速に権威ある動力調査委員会を組織し、以て送電幹線網の完成を促進し、動力資源活用の完璧を期すると共に、各種資源の開発上、遺利なからしむるの方策を確立せんことを望む。

工業教育に関する決議：

1、吾人は工業教育を普及発達せしめ、殊に工業補習教育の改善を計り、之れを拡張充実するを以て急務と認む。
2、吾人は官民共同して優良なる職工長養成の途を講じ、其待遇を改善せん事を期す。
3、吾人は工業に関する社会教育施設、例へば工業図書館、工業博物館等の普及発達を望む。

（7）例えば、昭和三年十月一日から十一月三日まで大阪国産振興会主催で「国産化学工業博覧会」（吉野孝一編　一九二九）、昭和八年三月二十日から四月二十日まで大阪府立貿易館と大阪城内天守閣で「全日本国産洋服博覧会」が開催されている（大阪洋服同業組合編　一九三三）。その他にも、昭和十年には「産業総動員」をスローガンに掲げて日本工業新聞社主催の「工業大博覧会」（梶山義三編　一九三五）、昭和十一年には「大阪産業工芸博覧会」（中山修三編　一九三六）が大阪府などの主催で開かれている。

（8）阪谷芳郎は、大蔵大臣を経て、大正博覧会当時は東京市長を務めていた。

（9）明治期には風変りな博覧会が見られた。明治三十九年の「汽車博覧会」と「巡航船博覧会」である。前者は汽車、後者は汽船に展示品を積んで各地を訪問するという博覧会である。「巡航船博覧会」については、明治三十九年のロゼッタ丸就航を取り上げ、それが名古屋港の開発にも所縁があったことは、第九章で述べる（図Ⅷ—1、参照）。「国産汽車博覧会」は明治期に登場したが、今回の「国産振興汽車博覧会」も、明治三十九年と主旨は同じで、展示品を載せた汽車を走らせ、主要駅で開陳する方式の博覧会であった（図Ⅲ—1）。東京、横浜、名古屋、京都、大阪、神戸の商業会議所が聯合主催となり、阪谷芳郎会長のもとで、大正十五年十月四日に開会式が行われた。五両連結の列車を用意し、座席を撤去して中央に陳列棚を設け、国産品を陳列した。日本を東西の二地域に分け、この列車を走らせ、各都市をめぐらせたのであった。

東京を起点とする東部列車は、大宮、前橋、足利、水戸、仙台、盛岡、青森、弘前、秋田、山形、福島、郡山、新潟、高岡、長野、松本、甲府、名古屋、岐阜、津、豊橋、沼津、横浜の二三カ所を廻り、一方、大阪を起点とする西部列車は神戸、姫路、岡山、尾道、広島、三田尻、下関、山口、浜田、出雲今市、松江、米子、鳥取、豊岡、福知山、新舞鶴、敦賀、福井、金沢、長浜、大津、京都の二二カ所を廻った。

東部列車の出品人員は総数で一〇八名、出品点数は五六八〇余点を数えた。出品物は食料品、化粧品、文房具、染織品、衣類および付属品、紙類、金属製品、機械器具類、雑品などであった（杉浦俊岳編　一九二六a：一〇—一一、一九二六b）。

(10) 国産振興委員会の第四回総会は、昭和二年一月十三日、商工省会議室にて開催された。その時の議事録は、国産振興委員会から、『国産振興委員会　第四回総会会議録』として印刷されている。その「附録」として「国産振興委員会官制」が掲載されていて、第一条には次のことが明記されていた（国産振興委員会編　一九二七：一八―一九）。
「国産振興委員会ハ商工大臣ノ監督ニ関シ、関係各大臣ノ諮問ニ応シテ国産品ノ改良、使用奨励其ノ他国産ノ振興ニ関スル事項ヲ調査審議ス。委員会ハ国産ノ振興ニ関スル事項ニ付、関係各大臣ニ建議スルコトヲ得。」

(11) 「航空館特設／長足の進歩を示した／我航空工業を紹介」『東京朝日新聞』、昭和三年一月八日。

(12) 『東京日日新聞』（昭和三年三月二十三日）は、「子供の国」について、この時の様子を記事として伝えている。

第二部

郷土、観光、国際化：地方都市が燃えた昭和の時代

第四章

鉄道とラジオ：インフラ整備と博覧会

柳田國男の『明治大正史　世相篇』のなかで旅を論じた文章はもっとも力強い印象を刻みつけていて、柳田の時代感覚を知るうえで欠くことのできない表現がそこかしこに満ちている。とりわけ鉄道の話題は興味をそそる。そのため、柳田の鉄道観を論じてきた識者は今までに多く、宇田正もその一人である。柳田の論じた鉄道の意義に注目し、その著作に収録された一節、「汽車の巡礼本位」を評価し、宇田は次のように語る。「近世以来の日本人大衆の社会的行動様式としての〈巡礼〉習俗が、近代以後のわが国内での鉄道建設・経営方針策定の下敷きとなり、同時に人々の鉄道利用の局面において独自な旅行風俗文化として広汎に再生産されてきた」と説くのが、その論点である（宇田正　二〇〇七：一六八）。鉄道の建設を日本人が受容してきた背景には近世の巡礼文化がある、と説く議論には興味が湧く。だが、宇田が柳田を積極的に評価する理由は別にあって、冬の豪雪に苦しんできた北陸の日本人の心性を鮮明に表現した柳田の文章に接したからである。

柳田は、汽車の通じたことを素直に喜ぶ人々の姿を感動的な言葉で綴っている。明治政府が「全国一様の教育制を布いて、子供を先づ引出したのは英断」であるにしても、それだけでは近代日本は生み出されない。山岳などが連なる日本の自然状況を考えた時、その地政学的条件のもとでは日本は国家として容易に政治統合できるものではない。この天然の障害を克服することが何より重要だったと言い、山野を貫徹し、自然の障害を克服した鉄道の意義を強調する。そして、「新たな生活様式を附与した力」を持つ鉄道は「偉大のものであった」と感嘆し、柳田は次のような切れの鋭い一言を放つ（柳田國男　一九三一ａ〔一九七〇ａ：二六二―二六三〕）。

汽車は雪害には自分も散々悩みながらも、兎に角この間へ新たなる一道の生気を送り入れたのである。

柳田の雪国に対する深い思いは、この「新たなる一道の生気」という表現のなかに込められている。冬の間、深い積雪に閉ざされて外界との関係が閉ざされた世界が、鉄道の開通によって外の世界と結ばれた時、その感情を巧みに表現したのが、この言葉である。若い時代、農政官僚であっただけに、鉄道敷設に情熱を傾けていた政府官僚、旧華族、あるいは新興ブルジョアジーとともに、一般人の鉄道への想いを柳田はよく理解していたに違いない。柳田は、この鉄道の登場に伴って明るく輝くようになった人々の表情を見ていた。北陸や東北の旅を何度も経験している柳田が、積雪に覆われた雪国を過度にロマン化して夢物語にして語ることなど、できなかったはずである。この柳田の想念をかなり後になって実現したのが、政治家の田中角栄であった。

田中角栄の『日本列島改造論』（一九七二年）はよく知られている。田中は都市と農村の格差を埋めるべく国土開発を推進したが、一方では農業の荒廃をもたらしたとして、当時は村落社会の研究者ばかりか、マスコミや多くの評論家、さらには社会党（現：社会民主党）などの政治家から批判の的に晒されることが多かった。その著書で主張した「地域開発論」は、政治家の立場からの政策論として提言されていて、柳田の立論とは距離がある。しかしながら、柳田がインフラ整備の重要性を説く時、柳田と田中との間には通底していた発想が横たわっていたと考えてよい。あるいは生活基盤の充実が最重要な課題と考えていた明治大正期の農政官僚にして民俗学者の柳田國男は、経世済民の立場から、高度成長期に総理になった田中角栄よりも早く将来の日本を見据えていたと理解した方がよいのかも知れない。ただし、こうしたインフラ整備の結果、民俗学の対象とする民間伝承が衰退してしまうとまで柳田は想い描けなかったようである。農村人口の急激な都市への移住によって、それまでの村落社会が担ってきた世界は大きな変貌をとげたわけで、柳田が民俗学的習俗の消滅まで見通しを立てていたわけではない。柳田自身の言葉を使えば、イギリスと同じように、日本が「砂漠の植物学」のフィールドになるとは想定していなかったに違いない[1]。

だが、別の角度から議論を起こせば、田中角栄とは違う柳田の位相が浮かんでくるように思える。ここで田中角栄に関わる一つの挿話を考えてみたい。田中角栄の日本列島改造論に対する評価は数あるなかで、米田雅子の著作は秀でている。公共事業の取り組みへの先見性を評価しつつ、他方では地域主権への配慮が欠落していたところに限界性を読み取る米田は、その著作では、戦後第一回目の総選挙に出馬した田中角栄の演説の紹介から始まっている。新潟と群馬の県境にある三国峠を崩してしまえば、日本海の季節風は太平洋に抜け、越後には雪が降らなくなるので、雪害に苦しむこともなくなるという主旨の演説である。この大言壮語の発言に、米田は田中角栄の政治家としての原点を見出している（米田雅子　二〇〇三：九―一〇）。そこには「裏日本」と「表日本」との地域間格差の是正に執念を見せる田中角栄の真骨頂が見える、と米田は言う。ところが、この三国峠には旅人の心を癒す「権現堂」が建立されていた（図Ⅳ―1）。すでに述べたことだが（第一章九頁および十一頁参照）、トンネルを掘り汽車を通過させることは地域住民の生活を向上させるので、たとえ山霊を怒らせても実行すべきだと言うのが柳田の立場であった。それならば、田中角栄と同じように、この三国峠の権現堂を破壊することに柳田は了解したであろうか。仮想のたとえ話といえども、この演説を聞いたなら、柳田はためらいを感じたに違いない。山霊を怒らせるだけならよいとしても、民間信仰の世界まで消失させるような政治行動に柳田は加担しなかったであろうと考えるのは、いたって順当な判断である。「生活史蹟」の意義を重んじる柳田は、田中角栄のような急進的な改革者ではなかった。柳田国男の保守主義と田中角栄の革新的改革主義者との根本的差異はこの点にあった。

　田中角栄との譬えは置いておくとしても、東京生まれの知識人の境遇から抜け出せなかった夏目漱石と比べてみれば、経世済民家としての柳田は、漱石との間に越えがたい溝が横たわっているのを実感していたはずである。夏目漱石の鉄道観については、柳田國男と対比させながら第一章で触れておいた。夏目漱石をいくらかでも弁護して言えば、日本の将来が十分に見通せなかった明治期と、それなりの経済発展を遂げた大正昭和の時代の違いが両者の発言に差異をもたらした、と言った方がよいのかも知れない。それほどまでに、柳田が過ごしていた時代の変化は激しく、その変化に晒されながら生き続けた人々の生活を柳田は読みこなしていた。この柳田の考えを敷衍していけば、この時代の変化、とりわけ鉄道網の全国的な展開がもたらした変化こそが、地方での博覧会開催を力強く駆動させる原動力になったと了解できる。鉄道の開通によって東京と地方都市は近い関係に入り、文化の均質化が進んでいった一方で、地方都市は中央との差異を求め、独自性の根拠を見出そうとする動きが生まれてきたことを指摘しておきたい。地方都市での博覧会を問題にする時、この観点は重要である。昭和という時代は、複雑な顔を持っていたのである。

図Ⅳ－１　三国峠の「権現堂」（絵葉書）

第一節　地方都市の鉄道誘致活動

新橋・横浜間に鉄道が敷設された明治五（一八七二）年以降、地方都市を結ぶ鉄道が相次いで建設されていき、日本のインフラが整備される土台造りが進行していった。鉄道敷設は官設のみならず、私設でも進められ、とりわけ旧華族が発起人になって民間資本の投資がおおいに活用されたことは、日本の資本主義経済の成長を促す結果をもたらした（張或詧　二〇一五：三四）。明治政府側でも鉄道事業の推進は最重要な政治案件であった。明治二十四年七月、鉄道庁長官の井上勝は鉄道建設を国家的な事業として位置づけ、国会で「鉄道政略ニ関スル議」として審議していく道筋を整えている。この時期の国会での審議では、鳥海靖（二〇一四：三〇四―三一四）が詳しく解説するように、鉄道建設の意義が熱く論じられていて、基本的法案として「鉄道敷設法」が決議されている。明治二十五年六月二十一日に成立したその法律は、第一条に「政府ハ帝国ニ対シ必要ナル鉄道ヲ完成スル為漸次予定ノ線路ヲ調査シ及敷設スル」とあり、その第二条では、中央線など一三路線の設置を決議している（日本鉄道省　一九七二：九五五）。その後、路線の延長、それに関わる建設費などを検討しながら、帝国議会は「鉄道敷設法」の改正についての審議を何度も行い、路線ごとに「鉄道敷設法」の改正を行ってきた。

社会資本としての鉄道網の整備は明治政府の宿願であり、幹線鉄道網の拡大は「鉄道敷設法」の施行以来の国家的事業であった。しかしながら、東海道線、信越線などは早くから鉄道敷設に向かって動いていたのに対して、地方ではこうしたインフラ整備は遅れをとっていたのが実情であった。道路の建設と並んで鉄道網の整備は地域生活に直結するため、日清戦争前後には地元有力者は既設鉄道の延長を含め、鉄道敷設を要求し、政府に対する陳情活動を積極的に進めていた。松下孝昭の著作には、こうした地方における鉄道の誘致運動が詳細に論じられている。豊富な資料を列挙したうえで、日清戦争前後の私鉄ブームにも触れながら、松下は地域社会で盛り上がった鉄道熱を語り、この時期の状況を次のように総括している。すなわち、「民間活力を動員し、官と私があいまって、近代日本が求める社会資本としての鉄道網の拡張を実現しようとする国民的運動が見られた時期」と位置づけたのである（松下孝昭　二〇〇五：一八九）。

社会資本の整備に向けての「国民的運動」は活気に満ちていて、地方自治体と住民とが一体になって盛り上がりを見せ、華々しく展開していく。松下の例示した資料のなかで、『木曽福島町史』第三巻に記述された箇所は、まさに迫力を以て迫る地元民の姿を浮き彫りにしている。木曽谷を通過する鉄道の敷設計画は明治初期にすでに始まっていた。実は、この鉄道計画はイギリス人建築家のボイルの探索に始まり、その後を継いでホルサムの実地調査が関わっていた。このあたりの様子については、島崎藤村の『夜明け前』に書かれている。見慣れない外国人ホルサムが来て、双眼鏡を覗いている場面を見た木曽谷の住民は、異国の風俗を珍しがって眼を丸くして取り囲んでいた、と藤村は記している（島崎藤村　一九六七：四四七）。

このような今となっては笑い話の世界も、明治十六年に中山道鉄道の敷設計画が具体化された頃、地元・木曽の有力者の招致活動は周辺自治体との間で熾烈な競争を引き起こしていた。隣接した伊那谷でも、木曽に対抗して熱心に誘致活動を始めていたからである。この両者の誘致活動は、互いに牽制しあいながら激しさを増していく。政府への陳情も繰り返され、何度も嘆願書は提出された。これほどまでに鉄道施設に執着する理由は、鉄道の開通は地域の活性化、産業の育成に欠かせないとの認識を持っていたからである。伊那の生糸か木曽の木材か、陣情合戦の主題はこのことに要約される。だが、明治政府は東京と大阪を結ぶ路線を幹線鉄道としたため、これらの招致活動は成果を上げられず、失望の輪だけが広がっていった。

木曽の森林資源は豊かである。地元も中央政府も、その資源活用は国家経済のうえで有益だとの認識は持ち合わせていた。伊那特産の生糸より木曽の森林物産の方が価値あると主張する木曽側は、伊那側を牽制しつつ、繰り返し政府に対しての請願を行っていた。招致運動に熱心に取り組むなかで、明治二十四年には木曽側は「鉄道敷設関係同盟会」を結成し、強力な運動方針を打ち出している。住民代表が上京し、また地元の県会議員が熱弁を振るったりした活動は功を奏し、木曽側の働きかけは政府動かし、第六回帝国議会に法案が提出されることになる。明治二十七年五月に議会で可決され、翌六月には法律六号をもって公布され、ここに木曽線開通が正式に決定された。この時の全郡全町あげての喜びは『木曽福島町史』に掲載されている（木曽福島町教育委員会　一九八三：七〇七）。

此日、挙町期せずして、国旗球燈慢幕にて飾り、同夜は旅館つたやに於て、大祝賀を開き、続いて同月二十九日木曽線貴族院も通過したりしも、議会は六月二日対外強硬派上奏案にて解散となりしも、鬼の首を得てからの解散である。後は野となれ、山となれ六月九日を以て上京委員十年の懸案を解決して、全く宿年の問題を一挙に収め、金馬銀鞍、勲功を提げ威儀堂々振翳して凱旋せらる。

国会は解散風で揺れていても、すでに正式決定を受けて法案は成立している。その結果を受け、町村全域は歓びで湧き立っていた。木曽路の住民が国旗を掲げて祝賀した様子からは、鉄道開通をいかに待ち望んでいたのか、人々の心情が伝わってくる。旅館で国旗、球燈、慢幕を飾って祝賀会をあげ、金馬、銀鞍、勲功をさげて凱旋する地元代表者を慰労する様子は派手すぎるほどの演出効果をあげている。鉄道開通には多くの利権が絡んでいて、政治家の懐具合を勘ぐるべきかも知れないが、この鉄道開通は住民側の期待の成果であったことに間違いはない。最大の受益者としての住民が鉄道敷設の主人公であった。この木曽の鉄道開通の一件こそは、鉄道の開通に際して、柳田國男が「感歎の声を惜しまなかった」と観て取った世界を代弁している。

上越線開通に関しても興味深い挿話を耳にすることができる。上越線は群馬県の高崎駅から新潟県の宮内駅までの全長一六五キロを走る鉄道である。大正七（一九一八）年十二月に着工し、途中に清水トンネルなどの難工事を抱えていたので、昭和六年九月に完了するまでに十二年十カ月を要していた。それまでに信越線が明治三十一年に全通していたので、東京から高崎、長野、直江津経由で新潟に行くことはできた。しかし、その路線は大回りであった。上越線の全通は東京と日本海沿岸都市との関係を一変させることになった。その全通は、東京からの距離を縮めるとともに鉄道料金を大幅に引き下げ、時間的にも四時間も短縮させることになった。

新潟市は港湾都市であり、日本海沿岸のなかでも人口の多い新潟県との交通網の整備は国防上から、また資源開発の観点からも要望されていたが、鉄道敷設をめぐる利権の軋轢から遅々として進まなかった経緯がある。政府に陳情する動きが起こるなか、二十世紀になると政治家、とりわけ政友会系政治家の活動が積極的になってくる。なかでも、原敬は地方の振興を図るために鉄道建設の意義を唱え、上越線全通に向けて奮闘していた。この動きに歩調を合わせ、地元でも運動が高まっていく。この運動については畢可忠（二〇〇二）が詳しく論じている。地元からの陳情を受け、衆議院でも一九一八年二月に「上越鉄道敷設法」を可決したが、どの地域を経由して高崎から長岡に至るかで議論はもめ、地元との折衝を繰り返す経過をたどっていく。鉄道敷設は経済的利権、軍事的側面などが交錯しながら進められていくものだが、この時も地元住民の積極的な運動が起きていた。

畢可忠は地元紙の『新潟新聞』などを検証し、魚沼地方につくられた「上越線期成同盟会」の熱狂的な誘致活動を紹介している。政党間の党利党略を非難し、地元を通過する上越線建設を訴える会合で、多くの弁士が熱弁を振るった際、「満場は割れるような拍手」が起こったと、その熱望の高まりを指摘している（畢可忠　二〇〇二：三一〇）。地方の住民にとって、鉄道の開通は都会文化の受け入れを意味していた。新潟県民からすれば、新しい文明開化の波が押し寄せてきたことになる。先に引用した柳田國男の見た世界とは、こうした人々の「割れるような拍手」を代弁していたのである。

北陸の雪国は小説家にとっては幻想的な世界であって、「国境の長いトンネルを抜けると雪国であった」（川端康成　一九三七）と情緒的に描かれるにしても、生活者にとっては「雪地獄」（小野坂庄一　一九九七：二八）であった。上越線の開通した頃の古い写真を収録した『上越線の80年』には多くの挿話が掲載されていて、全通した後、出稼ぎで冬季に上京した若者が、春になって帰郷した時の様子が語られている。かつての時代、人々は農作業のできない冬が来ると、出稼ぎのため、鉄道に乗って東京方面に旅立ち、春になって帰郷してくる。「雪が消え始め、蕗のとうが顔を出すころ、この若衆はポツリポツリと駅に降り立つ。東京スタイル、東京言葉で……。これを〈東京新下り〉と称し、居残り組はなかば羨望、なかば軽蔑の眼で迎えたものであった」（阪西省吾　一九九七：二二二）。鉄道の開通がもたらした悲喜こもごもの感情はみごとにこの文章に集約されている。新しい文明世界への羨望と嫉妬、鉄道の出現は雪国に住む人々の心に深く刻まれていった。鉄道は新しい世界、東京の新文化の導入と切っても切れない関係を打ち立てたのである。

さらに一例、鉄道が敷設された時、地方住民が歓呼の坩堝に飲み込まれた様子が読み取れる出来事を紹介してみたい。姫津線は姫路から岡山県の津山市を結ぶ路線である。この姫路から岡山県江見を経て津山に至る鉄道敷設は、大正十一年に「鉄道敷設法」（改正法）で定められていた。実際に測量に着手したのは大正十三年で、工事着手はさらに遅れ、昭和二年七月になって姫路側から着工された。姫路・余部間の開通は昭和五年九月一日であった。一方、津山側は昭和七年九月に工事に着手し、昭和九年十一月二十八日に津山・美作江見間が開通している。姫路と津山との双方から進められた工事が完成したのは昭和十一年四月であって、姫津線全通には起工以来十二年かかっている。以前は吉井川の船便を唯一の交通手段としていた美作地方は、この全通によって四通八達の世界に暮らして行ける状況が作りあげられたのである。姫津線の全通は津山から姫路を経由して大阪方面に至る行程を大幅に短縮し、運賃も格段に割安になり、交通の便がよくなる効果を生み出した。これまで因美線が鳥取・東津山間を走っていたので、この鉄道の開通によって関西と山陰地方との距離もまた短くなった。
こうした鉄道網の整備は地元民に生活上の便宜を与えるものとして、おおいに歓迎された。全通式が行われた当日の『山陽新報』（昭和十一年四月八日）には、大きな活字が躍っていた。

「けふ待望の姫津線全通式」、
「春、播美の平圃に／高鳴る汽笛朗か／津山市で盛大な全通式挙行／歓びの声全線に漲る」

この全通を祝福する記事を『山陽新報』は多く載せている。姫路市長は「産業線として　その使命は重い」と語り、津山市長は「姫路と結んで利用に努力せん」と寄稿し、「阪神地方への最短線となし、時間的また物質的に非常な恩恵」を得ると喜んでいた[2]。この鉄道の全通は、美作地方の住民に対して隔世の感を抱かせたはずである。ちなみに言えば、江戸時代、津山、鳥取、松江などの諸藩の大名は、この道筋に沿って参勤交代していたのであった。
姫津線開通の当日は博覧会（「津山市主催　姫津線全通記念産業振興大博覧会」）の開催直後であった。祝賀気分に湧く津山市の模様を新聞記事は「明粧された津山」と題して、こう伝えている（『山陽新報』昭和十一年四月八日）。

中心街各街は〈祝全通〉の文字を連ねた色とりどりの装飾を施し博覧会場から式場一帯の道路は広告燈、まんまく提灯などを以て埋め、六千余名の本社旗を翳した学童の旗行列は固より二十数団体の囃道中、仮装行列などどっと繰出し、津山市を始め沿線各地を練歩くことになって彌が上にも祝賀気分を意識させている。

この記事からは、提灯行列、仮装行列などが街中を練り歩くことで、祝賀気分の高揚した様子が浮かんでくる。鉄道の開通は人々を熱狂させていた。新聞は続けて、こう伝えている。岡山放送局は祝典の状況を全国放送で中継放送し、翌日には市内の朝日劇場で芸妓の出演で演芸大会「津山の夕」を開催する、と。(3)

第二節　鉄道建設と博覧会

鉄道の誘致、あるいは港湾施設の拡充を求めて政府に働きかけてきた地方都市の運動は、大正末から昭和初めにかけ実現へ向けて大きな一歩を踏み出している。その運動には地元への経済利益の誘致という性格が濃厚に認められ、誘致によって地域の活性化を図る意図が込められていた。鉄道という住民の生活に重大な影響をもたらすインフラ整備は、この時期にはおおむね歓迎されたようで、誘致に成功した地方都市は祝賀気分で盛り上がっていて、県庁所在地では大がかりな博覧会が相次いで開催されていた。

東京、大阪、京都などの都市を除いて、地方都市が大掛かりな博覧会を開催したのは、大正末から、とりわけ昭和の時期になってからである。明治期にも地方都市では「共進会」という、特産品を陳列する「物産会」は各地で行われてきた。しかしながら、「共進会」、あるいは物産会の水準を超えた博覧会が地方都市でも流行するようになったのである。その背景には、「国産振興」の運動が全国的に拡がり、地方都市でも産業の発展を推進しようとする気運が各地で昂揚していったことに理由がある。この時期の博覧会の名称を見ると、多くの場合、「産業」とともに、「国産振興」という冠が被せられているのに気づく。地方都市が産業の振興を目的とした博覧会の開催に熱心であったことには、十分な理由があった。

しかしながら、「国産振興」という名目だけで博覧会が開催されたわけではなかった。この名称は地味すぎる。地域産業の発展に資するためと言いつつも、人々を魅了させる名称を付ける必要があった。入場料収入を得るためには、大義名分で魅了し、人々の足を会場に向けさせなければならない。中央から伝達された「国産振興」という官製イデオロギーを振りかざしただけでは、地方住民の興味は呼び起こされない。それに引き替え、地方住民にとっての最大の関心事、すなわちインフラ整備を謳い上げれば、人々の歓心を呼びこむことができる。実際に、鉄道事業の達成、電力事情の好転、こうした日常生活の質の飛躍的向上が整うことで祝賀気分が高揚していく様子を先に見ておいた。地方自治体はその機会を見逃さなかった。「国産振興」を表向きの宣伝文句に据えながら、博覧会の名称に「（鉄道）開通記念」と銘を打っているのは、そうした事情があったからである。もっとも、インフラ整備は鉄道ではなく、港湾設備の改善を謳い上げた都市もあった。駅の大規模な改築を祝賀記念の目的とした都市もある。いずれもインフラ整備に関係した事業には違いない。以下、その博覧会の実例を示しておきたい。引用文は、博覧会の「開催趣意書」、あるいは「会則」、「規則」など公式文書の一部である。ただし、読みやすくするため、カタカナをひらがなに変え、適宜句読点を補っている。

「国有鉄道開通記念　全国産業博覧会」（松山市主催、昭和二年四月十日―五月十五日）

「趣意書」：「我松山市民か多年翹望せし国有鉄道松山線、漸くにして近く開通を見ることとなれり。印《ママ》ち市民満足の誠意を披歴すると共に、意義ある記念を貽さむか為め、一大博覧会を開催し、汎く内外の物産を蒐集し、当業者の工夫研究に資し、本市産業の進歩発達を促さむとす。」（田中租編　一九二八：一）

「山形市主催　全国産業博覧会」（山形市主催、昭和二年九月十一日―十月二十四日）

「趣旨及規則」：「帝国全土に於ける産業の真相を展開公示し、産業界の覚醒を促すは、蓋し邦家の急務を達成するの捷徑なるべし。……而して県下に於ける交通機関は近年頓に普及整備し、今や奥羽線、陸羽線及羽越線の全通に依り、縦横の往復至便なるに加へて、尚幾多の支線あり。山形市は此の中枢に位置し正に博覧会の開設地として適当なるを疑はず。」（山形市役所　一九二八：五）

「高松市主催　全国産業博覧会」（高松市主催、昭和三年三月二十日―五月十日）

「開設期成同盟規約」：「本会は高松港修築工事完成を機とし香川県産業発展を図る為め……。」（頼富浅吉編　一九二八：四）

「岡山市主催　大日本勧業博覧会」（岡山市主催、昭和三年三月二十日―五月十八日）

「趣意書」：「内外産業の現状を一眸の下に展示せしめ、以て産業界の向上、国産品の愛用に資し、延ひて貿易の発展を助長せんことを期す。／由来、我が岡山市は中国の大都市として、商工業の発展日に進み、交通機関整備し、今や近く陰陽連絡伯備線の開通するあり。実に運輸交通の中枢として遺憾なく、又文教の府たり、……。」（岡山市勧業課　一九三九：二）

「上越線全通記念博覧会」（長岡市主催、昭和六年八月二十一日―九月三十日）

「博覧会規則」：「本会は上越線の全通を祝賀記念して、且つ優良国産を陳列して産業の振興、文化の発達に資するを以て目的とす。」（新潟県長岡市役所　一九三二：二六）

「富山市主催　日満産業大博覧会」（富山市主催、昭和十年四月十五日―六月八日）

「趣意書」：「日本海は日満産業貿易上の活舞台となり、之と対峙せる北陸の地は一躍して我が帝国の表玄関たらんとし、特に我が富山県は雄基・伏木間、直通命令航路の業績日に挙がり、且つ本州中部横断鉄道たる高山本線も昨秋を以て貫通し、更に上海事変直後、計画を樹て県民の熱誠により一昨年開場したる富山飛行場は、客年五月より既に東京・富山間定期旅行、並に郵便空輸に併せ、立山遊覧飛行も開始せられ、加ふるに近く名古屋との航空通信の計画もあり、更に阪神は勿論、満洲航空路の開通も何れ実現を見るべく、斯くて海・陸・空に完全になる日満聯絡最捷路の地位を獲得せむとするなり。……　今や本市は、如上日満交通の要路に当れると、東岩瀬港の修築・富岩運河の開通・富山本線の開通等によりて、市勢頓に活気を呈し、……」（富山市主催日満産業大博覧会編　一九三七：四）

「呉市主催　国防と産業大博覧会」（呉市主催、昭和十年三月二十七日—五月十日）

ただし、これについては複雑な経過をたどっている。その理由は後述する。

「博多築港記念大博覧会」（福岡市主催、昭和十一年三月二十五日—五月十三日）

「博覧会規則」：「本会は内外に於ける海陸諸物産、及関係資料を展示し、以て本邦産業貿易の発展に資すると共に、併せて博多築港修築事業の現状、及本市の史蹟名勝を紹介するを以て目的とす。」（博多築港記念大博覧会・博多築港記念大博覧会協賛会　一九三七：四三）

「津山市主催　姫津線全通記念産業振興大博覧会」（津山市主催、昭和十一年三月二十六日—五月五日）

「会則」：「姫津線全通を記念し、内外産物の現状、並に本邦産業の進展に資すると共に、汎く津山市の現状を紹介するを以て目的とす。」（津山市主催　姫津線全通記念産業振興大博覧会並に協賛会　一九三九：一八）

「名古屋汎太平洋平和博覧会」（名古屋市主催、昭和十二年三月十五日—五月三十一日）

「趣意書」：「昭和十二年は名古屋港開港三〇周年に当り、……名古屋停車場の改装工事を始とし国際飛行場、国際観光ホテル等も同年初頭に於て竣工の予定にして、国際都市としての市容、茲に略成なるを以て……。」（名古屋汎太平洋平和博覧会　一九三八ａ：二）

「南国土佐大博覧会」（高知市主催、昭和十二年三月二十二日—五月五日）

「趣意書」：「土讃線の全通を記念して、大に精神土佐の特質を顕揚すると共に、産業、其他一般文化の発展に資するの目的を以て……。」（南国土佐大博覧会・協賛会　一九四〇：三）

この一連の報告は、多くの地方都市がインフラ整備を名目にして博覧会を行っていた事実を語っている。昭和十年に開催された「呉市主催　国防と産業大博覧会」もまた、本来は鉄道開通の祝賀行事として行われるはずであった。いささか説明しておかねばならない。この博覧会は「国防」を謳っているが、本来は「三呉線開通記念博覧会」として企画されたものであった。昭和八年に呉商工会議所が呉市長に提出した「陳情書」には、その事情が記載されている。[4]その趣旨は、軍港であり消費都市でもある呉市は商工業の発展に精進してきたが、昭和十年には三呉線が開通し、また広島市とは国道が開設される見通しであって、これを記念に博覧会を開催したいという内容であった（山田芳信編　一九三六：二六）。ところが三呉線開通は大幅に工事が遅れ、この名目での博覧会は断念せざるを得ない状況に陥ってしまった。ここで浮上した代案は、呉は軍港として成長してきた歴史を持っているということで、この歴史的背景を盾にして「国防と資源」をテーマにしたのであった。

以上までは、昭和期に鉄道などインフラ整備に伴って、それを理由に挙行された博覧会である。[5]博覧会開催の大義名分には、交通手段の完備という生活上の利便さが関わっていた。インフラ整備は大量の労力と多額の金銭を投入するだけに、地方自治体にとっては政治的に重要な意味を持っている。都市開発を歴史上の記念事業として祝賀すること、これこそが博覧会が求めていた意義であった。高知市では昭和十二年、土讃線全通を記念しての「南国土佐大博覧会」が開催されている。開催に至るまでには長期間にわたる鉄道誘致作戦が展開されていたし、また多くの難工事を克服していかなければ達成できない事業であった。実現までの過程を見ると、その難局を切り抜けるために相当なエネルギーを費消していたことが分かる。

高知県の産業界を背負って立つ「高知県商業会議所」（後に高知県商工会議所と改名）の設立は明治二十四年二月二十九日のことであった。この会議所の提唱により、明治二十六年九月五日に「土佐鉄道協会」が成立している。その協会は四国鉄道の敷設を目標に掲げ、中央官庁に請願書を提出し、早期の実現に努力していた。土佐鉄道協会は、大正三年四月二十四日に「四国鉄道期成同盟」と改名し、鉄道建設に向けての計画を推進していく。高知県に最初に鉄道が走ったのは須崎―高知間で、その開通は大正十三年十一月であった。この路線は距離も短いうえに、四国の他県との間は未開通のままであり、不便さは残されていた。その後も路線の延長を目指して行政側に働きかけていくが、地質的条件という大きな制約があって作業の進展は滞っていた。

四国には中央山脈が走っていて、それを横断するための山間部の工事は困難な作業であった。初期の段階では迂回路も検討されはした。けれども掘削技術の向上は鉄道工事に追い風をもたらし、最終的には当初に予定していた須崎―高知―池田―琴平―高松に達する鉄道が完成された。「全通式」が挙行されたのは、昭和十年十一月二十八日であった（高知県編　一九七〇：五〇〇）。博覧会が催されたのは昭和十二年になってからであるが、高知県民にとっては待ちに待った喜びの祭典であった。讃岐、阿波、土佐を貫徹した土讃線の全通は、高知県民が鉄道と連絡船を利用すれば、本州と直接的に交流できることを意味していた。この交通網の確立が当初からの願望であった。

土讃線開通に際しては、今では冗談にしか聞こえない逸話が記録されている。初期の段階では、政府中枢に働きかけるための理由を求めて様々な議論が交わされていた。「高知に連隊があるのに鉄道がないから、もし須崎湾に敵艦が入って来たら防御はどうするか」という議論もあった。須崎湾に面している高知市にまで軍隊を移動させるのに鉄道は必要である、という理屈である（津村久茂編　一九五一：四六五）。

実際に政府に対しての陳情書では、土讃線開通の目的として二つの理由が列挙されていた。一つは軍事的観点からの記述である。その要旨を言えば、世人は常に北門にばかり目を向け南門には注意を払ってこなかった。だが敵の艦隊が須崎に上陸し北上し、紀淡海峡に進出すれば、たちまち大阪は砲火のなかに陥るという説明である。第二の理由は経済的観点から出されていた。近年の浦戸港での輸出入は増加しているが、鉄道を使って販路を拡大すれば、さらに山間部の森林資源を活用できるし、米穀、呉服、紡績糸、石油などの日用品も廉価に入手できる、という内容であった（高知

市史編纂委員会編　一九七一：二八八—二八九）。

大阪防衛のため高知の海上警備を整えよという文言は、第二の理由を説得させるための、いわば枕詞にすぎないのであろう。このような大言壮語を中央官庁の官僚がまともに信じ込むなどおおよそ信じられない。むしろ、この陳情書の本意は土佐の経済開発にあったと考えるべきである。鉄道を海路に接続し大阪方面との交流を活発化させること、土讃線全通はこうした土佐の経済発展のための起爆剤として必要であった。これに加えて、室戸岬に代表される風光明媚な観光資源が土佐にはあった。鉄道を利用しての観光資源の開発、これが高知市側の本音であったと思える。

土佐観光協会の動きにも注目しておかねばならない。室戸岬が日本新八景に選ばれ、日本中の脚光を浴びたことで、昭和の時代にな

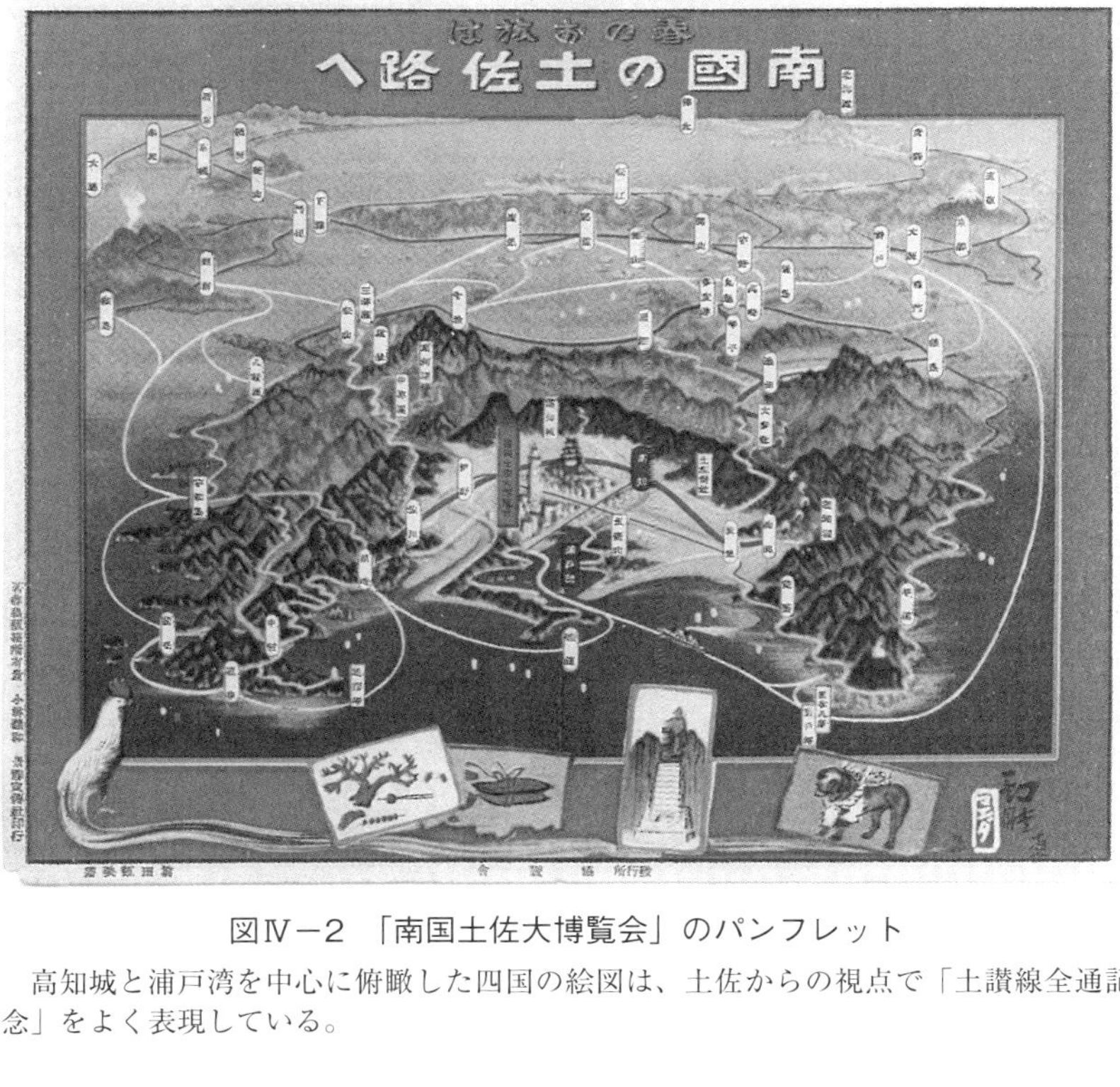

図Ⅳ−2　「南国土佐大博覧会」のパンフレット

高知城と浦戸湾を中心に俯瞰した四国の絵図は、土佐からの視点で「土讃線全通記念」をよく表現している。

ると観光協会の設立の気運が高まってくる。昭和七年十一月、「浦戸湾保勝会」が成立している。その後、商工会議所の活動が加わり、昭和九年に「土佐観光協会」が成立した。その時の趣意書、「土佐観光協会設立趣意書」には、観光客誘致の意義を踏まえて、こう記されている（高知市史編纂委員会編　一九七一：四三三）。

官民提携して当地特美の紹介宣伝に遺憾なからしめ、従来事業上の欠くる所を補ひ観光客誘致の実を挙げんとす。

鉄道の開通時は、官民提携による観光事業の推進が全国的に唱えられた時期と重なっていた。確かに、高知県には観光事業の対象が豊富である。浦戸湾風景、高知城、さらには浦戸湾に浮かぶ帆傘船も名物的存在であった。何艘もの漁船が魚群を追って網を投げ入れ、捕獲した魚を船上で料理することも観光事業の一つに加えられた。なかでも特徴的な観光施設は銅像の見物であった。土佐の歴史的人物と言えば山内一豊である。この銅像は大正二年に建立されている。板垣退助の銅像は大正十五年に建っていた。さらに昭和三年には坂本竜馬の銅像除幕式が挙行された。そのほかにも、昭和の初めには、明治時代の名将・谷干城、幕末の志士・中岡慎太郎の銅像も高知県内には建てられた。戦時期に坂本竜馬と中岡慎太郎を除き、他の銅像はすべて国家に供出され姿を消したが、大正から昭和初期にかけて銅像ブームが起こっていたのである。観光協会は、これら銅像を観光資源として活用した（高知市史編纂委員会編　一九七一：四三九―四四〇）。博覧会と観光事業の連携は昭和期の大きなテーマであった。このことについては、後ほど詳細に見ることにする。

第三節　博覧会場の鉄道館

ここで博覧会場を覗いてみよう。鉄道の開通と博覧会の開催との関連から推察されるように、会場でも鉄道に関する展示が行われていた。南国土佐大博覧会の会場には「鉄道館」という展示館が建てられていた。鉄道省国際観光局と運輸局、同時に広島鉄道局高知出張所も協力し、過去の時代を代表する多くの鉄道関係の展示品が出されていた。展示の目的は「県民の鉄道知識の普及向上」とされ、ジオラマ、模型、観光写真などが出品されていた。

だが、一見すると退屈感は免れない。会場には、鉄道統計の図表、風景写真、主要都市を走る列車の平均速度、それに線路の保守状況などの説明が並べられている。C53流線形機関車の型式図、D51半流線形機関車の型式図なども展示されていた。流線形機関車、踏切遮断装置の模型もある。とはいえ、全体として展示型式には動態性に乏しい印象は拭い切れない。

鉄道館は大きな目標のもとに建てられていた。それは、土讃線の全通で高松市から四、五時間で高知に到達できるようになった、と利便性を強調することにあった。「僻遠土佐、遠流の国との旧観念は一掃された」（南国土佐大博覧会・協賛会　一九四〇：五一二）との宣言文にこそ、まさに鉄道館建設の目的が表明されていた。しかしながら、観覧者の立場からすれば、図解説明や機関車の模型展示だけではなく、鉄道の楽しさを体験できる場所にすべきではなかったのか、期待していたのではないかと思われる。これは何もないものねだりをしているのではない。すぐ後で見るように、長岡市主催の博覧会では、ミニチュア版の路線に模型汽車を走らせる工夫がこらしてあった。観客に興味を惹くように工夫していたら、博覧会の盛り上がり方もかなり違ってきたはずである。

外部評価はともかくとして、高知県民にとって土讃線の全通は、間違いなく感極まりのない事柄であった。元高知市会議員はこの博覧会に当初から期待を寄せていて、「僻遠土佐をして交通文化の発達を認識せしめたことは確かに成功」であった、と評価している。さらには、「鎖国土佐より解放せられた交通文化の状態を実地に紹介し郷土特産品を宣伝」する機会にもなった、と自賛している。「僻遠土佐」、「鎖国土佐」という強い言葉遣いを通して、陸路の交通機関が遮断されていた過去に対して、明るい将来の発展を希求する高知県民の熱い思いが伝わってくる。鉄道の利便性がもたらした恩恵を強く感じさせる表現である（南国土佐大博覧会・協賛会　一九四〇：五二七）。鉄道館の展示が観覧者をどこまで満足させたのかは報告に乏しいが、この鉄道館そのものは県民の願望の成果であった。

昭和十年三月二十七日から五月十日までに行われた、呉市主催の「国防と産業大博覧会」を取り上げてみたい。その公式目的は、「本会ハ内外ニ於ケル産業ノ現状及国防資料ヲ展示シ我国産業ノ進展ニ資スルト共ニ非常時ニ際シ帝国国防ニ対スル認識ヲ深カラシムルヲ以テ目的トス」（山田芳信編　一九三六：五六）ということである。「国防」という題名からして戦時体制を連想させるが、開催までの経過をたどると、その実情は複雑であった。すでに簡略に説明しておいたが、ここで詳しく述べておきたい。

戦前、呉鎮守府が設置されていた呉市は軍港として日本中に知られていた。その一方で呉は消費都市としても栄えていて、さらなる発展を期待して、昭和八年八月三十日に呉商工会議所会頭は呉市長に対して博覧会開催の陳情書を提出している。その時の趣旨書を読むと、やはり鉄道敷設が関係していた。その内容は、おおよそ次の通りである。すなわち、昭和十年に三呉線（三原―呉間）が全通する予定であり、相前後して呉と広島間に国道も開設されることになっている。これを機に、優良国産品を全国に紹介し、産業の発達を図り、商工業の発奮を促したい。そのために、経済界躍進の素地を培養する記念事業として博覧会の開催は意義深い、という内容である。以後、順調に経過は進んで計画は実行されていく（山田芳信編　一九三六：二五―四三）。その経過の一部を記しておく。

昭和八年九月六日、勧業常設委員会の設置。
昭和八年九月十一日、呉市会で調査費一五〇〇円供出を決定。
昭和八年九月二十六日、「三呉線開通記念博覧会」開催準備委員会が成立。この時の会議で、委員長から「三呉線開通を機会に我呉市の産業発展と、帝国海軍の重大時期……を控えて、国防思想の宣伝を兼ねて、産業と国防の一大博覧会を開催」したい旨の発言があった。

しかしながら、鉄道工事は計画通りに進捗しなかった。鉄道関係者から、三呉線開通は昭和十年春には困難との情報がもたらされたのである。このため、全通祝賀の祭典に重ね合わせて博覧会を開催するという当初の方針は維持できなくなり、「三呉線開通記念」という主題ははずされた。予定通り博覧会の開催期日を変更しないとすれば、開催テーマを改めなければならない。急遽、先の委員長の発言、「国防思想の宣伝」という文言が浮上し、十二月二十二日に「国防と産業大博覧会」と命名された。呉という軍港にふさわしい名称であったが、その間の事情を考えると、ドタバタ劇の印象は拭い切れない。

だが、この名称変更は開催を有利な方向に導いていく。呉市には会場に適した広い平坦地が乏しい。そこで、呉市は会場を二カ所に分散して行うこととし、第二会場地を求めて他の機関との折衝をすることになる。その最初の依頼先は呉鎮守府であって、鎮守府を通して海軍と交渉を行うことになる。広大な敷地を保有している呉海軍基地の協力は開催に有利な条件をもたらした。

さて、鉄道館という展示場はいかなる状況になったのであろうか。『呉市主催　国防と産業大博覧会誌』は「三呉線開通記念館」の存在を記している（山田芳信編　一九三六：四五五）。その内部には沿線の名勝旧跡が紹介され、また特産品も展示されていた。瀬戸内海の風光を一望に見渡しながら、大パノラマで沿線風景を堪能することが、そこでの主題であった。だが、観光と産業の紹介に努めていたにしても、当初の計画から大きく逸脱したため、鉄道に関わる展示に関しては寂しい成果にならざるを得なかったのはやむを得なかった。

新潟県で昭和六年八月二十一日から九月三十日まで行われた「長岡市主催　上越線全通記念博覧会」は、地方都市の開催としてはかなり盛況に溢れていた。その開催趣旨が「上越線全通を祝賀、優良国産品陳列して産業の振興、文化の発達に資するため」という通り、鉄道に関わる興味深い展示が行われていた。

最初に、上越線全通に至る経過を要約しておきたい。帝国議会で高崎・長岡間に鉄道開設を決議したのは大正七年のことであった。この報告を受けて、新潟県実業団体聯合会議長であり、長岡実業協会長の渋谷善作は、大正八年十二月に新潟県知事に対して博覧会開催の建議書を提出している。だが、この建議書の提案は直ちには実現に至ることはなかった。その後、何年にもわたり、知事や市長あてに博覧会開催の要望は出されていた。当時、全国的に広がっていた博覧会開催の気運に乗じ、長岡市の有識者の間でもその開催を熱望する声が高まり、ようやく準備委員会が組織された。上越鉄道は昭和三年度に全線開通の見込みであったが、とはいえ工事は難航していた。工事に着工するも、群馬と新潟の県境には脊梁山脈が走っていて、清水トンネルなどの開鑿に手間取るという事情が横たわっていた。清水トンネルと言えば、アジア最長のトンネルであって、それだけに難事業であったことが容易に察せられる。結局、十二年余の歳月を費やし、やっと全通したのは昭和六年であった。

新潟県と言えば日本一の豪雪地帯である。それまで信越線や常磐線を介在させてしか東京と結ばれていなかった新潟県が、上越線の全線開通によって直接的に東京と接続されることになった。当時、上野・新潟間は信越線の直江津廻りで十三時間半、磐越線経由で十一時間を要したのに、この開通によって大幅に所要時間が短縮できるようになったのである。所要時間の短縮は利用料金の低下につながり、物資の輸送コストの削減になるし、人々の往来も頻繁になる。越後の商工関係者は人と物、情報の交流が密になり、新潟の発展に大いに期待できると考え、その利便性を歓迎した。さらには、上越線の全線開通は日本海と太平洋との連絡も容易になり、海外への飛躍を高めるという利点が見込める。それは、海陸の中心地としての役割を担うことが可能になったことを意味していた。

『新潟新聞』の「社説」（昭和六年八月二十一日）は、「上越線記念博開かる」という見出しで開通の意義を語っている。すなわち、「裏日本と表日本とを隔絶せしめていた千古の鉄壁を排除し去って、忽然として至便なる交通連絡の曙光を仰ぐことを得せしめた」大事業、と上越線開通に祝意を投げかけていた。清水トンネル開鑿は「千古の鉄壁」をうち破り、上越線全通は「表日本」と「裏日本」とを一体化させたと歓喜する記事は、八月と九月の『新潟新聞』に満ち溢れている。とりわけ九月一日から数日間にわたって、「上越線開通」と題した特集記事が連載され、関心の高さを表していた。

九月一日の『新潟新聞』には、「人類の高峰に輝く　科学の大威力／日本交通文化史上に新紀元　上越線けふ全通」なる記事が見られる。同じ紙面には、「越後の資源を充分開発せよ」（鉄道大臣　江木翼）、あるいは「全通を好機に奮起を切望す　日露貿易にも刺激」（新潟県知事　黒崎信也）などの記事も寄せられている。五日の記事には、新潟商工会議所会頭の白勢量作が「輸送能率増進と運輸系統の変化／交通経済に新紀元」と題したメッセージを送り、また高崎商工会議所会頭の山田正吉は「一層期待さる越後米の進出／高崎に正米市場必要」と所感を述べている。いずれも、上越線全通で越後の産業が発展できると期待を寄せていた。輸送能力の向上は日本全体を活気づけるのに貢献し、越後米の東京などへの出荷に利便性があるという口上には、現代を見通す先見性を認めなければならない。

そればかりではない。上越線沿線は観光資源にも恵まれている。交通機関の発展は観光事業にも影響を及ぼす。六日には、水上温泉の紹介が掲載されていた。そこには、「五ツ湯脈を抱く日本一の温泉／奥利根の上流に位して絶景の天然美」、「夏は山岳の魅惑　冬はスキーの興趣／汲めども尽きぬ水上」、「水上附近の五大温泉点描／夫々特質と景勝を」などの記事が目につく。八日には「全通に恵まれる利根の仙境／温泉背景の沼田」、「澤渡温泉／隠れたる名泉発見」など、奥利根の魅力を掻き立てる内容が散見される。こうした温泉の紹介は、『新潟新聞』という地方新聞の掲載なので、新潟県民を観光旅行に誘い出すために執筆されたのであろう。上越線全通ということで、日本の名だたる温泉郷の歓楽を、山脈の向こうの東京人と同じように共有できるとの思いを抱かせる記事である。

主催の上越線全通記念博覧会は、こうした鉄道施設の整備を背景として開催された。名称からも分かるように、この博覧会の大きな目的はこの鉄道事業の完成を祝賀することにあった。会場の規模は小さかったにもかかわらず、多くの人々の関心を集めたのは鉄道事業に関連して行われた展示にあった。鉄道の開通と博覧会の開催、この大きな出来事が相乗作用をなして人気を博したわけである(6)。

博覧会は八月二十二日から九月三十日まで開催され、この期間の入場者は、招待客を含め六二万六九八三人に達している（長岡市　一九三一：三八〇）。当時の長岡市は五万人ほどの小都市であってみれば、この数値は博覧会の人気ぶりを語っている。実際に新潟県下ばかりでなく、遠方からもかなりの人が参集したことを裏付ける証拠はある。

図Ⅳ－3　上越線・清水トンネルの工事現場

出典：東京日日新聞社 1931。

『新潟新聞』（昭和六年十月二日）は、「上越線の開通が持込んだ観光客」と題して、新潟駅と白山駅での九月中の乗降客の数値を報道している。新潟駅での乗車客は六万五二八六人、降車客は七万九七人であって、前年同月と比べてそれぞれ一万一四三人、一万六七一二人も増加したという。会場近くの長岡駅でも「一日五千名の人が動いた」と言われ、地元関係者の満足げな表情を窺うことができる。こうした盛況ぶりは鉄道業者ばかりでなく、当の博覧会主催者側にも利益をもたらしている。収支決算をみても、開催に関わった支出総額が二六万二六九円三五銭に対して、実収入では補助金、寄付金を含め決算額が三一万三五三七円十一銭であった。差引では五万三二六七円七六銭の剰余金を生み出す結果になった（長岡市　一九三一：四九一）。

『新潟新聞』は八月から九月にかけて頻繁に博覧会の様子を伝えている。長岡市が博覧会の熱狂にいかに包まれていたのか、記事からはその模様を知ることができる。開催直前から『新潟新聞』は宣伝に余念はなかった。八月十六日の記事では、「大掛りな博覧会　全く驚く外ない／急いで見ても三時間」と博覧会気分を盛り上げていた[7]。開催日、二十一日の記事では、「新潟県諸産業の大飛躍を切望す／上越記念博を機会に」と題した商工大臣・桜内幸雄のメッセージを掲載する。博覧会会長である長岡市長は「交通改善を機に産業進展の一助」と期待を膨らませた言葉を発している[8]。「夜は夜、昼は昼に　満艦飾の長岡市／博覧会場も街も綺麗にお化粧／さあ〳〵お出お客様」と魅惑的に表現したのは、開催日の光景を伝える八月二十一日の記事であった。

会場には長岡出品館、鉄道館、機械館、北海道館、陸海軍館、ラジオ館、各府県出品

図Ⅳ－4　上越線全通記念博覧会の鳥瞰図（絵葉書）

館、新潟県出品館、演芸館、農林館、通信館、蠶糸館、健康館、台湾館、満蒙館など、多くの展示館があった。そのなかで、「鉄道館」はどのような工夫が見られたのであろうか。その内部の光景について、『長岡市主催　上越線全通記念博覧会誌』は詳細に語っている（長岡市　一九三一：三三一―三三四）。この展示館にもっとも意気込んで参加したのは鉄道省であり、長岡建設会社との協力で独自の鉄道館を設立したのも鉄道省であった。その展示の主力はパノラマであり、汽車の模型であった。

鉄道館は二室に分かれていて、その第一室では電車の模型や清水トンネルの電化模型が置かれていた。見せ場は「東京より長岡まで」と題して、壁面いっぱいに広がったパノラマである。さらに初雪をいだく上越国境の山々のジオラマも並んでいた。

第二室に入ると、中央に小型の模型汽車が回転して廻っていた。それを囲んで壁面には上越沿線温泉のジオラマ、そして「関東から越後への交通の今昔」と題したジオラマが飾られていた。人気を呼んだ展示の一つは館外にもあり、実際に清水トンネルの掘鑿に使用した道具が置かれ、実物の岩塊を穿孔する場面が実演されていた。上越線施設にあたっての難工事を偲ばせる体験ができたのである。

この博覧会の見学後、多くの感想文が寄せられている。『長岡市主催　上越線全通記念博覧会誌』に収録された文章は、盛大に行われた博覧会への賛辞で綴られている。多少は割り引いて考えるべきなのであろうが、新潟県立長岡高等女学校一年生の感想文は本音が語られているように思える。その文章のなかで鉄道館についての感想は正直な気持ちが表現されているように思える（長岡市　一九三一：五八七）。

色々の出品物はいづれも珍しく趣味をもって覧られました。中でも鉄道館の現代の進歩した汽車、電車等の動く様をまのあたりに見て実に現代に於ける機械の進歩に驚きました。又あの大なる清水トンネルを掘るにつかった機械等が自ら動いてをるトンネル掘りの実況を見た事のない私もそれによりや、その実際を知る事が出来、その偉大なる仕掛にも亦驚かされました。

この女学生の語りから、県民の生活を豊かにした鉄道の進歩を喜んでいる様子が見てとれる。清水トンネルという難所を掘削した機械力に対しても、驚きの声をあげていた。鉄道建設には最新の技術が投入されていて、技術立国としての日本の姿が女学生の脳裏をよぎったに違いない。その素朴な感想は、夏目漱石の抱いた鉄道に対するいじけた悲観論とはまるで異質である。この落差は時代の差と見るべきなのかは措いておくとして、東京で享受できるような現代文明の恩恵を受けたことに、地方住民は素直な気持ちで接していたことは確かである。

第四節　ラジオの普及と未来都市

鉄道敷設が日本の片隅に至るまで展開されていった大正末から昭和期は、ラジオが登場し、その電波が日本中に拡散されていった時代でもあった。ラジオの発した情報が瞬時に全国に駆け廻ったおかげで、かけ離れた土地に過ごしながらも、人々は各地で起こった出来事の情報を共有できるようになった。鉄道が人と物を運べば、人の移動に伴って情報も運ばれる。この意味で鉄道は情報の伝達者であって、鉄道こそが明治以来の日本を作り上げた原動力であるならば、情報の伝達を主要な任務とするラジオもまた、近代の日本を作り上げた原動力であった。日本中を一つのネットワークで結び、情報の共有が進行すれば、各地の都市や農漁村ではしだいに生活様式の均質化が進んでいく。

大正後期に児童向けとして発刊された『子供の科学』は、子どもに科学的知識を授ける目的で刊行された雑誌である。この雑誌では、頻繁に子ども向けに新しい科学的知識が紹介されていて、大正十五年の新年号には附録として「ラジオ双六」が同封されていた。この遊びを通して、子どもたちはラジオについての最新の知識を身に付けることができた。双六画面に記載された事柄は、子どもたちには容易に理解できる内容ではなかったにしても、一通りの知識を与えるのに役立ったはずである。図Ⅳ―5を参照してみたい(9)。この双六は「遊ぶ時の注意」から始まる。書き出しは次の通りである。

> 双六を遊びながらラジオの知識をつけることができるやうに考案したものですから、そのつもりで遊んで下さい。まづ書物を見て受信機の製作を思ひ立ち、鉱石式から始め次第に高級のセットに進み、途中いろいろの障害が起こりますが、うまくやった人は名古屋、大阪、大連、上海を聴きとり、つひにスーパーヘテロダインまたは短波長で米国の局をとり、上がりになるのです。もっとも十二ヶ所は止むを得ず理屈に合はぬことになっておりますから、お断りしておきます。落雷

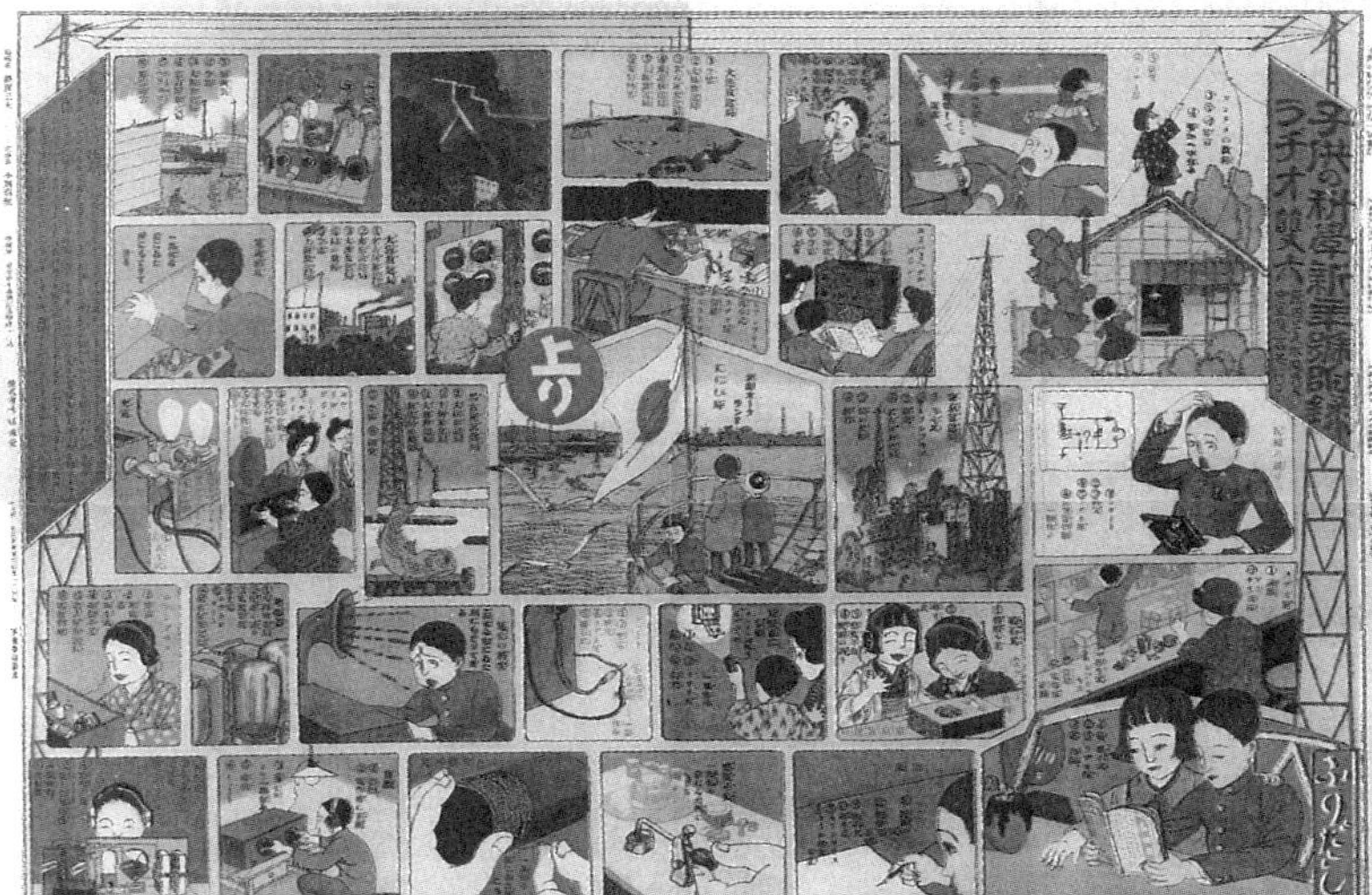

図Ⅳ―5　「ラジオ双六」

出典：『子供の科学』（新年号附録）、大正15年1月1日発行。

のところで感電した人は遊びを止めるのです。

この遊び方は、サイコロの目数にしたがって進み、あるいは戻るという日本の少年少女には慣れ親しんでいた一般的な形式にならっている。内容を読めば、遊びながらラジオに関わる知識を普及させようとした意図が汲み取れる。全部で三一局面からなり、「ふりだし」から「上がり」に至る過程には、ラジオの仕組みを解説し、また障害が起きた時の対処法を学ばせる場面が表示されている。この双六に表示された項目は次の通りである。

「ふりだし」―「出願」―「感度不良」―「コイル巻数不良」―「盗聴」―「再生式」―「レフレッキス」―「充電」―「電池消耗」―「上海放送局」―「短長波」―「空言」―「大連放送局」―「雑音」―「落雷」―「アンテナの故障」―「配線の誤り」―「ラジオ屋」―「アンテナ故障」―「電燈線に直続」―「ショート」―「電信の妨害」―「増幅器」―「ニウトロダイン」―「名古屋放送局」―「大阪放送局」―「放送局故障」―「研究」―「スーパーヘテロダイン」―「東京放送局」―「上がり　米国オークランド　ＫＧＣ局」

今はめったに見ることはできなくなった「鉱石ラジオ」などの言葉が出てきて戸惑うかも知れないが、一連の項目は、ラジオの操作方法、落雷などの障害に対する注意など、技術的な内容から成り立っている。配線の間違いや落雷の発生、その時の障害の対処方法も話題になっている。こうした障害を乗り越え、名古屋、大阪、上海、大連など各地の放送局と長波あるいは短波で交流し、ついにはアメリカの放送局に辿りつくという道筋が示されていた。ラジオを通じて、各家庭は日本各地、さらにはアメリカとまで交流できることを学ばせていたわけである。遊びながら科学的知識を身に着け、新たに登場してきた情報社会に活きる喜びを感得させること、これこそがこの双六の眼目であった。

このような情報手段の発達は大正から昭和にかけて目覚ましかった。日本でラジオ放送が開始されたのは大正十四（一九二五）年である。第一次世界大戦後、無線通信はモールス信号にとって代わり、より早く情報を伝達できる手段としてのラジオはアメリカで開発され、またたく間に日本に伝来した（竹山昭子　二〇〇二：一二、越野宗太郎編　一九二八：一）。音声が直に遠隔地に伝わる革新的な産物の登場は日本社会に衝撃を与えないはずはなかった。博覧会はこの動向に着目し、ラジオ放送の普及に貢献していく。

昭和六年、「市制施行二十周年記念」と「国産の愛用及び本邦産業貿易の振興」と銘打って、浜松市は「全国産業博覧会」を開催する。この時、日本放送協会東海支部の特設館として「ラジオ館」がつくられていた。毎日二名の係員が出張し、ニュース番組などの実況放送をしていた（浜松市市役所編　一九三一：二二三）。同じ年に行われた長岡市の「上越線全通記念博覧会」でも「ラジオ館」が建てられ、発信設備、受信設備などの放送設備が展示されていた。さらには、地元の北越新報社では、毎日のように民謡、唱歌、古典音楽など、演芸番組の放送を流していた（長岡市　一九三二：三四六―三四七）。

札幌放送局が立ち上げた特設館にはラジオの普及をもくろんでパノラマ展示が出現した。各種のラジオ附属品とともに、テレビジョン発信・受信も紹介されていて、「テレビジョンは各種実験を為し、観覧者を驚かした」（札幌市役所編　一九三二：一二九）と、博覧会主催者は報告している。事例を挙げていけばきりがないが、金沢市では金沢放送局がラジオの普及に努めていて、金沢放送局の実況放送を模型で再現していた。別の場所に建てられた逓信館では、「ラジオ体操人形」が飾られていたのが人目を惹いていた。その場所には、「ラジオ体操で無病息災」と書かれたスローガンが人形の脇に掲げられていて（金沢市　一九三四：二四〇）、この時代の風俗をよく体現していた。

日満産業大博覧会でも、同じ現象が起きていた（日満産業大博覧会編　一九三七：五二二―五二四）。会場のラジオ館は名古屋市中央放送局の構想に基づいて建てられていた。放送から受信までの過程をネオンの光を利用し、模型で示す装置を置きながら、展示には二つの目標が設定されていた。それは、「放送の一日」と「放送実況模型」の場面をジオラマで説明することにあった。「放送の一日」とは、朝早くにラジオ体操が流れ、その後、報道、教養、慰安、そして子どもの時間と続く主要番組を紹介した内容である。「放送実況模型」は屋外の実況放送の実際、例えば除夜の鐘、スキー競争、相撲中継など、八場面をジオラマで紹介する内容となっていた。

ラジオ館には興味深い事実が残されている。県内の児童生徒にラジオに関する絵画、漫画を募ったところ、一一〇七点の応募が寄せられたことである。そのうち、五九点の絵画と一六点の漫画が展示されていて、当時ようやく普及し始めたラジオに対する児童生徒の関心の高さを示していた。近代科学の一端を児童に学ばせる教育の場として、博覧会は役割を果していた。

土讃線開通を記念して開かれた「南国土佐大博覧会」もまた、娯楽的要素を兼ねた科学教育の場としてラジオ館を設置していた。外部から見えるようにガラス張りの模擬放送室を設置し、放送の実況中継を模擬的に再現したのが、このラジオ館である。壁面に大画面を描き、電燈を点滅させ、高知放送局が日本全国の放送局と中継されている様子を展示していた。こうした電気仕掛けの装置を駆使しての実演は、子どもたちにとって新鮮な体験であった。例えば「魔法の団扇」と称して、うちわで煽げばネオンの標語が現れるなど、ネオン管、ブラウン管などの器材を応用して楽しみを与え、なおかつ電気と電波の効用を説くなど、その試みは斬新であった（南国土佐大博覧会・協賛会　一九四〇：三〇八―三〇九）。

ラジオ館は時代の要請を受け放送の重要性を説くのが目的で、情報の伝達、娯楽の提供などの多機能的な役割を担っていたにしても、それ以上にたいせつな役割をラジオ館は背負っていた。未来に向けての夢を紡ぐ道具としてラジオは人々に希望を抱かせる存在でもあったのである。昭和十年に呉市で開催された「国防と産業大博覧会」では、ラジオ館は未来の語り部として登場した。一九七〇年に大阪で開催された万国博覧会で多くの企業が未来都市を謳い上げ、観覧者はその雄大な構想に眼を輝かしていたが、それと比べて小規模とはいえ、この博覧会でも未来物語は出現していた。広島中央放送局は電気知識の普及向上を図るため、この「国防と産業大博覧会」に参加していた。「受信機」、「送信用真空管」などの器械を展示しつつ、「ラジオの一日」と称して一日の放送番組を紹介するなど、明らかにラジオの効能を宣伝する目的での参加であった。けれども、それにもまして精力を注いだ展示は「百年後のラジオ都市」と題した未来物語であった。百年後の都市はいっさいが無線科学で作動されていると想定し、精巧な模型とトーキーで輝いた未来を表現したのである。中央には六基のアンテナを持つラジオビルが聳え、高架鉄道の駅も完備され、さらには地下鉄で結ばれた交通機関が発達し、商工業都市を構成している未来都市である。実際には百年もたたないうちに、この「未来都市」は実現されてしまったのであるが、当時としては夢物語の世界、それが「百年後のラジオ都市」であった。未来を語る話は、こうである（山田芳信編　一九三六：五三四—五三六）。

暁はラジオ都市を訪れた。先ずラジオビルの電力放送用アンテナが呼吸を始める。船舶も、電車も、自動車も、亦工場の機械も一斉に活動を開始する。貨物輸送機関は地下道を、乗用機関は高架道を、音も無く爽やかに滑って行く。続いてラジオとテレビジョンの二大アンテナも活動を開始する。何時の時代でもラジオは教養と、慰安と、報道の伝使である。

日没迫っては大気浄化放送が行はれる。斯くて全市の塵埃は全く洗ひ清められ、清浄な空気に包まれながらラジオ都市は安息の夜に入る。

宵闇迫る頃、灯火用アンテナから電波は放射され、宛然たる不夜城となり、豪華な光の歓楽殿となる。

——然るに突如、この歓楽境に平和の破壊者たる敵機が襲来したら如何？新なる活躍を示すのは放送用アンテナである。そこから放射される防空科学光線は、完全に敵機を絶滅するだらう……。

敵機を撃滅する防空科学光線が登場するのは、いかにも戦時体制が近づいてきた当時の空気を反映している。それは、まさに国防と産業を標榜する博覧会の目的に適う発想である。だが、この展示の中心は、高速道や地下鉄が開通した都市の繁栄ぶりを告げ、光の歓楽街の出現を祝福した内容である。ネオンの照明で不夜城を作り出す試みは、すでに大正期の博覧会で盛んに行われていた。それらは、現代日本のテーマパークなどで見られる「光の芸術」を先取りする発想だと位置づけることが可能である。だが、呉市の博覧会では、技術水準はさらに発展していくだろうと、将来の夢を語ったことに独自性があった。「大気浄化放送」とは何を指すのか不明であるが、都市全体を電化させ、将来の都市生活を構想した展示は現代の先取りであった。テレビの実用化にはほど遠い時代であったし、高架道路も実現していないのに、将来の夢を語るラジオ館の展示は先駆的であった。この呉市での開催からおよそ四十年後の一九七〇年、大阪では万国博覧会が開催され、音響と光学の世界で彩られた展示館が多く出現したが、その萌芽的な発想にすでにこの時期に宿されていたことになる。

注

（1）「砂漠の植物学」とは、イギリスでの民俗学の展開を指して柳田が言った言葉である。イギリスでは工業化を達成して農村が衰退し、民間伝承が希薄になったのに、幽かな伝承の名残を求めて研究することが行われていて、その状況を譬えての表現である。これについては、第六章注（5）を参照。言葉の出典は、柳田國男（一九三三〈一九七〇ａ：七六〉）である。

（2）『山陽新報』昭和十一年四月八日。

（3）『山陽新報』昭和十一年四月八日。

（4）呉市長あてに提出された、昭和八年八月三十日付けの「陳情書」の一部を記載しておく（山田芳信編　一九三六：二六—二七）。

「呉市ハ軍港トシテ将タ消費都市トシテ、今日ノ大ヲナセルニ過ギズ、コレガ名実ト共ニ全国有数ノ大都市タラシメンガ為メニハ、朝野ハ挙ゲテ市ノ商工発展ニ留意シ、精進スルヤ論ヲ俟タズ。／時偶々、三呉線ハ昭和十年ニ全通シ、呉広島間国道亦之ト相前後シテ開設セラレントス。」

この後、諸事情の変化により、開催趣旨は変更されたが、その時の「会則」を追記しておく（山田芳信編　一九三六：五六）。

「本会ハ内外ニ於ケル産業ノ現状及国防資料ヲ提示シ我国産業ノ進展ニ資スルト共ニ非常時局ニ際シ帝国国防ニ対スル認識ヲ深カラシムルヲ以テ目的トス。」

（5）なお、これ以外にも、昭和六年七月から八月にかけて小樽市で開催された「小樽海港博覧会」も考慮しておくべきかも知れない。「小樽海港博覧会規則」では、小樽市と小樽商工会議所が主催し、「海事智識ノ普及発達並ニ本道産業貿易ノ振興」を目的とすると明記されているが、「開催趣意書」では小樽港の港湾修築がほぼ完了し、海港都市としての発展が期待できることが、開催の動機にあると述べられている（水出良造編　一九三二：四、一一）。

（6）『新潟新聞』は昭和六年九月一日の一面で、「人類の高峰に輝く／科学の大偉力／日本交通文化史上に新紀元　上越線けふ全通」と大々的に「上越線開通」の記事を掲載している。鉄道大臣の江木翼も「越後の資源を充分に開発せよ」と声明を出し、新潟県知事は「全通を好機に奮起を切望す／日露貿易にも刺激」と発言している。

（7）開会も迫ると、『新潟新聞』は、連載で博覧会の紹介に多くの紙面を割くようになった。この八月十六日の記事は第三回目である。

（8）『新潟新聞』は昭和六年八月二十一日の一面で、「上越線全通記念博　愈々けふ開場　信濃河畔に聳ゆるその威容／賑はう長岡市」と大きく紙面を割いて報道している。商工大臣の桜内幸雄のほか、多くの識者も歓迎の言葉を発していて、「社説」でも「上越線記念博開かる」との見出しで、「我商工生産品の進出活躍」期待すると歓迎の言葉を発している。

（9）この双六は『子供の科学』（新年号〈三巻一号〉）の附録である。発行日は大正十五年一月一日。なお、字句の引用にあたっては適宜、句読点を補っている。

第五章

地方都市からの発信、均質化と地域特性

鉄道の普及、ラジオの登場によって日本が一つのネットワークに結びつけられていくにつれ、地方都市には東京発の文化が押し寄せることになった。昭和初期、札幌から鹿児島まで多くの地方都市には百貨店が営業を開始し、商業の世界でも均一化の動きが広がっていく。当時の代表的な百貨店として、札幌の「今井商店」、弘前の「かくは宮川呉服店」、仙台では「藤崎呉服店」、富山の「岡部呉服店」、金沢には「宮市百貨店」、岡山の「天満屋」、福岡の「紙與呉服店」と「福岡玉屋」、そして鹿児島では「山形屋」と数え上げることができる（末田智樹 二〇一〇：三〇一）。そのなかには江戸期にまで遡って商業活動を営んでいた百貨店もあって、成立時期はそれぞれ異なるが、昭和初期には多数の消費人口を抱えるまでに成長した地方都市では、弘前を除いて、これらの百貨店は博覧会と深い関係を結んでいた。地方都市も東京、大阪と同じように消費生活を楽しむ環境を整いつつあった。

百貨店と博覧会の関係では、すでに明治期に三越が「児童博覧会」を開催していたことを見てきたし、大正期に至ってさらに華やいだ百貨店の展示があったことも確認できている。昭和三年に開催された大礼記念国産振興東京博覧会では、いっそう眩しい光を放っていた。三越、白木屋、松坂屋、松屋、ほてい屋、横浜野沢屋の七大百貨店が共同で「百

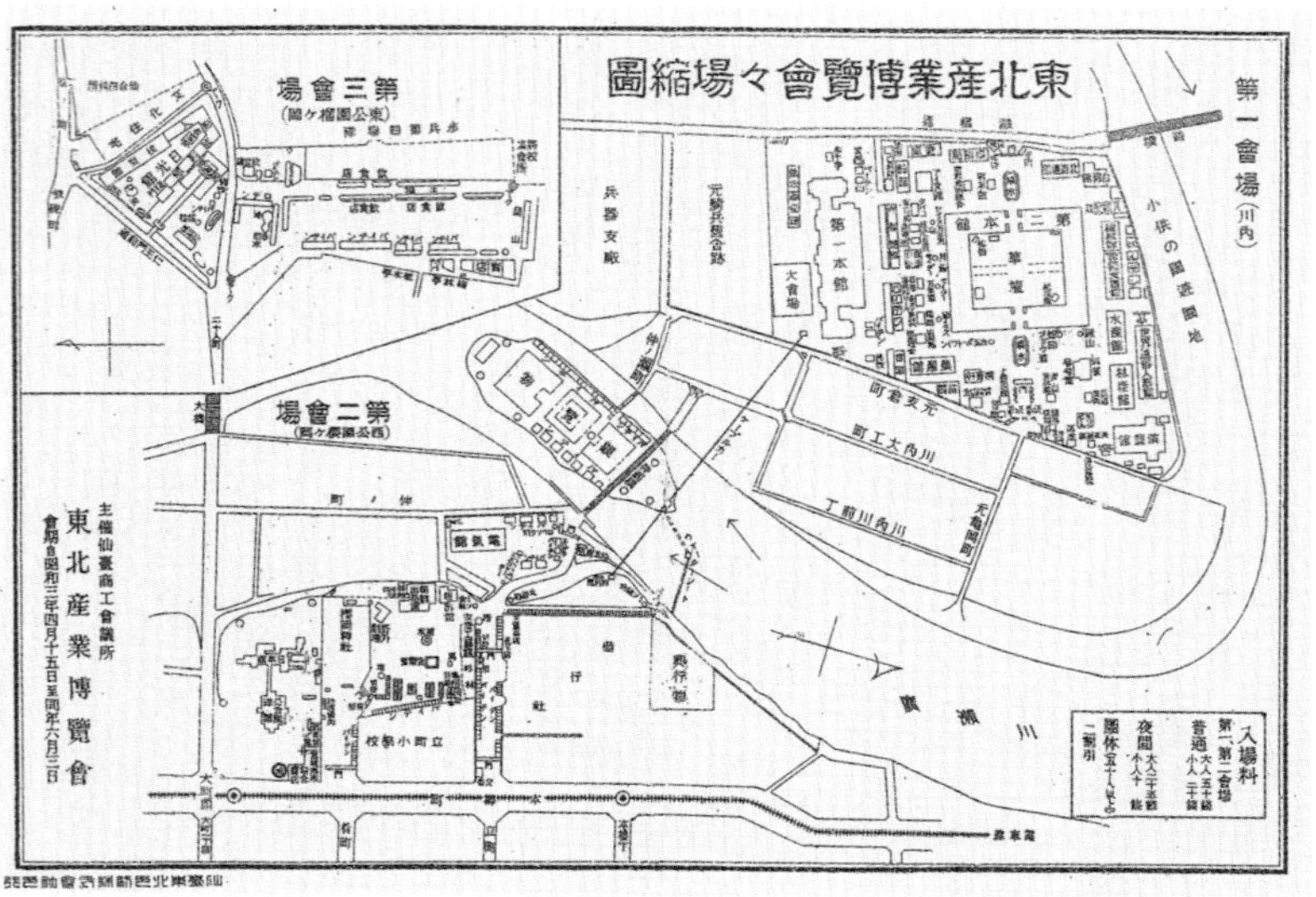

図Ｖ－１　東北産業大博覧会会場図（「東北産業博覧会」名義の小型ポスター）

会場は三カ所に分かれ、第一会場には産業関係の展示館のほかに、「風俗人形展示館」「アイヌ館」があった。第一会場と第二会場との間には広瀬川が横たわり、はケーブルカーで結ばれていた。第三会場には「文化住宅」「日光館」が見られた。

貨店協会特設館」を建てていたことは、すでに記しておいた。各百貨店とも室内整備を整え、着飾った人形を排列し、あるいは着付け品を陳列し、観覧者の注目を集めていた（大礼記念国産振興東京博覧会　一九二九a：三八三）。

東京と同じように、地方都市の百貨店も積極的に博覧会を利用していた。例えば、昭和二年に山形市が主催した「全国産業博覧会」では、第二会場の染織館に商品陳列所が設置され、京都、和歌山、群馬、宮城、埼玉、新潟、秋田の諸県および山形県内の染織物出品が陳列されていた。この時には、三越、松坂屋などの百貨店も参加していた（山形市役所　一九二八：一二〇）。東京での流行は山形にも紹介され、流行の拡散は明らかであった。この傾向は仙台市で行われた博覧会に現れていた。

しかしながら、こうした過程を単純化して語ることは、複雑な森羅万象を単純化して語るだけで終わってしまう。地域には地域の特性がある。地域には、地域を背負ってきた歴史がある。人々はそうした地域性と歴史のなかで暮らしている。最新の流行を追い求めるなかにも、地域的な特徴が現れていた。この章では、比較の意味で二つの博覧会、仙台市の「東北産業博覧会」と広島市の「昭和産業博覧会」を対象として扱っている。両者は、近代の尖端都市の一翼を担い、モダニズムの文化を追い求めながらも、違う表情の顔を見せていた。東京文化の影響の強かった仙台と比べ、広島では地域の特性を強く意識した博覧会を目指していた。地域には地域の特性がある。とりわけ広島は近代に向けてのイノベーションの先進都市として覚醒していた。それぞれの都市は、独自の歴史と文化をいかに語っていたのであろうか。

第一節　東北産業博覧会と東京文化の受容

昭和三年四月十五日から六月三日まで、仙台市で「東北産業博覧会」が開催された。その趣旨は、「東北日本ノ開発ト振興ノ紹介ヨリ延ヒテ全日本ノ国本ヲ培養」することにあった（仙台商工会議所編　一九二九：一一）。この時、経済的な負担にあえいでいた宮城県庁や仙台市役所に代わり、主催者になったのは仙台商工会議所であった。商工会議所が主催することで、博覧会長には会議所会頭が就任し、それとともに日本の経済界を牽引してきた渋沢栄一が「総裁」に就いている。この博覧会で存在感を出していたのは渋沢で、その存在があっての博覧会であった。渋沢と東北との関係は早くから築きあげられていた。

大正期、東北地方は極度の飢饉に襲われている。この事態に対処すべく、大正二（一九一三）年、原敬・内務大臣（当時）の発議により、凶作の救済、産業全体にわたっての福祉増進を目的とした「東北振興会」が成立した。東北六県の産業と経済の発展を図るための機関である。その委員には錚々たる顔ぶれがそろい、大倉喜八郎、益田孝、大橋新太郎、根津嘉一郎らが名を連ね、その委員長には渋沢栄一が就いている（渋沢青渕記念財団竜門社編　一九六四：一九〇）。この組織は義捐金の募集とともに、地方窮民の救済、そして食糧問題の解決のために奔走していた。東北拓殖会社の設立をめざしての活動もしていた。しかし、その設立は陽の目を見なかった（渋沢青渕記念財団竜門社編　一九六四：二六六）。渋沢自身は、大正十三年にこの組織から身を引いている。その時、東北の産業人に向かって発した叱咤激励の言葉はよく知られている。大正十三年十月二十七日、福島県師範学校において行われた東北振興地方支部聯合大会において、渋沢栄一は、こう演説している。

東北の振興は、東北の諸君の如何、実行の如何によって決するものであって、東京に於ては只諸君の手伝いをするに過ぎませぬ。要するに東北の事は東北が主である。……東北地方は地積広く、物資もさして少なくないにも拘らず、其進歩が他地方に比し格段の相異があるのは何故でせうか、私は東北自身の奮発心の不足が原因であると申し度いのであります。他に比して遅れて居るのは偏に東北人の勉励が乏しい為であると信じます。之を要するに東北振興は、東北人自身の努力、奮発に俟つべきであって、私が諸君に対して望むところは自ら努めよと云ふことであります（渋沢青渕記念財団竜門社編　一九六四：二五六―二五七）。

東北の発展は東北人みずからの手で成し遂げよと説く渋沢の演説は人々に感銘を与えたようだが、東北振興会自体は大正十五年七月二十三日に解散を決定している。この後、昭和二年六月十七日、東北六県の有志たちは新たな「東北振興会」を設立する。この組織は東北出身者で構成されていたが、渋沢栄一は名誉顧問として迎えられている。こうした縁の取り持ちで、東北産業博覧会が開催された時、渋沢は総裁として中心的位置に立つようになったのである。

いったい、この博覧会では何が展示され、その評価はどのように下したらよいのであろうか。名称から理解されるように、「産業」が中心の博覧会であった。では、東北の産業として何があると言うのであろうか。東北産業博覧会での審査総長は東京工業試験所長で、科学技術者の小寺房次郎が担当していた。小寺が下した評価は厳しく、不毛な東北産業の実情を嘆くような印象を与えている。小寺の概評をまとめてみると、次の通りである（仙台商工会議所編〈小寺房次郎〉一九二九：一一―一二）。

1　農業、蚕業、畜産、林産、水産等の出品は簡易な加工品にとどまっている。
2　鉱業、機械、電気、化学工業の製品には深遠なる学理の応用が見られない。

小寺はこの博覧会に対して寂寞とした印象しか持たなかったようで、「頗ル遺憾」とさえ言っている。この種の工業製品は、日本全体では近時において進歩しているのに、この博覧会では「産業ノ発達振興ノ趣旨」がはっきりしない、と激しく攻めたてている(1)。

分野ごとの評価も芳しくなかった。機械工業の部門では農業用石油発動機、精米機、食料品製造器、工作機械は少数の製品にとどまり、繊維工業、化学工業に関する機械類はほとんど良品を見ないし、電動機、蓄電池、電熱器具、電気医療器械、電気化学装置、および測定器具などを見ても、東北地方の産物はきわめて僅かだ、と厳しかった（仙台商工会議所編〈吉田英助　一九二九：一三七―一三八：一四五〉）。毛織物、絹織物、染物、麻織物、糸類もまた、出品は多種多様であるにしても、「独創的研鑽ノ作品」は乏しい、と辛口の批判が続いている（仙台商工会議所編〈大山清一郎　一九二九：一五一―一五二〉）。

これらの評判に加え、入場者も昼夜合計で四四万八六五一人にすぎず、期待していたほどの盛況が見られなかったようである（仙台商工会議所編　一九二九：二四九）。もちろん会場全体が冷めていたわけではない。会場内には「演芸館」

があり、仙台芸妓置屋組合が組織した新曲、「伊達をどり」は春先の香りを漂わせ、好評であった。芸妓たちによる華麗な演技は多くの人々を喜ばせていた（本郷栄治編　一九二八）。

余興設備も整えられ、動物園が開かれ、水族館もあり、遊園地を兼ねた「子供の家」も建てられていた。いずれも仙台市民から提供された施設で、水族館では近海の魚を泳がせていたし、動物園ではカバ、ゾウ、バク、トラ、ライオン、ワニ、ラクダ、他にも鳥獣類が集められていた。「子供の国」にはお伽噺に擬した模造小舎、滑り台、ブランコ、運動木などが並べられていた。サーカスの興行もあった。野外劇場では郷土芸能が人気を呼んでいた。特色ある施設として「鯨館」もあった。捕鯨基地を近隣に抱えた地域の特色を表すもので、捕鯨状況、捕鯨船の模型、鯨の骨の工芸品が展示されていた（仙台商工会議所編　一九二九：二六四—二六六）。

それ以外にも、博覧会側は観光事業にも積極的であった。東北産業博覧会では、主催者側は仙台市が観光の名所であるとの認識から、事業者と手を組んで宣伝活動をしていた。仙台駅前には「仙台名所図絵刊行会」が設立され、「東北産業博覧会みやげ」と題した、『仙台と松島附近図絵』なる横長のパノラマ式のパンフレットを出している。仙台と松島附近の名所を描いたその絵図には、市内では青葉城址など、塩釜では多賀城跡、そして日本三大風景と謳われた松島などが説明文入りで紹介されている。まさに名勝旧跡を網羅した観光案内書であった。

同様なパンフレットはほかにもある。東北産業博覧会協賛会の案内書、『仙台案内』は仙台市内の名所をパノラマ写真で紹介していて、塩釜や松島への旅を誘う内容が紙面を埋めていた。温泉地への紹介も怠りない。郊外の秋保温泉を紹介したパンフレットは、会場からの交通手段が示され、呼吸器病、胃腸病に効果があると宣伝されていた。もちろん、松島をはじめ多数の観光地の絵葉書も大量に販売されていた。ただし、この昭和三年の段階で仙台市は観光課という独立した部署を立ち上げていなかったし、博覧会の開催趣旨には「観光」という一句さえ入っていなかった。「観光」をテーマ化した博覧会は昭和七年の津山市、あるいは金沢市主催の博覧会まで待たなければならず、その段階にはいまだ成熟していなかった。

柳田國男が仙台の博覧会に関心を持っていたとは思えない。まったくの憶測でしかないが、大正十五年の随筆で柳田國男が語った名勝旧跡についての議論を読めば、仙台市、あるいは協賛会の取り組みに対しては眉をひそめたに違いない、と思われる。旅人が心に感じたところが名勝であって、風景美は行政が指図するものではないと言い、美麗な風景だけを切り貼りし、絵葉書として販売することを諌めていた柳田である。風景を切り貼りして売りつける行為を非難して、柳田は「押しの強い押売」（柳田國男　一九二六〈一九六八：五三二〉）と強い調子で責めたてていた。だが、柳田のように、そう簡単に言い切ってしまってよいとは思われない。確かに、主催者側は博覧会人気をあげるため、観光地を利用しようと企て、絵葉書の販売に力を注いでいた。その購入者にしてみれば、地方の風土に触れ、その感覚を絵葉書で追体験し、個人のアルバムに永遠に刻み込むことができる。これもまた貴重な体験と言えるのであって、物見遊山の旅行を煽っているとし、風景の「押売」と非難するのは、けっして褒められた言動ではない。

図Ⅴ－2　東北産業大博覧会のエスカレーター（絵葉書）

東北産業博覧会の特徴をあらためて論じてみた時、この博覧会は東京志向の強さが指摘できる。それは、近代文明の利器を会場で示し、東京の流行を会場内に持ち込んだことに関連している。大正三年に東京で開催された大正博に際して、上野の会場に日本で初めてのエスカレーターが登場した。この電気仕掛けで動く「階段」に東京市民は驚くとともに、近代文明の利便さを学ぶことができた。エスカレーターが仙台に登場したのは、この博覧会が最初であった。ケーブルカーも登場した。エスカレーターは山形県人の提供によるものであったが、このケーブルカーは仙台市民が架設したものであった。第一会場と第二会場とをつなぐ全

図Ⅴ－3　会場内の文化住宅（東北産業大博覧会）

出典：仙台商工会議所 1929（折込写真）。

図Ⅴ－4　染織館に見る織物（山形市主催全国産業博覧会）

三越呉服店の洋装の出品。洋装姿は時代のファッションとして迎えられていた。

出典：山形市役所 1928（折込写真）。

長四〇メートルほどの距離を走り、およそ一〇メートルの高度から眼下に街並みを俯瞰することができるとあって、人々を歓喜させた。ジェットコースターも東北初登場であった。これは、大阪で明治三十六年に開催された第五回内国勧業博覧会に登場して以来、ほかの博覧会場でもしばしば登場してきた遊具である。東京や大阪に遅れたとはいえ、この博覧会を機会に仙台にも欧米由来の文明の遊具がもたらされたことになる（仙台商工会議所　一九二九：二六四―二六七）。

モダン建築としての文化住宅、東京の百貨店で見たファッション、これら新しい流行で飾ることで近代を見せる仕掛けが整えられていったのも、この博覧会の特徴であった。文化住宅は四棟建てられていた。それらは開会中に売約がついたというから、かなり人々の歓心を買ったと言ってよい。ほかにも農村住宅が展示された。堆肥舎、厩舎、牛舎、鶏舎、羊舎、豚舎、そして作業場と倉庫とが付随した農家が建てられていた。間取り図や建物の配置空間の記録は残されていないようだが、「農家の模範たるべき」建築物というから（仙台商工会議所　一九二九：一五三）、新しい農村像の構築を意図した展示であったと推測される。次節で見る広島と同じ主旨で計画されたと考えられる。

図Ⅴ－5　風俗人形（東北産業大博覧会）（絵葉書）

世界の風俗人形は三越呉服店で展示された後、東北産業大博覧会でも展示された。右は三越の絵葉書の封筒表紙、左は東北産業大博覧会の封筒表紙。

百貨店といえば、松坂屋呉服店や三越呉服店もショーウインドウに着飾った和服姿や垢抜けした洋装の女性マネキンを配置していた。明らかに東京の最新の服装文化を意識した展示であって、東京の風俗が地方都市に進出していく様子が窺える。仙台市民はもとより、東北の村々から博覧会見学に仙台にまで来た人々に対して、この展示は都会の先進文化に触れさせ、新時代へと眼を開かせるのに効果があった。

主催者は後日、博覧会の評価を気にし、博覧会が及ぼした意義について聞き取り調査を行っている。その報告からは、人々の態度の変化が読み取れる。建築の装飾を見て社会の進歩したことを実感し、都会人の風俗の変化について驚いた様子であった、と人々の感想を報告している。その感想文では、「文化の発達、科学の進歩と農村の実際に比較し更生の思ひ」を語る言葉が見られる。また「文化住宅の現代的なること会場の華美なること」に驚いた地方人の感想も伝えている（仙台商工会議所編　一九二九：

b「和蘭」

a「印度」

d「伊太利ベニスの風景」

c「支那」

f「芬蘭」

e「南洋」

h「埃及」

g「亜米利加合衆国ハドソン河の遊覧地」

図V－6　「世界風俗人形」（三越呉服店内で発行された絵葉書）

三越の風俗人形の絵葉書きは東北産業博覧会でも販売されていた。ただし封筒の表紙には「東北産業博覧会」と印刷され直していた。

二七八―二七九)。地方の人々が東京という都市に憧れ、近代文明を実感する機会を与えたのが、この博覧会であった。

東北産業博覧会には、世界に眼を向けさせる工夫が施されていた。例えば、「特設台湾館」が中心になって、台湾の民間信仰でも人気のある神々、「范将軍」と「謝将軍」が登場し、会場内を練り歩く行列が登場した(2)。台湾風俗に接したことのない人たちにとって、この奇妙な出で立ちをした行列は強烈な印象を与えたことであろう。

異国風俗の展示はこれだけにはとどまらない。会場には、各国の風俗を紹介する「世界風俗館」が建てられ、その内部には民族衣装に身を包んだ風俗人形が飾られていた。イギリス、アメリカ、フランス、ドイツ、ロシア、オランダ、イタリア、スイス、ノルウェー、スウェーデン、フィンランド、チェコスロバキア、トルコ、エジプト、中国、メキシコ、南洋、インドの風俗人形である。例えば、イタリアではゴンドラに乗ってベニスの風情を楽しんでいる観光客、アメリカはハドソン河の遊覧船から市内を見る人たち、ドイツではベルリンの国会議事堂を背景とした市民、こうした光景を背景にして風俗人形は飾られていた(東北産業博覧会　一九二八)。人形が身にまとう服装は美麗であり、異国趣味を味わうことのできる精巧な作品であった。人々はこの美しい眺めから外国への憧れを抱くことになる。

実を言うと、この風俗人形自体は、世界の風俗を研究するため東京三越呉服店(三越百貨店)の豊泉益三が欧米二〇数ヶ国を歴訪し、現地の関係者と検討して完成させた作品である。以前に三越は、民族衣装で着飾った風俗人形展を展示した「世界風俗博覧会」を開いたことがあったが、ここでの展示品はその時に製作した人形であった。東北産業博覧会が開催された時、この風俗人形はそっくり博覧会側に貸与され、「世界風俗館」で展示されたのである。美麗に着飾った風俗人形の絵葉書も会場内で発売されていた(3)。絵葉書の印刷枚数は不明だが、その解説書(『世界風俗館解説』)には入場料の代価として配付されていたと書かれている。参観者もかなりの多数に上っていたと言うから、したがって配布冊数はかなりの分量に達していたと推測される。主催者側は、この「世界風俗館」の建設に一万一〇二三円を要したと言うから(仙台商工会議所編　一九二九:二五七)、相当に力を入れていたことになる。この展示は、世界の風俗習慣に関心を向けさせる出色な試みであった。しかしながら、三越という巨大組織に依存しての展示であることを考えれば、三越百貨店の経営戦略の一環に組み込まれていた、と見ることができる。

この東京志向型の博覧会で、「東北」はどのように表現されていたのであろうか。「世界風俗」が人気を得た一方で、「郷土」についての展示が乏しかった現実は意外である。場外催し物として「東北各藩遺物展覧会」が期間中に開かれ、伊達家の門外不出品が特別展示されたことはある（仙台商工会議所編　一九二九：二六九）。場内の野外劇場では「郷土舞踊」の実演があった。郷土舞踊は宮城県民衆娯楽研究会が中心になり、獅子舞、神楽などの芸能が上演された。しかしながら、「東北」という「郷土」を表現する展示は、この郷土芸能以外には見られなかった。言い換えれば、東北文化を地元から発信する試みは乏しかった、と言わざるを得ない。ほぼ同時期に開催された広島市の博覧会と比べてみれば、その差異は明瞭である。

第二節　広島を表現する：広島市主催　昭和産業博覧会

大正から昭和にかけて発刊されていた『家の光』は、農村改革、例えば、農家住宅の改善、衣食の改善のほか、時間厳守の励行、冠婚葬祭の簡素化、因習打破など、生活習慣全般にわたって農村の読者の声を収録する情報誌であった。板垣邦子はこの雑誌の性格を端的に総括している。生活改善構想を掲げる『家の光』は、①反都市・反資本主義、②反因習を二本柱にして、昔の習慣を打破し、「農村独自の立場」からの合理生活を追求する雑誌である、と規定した。その主張には「経済的、能率的、計画的、機能的、科学的、衛生的であることが合理的生活の内容とされ、なおこの上に趣味・娯楽が加わった〈楽しい生活〉」が求められていた、と要約している（板垣邦子　一九九二：一六九）。

板垣はまた、「農村的モダニズム」という概念を提出している。この概念は、明るく、楽しい、潤いやゆとりのある生活、すなわち文化生活をめざし「生活改善」を提起しながらも、なおかつ農村風にアレンジされていて、農民の屈折した感情が込められたモダニズム、だと言うのである。都市のモダニズムをそのまま導入することには抵抗を示し、農村風に固執する背景には、その雑誌の読者にもみられるようにモダニズムへの憧れと同時に反発する思想的態度がある、と板垣は読み解いている（板垣邦子　一九九二：一七二）。こうして次のような見解に立つに至る。

農村の経済的窮乏による生活・文化の遅れ、それ故の都市からの隔絶感、取り残されるという意識は一般的かつ現実的であった。農村生活を明るく楽しいものに、魅力あるものにという構想が、農民の、とりわけ青年・婦人の広汎な支持を得たことは、こうした状況を考慮すれば十分うなずけるのではなかろうか。時代の進歩に遅れまいという意識、生活・文化面における革新的気分は農村に漲っていたのである（板垣邦子　一九九二：一七四）。

『家の光』の創刊号は大正十四（一九二五）年に「社団法人　家の光協会」から出版されている。この雑誌の尖端性はいち早くヨーロッパ、とりわけデンマーク農村の記事を載せた編集方針にある。タイトルを追うだけでも、「丁抹国の農業婦人」（大正十四年五月）、「デンマルク土産」（大正十五年三月）、「羨ましい丁抹の農民生活」（大正十五年四月）など、デンマークの農村を明るい未来の農村像として紹介した記事が散見される。板垣の言う「農村的モダニズム」に適合的な社会として、それらは理想化されていたのである。東北産業博覧会でも農村改造のモデルは示されていた。しかし、昭和四年の広島で行われた博覧会では、独自の構想のもとで「広島」を見せる展示、言い換えると「広島」という存在を外部に発信する装置が整えられていた。広島は何を発信していたのであろうか。博覧会の開催経過から順次、検討していきたい。

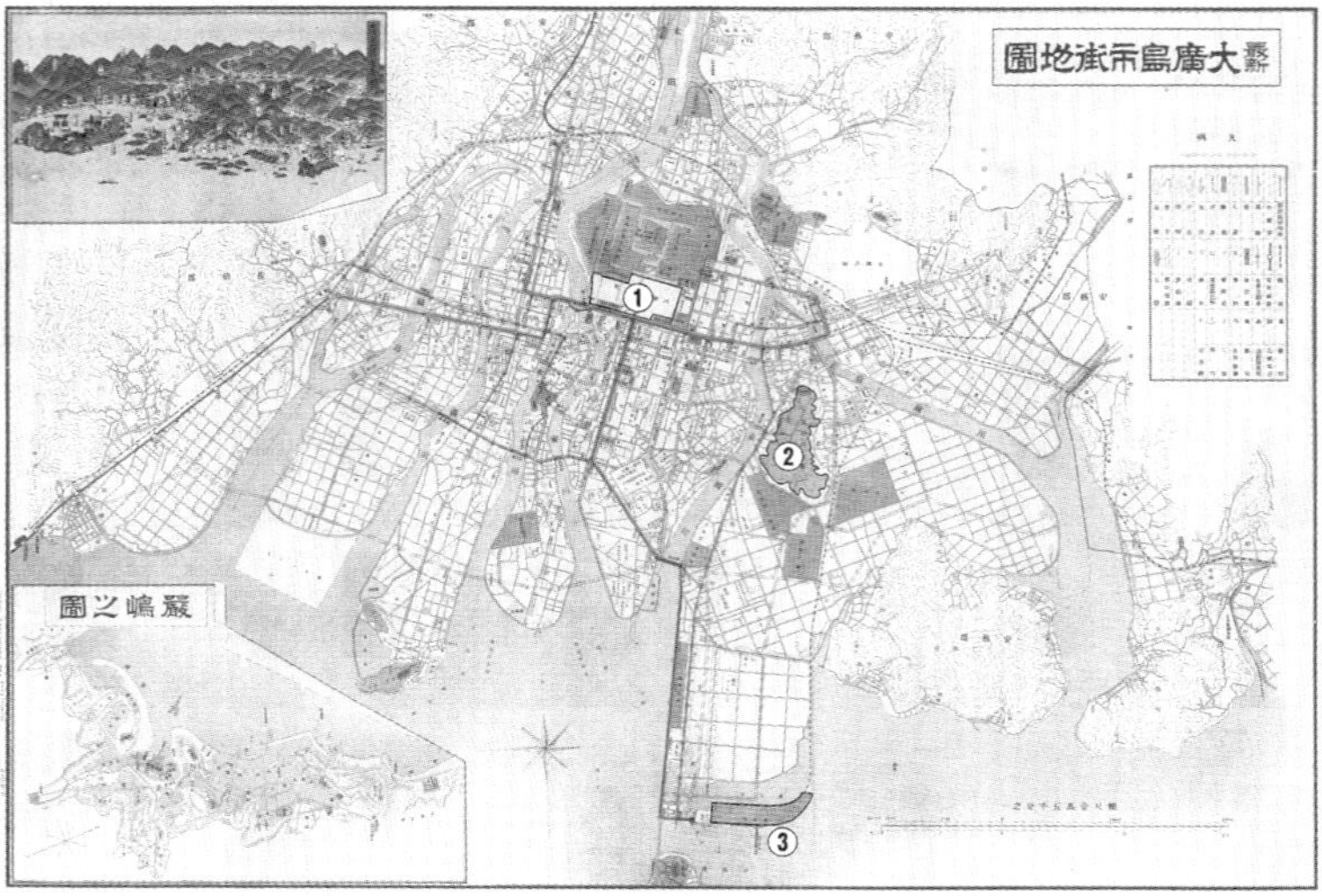

図Ｖ－7　広島市街地図

広島市の中心部、広島城には師団司令部が置かれ、多くの軍事施設が取り囲んでいた。その近くには「西練兵場」があり、ここが①第一会場であった。この南には「公園」があり、そのなかに陸軍墓地があって、②第二会場であった。南の港湾部に宇品港があって、この周辺が③第三会場であった。

1　軍都としての広島

広島市の歴史を考える時、軍都として発展してきた経緯を念頭に置く必要がある。『広島師団史』（陸上自衛隊第一三師団　広島師団史研究委員会　一九六九年）は軍都としての広島の歩みを詳細に論じている。その歴史は、明治四年に政府が東京、大阪、仙台、熊本に鎮台を設置した時代に遡る。この時、熊本の鎮台の分営が広島に置かれたのである。明治六年には、その分営は格上げされ、広島鎮台と改称され、中国地方の三県、四国の四県を管轄区域とした軍管区が成立した。

明治初期は各地で反乱、例えば佐賀の乱（明治七年）、萩の乱（明治九年）、そして明治十年には西南戦争が勃発し、広島鎮台から陸軍部隊が参戦している。日本の軍備体制が確立されるにつれて、明治二十一年には広島鎮台の名称は廃止され、広島駐在の部隊は新たな位置づけを与えられ、「第五師団」と改称された。これ以後、広島市は軍都として発展していく。

明治二十三年には東練兵場が開設され、またこの年には近隣都市の呉に呉鎮守府が開庁している。港湾施設も整えられ、宇品港も落成している。一方、鉄道もまた基盤整備を整え、明治二十七年には山陽鉄道が広島まで開通し、神戸方面からの交通手段が確保された。広島市内と宇治港を結ぶ宇品線も開通している。

明治二十七年の日清戦争時には、広島市は陸軍の総兵站基地として位置づけられた。この年の十月、西練兵場は仮議事堂となり、ここで臨時帝国議会が開設されている。このようにして広島市は国内でも有数の枢軸都市となり、軍都としての地位を不動のものにしていった。

ここで、広島市街地図を参照し、市内に散在する軍用施設について見ておきたい。この地図は、昭和四年三月一日に広島市内の広文館から発行された『最新　大広島市街地図』（口絵参照）である。この時期はちょうど昭和産業博覧会が開催されていて、会場の位置関係を知るうえで参考になる。地図に明記された軍施設は、以下の通りである。

①旧広島城（広島市中心街）とその東辺
第五師団司令部（旧大本営）、歩兵第十一連隊、兵器部、基町倉庫、被服倉庫、衛戍病院、衛戍病院分室、弾薬庫、旅団聯司令部、野砲兵第五連隊、被服倉庫、輜重兵第五大隊、西練兵場、憲兵本部、師団長官舎、および鉄道を挟んで東側に騎兵第五連隊、東練兵場、北側には工兵第五大隊。

②比治山公園とその近辺
比治山陸軍墓地、兵器庫、電信第二連隊、被服支廳、糧秣支廠。

③宇品港（市の中心街から南の方角の港湾）。

このように、昭和四年当時、市内には各種の陸軍施設、港には海軍基地が張り巡らされていた。博覧会はこうした施設を利用して行われ、旧広島城にあった西練兵場は第一会場になり、第二会場は比治山公園、第三会場は宇品港に設営されていた。前二者は陸軍、三番目は海軍と、いずれも軍事基地が会場として提供されていた。これには理由があった。人々を会場に呼び込むためには市内の交通の便が良い場所を選ぶ必要があったこと、そして会場は広大な敷地を必要としていたこと、この二つの条件を満たすためには軍事基地を利用するより手立てはなかったからである。

2　モダン文化と広島

広島市内には、原爆投下によって灰塵に帰してしまう前、多くの娯楽施設に恵まれていた。市内の歓楽街の代表格は、大阪と同じ名称を持つ「新天地」と「千日前」であって、戦前には盛り場として繁栄していた。新天地は旧広島城（第五師団本部）から南へ下った場所に位置し、見せ物小屋や立ち並んでいて、その一角には相撲興行の一団が大阪から訪れてもいた。それにもまして新天地を活気づけていたのは、新しく流入してきた都市の生活文化であった。昭和四、五年頃、ここにはカフェーが華やかに店を開き、「麗人」と呼ばれた、絢爛たる和洋装の女性が働いていた。広島の盛り場を記述した薄田太郎の著作には、白い前掛けを着け、ビールの栓抜きを持った女の初々しい姿が描写されている（薄田太郎　一九七三：二〇―二一）。

新天地の楽しみは、この土地に多くの映画館が立ち並んでいたことから分かるように、新しい時代の芸術を鑑賞することにあった。後に帝国座と改称した東洋館は松竹系の作品を提供していて、「清水の次郎長」などを上演していた。洋画専門の映画館としては日進館があった。チャップリンの「街の灯」、「ゴー

図Ｖ－８　広島市の繁華街（絵葉書）

繁華街の新天地。正面には「泰平館」（映画館）がある。

ルド・ラッシュ」、さらには「三銃士」や「ロビンフッド」、「バグダッドの盗賊」など子どもに喜ばれる映画も上演され、人々に娯楽の楽しみを与えていた（薄田太郎　一九七三：八二）。

試みに昭和産業博覧会協賛会が発行した『大広島案内』を開いてみると、劇場や映画館の多いことに気づかされる。当時の三大劇場として、歌舞伎座、壽座、新天座があって、常に東西の名伎によって開演されていたと言う。映画館はさらに多く、豪華さを競っていた。所在していた町名と系列関係をみておきたい（石川弥吉　一九二九：三二）。

東洋座：千日前。松竹蒲田の封切場。
太陽館：千日前。日活の封切場。
天使館：東新天地。パラマウント会社の封切場。
泰平館：新天地。帝キネの封切場。
世界館：中島本町。マキノの封切場。
広島東亜倶楽部：新天地。東亜キネマの封切場。
有楽館：西遊郭。東亜キネマ。
新明館：西遊郭。帝キネ。日活。
高千穂館：中島本町。松竹、その他。

博覧会開催当時、広島市内にはこれほど多数の娯楽施設がひしめいていて、東京、大阪の封切映画はすぐに広島でも鑑賞できた。広島は、中国地方随一の繁栄を誇る都市として君臨していた。

3　都市と農村

市街を一歩出ると農村地帯が展開されていた。もちろん、その風景は都市の歓楽街とは違っている。ここに一冊の書籍がある。広島県経済部が編纂した『広島県農山村経済更生計画書　其一（昭和十一年度）』である。当時、国家は政策として疲弊した農村を建て直そうとし、各県に呼びかけて「経済更生計画」の作成を求めていた。昭和七年から順次進められたこの計画に広島県も呼応していて、以下に紹介するのは、昭和十一年度の広島県下の農山漁村の概況をまとめ、編纂した時の記録である。

その報告書、『経済更生計画　其一』では県下の佐伯郡、阿佐郡、山県郡、高田郡、賀茂郡の二五個村の状況が記録されている。広島市の西に隣接した佐伯郡、そのなかの津田町、宮内村、吉和村（すべて現・廿日市市）を例示してみたい。いずれも現在では廿日市市は広島市のベッドタウンになっているが、戦前は行政的には佐伯郡に属していた農村であった。佐伯郡津田町は広島市の西部に隣接する近郊農村であった。生業を見ると、農家戸数は二九二戸、商工業者は一七九戸で純農村とは言えないが、全体の六割程度は農業を生業としていた。農家一戸当たりの耕作地は水田五反五畝、畑六畝、合計で六反一畝、山林七反七畝であった。土地所有の形態では、全体の農地は約二〇七万三四七歩（坪）あり、そのうち自作地は八二万二八四二歩（三九・七％）を占め、小作地は一二四万七三六五歩（六〇・三％）であった（広島県経済部　一九三八a：一―二七）。

計画書では、ここでは米作の単一農家が多く、裏作は少ないとされ、他に見るべき副業はなかったことが記されている。そこで、自給自足を原則としつつ経営を多角化していく方針が求められ、かつ農村資金の流失防止が唱えられた。その改善方法は多岐にわたって提案されている。耕地改善は主要な論点であって、畦畔改善、耕地整理、排水、開墾が問題として取り上げられている。産米の改良と増収も主要なテーマであり、品種の統一と改善、肥料施用の合理化が指摘されている。そのほか、麦（裸麦、小麦）の品種改良と増収、蔬菜の改善と増殖、果樹栽培、農産加工、養蚕の改善と増収、畜産が奨励され、これらに加えて副業品の増産計画が盛り込まれていた。副業品は、俵菰、炭菰、縄、紙などの製造、さらに藤椅子を編むことも配慮されていた。

佐伯郡宮内村では積極的に農産物の増加計画が目標として掲げられていた（広島県経済部　一九三八b：一―二七）。蔬菜（サトイモ、エンドウ、ネギ）、果樹（柿）、花卉（くさばな）、養蚕、畜産が対象とされ、これに林業（マツタケ増殖）、養魚（鯉）が加わっている。優良品種の普及と桑園の整理や改植が項目に挙がっているのは、副業と自家用品の自給を目指していたからである。縄、俵菰、籠のほか、自家用の醤油、小麦粉の加工も要望されている。全体として見れば、農業経営の合理化と自給肥料（堆肥、芝草）の増産に力を入れることがもくろまれていた。

佐伯郡吉和村では、とくに畜産（牛、鶏、兎）が目標に掲げられ、それに伴って厩舎の増設と改良が求められていた（広島県経済部　一九三八c：一―二四）。そのために、産業組合から購入資金の融通を図ることの大切さが語られている。家畜共済組合の実現と普及が主張され、家畜放牧場の利用も要望されていた。この村では、林業が占める割合が高く、林野面積はこの村の面積の九八％を占めていた。林産物としてはクヌギがあり、松、杉がこれに続いている。薪炭として利用されるクヌギは特に重要で、この村の生業のうち、木炭の製造は年総額では首位を占めている。生活を左右する生業だけに、製炭方法などの改良を目指して「炭友会」を組織し、事業資金の確立を図る活動が村民の課題として取り組まれていた。

さて、こうした農村の実例を取り上げたのには理由がある。この経済更生計画は国家が唱道し、いくらかの予算措置を講じ、各道府県はそれに応じて農村の立て直しを実行するというのが、その筋書きであった。その更生計画が立案されたのは昭和七年であった。ところが、広島県はそれに先立って独自の立場から農村の産業振興を企画していたのである。昭和産業博覧会が開催された昭和四年の時点で、当時の県当局者が『家の光』を愛読していたのか、分からない。しかしながら、農業と農村の改善を求めてヨーロッパの農村に着目していたことは、博覧会場の展示から知ることができる。『家の光』ではデンマークの農村がしばしば紹介されているが、この広島の博覧会ではオランダが取り上げられていた。国家による政策の介入以前に地方自治体が創意工夫を凝らし、先進的農業を学び取ろうとする姿勢を示したのが、この博覧会であった。次に、その具体的展示を見ておくことにしたい。

4　燃える博覧会：広島市主催　昭和産業博覧会

①軍都としての広島

広島市はすでに大正四年に「生産品共進会」を開催し、地方産業の興隆を図ってきた実績がある。実際に、広島市は中国地方での交通と経済の中心地であるとの自覚を持っている。ところが、その先を越すように、姫路市で全国産業博覧会が行われてしまい、松山市でも国有鉄道開通を記念しての博覧会を成功裡に開催した。広島市としては、後塵を拝する思いに駆られたはずである。

正確に言えば、すでに大正十四年頃には広島市と広島商業会議所はそれぞれで博覧会開催の計画を練り始めていた。各地の動きに触発されながら、広島市は独自の計画を立て、商業会議所との間で会議を重ねている。その結果、昭和三年三月三十一日の市会で一〇一万円ほどの予算を組み、正式に開催に向けての活動を開始した。長い準備期間の後、開催されたのは昭和四年三月二十日で、市内の三カ所に分かれ、五月十三日までの五十五日間にわたって会期は続いた。この博覧会は、地方博としては桁外れの観覧者を招き入れるのに成功している。入場者総数は多かった。期間中の天候は悪く、雨天が十九日、曇天は十一日もあり、晴天の日はわずか二十五日間にすぎなかったにもかかわらず、総計で入場者は一七四万五五〇一人にのぼっている。一日平均では三万一千余人を数えた（広島市役所　一九三〇：三一六）。

博覧会用の予算は決して潤沢ではなかった。広島県からの補助金はほとんどない状態で、市当局は頑張らなければならなかった。しかも、市の一般経済から受けた補助金は二三万円しかなく、経済的なゆとりは乏しかった。だが、博覧会開催は収支決算のうえでは成功であった。入場料・売店使用料などで五六万六一八八円一七銭の収入がはいり、総額では八〇万一四一八円一七銭の出来高を記録している。一方、支出は宣伝費、守衛・看守などへの給費金、設備諸費などを含め、総額で七六万八六〇八円二五銭であって、差引では三万二八〇九円九二銭の剰余金を生み出した（広島市役所　一九三〇：四一〇―四一三）。この意味でも、この博覧会の成果は十分であった。

この博覧会開催の目的は、「内外物産ノ現状ヲ展示シ本邦産業貿易ノ発展ニ資スル」（広島市役所　一九三〇：二一）ことにあった。すなわち、開催目的は貿易の振興におかれていた。この会場には特設館として「貿易館」が建てられていたのだが、その存在はこの博覧会の目的を体現する意味で重要であった。もっとも、この貿易館以外にも多くの特色ある建物群が建てられ、特色ある施設が並んでいた。この博覧会の意義は、そうした施設の企画に創意性が認められたことである。

会場は三カ所に分かれていて、その第一会場は市内の中心近くの軍事施設の拠点であった西練兵場に設けられていた。そこには、「本館」、「貿易館」、「化学工業館」、「機械館」、「参考館」、「農水産館」、「林砿産館」、「保健館」、「郷土館」、「日光館」、「農村地域」、「子供の国」があった。第二会場は比治山公園に置かれていた。この一角には陸軍墓地があり、陸軍とは縁の深い場所であった関係で「陸軍参考館」が建てられていた。宇品港近辺には第三会場が設営され、「海軍参考館」、「水族館」などが並んでいた。

博覧会の中心部に当る第一会場には、全国から寄せられた工業製品を展示する本館があった。それを取り囲むように、機械館、化学工業館、貿易館が建てられていた。貿易館は各府県からの出品者は二二九人にのぼり、総点数で二七一五点が寄せられていた。重要輸出入品の陳列が主要目的で、なかでも大阪からは二四人の出品人員が出て、出品点数でも七三二点と群を抜いていた。その展示には、セルロイド製品、陶磁器、紙製品、ガラス製品、織物が多く、蚊取り線香などの医薬品も出品されていた（広島市役所　一九三〇：一六六、二〇九、七一二）。ほかにも、東京、京都、大阪、

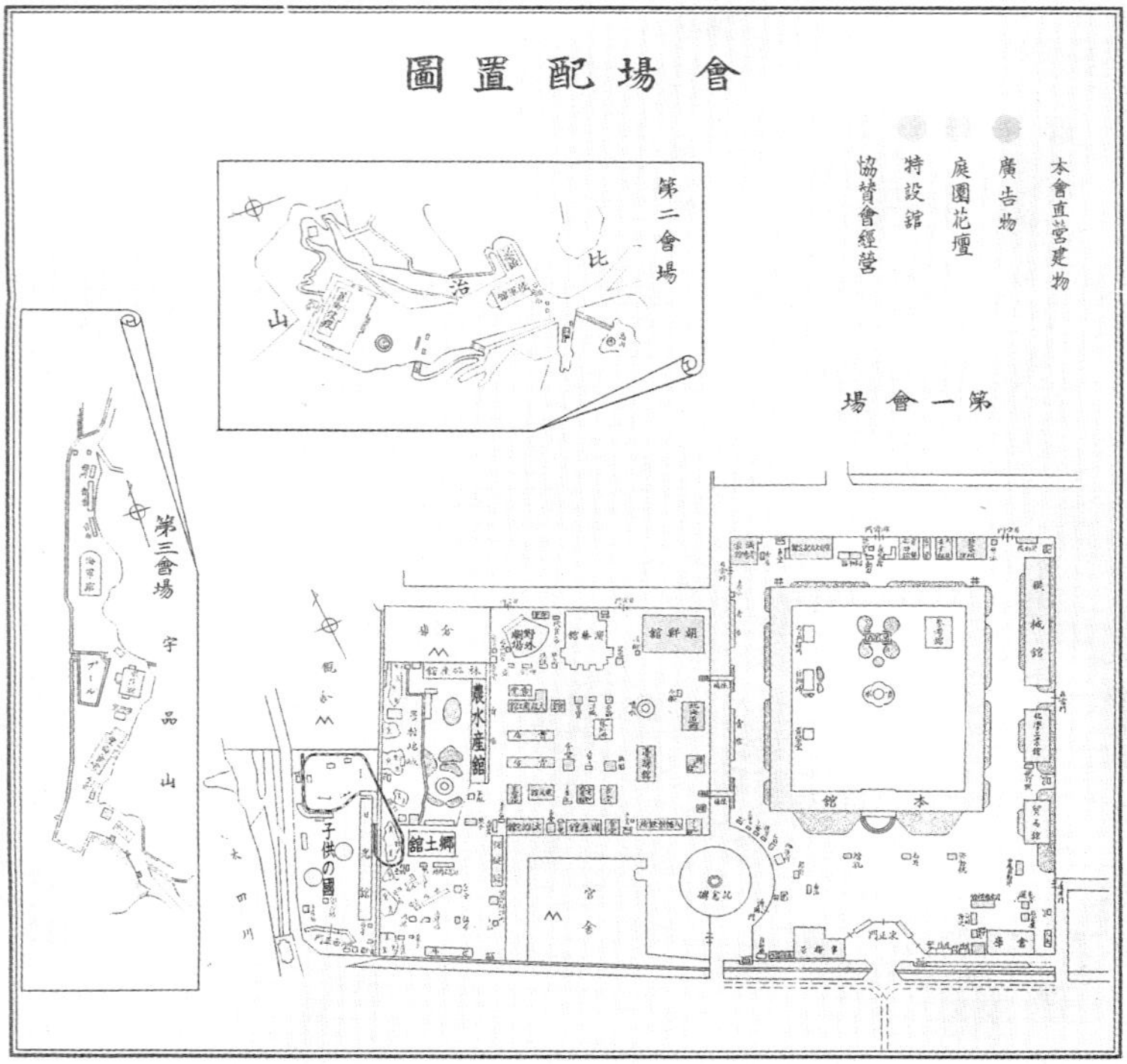

図Ⅴ－9 「昭和産業博覧会」の会場配置図

博覧会は三会場に分かれて行われ、第一会場に「農村地域」「郷土館」「子供の国」がある。
出典：広島市役所 1930（折込図）。

北海道を含め三九県から出品参加があり、樺太、朝鮮、台湾、満洲、スラバヤ、海峡植民地（シンガポール）、ハワイなどからも参加があった。総計では、出品人員は六八二三人、出品点数は十九万点の多きに達したというから（広島市役所 一九三〇：一四二）、地方博覧会としては大がかりな規模であった。

これほどの熱狂さを生んだ背景は何であろうか。会場内の展示が良好との評判を呼んだこと、博覧会を開催するだけの社会的基盤が整っていたこと、これらの点に着目しておく必要がある。社会的基盤とは先進的な都市のモダニズムを受け入れる土壌が広島では成熟していたことを意味したし、また多くの近隣農村からも観覧者がつどうほどの内容のある展示が評判を呼んだ、と判断される。展示の独自性は、軍都としての広島、農村振興に取り組む広島、郷土を称える広島、こうした多様な性格が反映されていた。昭和四年の段階で、広島市が主催した昭和産業博覧会は、全国に先駆け、従来にはない展示を行ったことで記録に留めておかねばならない。

しかしながら、開催を決定した時、大きな宿題が残されていた。開催を決議した時からの難題は広島市内には博覧会を開催するだけの広い場所がないことであって、関係者は土地探しに奔走しなければならなかった。この打開策として、当局は会場を三カ所に設け、土地所有者と借り受けのための交渉をすることになった。当局が狙いを定めた三カ所とは、軍事施設、とくに練兵場であって、その状況は以下のように整理できる。

第一会場：西練兵場。市の中心部。広島城天守閣を背景に、旧城郭内には第五師団司令部が置かれていて、広大な面積の使用が見込める。

第二会場：市の東部にある比治山公園。陸軍墓地もある。陸軍参考館をここに置く。

第三会場：宇品地区。宇品港の西側に位置する元宇品には森林公園が整備されている。宇品港に近接している地の利を生かせば、海軍参考館と水族館を建てることができる。

関係者との折衝は比較的順調に進行していった。その交渉過程の概略を見ておきたい（広島市役所　一九三〇：三二―四〇）。第一会場については、平時には部隊の訓練のため使用されている第五師団の西練兵場に照準を絞って交渉に臨んでいる。練兵場は十分な面積を所有しているので、最有力候補と考え、師団側と折衝を開始したのである。博覧会主催者側は昭和二年八月に「西練兵場拝借方ノ件」という文書を送付している。以後、何度かの折衝を繰り返し、練兵に支障を及ばさないという条件で、昭和三年八月に借用の協定書が締結された。これで中心になる会場は確保された。次に主催者は水族館と海軍施設の設営のため、海岸での会場探しに奔走する。この海岸に会場を造ることには深い意味があった。近隣の呉軍港から艦艇を派遣してもらい、軍艦の拝観を企画していたからであった。しかし、この土地は民間の所有地だったので、交渉は紆余曲折を経ることになり、やっと最終的同意を得ている。

こうした交渉を経て博覧会は開催されていく。交渉の苦労は報いられたようである。広島市内に広大な会場を確保でき、ゆとりを持って開催が可能になった。内容のうえでも、成果は出ていた。「陸軍館」「農村地域」「郷土館」という三つの展示施設で特色あるアイデアを表現できたことが、この博覧会を活気づかせたのである。

陸軍館が置かれた比治山公園は、春に桜が咲き誇る名所である。ここで、広島市は軍都としての威厳を発揮しようとし、今までに見られなかった充実した展示を企画する。大礼記念東京博と展示内容は同じに見えるが、やはり差異化を図る仕掛けはあった。館内の設備から展示品に至るまで、すべてを陸軍省が設計し、配置の作業に従事していた。その展示の特色は「立体的に、動態的に」示すことに配慮が置かれていたことであった。例えば、「都市防空演習をキネオラマ応用によって表示する」などの工夫があった。キネオラマとは映像による展示方法の一種である。その内容は何であったのであろうか。『広島市主催　昭和産業博覧会誌』から再現してみたい（広島市役所　一九三〇：二六一―二六二）。

地上より約四・五メートルの高さに、壁面に囲まれた、間口四間、奥行き三間の空間が設定され、そのなかに模型の飛行機が置かれている。緩慢な音をたててプロペラが回転している飛行機のなかに観覧者は乗りこむ。壁面には市街地が電燈の明かりのもとで映し出される。すると、「敵機来襲」を知らせるサイレンが鳴り響き、燈火は消される。敵機は爆弾を投下し市内は炎上するが、高射砲が打たれ、敵機は撃ち落とされる。かくして都市に平穏が戻り、電燈が点じられ、一幕が終了する。

この記述を読むと、この陸軍館には今までの博覧会にはなかった新しい手法が取り入れられているのが分かる。現在の博物館や科学館を思い出させる体験式の設備が作られていたのである。模型の飛行機の操縦という体験型の展示は興味を呼んだに違いない。

主催者側が異様なまでの熱意で海軍館建設に取り組んだことは随所に感じとられる。海軍館は主に呉鎮守府の協力で進められた。この海軍館は異彩を放っていた。第一に、建物自体が軍艦を模していた。高さ一八メートル、六階建ての模造の軍艦は外見からして威圧感に溢れていた。展示や実演で一階から六階までが賑やかであった。この建設には海軍関係者からの援助もあったが、それ以上に呉鎮守府は特別委員会を設けて計画を実施したほどで、設計から完成に至るまで入念な作業のもとで実施された（広島市役所 一九三〇：二六七―二七六）。

館内の展示は潜水艦や飛行機の模型、あるいは名だたる海戦のパノラマ図など常識的な出品が多いが、体験型の設備も備わっている。例えば、模型の潜水艦を無線操縦で動かすなどの仕掛けである。あるいは、潜望鏡が置かれていて覗き込むことができる。測距儀なども自由に試用できた。こうした実体験に加え、三月二十二日には呉軍港から聯合艦隊の主力、陸奥、山城、日向の新鋭艦隊が宇品に入港し、一般の拝観を許可している。海軍は軍楽隊を上陸させ、公開演奏会を行っていた。このような一連の海軍の演出は、昭和十年に行われた呉市主催の「国防と産業大博覧会」でも再現されている。陸軍館に見たキネオラマも含め、この広島の博覧会は軍事展示の嚆矢と言ってもよかった。

図Ｖ－10 第三会場内の海軍館（絵葉書）
軍艦の形をした館内に展示室が置かれていた。

②「農村地域」を歩き、「郷土」を誇る

この広島の博覧会は、他地方と比べて独特な展示をしていた。広島市は都会であるとともに、農村地帯に隣接してい

図Ⅴ－11　農村地域の光景

農村地域配置図（出典：広島市役所 1930）。

るという地理学的状況をよく理解していたのであろうか、博覧会場には他所では見られない、一風変わった区画、「農村地域」が設置されていた。従来の博覧会の欠点は、農村振興策について無関心であったという立場から、あるべき理想的な農村像を提示し、「純朴な農村の縮図」を会場で表現したことにある。この農村の展示の狙いは、「都市生活者に対しては、農村を理解」させ、農村生活者に対しては「よりよき農村の建設」を目標にしていた（広島市役所　一九三〇：二四九）。この崇高な目的を掲げた表現は、どことなく柳田國男の随筆、「田舎対都会の問題」を思い出させてしまう。柳田は、都市と農村との対立を認めず、「鄙の中に都を、都の中に鄙を」見ることが日本人に課せられた宿題だと説いていた。都会人は田園の趣味、田舎人は都会の喜び、それぞれが他方を評価することで双方的な交流の実現を柳田は期待していた（柳田國男　一九〇六〈柳田　一九六九ｂ：四五〉）。どこまで展示の企画者が意識していたのか分からないが、柳田の考えがここには現れていた。

　そのうえに、この企画者は時代の趨勢を深く読み込んでいた、と評価を付け加えることができる。よく言われているように、昭和大恐慌以後の日本では農村の疲弊が政治問題化し、その対策として昭和十年には農村更生運動が着手されている。その目的は、「疲弊した農村を再建する」ことであり、「生活の合理化、農業生産の増大」が目標とされていた（雨宮昭一　一九九九：九八）。先に引用した広島市近郊農村の「経済更生計画」はその一環であった。ところが、広島では、農村振興政策の事業は「農村モダニズム」の影響を受け、実は早くから企画されていたのである。それが、博覧会場に実現された理想の農村モデル像であった。

その「農村地域」と題した展示場は約一五〇〇坪の面積を擁していた。展示の世界は現実にはありえないような光景が展開していて、まさに理想境であった。風力を利用した水車はその一つで、オランダの風車を手本としていた。その意図は、動力としての水車の活用を推奨するものであって、さしずめ現代風に言えば再生エネルギーの利用ということになろうか。もちろんエコロジーという思想を意識したものではなく、ただ先進的なヨーロッパとしてオランダを真似ただけなのかも知れないが、広島市側が昭和期にいかなる夢を実現しようとしていたのか、読み取ることができる。「農村地域」の構成は次の通りである（広島市役所　一九三〇：二四八―二五三）。

水禽舎：水禽類の飼育。
茶園：静岡県茶業会議所から取り寄せた優良品種を植えた。
楽焼：農村副業として奨励するため。
風車：オランダ式風車。農村動力として利用の手本。
放牧場：山羊、綿羊の飼育。
温室：大阪の専門家に依頼し、施工。
西洋花壇：パンジー、チューリップ、ヒヤシンス、シクラメンの花壇。
日本庭園：この域内には四種の施設。古来の築庭法にもとづいた日本庭園、奈良の若草山を模した造山、耶馬溪と三段渓などの渓谷美を取り込んだ風景、理想農村と漁村の姿、これら四種からなっていた。

農畜産食堂：農畜産品愛用の奨励。

養蚕練炭：養蚕用練炭の製造工程を示す設備。

養魚池：コイ、ウナギを放ち、農村副業として養殖の範を示した。

文化住宅：今までの博覧会で展示された住宅が日本人の生活様式とかけ離れているとの認識から農村本位の改良住宅を二棟。とくに通風、彩光、台所設備などに意を用いた。

製茶工場：副業として奨励するばかりでなく、将来、有望な産業になるよう計画し、製茶工場を建てた。各種の茶の製造方法と工程を示した。

舞台：神楽、盆踊りなど、農村芸能を行う舞台。広島県内だけでなく、京都からは宇治の青年男女を招いて茶摘み踊りを実演。

当時の農村を襲っていた不況の嵐に対処する市当局の立場は、この展示を一覧して分かってくる。楽焼、養殖、放牧、茶の栽培などはたんなる物珍しさを見せつける展示ではなく、稲作のほかに農業収入を補助する手段として副業を奨励する意図から出ていた。文化住宅の設計図は残されていないので決定的なことは言えないが、通風、彩光、台所設備などに意を用いた改良住宅というから、農村に適合的な家屋を考慮していたことになろう。こうした光景を見ると、板垣邦子（一九九二：一七二）の言葉を使えば、まさに「農村的モダニズム」が出現していたことになる。

③広島という郷土

広島市は精力的に博覧会を自己宣伝の場として活用していた。市民、あるいは広島県人に対しては自己の歴史を回顧させるため、他府県人に対しては広島への認識を高めるため、「郷土館」を設営したのである。「芸備二州の有する名勝、史蹟、史伝等所謂郷土の誇りを広く天下に紹介する」ため、さらに「県民に対しては愛郷心涵養の糧となし、精神教育に資する」ため、市内の教育関係者は協議して「郷土館」を立ち上げた（広島市役所　一九三〇：二三五）。この内容からの印象では、文部省の唱道する郷土教育の実践の場に見えるかも知れない。

実は、郷土館設立に向けての過程には紆余曲折があった。初期段階では広島市教育委員会が運営計画を立てたものの、後に「芸備史伝名勝顕彰会」が引き継ぎ、最終的には博覧会主催者側が直接的に運営するようになったという経緯があった。教育関係者は、最初は児童の作品の展示、あるいは教育展覧会を意図していた。しかしながら、その展示では遊覧気分の漲る博覧会には不向きとされ、郷土を見せる展示へと主題が推移していく。その過程で展示技術の向上が図られ、たんなる画像展示だけではなく、電気仕掛けの装置を考案し、動態的に広島の名勝旧跡を観覧させる方向で計画は推進された。

目的は広島県の名勝をパノラマで紹介するのであったが、ここにモーター仕掛けの乗物が登場する。人々はその乗物に乗り、順々にパノラマに描かれた名勝を見て回る。戦国時代の武将「毛利元就」、東洋一の軍港「呉軍港」、全島がミカン栽培を行う「大長蜜柑山」と順次にパノラマ風景を楽しむ算段になっている。その次には、広島駅を出発して風光明媚な「尾道港」、清流を湛える「太田川」、江戸期の詩人「菅茶山」、鎌倉時代の武人「桜山茲俊」の故地を訪ねる旅に出る。その展示の各場面には教育関係者がいて、説明にあたることになっていた(4)。

このパノラマを見た後に、別室に移り、「広島大本営」、「広島城」、「比治山旧御便殿」、「泉邸」、「帝釈峡」、「福山城」、「鞆の浦」、「三段峡」の映写を見ることになっていた。広島県民以外には馴染みの薄い場面であるが、県内から選んだ名勝を旅する光景が続いていた。博覧会随一の呼び物と謳われ、一六万人を超える入場者を記録したというから（広島市役所　一九三〇：二三七―二四四）、この郷土館の人気の高さが伝わってくる。

名勝旧跡の紹介というと、柳田國男なら「つくね芋」と冷たい言葉を浴びせるかも知れない。英雄や偉人の紹介は民

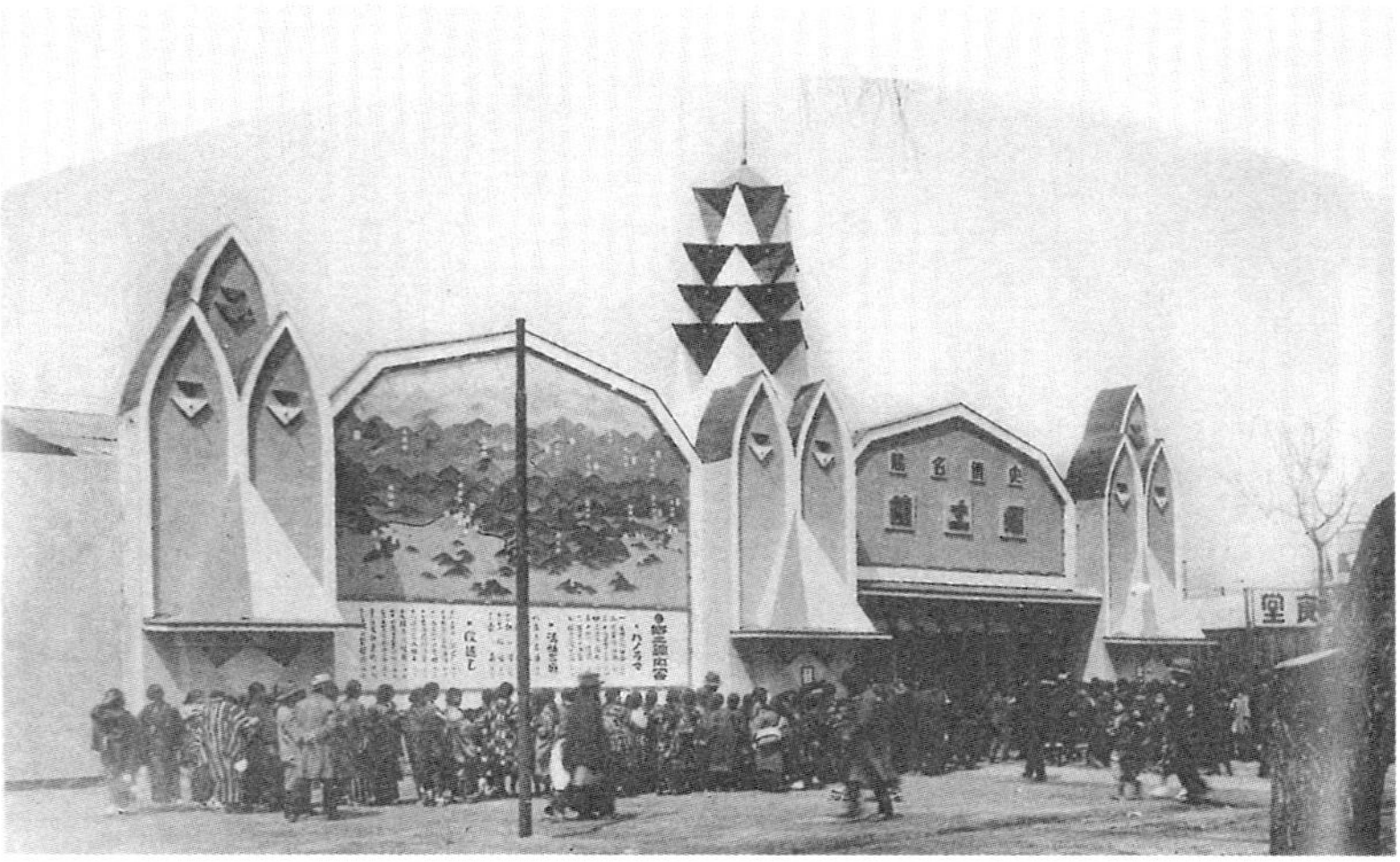

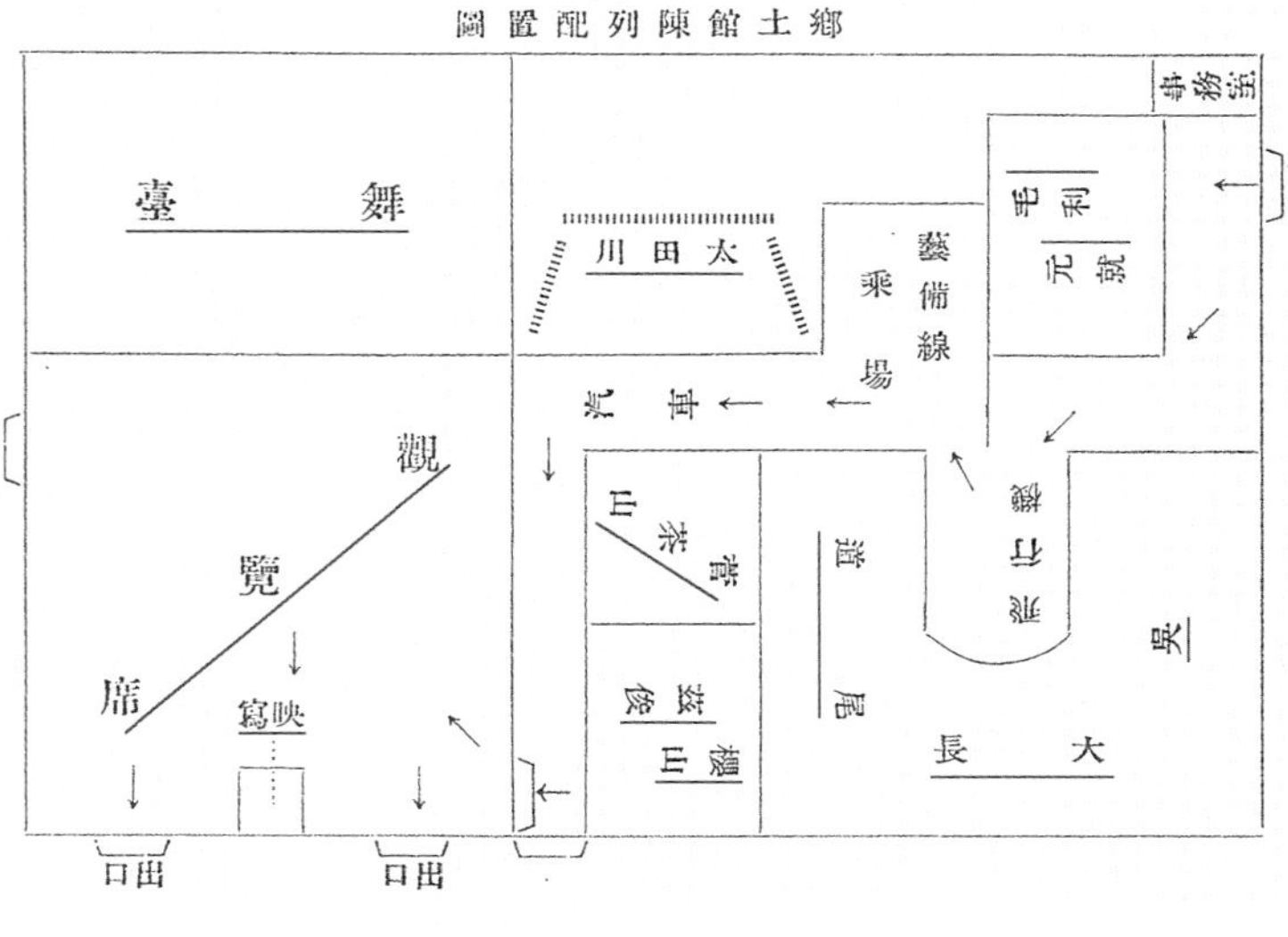

図V－12　昭和産業博覧会の郷土館

a）郷土館と行列をなす人々。

b）陳列配置図。

出典：a）昭和産業博覧会協賛会 1929。

　　　b）広島市役所 1930：237（ただし、下線・傍線は筆者挿入）。

俗学の対象ではないと柳田國男なら批判的な態度を取るに違いない。しかし広島県を他府県人に紹介するのに、これほど有効な教材はない。仮に大阪の博覧会で真田幸村の展示があったにしても、それは歴史の一齣として真田の武将としての評価を深めることになるが、大阪の「お国自慢」として語られるのではないし、ましてや愛郷心や愛国心の醸成につながるわけでもない。絵葉書でも有名な帝釈峡などの名勝が登場するが、だからといって柳田國男が言うような「風景の押売」というわけではない。やはり見て美しい光景は、ジオラマで見せても楽しいものである。何よりも興味深いのは、英雄や名勝旧跡を取り上げながらも、ミカン産業なども取り上げるなど、展示にはメリハリの利いた工夫が設えてあったことである。

広島県でミカン栽培が本格的に開始されたのは明治十年代から二十年代にかけての頃で、明治末から大正期になると、広島県は日本屈指のミカン産地になっていた。日本で最初の国立農事試験場園芸部が静岡県に創設されたのは明治三十五年であった。その後、各地で県立の園芸部が創立され始め、大正七年に広島県は豊田郡大長村（現・呉市豊町）に委託して柑橘栽培の試験を開始させている。気候的条件に適していたこともあって、順調な生産を見込んで大正十四年には県立農事試験所大長柑橘分場が設立されている。これは全国に先駆けて創設された柑橘類専門の試験所で、優秀な技術者を育成し、優良品種を改良生産する拠点になった（昼田栄　一九六二：七六―七八）。

大長村が先進的な蜜柑栽培地になった理由として、一つには人的資源の活用があった。この村には明治三十年代初めに「果物協進会」が組織され、その後も「村農会」「産業組合」が設立されている。一方、村人は各地の農業を視察し、また農業の講習会を開き、意欲的に啓蒙活動を行ってきた（昼田栄　一九六二：五三〇）。罐詰技術の向上で、昭和十年頃には広島県はミカン罐詰の生産拠点として名を馳せるようになってきている。罐詰産業といえば、大正期は水産物が豊富で、日本では水産物罐詰の輸出高は世界第一位を誇っていた。その頃、大長村には起業家精神にあふれ、ミカン缶詰の技術改良に励んでいた加島正人という青年が現れた。昭和二年、その青年はイギリス人の輸出商を介して改良した製品をロンドンに初めて輸出する。すると、その品質の良さが評価され、以後、ミカン缶詰の輸出は飛躍的に伸びていく。大長村での加島青年の試み、これがミカン罐詰の輸出の嚆矢であった（昼田栄　一九六二：四三八）。

こうしてみれば、郷土館は、柳田國男が危惧するような名勝旧跡を見せるだけの施設ではなかったことになる。農業という地味な産業ではあるが、起業家精神に溢れていれば、新たな活路が開かれてくるという教訓を示していたのである。郷土の誇りとは何か、郷土館は気鋭の精神で溢れていた[5]。

注

（1）『東北産業博覧会誌』は「仙台商工会議所主催　東北産業博覧会誌」と「東北産業博覧会審査報告」の二部構成になっていて、前者は一―三二〇ページ、後者は一―二六八ページと、ページ番号はそれぞれ独立して打たれている。このため、審査報告に関する文献表記は次の通りにする。

仙台商工会議所編〈小寺房次郎　一九二九「緒言」：一〉

仙台商工会議所編〈吉田英助　一九二九「機械工業・電気工業・審査報告」：一三七―一三八：一四五〉

仙台商工会議所編〈大山清一郎　一九二九「繊維工業審査報告」：一五一―一五二〉

なお、審査部長の小寺房次郎はアンモニア合成の研究で知られた化学者で、「近代化学工業の祖」とまで呼ばれていた。

（2）「范将軍」、「謝将軍」とは台湾の民間信仰の神々である。范将軍は悪者を懲罰し、謝将軍は福徳をもたらす神で、祭日には異形の姿で街中を練り歩き、人々に幸をもたらすと信じられている。この行列が会場で台湾人が神々に扮して練り歩いた（仙台商工会議所　一九二九：二六八）。ほかには、「アイヌ館」もあり、アイヌの工芸品などが展示されていた（仙台商工会議所　一九二九：一五七、二六五）。

（3）もともとこの風俗人形は、東京の三越が「世界風俗博覧会」の展示目的で考案したものである。三越の会場では「三越呉服店　世界風俗博覧会」という表題（キャプション）を付けた絵葉書を作成していた。この時の絵葉書は、そのまま、ただし袋の表題の「三越呉服店　世界風俗博覧会」という文字は「世界風俗」と題されただけで東北産業博覧会の「世界風俗館」で売り出された。

（4）菅茶山は通称を太中と言い、江戸期の詩人である。茲俊は吉備津神社の神職を務めた勤王の志士であった。「大長蜜柑山」とは後述するように、柑橘類の産地であった（広島市役所　一九三〇：一二三八―一二三九）。

（5）このほかにも、会場には「日光館」が作られていた。「日光館」は各地の博覧会でも登場し、東照宮や祭祀の行列の模型など大掛かりな装置が人気を呼んでいた。さらには「学天則」と呼ばれたロボットも登場していた。人気を呼んだ秘訣はこうした脇役の展示にもあった。この二つの展示は大変人気が高く、例えば「学天則」は「大礼記念京都大博覧会」（昭和三年）に登場した後、この「昭和産業博覧会」で展示され、その後「始政二十年記念朝鮮博覧会」（昭和四年）、「上越線全通記念博覧会」（昭和六年）というように、各地を巡回し、それぞれの土地で好評を博していた。

第六章 郷土を見て、観光を楽しむ(1)——郷土館の語り

昭和期になって国産振興が唱えられ、産業を主題にし、しかもその名称を冠した博覧会が日本の地方都市で頻繁に開催されてきたのを今までに見てきた。それなら、ここで疑問が生じる。博覧会を開いて見せるほどの魅力的な産業が地方都市では育っていたのであろうか。地方都市でも明治期には「共進会」という名称を付けた品評会はあった。けれども、それらは土地の名産を集めた類いの物産会にすぎなかった。それなら、昭和前半期に地方で行われた博覧会は何を目的にしていたのであろうか。もちろん、産業の国産振興運動の掛け声に呼応して、地方でも優秀な国産品を製造し、また流通を奨励する気運は高まっていた。

しかしながら、国産振興の合言葉に従っただけの博覧会では東京や大阪の真似事にすぎない。博覧会を開催するには、新しい理念を吹き込んだ、それぞれの土地柄にふさわしい内容で盛り付けないなら、魅力は半減してしまう。かくして登場したのが、「郷土」という概念を中心に置いた「郷土館」の設置であった。東京や大阪とは違う魅力を地方は持っていると伝えるため、郷土のイメージを発信する装置として博覧会が活用されたのである。次に、他府県から人々を呼び込むために、郷土イメージを高める効果的方法として「観光」という概念が浮上してくる。かくして、「郷土館」

と並んで、地方博覧会では「観光館」が建ち並ぶことになる。その背景に、鉄道をはじめとしたインフラ整備があったことは言うまでもない。

すでに第四章で論じたように、鉄道の開通を記念して盛大な祝賀会が地方都市で行われ、それを契機に博覧会が多く開催されていた。人々は鉄道で旅をし、地方を観光で訪れ、その土地独自の魅力を体験する。多くの地方博覧会はこの気運に乗じて開催されたのである。「郷土」と「観光」が博覧会の主題として選ばれた理由の背景には、こうした地方都市の戦略を抜きにしては語れない。前章でみた広島の昭和産業博覧会はその先駆的催しであった。その広島の議論の続きとして、この章では「郷土」、そして次章では「観光」の側面から見ることになる。

第一節　郷土という語り

文部省（現：文部科学省）、小学校などの教員、地理学者、民俗学者などが積み重ねてきた「郷土」についての議論は、それぞれの立場の違いによって、意味内容が異なっている。この概念を最初に積極的に取り組んだのは文部省であった。教育学の海後宗臣らは、明治初期に遡って郷土教育の歴史を検討し、明治三十年頃に「郷土科」が教育問題として考慮されるようになった事情を論じている。小学校の歴史地理の教科において、「児童に近易なる事物を用ひて教授する」ことに教育的意義を認める考え方が文部省にあった、と指摘している。この方針のもとで「郷土科授業」を推進していき、その過程で「郷土に関する児童の理解を深からしめ、愛郷土心を喚起」させる思潮が産み出されてきた、と言う（海後・飯田・伏見　一九三二：二一二―一三）。文部省が意図した郷土教育の目的は、愛郷心の涵養ということになる。

文部省の郷土教育に対する関心が頂点に達した時期は昭和になってからである。郷土教育運動の発生から始まって衰退に至る時期について、平山和彦は郷土誌と郷土史関係の刊行物を統計的に把握することで、その動静を整理している。大正元年から昭和十九年までの期間を統計的に調べてみると、なかでも郷土教育運動は昭和四（一九二九）年頃に高まりを見せていたことが分かる（平山和彦　一九八二：二〇三）。平山に言わせれば、文部省の「高等小学校の教科書に「郷土」という一課が設定されたのは昭和二年であった。

文部省の『高等小学読本　巻一（農村用）』には、その第三〇課に「郷土」という課目があって、抒情的に風光明媚な郷土が語られている(1)。

> 道の辺に咲く野菊の花はさゝやかなれども、思へばそもそも何時の世に芽生えそめ、咲きそめにけん。観ずれば一輪の野花にも殆ど限知らぬ伝統の存在するを認むべし。

いつの世にも変わらずに道端に咲く「野菊の花」を例に取り、郷土の伝統の美しさを偲ばせる表現方法はあまりにも感傷的である。祖父母、曾祖父母の世代から耕してきた郷土、その「郷土の由来を知り、其の今日に至れる跡を尋ぬる時、始めて之に対する真の理解を生じ、随って之を愛する情の油然たるものあるを見るべし」（文部省　一九二七：一三四―一三五）と語りかける文章はあまりにも情緒的であるが、ここに郷土の歴史を知ることが郷土愛を育むという論理が明晰に示された。

郷土教育の必要性について、文部省高官はいくつかの理由を述べている。昭和七年、文部省普通学務局は郷土教育の振興のため講習会を開催し、有識者に講演を依頼する機会を持った。この講習会の冒頭で、普通学務局長の武部欣一は「郷土教育の本義」と題した講演を請け負っている。明治以来の教育が欧米教育の模倣であって弊害が出ていると警鐘を鳴らし、その教育が知識と技術に偏重していて現実の生活から遊離している、と危機意識を顕わにしながら武部は厳しく批判するのである。講演のなかで武部は文部省の教育行政を回顧し、次の二点を成果として強調する（武部欣一一九三三：四―五）。第一は、昭和二年に文部省は全国の師範学校、市町村立の小学校に対し、郷土教育の実施状況を照会したことを述べている。その発言の背景には、現場での実状を認識しようとする態度が見られる。第二は、昭和五年から師範学校に対して郷土研究用の施設に補助金を支出している実績を紹介している。ここには本格的に郷土教育に取り組む意欲が滲み出ている。

前者の発言は、教材の種類を問い、同時に郷土の愛護の念を養成する目的で施設が作られているのか、学校関係者の取り組みを尋ねた内容である。後者の補助金支出に関わる部分は、郷土教育の現況が問題にされている。文部省の郷土教育への関心の高さは、国庫補助金を支給して郷土研究施設費に充当する政策に読み取ることができる。昭和期に郷土教育が日本各地で唱道されていった背景には、この文部省の支援が深く関わっていて、すでに多くの研究成果が教えるように、この文部省の政策が郷土教育の興隆をもたらしていったのである（海後・飯田・伏見　一九三二：二一〇）。

しかしながら、郷土教育は文部省のみが携わっていたわけではない。すでに明治期から「郷土会」という研究組織が立ち上げられていた。明治四十三年には小田内通敏、新渡戸稲造、柳田國男、石黒忠篤らが「郷土会」を結成し、大正二年には機関誌として『郷土研究』を創刊している。この雑誌は民俗学的色彩の濃い雑誌で、柳田國男の「巫女考」、「山人外伝資料」など初期柳田國男研究には欠かせない論考が収録されていた。その後、いったん中断されたが、昭和六年に復刊され、昭和九年にまで続いていく。その郷土研究の目的について、創刊号で高木敏雄はこう語っていた。すなわち、「日本民族生活の凡ての方面の根本的研究」であり、なかんずく「民族生活の舞台」としての「郷土すなはち土地」の研究が目的である、と。ただし「土地」といっても自然の一部としての土地ではなく、「民族生活に対して相互作用の関係に立つ土地」なのである。言い換えると、土地を基盤にして営まれる生活が「郷土」そのものであり、具体的にはその土地に伝わってきた口碑伝承が、その研究対象となる（高木敏雄　一九一三：二、一〇—一一）。

一方、地理学者の小田内通敏らは昭和五年に「郷土教育連盟」を結成し、機関誌『郷土』を発刊している。その創刊号には新渡戸稲造、白鳥庫吉、三浦周行らが寄稿していることから分かるように、この組織は高度の学術的専門性を持っていた。「現代の日本、それは都会と農村とを問はず極度の行き詰まりに瀕して」いるという書き出しに始まった巻頭の宣言文は、格調の高い言葉で綴られていた。その宣言は、「我が国の現在と将来とを見通す可き革新的な自覚を振起する学問的並びに教育的方法は何であるか」と自問しながら、「日本国土の偽らざる姿、云ひ換へれば日本民族が三千年来国民的生活を営んで居るこの地理的環境に向かって正しき認識を体得する」ことだと呼びかけ、続けてこう語りかけている（郷土教育連盟　一九三〇：一）。

果然「郷土に帰れ」の生々しい人間の声が至るところに起って来ました。此の郷土、それは土地と勤労と民族との三ツの綜合体であり、慈愛に充ちた伝統と希望に燃える人間の生活場であります。小さい「生れ故郷」といふ範囲にばかり閉じ籠らずに広く都会と農村、国土と世界とを通じて見る郷土にのみ、日本のもっとも新しい姿を発見し得るのであります。

「生活場」から「都会と農村」、「国土と世界」を見ようとする宣言文には意気込みの高さが感じ取れる。しかしながら、「郷土」なる概念を「土地」、「勤労」、「民族」との「綜合体」と理解する郷土教育連盟の定義には、伊藤純郎も指摘するように、「地理的環境」という客観的な郷土観と、「慈愛に充ちた伝統と希望に燃える人間の生活の場」という心情的な郷土観とが混在している（伊藤純郎　二〇〇八：一七五）。とりわけ、後者の表現、「慈愛に充ちた伝統」という言葉が表すように、「郷土」という言葉には感情表現が付きものであった。「慈愛に充ちた」郷土というロマン主義的語りは、愛郷心の涵養に訴える素地を内含している。ただし、郷土教育連盟の主張は「お国自慢」の愛郷心ではなく、その外延は愛国心にまで辿りつく。再び、伊藤の主張に耳を傾ければ、この種の郷土概念を唱道していったのは、文部省ではなく、ほかならぬ郷土教育連盟であった（伊藤純郎　二〇〇八：二二四）。

しかし、郷土学習が実際にどのように行われていたのか、具体的な現場に即して検討していくと、いささか別の局面が見えてくる。昭和九年の秋、群馬県師範学校への天皇行幸の際、郷土教育資料の展示会が催されている。(2) この師範学校には「郷土科」という独立した学科はなかったので、各教科の合作で展示資料を作成することになった。多岐にわたる分野の合作だけに、考古学資料、郷土史資料、方言資料、産業関係資料、地理学資料などが数多く集められ、模型や写真などで図解し、一括して「郷土資料」として展示されたのである。それならば、この学校でいう「郷土資料」とは、何を指していたのであろうか。教育学の立場から関戸明子（二〇〇二：一四八）は、その時の状況を記録した師範学校の交友会誌の分析を通して一つの展望を見出している。

具体的に展示内容を紹介して見よう。歴史資料では「新田氏ノ勤王」と題して、郷土の偉人、新田義貞が取り上げられ、肖像画、遺物、系譜、古書類が展示されていた。産業関係では、蚕糸、織物など群馬を代表する産業の展示があり、国語関係では方言を題材として、その実例が整理され、方言地図が作成されていた。「赤城山」という区画もあった。赤城山の地質図、岩石標本、植物や昆虫標本が展示されていたのである（群馬県師範学校校友会　雑誌部委員編　一九三五：一二〇―一二四）。

このうち、「方言」について、どのような展示が企てられていたのか、詳しく補足しておきたい（群馬県師範学校校友会　雑誌部委員編　一九三五：一二二）。なお、原文のカタカナはひらがなに変換している。

方言を蒐集し之を整理し研究するに至るまでの道程の実況並に生徒の郷土研究、活動状況を示し、更に其の結果に対する教育的取扱の一班を現はさんとす。

陳列せる材料は方言蒐集実況写真、方言整理実況写真、方言教授実況写真、方言採集簿、方言整理簿、群馬県方言集、方言地図、其の他是等に関係するもの数点。

この引用文から、群馬県の方言を採集し、方言地図を作製するまでに至る学習課程を写真などで説明することが基本的な仕事であったことが分かる。考えてみれば、子どもたちにとっての郷土教育とは、もっとも身近な方言の採取であったことは理に適っている。当時、日本全国で声高く叫ばれていた郷土教育、あるいは郷土研究とは「愛国心」、「愛郷心」を児童に注入する教育目標と考えがちであるが、児童にとっては方言こそが一番身近な世界であって、生きた言葉を通して自分たちの世界を理解させること、これこそが郷土教育の目的であったと理解される。身近な生活世界への理解こそ、群馬県師範学校が目指した現実であった。

全体を通覧してみたらどうなのだろうか。新田義貞という偉人を取り上げ、殉国精神を強調する展示があった。そこには昭和という時代性を見ることができる。しかし、その一方で「粘土細工」として郷土特産の焼き物、利久焼の製作も試みられていた。これに見られるように、群馬という土地柄へのこだわりの強さを示していて、これが天覧での特徴を印象づけていた。この点では、「赤城山」を多角的に展示したことと同じ主旨に基づくと考えてよい。赤城山の地質図、地形の模型図、岩石標本、植物標本、昆虫標本、おおよそ赤城山を取り巻く自然環境が対象となり、生徒たちは実習作業の一環として取り組んでいた。こうして見ると、「愛国心」や「殉国精神」などを謳っていても、「個性的具体的な郷土教材をいかに教育に活用し、その効果はどうかという点を表現するよう努力し」たことに教育現場の姿が認められるのである（関戸明子　二〇〇二：一四八）。児童にとっての身近な存在、自分たちの生活を取り囲む世界、これを知る営みこそが郷土教育であった。

長野県もまた郷土教育の盛んな土地柄であった。柳田國男は大正十四年十月に長野県埴科郡（現・千曲市）教育部会で、「郷土研究といふこと」と題して講演をしている。講演内容は後に『青年と学問』と題した単行本に収録されていて、そのなかで柳田が説きたかった事柄は、郷土研究の方法とは身近な生活の疑問から出発せよ、ということであった。「地名の蒐集」、「家名の調査」といえども、柳田にとっては重要な課題である。例えば、「カルフ」という言葉を考えてみると、意味がよく分かる。それは元来、「背負う」の意味であって、険阻な峠では馬が通らないので、人が荷物を背負わねばならない。その場所の意味から転じて軽井沢という地名が生じた、と言うのである（柳田國男　一九二八a〈一九七〇b：二二七〉）。

こうして、柳田は郷土研究の方法について要点を指摘していく。「成るべくは自分の家の門の前、垣根のへりから始めて、次第に外へ出て行くこと」、「常に力を自分自身の直接の観察に置くこと」、一見わかりにくい時は「多くの地方と聯絡を保ち、互ひに相助けて比較をして見ること」、こうした要件のもとで郷土を研究する際の方法を説明した（柳田國男　一九二八a〈一九七〇b：二二九―二三〇〉）。研究対象は小さいものから出発してよいし、身近な村での観察でよい。ただ、ほかの地域との比較は必要である。これがその講演会の聴衆に向けての柳田の語った話であった[3]。

松本市の小学校の教員はこの柳田の講演に強い刺激を受け、『郷土読本』、『郷土学習帳』の編纂を志していく。その過程で研究対象は何かと問い、「郷土調査要目」の検討も行われている。こうして、信濃教育会は昭和八年に『郷土調査要目』を出版し、調査対象を明確にさせた。大枠として「地質・鉱物・地形」、「気候」、「植物」、「動物」、「歴史」、「民俗」、「地理」に分類したのは、住民の生活に関わる事柄を念頭に置いた結果である。なかでも、「民俗」を担当したのは社会学者の有賀喜左衛門であって、情熱を傾け全体（三五九ページ）のうち、三分の一の分量を執筆し、本書の出版に貢献した。その有賀は文献史料の限界を諭し、日常生活全般にわたって行うべき聞き取り調査の項目を列挙している。柳田國男の薫陶を受けた社会学者だけに、その意図を反映して調査項目は家族構成、生業、通過儀礼、祭礼と信仰など、多方面に展開している。郷土調査の前提になる思想基盤について、有賀はこう語っている。すなわち、「思考感情に伝ふる深き生活意識の堆積に至るまで洞察すること無くんば、我が村、我が郷土の生活を理解すること真に難し……」と（信濃教育会編（有賀喜左衛門）一九三三：一八二）。

信濃教育会が「民俗」を対象の中核に据え、郷土を綜合的に理解させようとした意図ははっきりしている。伊藤純郎がこの書籍を高く評価している理由は、「児童の生活を通じて郷土を綜合的に把握するように配慮されている」からであった（伊藤純郎　二〇〇〇：三五）。日常生活と関連した事項、例えば家族構成や村の仕組み、主要な食物や衣服、あるいは年中行事、冠婚葬祭、そして口碑伝承、すなわち、民俗学の世界そのものに関わった内容は、児童にとってもっとも身近であり、しかも観察や聞き取りが容易な対象であった。

しかしながら、このような民俗学的志向性は「郷土教育」、あるいは「郷土研究」という枠組み全体を見た時、主流派を形成していなかった。この昭和の時期、各地の博覧会では「郷土館」が建ち並んでいた。しかし、そこで語られていた内容は信濃教育会とはかなり隔たりがあった。柳田國男の郷土研究を振り返って考えてみたい。柳田國男が、英雄・偉人からなる歴史記述を忌避していたことはよく知られている。「是までの歴史は一言でいふと、甚だしく伝記的であった」と言い、続けて「人でいふならば特殊の偉人豪傑、もしくは百年に一度も起り得ぬやうな大事件」（柳田國男一九三一b：〈一九七〇b：四六七〉）ばかりを歴史学は追求してきた、との柳田の文献史学への批判はよく引用されている。

お国自慢の郷土研究もまた、柳田にとって忌避すべきことであった。郷土誌に関わる出版物を整理して見ると、お国自慢を説く「理想の卑い」著者が見受けられると嘆いている。なかでも、序文で「弘く我郷の形勢を天下に紹介し」と書く輩はその類の極みで、「土地繁昌が常の目的」とした「商売の徒の廻し者」と言い切っている。(4) ついで、「愛郷の精神」を養うことが「愛国心」を育てることだと讃える輩を攻撃する。「果して郷土のどの点を、どの種の人に愛せしめる」というのか、不確かだと批判するのである。さらに、「神社仏閣に非ざれば古碑や歌名所の類のみ」を語る著者を指して、趣味人の偏向も甚だしいと憤っている。「駅長の相談でも受けて、停車場の立札に書く位の旧跡智識」しか持たない輩だ、と柳田は激しい言葉を浴びせかけている（柳田國男　一九二四b〈一九七〇b：五―七〉）。

柳田の郷土研究は二点で重みをもっていた。その第一は民俗学の目標自体に設定されていて、目的は「平民の過去を知ること」にあった（柳田國男　一九三五〈一九七〇b：二六四〉）。それだから、年代や人名などの固有名詞は問題にならない。群馬が生んだ郷土の偉人だからといって、新田義貞を郷土研究の対象に据える群馬県師範学校の展示は、柳田の眼からすればとうてい承服できない行為であったに違いない。その平民の過去を知る手掛かりは各地に散在している。イギリスなど古い時代の生活習慣が消失した国では、探し当てて研究しようとしたところで、所詮は「砂漠の植物学」にすぎない[5]。日本にはまだ伝承が各地に残されている。それを比較すれば、「日本人の生活、殊にこの民族の一団としての過去の経歴」を知ることができる（柳田國男　一九三三〈一九七〇a：六七〉）。柳田の関心からすると、この一文、「民族の一団」という言葉にこそ、郷土研究の目的が込められている。それゆえ、群馬県師範学校の展示は、柳田にとって「民族の一団」を構成する一部でしかなかった。

こうして見ると、博覧会での郷土を対象とした展示は、柳田の思想と合致するものではない。第一に、地方の博覧会の「郷土館」の展示対象はその地域に限定され、日本全体との比較の視野が考慮されていない。第二に、登場人物は主として郷土の英雄である。土佐に行けば、「郷土史館」には坂本竜馬が登場する。金沢の博覧会では土地柄から親鸞を記念した「親鸞館」が見られた。しかしながら、英雄・偉人の顕彰なしに郷土を語ることなど、地元民にはありえないことを考えれば、そうした展示にこそ価値がある。「愛郷心」の涵養の議論とは別に、英雄の史蹟は見ても聞いても断然おもしろいのである。博覧会で郷土の偉人を題材に選んだことは正解であった。

しかし同時に、坂本竜馬など全国的に知名度のある英雄だけでなく、庶民の日常に接した事柄も考慮しなければ、地元民に興味を抱かせない。博覧会は民俗学博物館とは違うので、地元の衣食住を取り上げた平凡な展示では、博覧会のもつ余興的楽しさが半減してしまう。この矛盾を解決するため、当事者はおおいに悩んだことであろうと思う。だが、意外と題材は身近にあった。例えば、地域の特色を反映しつつ、かつ日本各地に流布されていた民間信仰を語ることである。富山の博覧会では、民間信仰として名高い「立山権現」が紹介されている。この信仰は山岳信仰、修験道などと結びついていて、日本人の宗教心と深く関わっている。現在では聞かれなくなったが、昭和三十年代頃までは日本全国で富山の薬売りの行商が行われていた。富山の薬売りの話は民間伝承と歴史事実との双方が交差した世界である。「博覧」という言葉が表すように、こうした事柄の複合化した世界を見せることに博覧会の楽しみがあった、と考えた方がよい。

第二節　「郷土館」の展示

昭和の時代、「郷土」という言葉の持つ魅力のため、各地の博覧会には「郷土館」が登場していた。その嚆矢は、すでに見たように、昭和四年に行われた広島市主催の昭和産業博覧会であって、会場には「広島」を見せる場面が数多く設定されていた。「郷土館」は設計・施工を大阪の乃村工藝社に依頼し、映画も大阪の業者が担当したが、発案者は市内の教育関係者であった。その「郷土館」は広島という地域を巧みな電気仕掛けを用いて表現していた。その主旨は、「芸備二州の有する名勝、史蹟、史伝等所謂郷土の誇りを広く天下に紹介する」ことであり、また「県民に対しては愛郷心涵養の糧となし、精神教育に資する」ことと謳われていた（広島市役所　一九三〇：二三五）。けれども、県民の「愛郷心涵養」のためとして戦国時代の武将「毛利元就」の偉業を称えているが、教科書に出てくる日本史の学習、あるいは一般教養の展示だという評価は否めない。これだけを見れば、名勝旧跡を紹介するための観光事業の「押し売り」と批判されそうだが、実際は多角的に展示はなされていた。先にみたミカン栽培の展示は、叡智に溢れた企画であった。帝釈峡という名勝旧跡、毛利元就という偉人、これらに混じって新進の起業活動の紹介は広島の将来を照らし出す手本にもなり得るものだった。

文部省や教育現場、さらには民俗学者や地理学者の間で「郷土」という言葉が議論を呼び起こしていった昭和の時代、「郷土館」は広島市以外の都市でも開館されていた。北海道庁、札幌市および札幌商工会議所主催の「国産振興北海道拓殖博覧会」（昭和六年）では「北海道館」が見られた。北海道の歴史を見せるための展示が主題であった。金沢市主催の「産業と観光の大博覧会」（昭和七年）には「観光館」が建てられ、ここで金沢の観光名勝などを紹介していた。その展示の内容からすれば、「郷土館」という性格も帯びていたと見てよい。宮崎市主催「祖国日向産業博覧会」（昭和八年）は、名称から類推されるように「日向」の歴史を主題にしていて、これも「郷土館」の系列に属すと考えてよい。昭和十一年の「博多築港記念大博覧会」でも「郷土館」が開かれていた。さらに、昭和十二年の「名古屋汎太平洋平和博覧会」では、郷土館という名称は使わなかったものの、名古屋にゆかりの「歴史館」、さらに「愛知名古屋館」が開館していた。

これらの郷土館は、歴史や文化を通して地方の独自性を語る展示場であった。何を語ろうとしていたのであろうか。様々な顔を持っていて、その一つには、教科書風に名勝旧跡を紹介し、観光客誘致の手段として企画された場合もある。または中央に対して地方文化が決して劣ってはいない、むしろ先進性を誇りとする博覧会もあった。ここでは、昭和十一年に開催された「日満産業大博覧会」（以下、日満博と略称）と昭和十二年に高知市主催で行われた「南国土佐大博覧会」（以下、土佐博と略称）に照準を合わせ、地方からの発信情報を考えてみたい。

昭和十一年、富山市で開催された日満博では、豪華な「郷土館」が建てられていた。実際には、この郷土館は「郷土史館」と言うべき性格を持っていたが、富山という郷土をいかに認識していたのか、内容が分かる展示館であった。その特徴は、富山県を舞台にして展開される英雄・偉人の功績を顕彰するための性格を担わされていたことにある。主催者側の説明では、「郷土の、輝く歴史的存在を極めて興味深く、そして平易に大衆的に紹介するとともに郷土愛を一層高揚する」（富山市主催日満産業大博覧会編　一九三七：四六三）ことを目的にしていた。郷土愛の高揚を偉人・英雄の姿に求めるなど、柳田國男から見れば忌避すべき展示館ということになるが、技術的な観点から展示を見れば、入念な構想のもとで企画され、富山という地域を表現するのに熟慮していた様子が見えてくる。

この企画担当は富山市教育会が中心になり、市立の各学校長の熟議を経て進められていった。郷土の史実を立体的に、かつ動的に表現する意気込みで着手され、実際の製作作業の過程では郷土史の専門家として高等女学校の教諭らが中心的役割を担っていた。これに教育会などの関係者が加わり、最終的に富山の歴史に関わりが深い七件の史実を選び出し、ジオラマ形式で製作された。その七場面の構成にあたっては、電気照明装置を東京国技館専属の画工に依頼し、また等身大の人形を使うに際しては博多人形を製作する職人に依頼している。技術的な観点では、電気仕掛けの大掛かりな舞台装置が脚光を浴び、これに職人による小道具が脇を固めていた。なかでも重要な役割を担った人物は谷井友三郎であった。谷井は奈良県出身で、県会議員を務め、また谷井興行社を設立した実業家であったが、若き時は博覧会の請負業者でもあった。その谷井は富山の歴史パノラマの製作に携わっていた（木村博一・安彦勘吾　一九八一：八二、橋爪紳也　二〇〇一：一二二）。県内関係者と外部の設計請負業者の協力で、こうして展示作品は富山の歴史物語として綴られていった。

製作の過程では、関係者は霊山としての立山やその他の関係地を視察し、資料収集に努めていた。そのため巨額の費用を投じる結果となったが、その作業は報いられ、完成度の高い作品に仕上げることができた。現代人、とりわけ他府県人にはなじみが薄い内容にしても、館内の展示は、機械化された装置を伴って動態的な場面として構成されていて、人々の関心を集めていた。富山の歴史は、次の通りに七つの場面で構成されていた（富山市主催日満産業大博覧会編　一九三七：四六二―四七五）。

第一景　「立山開山縁起」

「立山開山縁起」とは、鷹狩の最中の少年が熊、猪を追い詰めるなか、頂上付近で立山権現に遭遇し、ついに開山に至ったという故事に由来する縁起物語である。仕掛けとして、等身大の人形一体、ほかにも熊一頭、猪一頭、鳥一羽を用意している。岩山は造り物であるが、滝は水そのものを使用し、噴火の様子は電気応用の技術を用い、雰囲気を作っている。

第二景　「雪のザラ越え」

富山城主、佐々成政雪が徳川家康に義をつくすため、雪の立山越えを敢行し、援軍として浜松に駆けつけた故事を再現している。等身大の人形二体、実物大の犬一頭、切出し人形十五体を用意し、電気仕掛けで雪を降らせる光景を出している。

第三景　「倶利加羅の火牛」

木曽義仲が平家の軍勢を倶利加羅（くりから）峠から追い落すため、牛の角に松明を付け突進させた物語が見せ場である。等身大の人形五体、実物大の牛一頭、切出し人形五体を作り、観音の篝火は電気を応用して再現している。

第四景　「殿中反魂丹献上」

藩主の前田正甫が、将軍徳川家綱に妙薬「反魂丹」を献上した故事が舞台上で演じられている。前田正甫は富山薬売りの祖とされ、その来歴の意義を語っている。等身大の人形六体が登場している。

第五景　「越中国司大伴家持」

万葉歌人で越中国司であった大友家持の業績をたたえる語りである。等身大の人形六体、実物大の馬一頭が、神社と大木のセットとともに登場する。

第六景「明治天皇北陸巡幸」

北陸地方を巡幸する明治天皇が農事を視察する場面である。等身大の人形十一体と、ほかに馬・馬車・人力車など約六十体が使用されていて、大がかりな舞台装置が見られた。

第七景「神通船橋鉄鎖切断」

濁流に荒れ狂う神通川から身を挺して防いだ藩士の活躍を描く場面は圧巻である。小物および等身大の人形六体、切り出人形八体を使い、電気応用で雨を降らせ、船を動揺させ臨場感を出している。電光の明滅も同じく電気を応用している。

馴染みの薄い光景が続くので、解説をしておきたい。第一景の「立山開山」とは、北アルプスに聳える立山が阿弥陀如来の信仰の対象になった由来譚である。その縁起譚の筋書きは、以下の通りである。飛鳥時代、越中の国司であった佐伯有若の子ども、有頼が白鷹を追って山に入ったところ熊に出会う。有頼は矢を射たが、熊は血を流して洞窟に逃げ込む。後を追っていった有頼が洞窟内で見た光景は、胸に矢が刺さった阿弥陀如来の姿であった。その熊が導いてくれたと悟った有頼は、深く阿弥陀如来を崇敬することになり、立山を信仰の対象として崇敬するに至る。霊山としての立山は、かくして日本古来の山岳信仰と伝来の仏教とが融合した民間信仰として、広く一般に知れわたることになった（図Ⅵ—1、参照）。

これに対して、第二景の「雪のザラ越え」、そして第三景の「倶利加羅の火牛」は、ともに武士の活躍を語る史話である。同様にして、「殿中反魂丹献上」（第四景）も偉人、前田正甫の物語である。越中富山藩主の二男として生まれた前田は産業を奨励し、薬学にも関心を示し、藩の財政の向上に貢献した有徳の士として語られている。その業績には、胃腸薬として有名になった「反魂丹」などの製薬事業が挙げられる。後世に「富山の薬売り」として世に広まっていく基礎を作った人物の物語である（玉川しんめい　一九七九：二〇―二一）。

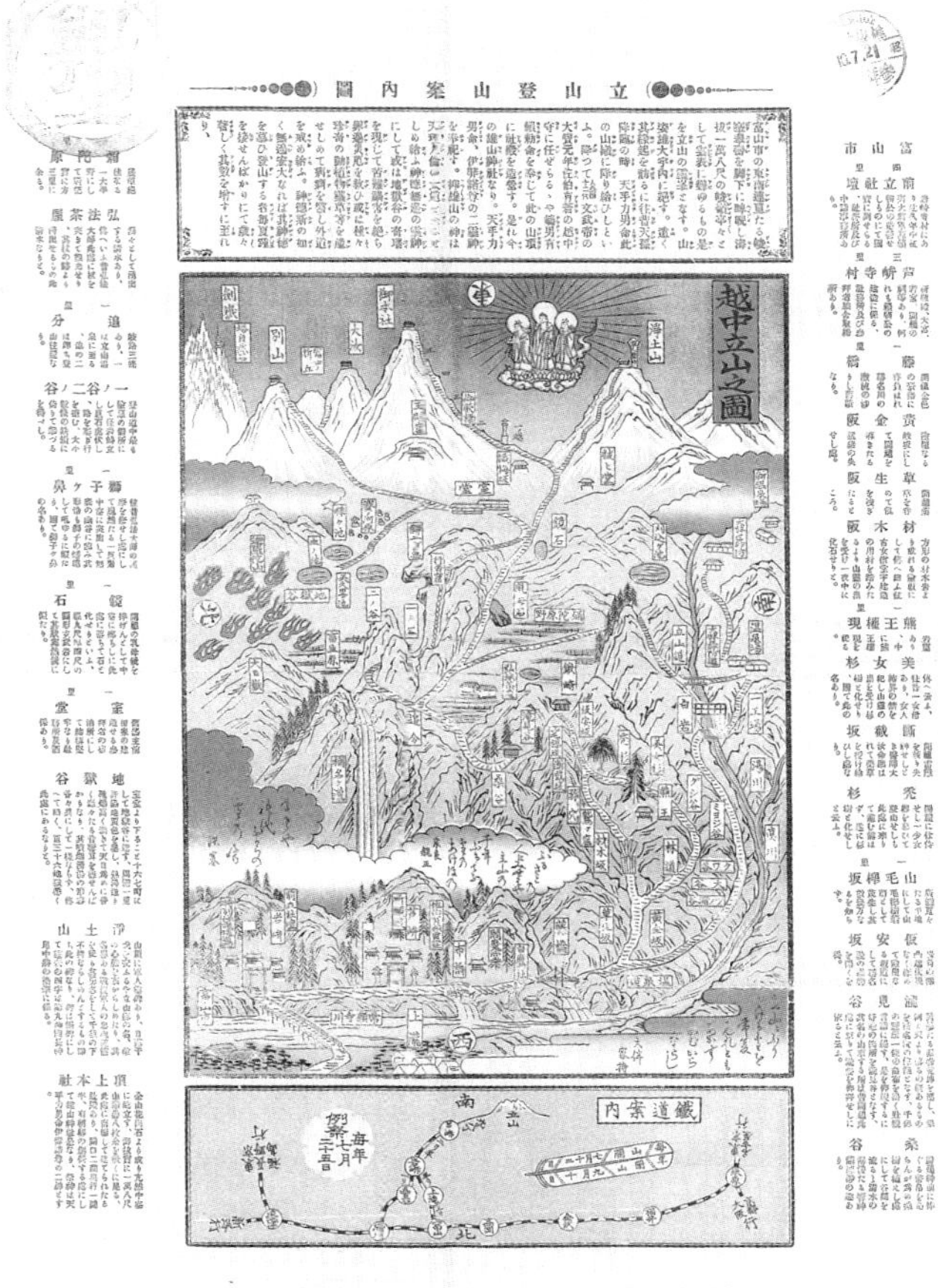

図Ⅵ−1　「立山登山案内図」（木版画）

北アルプスの立山は登山家を魅了してきたが、修験道とも結びついた信仰の山であった。この大型の木版画は大正７年に作成されている。その時には、山麓までには鉄道が走っていた。

大伴家持、明治天皇、いずれも歴史に名を残した偉人であり、富山県と関連する事績が紹介されている。第七景の「神通船橋鉄鎖切断」は、神通川に架かる「船橋」の物語に由来する。江戸時代の浮世絵にも登場する船橋は、六四艘の舟を鉄鎖で結び、その上に板を渡して造成した橋のことである（図Ⅵ―2、参照）。普段は人馬が通う船橋ではあるが、洪水の危機が生じた時には鉄鎖を切断して船を放ち、流されないように努めなければならない。この展示では、洪水に際して、経験と技術を持った藩士がその作業に取り組んでいる姿を描いている。危険を顧みずに行う行為を称える場面である。

こうして見ると、「郷土館」での語りは、柳田國男が期待するような民俗学の世界というより、「郷土史」の立場から発せられていたことになる。あるいは地域史を通俗化させて語らせたと言った方がよい。全体として、その郷土史は英雄・偉人の物語として組み立てられていた。さしずめ柳田國男なら眉をひそめる郷土の自慢話と映ったかも知れない。しかしながら、「神通船橋鉄鎖切断」の故事は、人々の日常生活の安全性を主題にして、公共性に殉じる精神を称揚した語り物である。さしずめ、現代日本人なら忌み嫌う「滅私奉公」の精神を表現した、歴史上の偉大な事業として位置づけられていたのである。

図Ⅵ－2　「越中　富山船橋」

歌川広重の「六十余州名所図絵」の一つ、「越中　富山船橋」は嘉永6（1,853）年の作である。船を鎖でつなぎ橋にしている光景が描かれている。ここに引用した絵図は昭和期の複製品である。

日満博で関心を引く光景には「本願寺館」もある。（富山市役所　一九三七：四八六―四九七）。富山県を含め、北陸地方は多くの真宗教徒を抱えた真宗王国である。この関係を考えれば、東本願寺、西本願寺、そして大谷大学、龍谷大学の協力のもとで「本願寺館」が建設されたことは理解できる。館内には「蓮如上人筆念仏正信偈」をはじめとして、親鸞聖人、蓮如上人に関係する遺品が展示されていたし、等身大の親鸞聖人と蓮如上人の人形が飾られ、親鸞上人などの事績を顕彰したジオラマ展示が披歴されていた。北陸地方に展開する真宗の歴史的展開を考慮に入れると、これらの展示は富山市主催の博覧会として理に適っていた。

浄土真宗の開祖としての親鸞は富山県内のみで布教活動を行ってきたわけではないし、北陸地方に根づいているといえども、その信徒は全国的に拡がっている。それだから、浄土真宗は富山県、あるいは北陸地方に限定された宗教ではない。このことを踏まえると、「本願寺館」はただちには「郷土館」とは言い難い。結局のところ、地域性と普遍性を兼備した親鸞館は、愛郷心のよりどころとしての郷土意識と結びながら、他方で普遍的な宗教観の顕現する舞台にもなっていた。郷土という概念の複雑さを示した事例である。

富山での博覧会では、今までの見てきた施設のほかに、さらに重要な展示館があった。戦前の日本で電力生産の主力は水力発電であって、富山県はその電力供給で日本一を誇っていた（表Ⅵ―1参照）。富山と言えば「電力の富山」というこだまが返ってくるように、日本のインフラを支える電力の主要な供給源であった。博覧会では、どのように「電力の富山」を発信していたのであろうか。

表Ⅵ－1　県別発電量（昭和八年末）

	水力(kw)	火力(kw)	合計(kw)
富山県	388,119	–	388,119
長野県	387,521	3,529	391,050
新潟県	270,082	17,351	287,438
岐阜県	237,601	2,643	240,244
群馬県	210,888	16	201,904
山梨県	201,322	1,240	202,562
福島県	176,818	20,903	197,721
北海道	113,391	64,970	178,361
宮崎県	110,502	9,188	119,690
京都府	94,403	27,762	122,165
総計	3,168,705	1,912,037	5,080,742

出典：逓信省電気局 1935：1522-1523。

富山県は電気王国を自称するだけに、富山県電気協会は電気に関わる大掛かりな特設館を設けていた。特設館の入口には、外見はグロテスクに見えるが、眼球に色電燈、口腔内にはスピーカー、胸部にマイクを装置した電気ロボットが立ち、案内役を買って出ていた。それ以上に館内での一番の出来栄えと言えば、富山県電気協会が出品した「電気ホームの一日」と題した展示である。夫婦と子どもの人形を配置し、それぞれが家庭内で電化製品の恩恵を被って生活の利便さを享受している様子を表している。展示では、一日の家庭生活を六場面に分け、それぞれを回転舞台に配置し、廻して見せるという手法を採用していた。その目的は電化の粋を集めた文化的家庭生活を描き出すことにあり、電気王国としての富山県を宣伝する試みであった。以下に、時間のスケジュールに合わせた電化製品の使用例を引用し、あわせて左側には具体的製品を括弧にくくって列挙しておいた（富山市主催日満産業博覧会　一九三七：二五四五―二五四六）。

A　午前六時：主人と子どもはラジオ体操。主婦（等身大人形）はお掃除。
〈ラジオ、電気掃除機（芝浦製　一四〇W）〉

B　午前九時：主婦（等身大人形）と家政婦の洗濯とアイロンをする場面。
〈電気洗濯（ソーラ式　四〇〇W）、電気アイロン〉

C　午前十時：主婦は裁縫。令嬢（人形）はお化粧。
〈電気ミシン、電気ヘアー・アイロン、照明鏡台〉

D　午後二時：主人は来客の接待、子ども（人形二体）は玩具に興ずる。電気応用の行届いた客間の実景。
〈バーコレーダー、電気蓄音機、玩具の電車（電動装置）、電気時計、電気ストーブ〉

E　午後五時：電化台所にて主婦（人形）は夕餉の準備。
〈電気湯沸器、電気万能七輪、電気釜、自動揚水ポンプ、電気冷蔵庫〉

F　午後八時：主婦はアイロンで衣服の整理、老人は電気火鉢、電気按摩器で暖をとり疲労を癒し、明るく暖かい書斎では学童が読書。

〈電気アイロン、電気火鉢、電気座布団、電気按摩器、電気ストーブ、明視スタンド〉

今となっては聞きなれない言葉もでてくるが、当時では、ここに挙げた電化製品は目新しい製品で、展示の目的は電気の力で夢のような理想的生活を見させることにあった。経済的不況、政治的混乱、社会的不安定、こうした時代にあっても明日のよりよい生活に憧れていた人々の願望を表現していた。これらの生活上の利便性は電気王国としての富山県であるからこそ達成可能であって、そこには先進地域としての自信と自負心が込められていた。歴史を主題にした「郷土館」とは別の観点から、「電力日本一」としての富山県の「郷土」を表現していた。

富山県電気局は「電気王国富山県」を鳥瞰する模型も出品している。発電所、変電所、主要都市、主要工場を配置した模型のうえで、ボタンを押して点滅させれば、電気の普及度が一目で分かる展示である。同時に、農漁村の電化をパノラマで表示した模型も展示されていた。農村では脱穀、精米、藁打、製縄、養蚕、養鶏、誘蛾灯、漁村では集魚灯、電気冷凍の場面が登場する。いずれも電動装置を利用し、電気の利用状況が分かる仕組みになっていて、農漁村の更生は電化からというメッセージを伝えている。電気王国富山県ならではの試みであった（富山市主催日満産業博覧会　一九三七：五五一）。

この博覧会では「電気と工業の館」が開設されていた。日本各地から重工業の成果を誇示する展示が寄せられていて、館内ではその成果を競い合っていた。富山県の中小企業も数多く出品している。絹人絹織物工業組合、染色工業組合のほか個人的業者の出品もあった。そうしたなか、農林水産館の別室では、富山県農政課による「富山県の農村展望」が人目を引いていた。模範農家の模型とともに、その別室の三方の壁には、次のような「農村の四季」と題した大パノラマが掲げられていた。

田園の春：アルプス連峰を背景に、雪から解放され、養蚕、畜産の加工工場がはつらつと煙を立てている。
海辺の夏：水田には稲穂、畑にはスイカ、藁工品もうず高く積まれている。
みのりの秋：稲穂を前に発動機・モーターが回転し、共同作業が行われている。
山村の冬：囲炉裏の前で藁を打つ音。和紙を漉く道具など山里の冬が訪れている。

明らかにこの展示は「農村更生運動」の一環を担う展示である。ここでの模範農家とは、改善された農家住宅に関わっている。稲刈り、果樹栽培、養魚などの分野でも、機械化が進行した光景を展開している。農村の新しい姿を「電力の富山県」は支えていたことを誇示していたのである。富山の郷土は歴史の事跡だけで表現されているのではない。現代という時代も視野に入れていたのである。

次に、土讃線開通を記念して昭和十二年に行われた高知市主催の「南国土佐大博覧会」に話題を移してみたい。水産業など南国の産業を紹介し、高知市の躍進状況を伝える光景が眼に飛び込んでくる会場は、「土佐」を強烈に意識していた。開催趣意書に「剛健勇武を誇る土佐精神」を紹介すると表示されているくらいだから、その意図は明らかである。この主旨に沿って建てられたのが「郷土史館」であった。教育委員会が中心になって代表的史実十一場面を選択し、さらに高知市側でも九場面を追加して展示に参加している。

展示場には、「土佐伝統の精神文化」を表現するにふさわしい歴史的人物の人形像が登場していた。教育委員会が作成した十一場面には、次の人物が登場している（土讃線開通記念　南国土佐大博覧会　一九四〇：三一三―三三四）。

第一場面：大高坂松王丸の忠死。
第二場面：容堂公と後藤象次郎伯、大政奉還の勧告。
第三場面：高知築城。
第四場面：野中兼山先生遠大の計画。
第五場面：谷時中先生の講学。
第六場面：土佐勤王党の血盟。
第七場面：谷秦山先生の研学。
第八場面：坂本竜馬先生、薩長聯盟の調停。
第九場面：堺烈士の切腹。
第十場面：板垣退助伯岐阜の遭難。
第十一場面：谷将軍の熊本籠城。

この展示に補足して高知市側が用意した九場面は、以下の通りである。

1弘法大師室戸岬に修法、2戸次川合戦、3元禄時代高知城下風景、4山内一豊公夫人、5吉村寅太郎の最後、6島村元帥の智謀、7日本海の海戦、8東雉冠北砲台の激戦、9二重橋遥拝。

通覧して見れば分かるように、南北朝時代の土佐の開発から始まり、幕末と明治の変動期に活躍した志士、あるいは政治家のエピソード、そして日露戦争へと、一連の歴史が展示されている。いわば英雄・偉人伝の物語であって、「土佐精神」の果たしてきた深い意義を強調することに主眼が置かれていた。幕末から明治にかけて活躍し、教科書でも馴染みのある坂本竜馬、板垣退助、谷干城ら、土佐の歴史を代表する人物は当然のように取り上げられている。こうした展示はあまりにも柳田國男の思想とかけ離れているのだが、やはり土佐を「郷土」という観点で見る時、不可欠な存在になる。

坂本竜馬は、戦後の一九六三年に高知県民ホールで開催された「南国産業科学大博覧会」でも登場している。その時の博覧会は四つの会場から構成されていて、その第二会場には「坂本竜馬館」、「郷土開発館」、「全国観光と物産館」、「南国土佐の観光とみやげ品館」があった。土佐勤王党と並んで坂本竜馬に関連する写真と遺品、歴史文書などが公開されていて、土佐の生んだ偉人への顕彰は郷土の誇りとして位置づけられていた（南国博事務局編　一九六〇：三八—四八）。坂本竜馬は、戦前も戦後も、時代を問わず郷土・土佐の代表として展示の中核を担っていたのである。もっとも、戦前の博覧会では「郷土館」ではなく、「郷土史館」を名乗っていた。たんに「郷土」ではなく、地域史としての「郷土史館」の展示なら、「土佐」を代表する人物や出来事を中心に据え、土佐ゆかりの歴史的場面と英雄の活躍を示す必要があったのであろうか。民俗学ではなく、地域史の観点からの「郷土」が主眼点のようであった。

もっとも、どの角度から郷土を見るかによって展示内容は大幅に変わってくる。郷土史館の姉妹編とでも言うべき「教育館」は、高知市の小学校教員らの協力で建てた展示場であって、土佐の郷土色を表現したものと主催者は位置づけている（土讃線開通記念　南国土佐大博覧会　一九四〇：二八〇—二九〇）。出品物は高尚な哲学を基調としていて、土佐に本拠を置く江戸期の「南学」の知的伝統が紹介されている。南学は朱子学の系列に属す儒学の一派で、土佐において開花された哲理である。この教育館は紀貫之の「土佐日記」の世界が登場するが、それは序論にすぎない。これに対して、土佐が産み出した南学の哲理は詳細に展示されている。南学の開祖からの系統図、関係者の遺品が紹介され、やがて藩学として成長していく過程が辿られ、幕末維新の志士たちの思想を見るに至る。明治以降は高知県出身の偉人、板垣退助、中江兆民、谷干城らが登場し、こうして剛健勇武な気魄、すなわち「土佐精神」が称えられることになる。

あまりにも学術的すぎて、この展示では一般の見学者には理解が及びそうもない。しかしながら、その難解さのなかには強烈な自己主張が込められていた。土佐は日本の辺境ではなく、むしろ学芸の中心地であったという自負心に満ち溢れていた。学問や思想の先進地として土佐を認識させること、これが戦前から戦後に至るまで、高知県で開催された博覧会開催の目的であって、その一環として偉人や英雄が登場していたのである。中央に対する地方の主張、あるいは復権への想い、この気魄が産み出した展示が「郷土館」であった。「郷土館」とは、土佐という自己認識の場であった。独自の精神文化を開花させたと主張することで、地方と中央とは対等であることを宣言していたのである。

戦後になると、郷土意識はだいぶ変わってくる。土佐を代表する「よさこい祭り」が博覧会に登場するきっかけを作ったのは、昭和二十五年の「南国高知産業大博覧会」であった。それは、戦後の不況から脱却して景気回復に願いを込めた博覧会であって、会場内の「芸能館」には各地から参加した民俗芸能が競演していた。そこに登場したのが「よさこい踊り」であった。土佐には従来からも「お座敷踊り」としての独特の舞踊があったが、それに地元の日本舞踊の師匠たちが工夫を凝らし、街路でも踊れるように振付して作り上げたものが、今日の「よさこい踊り」の起源であった（よさこい祭り振興会　一九七三：二四―二六、よさこい祭り40周年記念史実行委員会　一九九四：三―五）。地方からの発信が全国制覇を遂げた例として、この南国高知産業大博覧会は記憶にとどめておいてよい。

注

（1）引用は文部省　一九二七『高等小学読本　巻二』（農村用）による。第三〇課は「郷土」と題して、「山川の風光敢へて誇るべきなく、草木の珍奇敢へて語るべきなしといふなかれ」という文章から始まっている。抒情的な感情を引き起こす文意である。

（2）天皇の師範学校天覧は昭和九年十一月十五日に行われた。天皇の到着に際して、ブラスバンドによる奉迎の儀式が行われ、その後、国史、心理、理科、国語、体育の授業の天覧が行われた。この時、郷土教育資料室の見学も行っている（群馬県師範学校校友会　一九三五）。

（3）この時の柳田の発言は、その後もしばしば問題にされた。その発言は、郷土での研究は、各地との比較を通してはじめて、日本という全体像のなかに位置づけられるという内容であった。引用してみたい。

「郷土を研究しようとしたので無く、郷土で或ものを研究しようとして居たのであった。その〈或もの〉とは何であるかと言へば、日本人の生活、殊にこの民族の一団としての過去の経歴であった。それを各自の郷土に於て、もしくは郷土人の意識感覚を透して、新たに学び識らうとするのが我々どもの計画であった」（柳田國男　一九三三〈柳田　一九七〇a：六七〉、強調は柳田）。

この発言に続いて、柳田は「個々の郷土の生活を知ることは手段であった。それを綜合し且つ精確に比較したものから、改めてこの日本国民の生き方働き方を学び……」と発言している（柳田國男　一九三三〈一九七〇a：六八〉）。こうした柳田の発言に対して、地方を手段視したとする批判は多く、福田アジオもそのなかの一人である。柳田の発言に徹すれば、「民俗事象の個々の〈郷土〉はしだいに消失していき、根無し草になってしまう」と福田は考えたからである（福田アジオ　一九八四：一〇五）。「根無し草」にならないためにはどうしたらよいか、福田は研究史をひも解き、山口麻太郎（一九三九：八）が提唱した「地域民俗学」に深く思い入れ、また柳田民俗学が創案した、たとえば「重出立証法」などの方法論を批判しつつ「個別分析法」という概念を打ち出している。最近の論著では、二〇一一年の東日本大震災を念頭に置きながら「地域生活がどのような装置を持って結集のための組織を形成し、共同性を発展させてきたか提示する」ことが民俗学の仕事であると結論づけている。この発言には、「二十世紀の民俗学が歴史認識、歴史研究の方法としての学」であったことの意義が込められている（福田アジオ　二〇一六：二四五、二五〇）。柳田國男は意図しなかったが、「郷土」という概念の持つ広がりは、あらためて考える必要がある。

（4）郷土を研究するに際して、「郷土誌を作る人に欠くべからざる用意」として指摘した事柄は、次の四点である（柳田國男　一九二四b〈一九七〇b：一二〉）。すなわち、①年代の数字に大な苦労をせぬこと。②固有名詞の詮議に重きを置かぬこと。③材料採択の主たる方面を違へること。④比較研究に最も大なる力を用ゐること。

結論として言えば、「生活準備上必要なる智識」を与えるのが「良い郷土誌」なのであって、その「良い郷土誌」は「郷土科の適当なる教科書（勿論教員用の）」とは別物である（柳田國男　一九二四b〈柳田　一九七〇b：七―八〉）。それゆえ、「各地方の郷土誌を積算したものが即ち国の歴史」と考えるのは間違いで、結論として柳田は「郷土誌」と「国の歴史」とは別物と説く（柳田國男　一九二四b〈一九七〇b：一三〉）。

（5）「砂漠の植物学」とは、すでに第四章の注（1）で述べたように、意味のない研究を指し柳田國男が発した言葉である。イギリスなどの産業革命を達成した国では研究対象自体が乏しくなり、民俗学の社会的任務といったところで、それには限界があることを示唆している。その「砂漠の植物学」に対比すると、日本は急激な新文化を受け入れたにもかかわらず、西欧化は「国民生活の全般には浸潤していないし、新旧二つの様式を調和させ、又は少なくとも両立させようと試み」ている、と考えたのが柳田である。この旧様式を称して「生活史蹟」と名づけ、日本での状況をイギリスでの「砂漠の植物学」に対比させている（柳田國男　一九三三〈一九七〇a：七六〉）。

第七章　郷土を見て、観光を楽しむ(2)――観光への誘い

博覧会での郷土館は、ただ郷土の誇りを称えるだけなら、見て終わりの結果に終わってしまう。その弱点を補うために観光という要素が加われば、主催者にとっては鬼に金棒である。今度は観光に重点をおいて観ておきたい。

第一節　旅の楽しみ方

柳田國男にとって汽車の旅の楽しさは、車窓を通して刻々と現れてくる景色に眼を向けることにあった。柳田は昭和九年五月に千葉県観光協会で、「旅人の為に」という題目で講演をしている。その講演で柳田は、鉄道で旅する人たちの態度に物足りなさを感じていたと告白し、汽車の車内で人々は無駄に時間を過ごしていると嘆いている。「席さへあいて居れば乗客は皆寝そべり、さうで無ければ一生懸命にキングなどを読んで」いるし、汽車の窓口は「弁当を買ふ穴」でしかないと、皮肉を込めた口調で語りかけていた（柳田國男　一九三四〈一九六八：四二八〉）。

汽車旅の楽しさは、速さを競って終点に辿りつくのではなく、途中の景観を眺めることにこそある、と柳田は言う。車中からは「軒先の樹の実や植木鉢、縁をからりとあけて親子が飯を食って居たり、二階に蚊帳を吊って寝ころんで居たり、おしめが乾して」いたり、土地々々の生活の諸相が見える。鉄道は「遠慮なく村を突抜ける」ように建設されてしまったが、そのことがかえって旅の楽しさを増してくれると、汽車旅のゆったりとした旅感覚を味わうのが柳田であった。山間部を通る鉄道は、絵葉書や写真では味わえない光と色彩の世界を体験させてくれる。その情感にこもる繊細さが「風景の至って小味の国」に日本を育て上げてくれた、と旅の楽しさを語るのであった（柳田國男　一九三四〈一九六八：四二八―四二九〉）。

柳田國男は旅行が好きで、十七、八歳の頃から各地を訪れている。とくに鉄道の旅が好きなようであった。昔の人は旅をするにも大変で、骨の折れるような苦労をしていたのに対して、近年の鉄道の発達はこの苦労を和らげ、車中から眺める景色に、普段は経験できない楽しみを与えてくれた、と感慨深く語っていた（柳田國男　一九二七ａ〈一九七〇ｂ：一二二〉）。

旅行が面白いものになったのは、ほんの近年からのことである。言はゞこの新しい文明の御蔭である。今でも真に旅らしい旅をすると中々骨が折れるが、昔は尚更のことであった。

柳田の「新しい文明」とは鉄道のことである。鉄道に対する柳田國男の観方が夏目漱石と対照的であったと第一章で論じておいた。鉄道に代表される近代という時代に対し、厭世観に満ちた漱石の観方と違って、柳田はそのもたらした恩恵にむしろ感謝する立場に立っていた。鉄道の旅の楽しさを柳田は実感していて、折に触れ文章にして語っていた。だが、その旅の楽しさは、文人が詩歌で愛でるような光景を訪れることで生まれるのではなかった。むしろ、柳田にとって、気の趣くままの旅の楽しさは格別であった。それだから、かつての文人たちが詩歌に綴った風景美のお仕着せ文句は柳田には我慢ができなかった。東北の松島を鑑賞するにも、美しいと思う感覚は人によって違ってよいではないか。日本三景など誰が最初に言い出したのであろうか。三景ばかりか、無数に美しい風景は日本にあって、松島以外の多くの島もまたみな美しいのである。「兎に角に名所は我々に取って、実は無用の拘束であった」と言う〈柳田國男　一九二六〈一九六八：五二〉〉。日本三景などと「文人が余計な組合せを案出した」ため、旅の範囲が狭まり、自在に山野を楽しむ行動が束縛され、自由な感動さえもが抑制されている、と柳田の批判は厳しい。それだから、「我々の旅行術が、やゝ正道を失せん」とまで断じるに至る〈柳田國男　一九二七〈一九七〇ｂ：一一五〉〉。

日本三景や近江八景は昔の先輩が言い出したもので、その言説が流布されて名勝になったにすぎないと言い続けていた柳田が千葉県観光協会で講演を頼まれる数年前、新聞紙上で「日本新八景」の選定が大きな話題となっていた。間違いなく、柳田はメディアで賑わっていた当時の世相を知っていたはずである。その時の講演、「旅人の為に」を読んでみると、日本新八景を指していると思しき文章に出会わす。「日本新八景」に異議を唱えているわけではないが、その「八景」以外にも「好風景」はあると柔らかく諭しているのである。柳田は、日本の風景は人手を加えることで次第に改良され、「美しくなり、又豊富になり且つ見やすくなって」きて、近年ではますます「好風景」が多くなってきたと言っている。明らかに、特定の風景に権威を与えようとする風潮に対しての挑戦である。しかし、その権威がかえって地方のもろもろの風景の魅力を作り出した、といささか皮肉を込めて語っている。「日本新八景」の投票に選ばれなかったことで、逆に未知の風景を探索する機会が増えてきた、と言うのである〈柳田國男　一九三四〈一九六八：四二〇、四二九〉〉。しかしこのように意見する柳田は旅慣れて、経験が豊かであった。俗な言い方をすれば、「穴場」を心得ていて、高みの視線からの発言だと批判されても、否定できなかったはずである。一般の人たちは、柳田のようには未知の世界へ踏み込む術を知らなかった。やはり名勝旧跡への憧れは、訪れる機会の乏しかった一般人にとっては強かったはずである。

昭和二年、折からの旅行ブームに乗って『東京日日新聞』と『大阪毎日新聞』は日本を代表する美しい自然を選ぼうとして、新聞紙上で投票を呼びかけていた。人気投票で、日本を代表する輝かしい自然と美しい山水を選出しようとの試みである。四月九日に新聞紙上で選定方法の要項が発表されると、応募が殺到し、三か月足らずの間に九千八百万枚の投書が寄せられたというから、この企画は異常な盛り上がりを見せたことになる。むろん、これだけの投票数の背景には、お国自慢を誇示せんがための組織的動きがあったと推測できる。七月六日になって、新聞紙上には「新八景」の選定結果が報道され、そしてこれに続く「二十五勝」と「百景」の選定が報じられている。人気投票で選ばれた「新八景」は次の通りであった(1)。

山岳：温泉岳（長崎）
渓谷：上高地渓谷（長野）
瀑布：華厳滝（栃木）
河川：木曽川（愛知）
湖沼：十和田湖（青森・秋田）
平原：狩勝峠（北海道）
海岸：室戸岬（高知）
温泉：別府温泉（大分）

この「新八景」に続き、「二十五勝」も選ばれていて(2)、このような選定結果は、確実に日本の観光旅行に影響を及ぼした。この現象を分析した白幡洋三郎は、「日本新八景は新しい風景観をつくりだし、新たな観光旅行の目的を創造することに貢献した」と考えている（白幡洋三郎　一九九六：六八）。確かに別府温泉など古くから知れわたった土地もあるが、これまで無名な土地が一躍有名観光地に躍り出た場所もある。日本の観光地番付がこの選定結果によって大きな影響を受けたことは事実である。

この人気投票の結果が日本人の「郷土のイメージ」形成につながったことを強調するのは荒山正彦である。新八景の投票に当って組織的集票活動が行われていて、その活動が「風景地とむすびつく地元や郷土をつくりだして、あらためてその結びつきを補強した」ことを荒山は指摘している。それゆえに、「日本新八景における投票結果の集計作業を通じて、郷土そのものをつくりあげる運動の姿」を見ることになる（荒山正彦　二〇〇三：一〇一）。

柳田國男の先の千葉県観光協会での講演は、こうした時代背景を反映していた。柳田は大正期から『東京朝日新聞』その他で多数の紀行文を発表していて、それらの随筆は昭和になって単行本としてまとめられている。『雪国の春』は昭和三年に岡書院から、『秋風帖』は昭和七年に梓書房から出版されている。この時代には、明治の時代と比して旅行自体がより身近に感じられるようになっていた。一般人も名所旧跡を旅する機会が増えたし、旅をすることの楽しみを知るようになっていた。柳田の著作は、こうした旅行愛好者の増加を背景に出版されていたのである。

一八九三年に結成された「喜賓会」が発展的に解消され、明治四十五（一九一二）年に鉄道院が中心になってジャパン・ツーリスト・ビューロー（ＪＴＢ）が誕生している。大正期になると、旅行はいっそう盛んになる。一九二四年に「日本旅行文化協会」（のちの日本旅行協会）が結成され、その年の四月に雑誌『旅』が創刊された。森正人が説くように、この時代は資本主義がシステムとして確立し、新中間層が登場して旅行団体やその組織が出現した時代であった。加えて、鉄道網が全国的に張り巡らされたことが旅行熱を盛り立てることになった（森正人　二〇一〇：七—一〇）。

こうした旅行熱の高まりは博覧会場にも影響を及ぼしていく。「観光」を標題にした博覧会も登場したし、そうでなくても博覧会場に「観光館」と名付けられた展示館が建つようにもなった。観覧者にご当地への観光を促した、あるいは地元の人間に遠方の観光地への魅力を宣伝するなどして、博覧会は観光事業の一翼を担うようになったのである。

第二節　金沢市の観光と博覧会

ここでいくつかの博覧会を取り上げてみたい。最初に金沢市と富山市の観光戦略を概観し、その他の博覧会場での状況を論じてみたい。

金沢市で昭和七年四月十二日に開幕された「産業と観光の大博覧会」は、その題名から分かるように「観光」を主要なテーマにしていた。主催者によれば、「産業」を冠に名付けた博覧会は多くの地域で開かれていて、平凡すぎて中弖気味なので、耳新しい言葉を使おうとして「観光」の名称を付けたという（金沢市役所　一九三四：一四）。この主旨を汲んで、実際に会場には独立した展示館として「観光館」が建てられた。その観光館の設立は全国最初の試みであった、と当事者は宣伝している（金沢市役所　一九三四：二八六）。しかし、この発言にはいささか注釈が必要である。

「観光」を冠した名称の博覧会は、岡山商工協会の主催によって昭和七年四月一日に岡山市で開催された「岡山観光博覧会」が最初である。(3)藩祖・池田光政の生誕三百五十年を記念し、観光地としての岡山の振興を図ったのがこの博覧会であった。十日には神輿渡御と武者行列を伴う「岡山祭」が行われた。この時期、岡山県下は観光事業で盛り上がっていて、「備南観光協会」の設立が討議され、観光を事業として推進する動きが活発になっていた。四月六日は「満蒙と南洋展」が岡山県商品陳列所で開かれている。(4)この頃、岡山市公会堂で「宝塚少女歌劇」が公演されていて、(5)活発な芸術の季節を迎えていた。『山陽新聞』は毎日のようにこの宝塚公演の宣伝広告を載せている。小豆島を中心にした

ていた。

北陸の金沢の事情も岡山と類似していて、昭和期には芸術と観光とが織りなす光景で輝いていた。金沢市の近郊に、平沢嘉太郎によって「粟ヶ崎遊園」が開園されたのは大正十四年であった（口絵1）。その後、粟ヶ崎公園は立派な休憩所を備えた遊技場のほか、動物園や白鳥の浮かぶ池などを持つレジャーランドとして人気を高めていく。なかでも宝塚少女歌劇団を手本とした粟ヶ崎少女歌劇団が結成され、地元スターの誕生とともに趣向を凝らしたレヴューが呼び物になり「春のをどり」などのバラエティなどが上演されるまでになった（本康宏史　二〇〇六：一四〇）。加賀百万石を誇る城下町であった金沢には全国的に名を知られた庭園、兼六園がある。金沢の工芸も全国的に名が通っている。典雅な染付の技法を誇る加賀友禅、ウイーン万国博（一八七三年）にも出品したことのある九谷焼の陶芸、多くの伝統を背負った城下町であるが、同時に「北陸のモダニズム」の拠点であった（本康宏史　二〇〇四b：二四九）。

この金沢の博覧会の「趣意書」には、「全国産業不振の現況に鑑み沿岸人士と共に之れか打開に努力し併せて風光美の鑑賞を広」めるため、と書かれている（金沢市役所　一九三四：七）。この文面を読めば、博覧会開催を企画した初期の意図が明瞭である。趣意書は金沢市長の名義で発せられている。その書面には、太平洋沿岸と日本海沿岸との産業上の落差を意識し、その原因は地勢的条件と冬季の天候のためで、不幸にも遅れをとってきたとはいえ、決して天然資源が乏しいわけではなく、観光地としてすぐれていることが強調されている。とくに金沢は重要輸出品の絹織物、さらには陶磁器、漆器があり、友禅、蒔絵、象嵌などの美術工芸品において優れていること、金沢市は兼六園をはじめとした名所があり、風光明媚な山海や温泉地も周囲には控えていて、観光地として魅力に富んでいること、こうした魅力を誇る金沢市は桜花爛漫の春に博覧会を開き、日本海沿岸の観光資料を紹介し、産業の発展に資したい、というのが開催目的であった（金沢市役所　一九三四：六—七）。

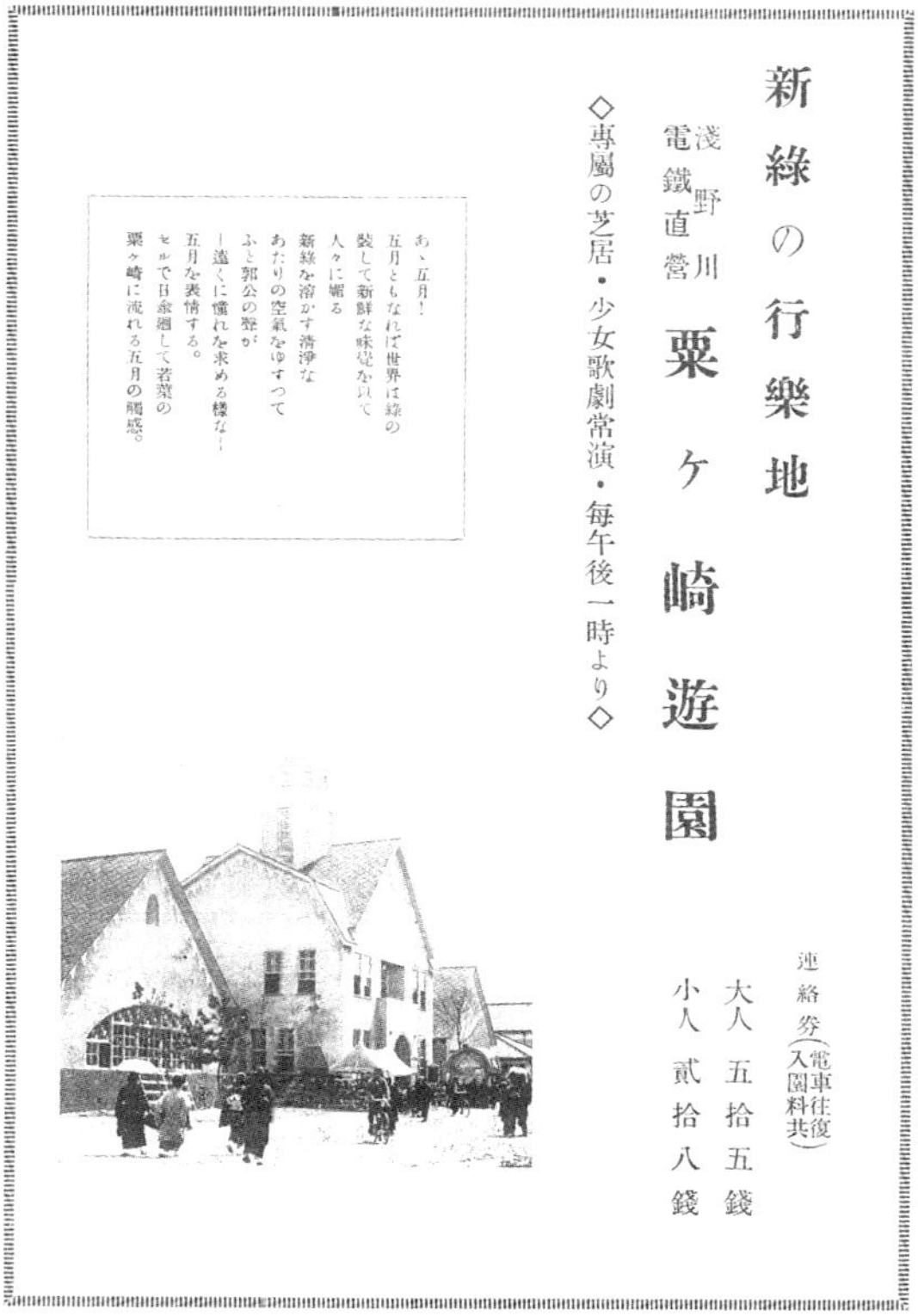

図Ⅶ－1　金沢市近郊の粟ヶ崎公園

地元誌の『観光の金沢』2号（1934年）には「新緑の行楽地」として広告が掲載されている。ここで少女歌劇も上演されていた。

現代風の表現で言えば、金沢市は、地方活性化のため観光資源を活用して博覧会を開こう、と言うわけである。実際に、この博覧会に与えられた名称は「産業と観光の大博覧会」であった。「観光」をタイトルにした博覧会は、先に見た岡山の博覧会があり、これが初めてではないものの、「観光」を「産業」として位置づけたことに独創性があり、規模の大きさと展示内容を考慮すれば、観光を主題に掲げた博覧会として記念碑的位置を占めていたと評価してよい。岡山市の場合、祭礼を中心に組み立て、観光対象も地域限定的であったのと違って、金沢市の場合は日本全体のなかで北陸観光を位置づける意図が秘められていた。比較して見れば、両者の差異は明白である。

しかしながら、この博覧会は時代の波に洗われ、最初に企画した内容に大幅な変更を余儀なくされた。上海事変が勃発し、金沢市も戦火に巻き込まれる事態に追い込まれたからである。金沢市は陸軍第九師団第七連隊が駐屯し、旧金沢城内には司令部が置かれて「軍都」として天下に名をとどろかしていた。昭和七年、上海事変の勃発とともに金沢を取

図Ⅶ－2　金沢市街の光景（絵葉書）

金沢市の中心街、香林坊の光景。絵葉書の左端の建物に「2600　オリンピック迫る」の横断幕がかかっている。皇紀2600年（昭和15年）のオリンピック熱は金沢にも浸透していた。

り巻く情勢は大きく変化していく。上海への出撃命令が金沢の連隊に下されたのである。戦場では多くの死傷者が出てきて、その結果、金沢市は緊迫した空気に包まれていく。この状況を重く見た主催者は、開催を中止すべきか否か、実施をめぐって意見は大きく割れていく。最終的には、軍事関連の展示を充実させるとの条件付きで、予定通りの開催が決定された。

　こうした背景を背負っていたので、当時の新聞は軍国調の言葉を頻繁に用いて博覧会を報道していた。地元紙、『北国新聞』の当日（四月十二日）の記事は、第一面に「祝産業と観光の大博覧会」という大きな見出しのもとで開会の模様を伝えている。その一面記事を見ると、「桜花と絢爛を競ふ／輝く文化と国防の粋！」という大きな文字が眼に飛び込んでくる。戦時下の状況を反映して、「文化」と「国防」が中核的課題であると明言しているのである。新聞紙上では頻繁に「軍国」という言葉が登場する。しかし、同時に「文化」に関わる記事も満載されている。四面と五面の両面には「花と競ふ金沢博」という大きなタイトルが全面を装飾し、それに「輝かし文化の一大絵巻物／その外貌と内容を観る」というサブ・タイトルが雰囲気を作り上げ、続いて展示会場を説明するという紙面構成になっていた[7]。いささか自画自賛の内容で書かれている気がしないわけではないが、まさに金沢での開催を祝福するに足る表現内容である。「文化の一大絵巻」と表現された記事には、会場の展示内容が紹介されていて、この日の新聞紙上に見られた語句を並べてみると、博覧会に寄せる期待度の高まりを感知することができる。曰く、

「国産の精華一堂に／網羅した三府四十三県　百花繚乱の優良特産品」
「異色燦然と／伸びゆく植民地」
「一大演芸の花／四廓技を競ふ〈四季の金沢〉」
「〈子供の国〉　布袋の口から入って／楽土に戯れ遊ぶ」
「遊覧気分をそゝる／大仕掛な観光館／御偉業を偲ぶ恩賜館」
「精鋭を一堂に／武威輝かし国防館／軍用犬の実演、戦車無線操縦／石河口で水上爆破作業」
「異彩を放つ学芸館と／陶酔の美術の殿堂」

春爛漫の金沢市は桜花見物で賑わう観光気分に満ちているかのように連想される。その一方で、「武威輝かし国防館」との見出しが人目を惹く。国防館のほかにも、会場には「日支事変館」が建てられていて、金沢は銃後にあることを意識させている。このなかで、衝撃的な事件が突発的に起っている。この博覧会の最中に、戦地で捕虜になった空閑少佐が虜囚の辱めを受けずと自害した事件が起こり、地元新聞は大々的に美談として報道したのである[8]。戦死者への追悼は重々しい風潮を生み、新聞報道は一気に戦争記事で埋められていくとともに、博覧会での軍事展示は人々の戦争への関心を高めていった。あたかも大陸での戦場が金沢に持ち込まれたように、博覧会場でも戦時色が濃厚に立ちこめるようになった。

こうした状況を視野においた議論、すなわち博覧会と戦争を主題にした研究は近年、盛んになっている。金沢の博覧会でも、フィリップスはその関係の分析をしている。当初の企画では産業を振興させ、郷土の発展をもくろんだ博覧会であったが、地元戦士の死を身近に感じさせることで、博覧会は軍国主義を広める手段に変貌したと説くフィリップスの提起した見解は、確かに鋭い。空閑少佐の自決のように、郷土の兵士の死を身近に感じさせると、博覧会の雰囲気は一変してしまうことはうなずける。フィリップスの論点は、「追悼の涙」は、素朴な郷土愛が愛国主義の道へと導き出し、博覧会は帝国主義のプロパガンダ装置に代わってしまった、と説くことにある（フィリップス　二〇〇六：二九、二〇〇七：四六）。しかしながら、フィリップスの議論は別の角度から慎重に分析する必要がある。軍事資料の提供者、あるいは主催者側と一般民衆の受け止め方にはギャップがあって、展示を見た時、両者は同じ思いでいたのだろうか、ということである。「帝国主義のプロパガンダ」と一般化して議論する前に、考えてみる余地が残されていると思われる。

会場に建てられた国防館は、当時、異常な雰囲気で覆われていた。この会場には、今までの博覧会では見られなかった「死」をめぐる感情が噴き出してしまっていたのである。昭和期の博覧会はたいてい国防館、もしくは陸軍館、海軍館が登場しているが、おおかたは武器の展示に類するものであった。それだけでは、いくら国防意識を強調し勇ましがって見せたにしても、所詮は「物」の展示であって、百貨店の呉服展示と変わりはしない。しかし、その展示の現場で、目前で肉親の死を想起させる遺品に接した時、死者に向き合った遺族の感情は「帝国主義のプロパガンダ」に巻き込まれたと単純に言い切ることができるのだろうか、ということである。その表現はあまりにも上からの目線でありすぎる。当然、その現場には激しい感情の世界が揺れ動き、現場は死をめぐる宗教的世界が支配する空間に一変していたはずである。

意外かも知れないが、この深刻な問題を提起したのは藤田嗣治であった。戦争協力者とみなされ日本を去って晩年をフランスで暮らした画家、藤田嗣治は戦時中に「アッツ島玉砕」という大画を描いている。戦時中、藤田は陸軍の要請を受け、従軍画家として戦地にも出かけ、戦場での兵士たちを描き、「戦争記録画」を多く残していた。「アッツ島玉砕」はその戦争記録画の一つである[9]。この絵画は、戦時中に美術館で公開され、多くの人が眼にし、その迫力に圧倒されていた。絶命していく兵士の苦痛にゆがんだ表情、アメリカ兵を銃剣で刺殺する兵士の憎悪に満ちた眼の表情、戦場での生と死を主題にした戦争記録画は、とうてい軍国主義を代弁した「記録画」という概念では補足できない。それは、戦場での「生」と「死」を極限にまで追求した作品で、それだからこそ多くの人々に衝撃を与えたのである。この藤田の戦争記録画に関連する主題は昭和十六年に高田市で行われた博覧会でも立ち現れる。第九章で取り上げる高田市の「興亜国防博覧会」では、金沢の博覧会とも似た情念の世界が展開していた。その章で戦争記録画を取り上げ、「帝国主義のプロパガンダ」という理解の仕方の独断性について議論しておきたい。

地元の『北国新聞』はしきりに国防意識を強調していたが、この博覧会の主題はやはり「産業と観光」であった。この会場には「観光館」が建てられていた。「観光博覧会」という名称自体は、先に見た津山市ですでに使われていたが、「観光館」という建物（パビリオン）は金沢が最初である。「全国最初の試み」と触れこむだけあって、展示内容は多岐にわたっていた。入口には金沢市および兼六公園のパノラマが展示され、その右側入口は朱塗りの朝鮮寺院の外形のパノラマが展開していた。その他にも天橋立のパノラマと続き、朝鮮、北海道、樺太をはじめ、日本海沿岸十二カ所の名勝旧跡がことごとく網羅されている。まるで「日本新八景」を意識し、さらに各地の観光名所を追加したような内容である。現地の風景などの再現を試みるにあたって採用された手法は、模型、写真、フィルム、ジオラマ、パノラマの活用であった（金沢市役所　一九三四：二八六）。

観光館の設立目的は、全国の風光美の宣伝、さらに各地の土産品の紹介と販売をしつつ、観光地の開発を企図していたことにある。ただし、目新しい試みに見えながらも、この観光館に対して出品物の審査に当っていた専門家は厳しい判定を下していた。その審査概評は「多くは未だ旧様式に捉はれた観があって、斬新なる表現法を考案せるもの」が少ないという判定であった。しかも、会場内は「通路が狭く」そのうえに「室内が暗かった」なども原因になり、「品物が栄なかったのは遺憾」とまで酷評していた（金沢市役所　一九三四：三〇二）。

しかし主催者の戦略は、会場に足を運んだ見学者が北陸の歴史と文化に触れ、近隣を旅行するよう仕向けることにあった。この博覧会を広く一般に宣伝するため、博覧会協賛会は『金沢博覧会新聞』を発行していた。開催間近になった時に発行された二号は、四面すべてを使って博覧会場の様子を記述している。その一面では「産業と観光の博覧会会期迫る」と題し、準備状況を説明し、第二面では会場の特徴ある展示と演芸館の模様を語り、第四面では市内の旅館を紹介している。こうしておいて、その第三面を観光関係の記事で埋め尽くしている。その紙面には大きな活字が躍っていて、「行きは金沢博覧会へ　帰りは北陸温泉巡り」と題し、北陸の魅力を訴えている記事が載せられていた。要するに、北陸温泉巡りへ誘い込む手段として博覧会の利用をもくろんでいたのであった。博覧会場では、「日本海沿岸各県の名所旧跡の大絵巻」と称した観光地巡りのパノラマがあったが、実際には温泉旅行を楽しむことを勧めていたように見て取れる。その『金沢博覧会新聞』（一九三二年三月二十日）の記事では、「北国情緒豊かな石川県下の温泉郷」との見出しで、温泉地を控えた魅力ある北陸の宣伝に余念がない。明らかに、遠方からの博覧会見学者に狙いを定め、会場を後にしたら北陸の自然を楽しもうと呼びかけているように受け取れる。博覧会を観光産業として位置づける戦略が、ここには現れている。

この博覧会に際して、『博覧会要覧』と題した、全体で一一六ページの案内書が出されていた（森岡俊介編　一九三二）。その半分以上は日本各地の産業と名勝を県別に紹介した内容であるが、博覧会場の紹介を除いて、二〇ページ近くを金沢市と石川県の観光地の紹介に当てている。近郊の粟津温泉を始めとした近隣の温泉地の紹介であり、粟ヶ崎海水浴場の写真もある。この書籍には副題が付いていて、それは「附録　各地産業と観光案内」とある。日本各地の紹介が多いのはその理由からだが、全国的な視野に立って「産業と観光」という視点から博覧会を位置づけようとした意図が明白である。

観光館設立の経緯は記録が残っている。開催が決まると、間髪を容れず（昭和六年八月二十八日、二十九日）に金沢市公会堂で「全国出品関係主任者会議」が持たれている。この会議には、日本各地から市長と会議所会頭ら、およそ五〇余人が参加していた。議題は出品に関する事柄の全般に及んでいて、なかでも観光館出品に関しての議論は白熱を帯びていた。金沢市産業課長は、「観光は観光者にとって消費であるが、観光地にとっては大なる生産事業である。充実した観光事業を紹介したい」という主旨説明が述べられ、「観光館」への展示に協力を要請した。けれども、産業課長が「日本海沿岸区域の紹介をしたい」と述べたところ、多くの質問が飛び出す。その発言の要旨を見ると、金沢市の企画に好意的であるが、なぜ日本海沿岸に限定するのか、怪訝に思ったようである（金沢市役所　一九三四：一一九―一二三）。

岡山市産業課長：「北日本以外にも、南日本にも風光明媚な観光地がある。南日本も加えた観光館を作って欲しい」。
新潟市産業課長：「北日本があまり知られていないので、計画を立てたと察している。もしそうであるならば、全国の名所、旧跡も一緒に並べて紹介すべきではないか。」
三重県属：「裏日本に限るということは、差別的ではないか。」
福岡出品協会主事：「観光館はよい試みだから、各府県にわたって紹介した方がよい。……あるいは別府であれば、温泉に焦点を絞って陳列するという宣伝方法もあります。」

これらの質疑に対して、金沢市側は、初期の段階で全国の観光地を取り上げる予定であったが、多額の費用がかかると分かったし、面積からして大規模な建物は不可能であった、と弁明している。金沢市助役も、「それは費用、場所のことで不可能であった。北日本の各地にはまだ知られていない温泉地帯、名所、古跡があって、地元で開く関係でそれらを全国に紹介したい」という本音を吐露している。これらの意見が出された後、新潟市産業課長が発言し、全体に意見を集約して締めくくる。その要旨は次の通りであった（金沢市役所　一九三四：一二三）。

観光という文字を使った博覧会は初めてで、これが機会になってこれからも行われていくと思う。観光は旅館業、交通業と密接な関係がある。観光館だけにこだわるのではなく、金沢を中心にした一つの大きな物体が観光でなければならない。それだから、鉄道方面とも密接に交渉して、模範的な観光博覧会にしていただきたい。観光と産業は密接な関係があり、観光によって消費され、消費によって産業が生まれるので、当局は頑張ってほしい。

地方活性化の一助として観光事業の取り組みが現在でも盛んに唱えられているが、昭和期の金沢では、すでに博覧会開催をめぐって観光を産業として位置づける考えが唱えられていたのである。金沢市内には兼六園などの名勝があるし、市外にも観光地を抱えていて、金沢市という都市自体が観光の対象になるとの発想は地方行政の担当者は気づいていた。行政担当者は、旅館業、交通業と観光業が結びつけば、消費活動が活発になり、産業が発達するという構図を描いていたはずである。そこには、東京の文化力、経済力に対して、北国の進むべき道が照らし出され得る、と考えたに違いない。だが、ここで問題が発生する。観光館を観に来た人々が地元民であるか、他府県人であるかによって対処法が違ってくる。地元民に地元の観光地を紹介しても、分かり切ったことで意味はない。地元民には、観光館を通じて他府県の観光地に眼を向けさせなければならない。これに対して、他府県人には、主催地の観光スポットの魅力を伝えなければならない。観光館は、いわば観光指南所の役割を持っているが、この二点の比重の取り方によって、目指している方向性が変わってくる。

地方での多くの展示館では、全国の観光地の情報を提供する指南役を務めていた同時に、その地域特有の観光名所に焦点を絞った展示も行うことで、この二者の均衡を取ろうとしていた。いずれにせよ、これ以後、地方では観光事業を意識した博覧会が相次いで開催されていく。例えば、昭和八年三月に奈良市と宮崎市は相次いで観光に関わる博覧会を開催している。観光を主題にした博覧会が地方経済を成長させる原動力として認識され出したのである[10]。

第三節　観光博覧会の簇生

昭和初期、鉄道や港湾施設などインフラ整備を祝賀する目的で開催された博覧会は、「郷土」という概念を持ち込んだが、「観光産業」という観点からも博覧会を組織化していくことになった。観光という名称を冠に付けなくても、会場内に「観光館」を設置する動きが見られるようになったことも大きな特徴であった。岡山や金沢の先行例に続いて、昭和十年前後には「観光博覧会」が流行し出した。この系列に属す、地方自治体が中心になった博覧会は、主要なものだけでも次のように多数である。

祖国日向産業博覧会：宮崎市・宮崎商工会議所、昭和八年三月十七日―四月三十日。
観光産業博覧会：奈良市、昭和八年三月二十日―五月十五日。
国際産業観光博覧会：長崎市、昭和九年三月二十五日―五月二十三日。
新興熊本大博覧会：熊本市、昭和十年三月二十五日―五月十三日。
国防と産業博覧会：呉市、昭和十年三月二十七日―五月十日。
博多築港記念大博覧会：福岡市、昭和十一年三月二十五日―五月十三日。
姫津線全通記念産業振興大博覧会：津山市、昭和十一年三月二十六日―五月五日。
土讃線開通記念南国土佐大博覧会：高知市、昭和十二年三月二十日―五月五日。
国際温泉観光大博覧会：別府市、昭和十二年三月二十五日―五月十三日。

名古屋汎太平洋平和博覧会：名古屋市、昭和十二年三月十五日—五月三十一日。

例えば、奈良市は昭和八年に「観光産業博覧会」を開催している。その名目は「奈良市制三十五周年紀念」であった。宮崎市でも、昭和八年に「祖国日向産業博覧会」を開催している。宮崎市は「産業」という名称を掲げていても、「祖国」という言葉から連想されるように、高天原をいだく神話の故郷という触れ込みでの博覧会であった。ただし、この時の博覧会は皇紀二六〇〇年記念事業とはまったく関係がなかった、と言ってよい。皇紀二六〇〇年祝賀については、昭和八年の三月頃から政府関係者の間で議論され出したが（古川隆久　一九九八：八三）、この時期に宮崎市側の資料は何も言及していない。博覧会の趣意書を読んでも、皇紀二六〇〇年祝賀行事についてはいっさい触れずに、宮崎市の史蹟名勝としての神話を旗印に掲げはしたものの、それは観光産業の育成をめざす一環でしかなかった（宮崎市役所・宮崎商工会議所　一九三四）[11]。

昭和九年に長崎市が主催した「国際産業観光博覧会」は、まさに長崎県の歴史や自然を資産として活用した博覧会であった（図Ⅶ—3、参照）。江戸時代にオランダとの交易が行われていた長崎は、国際都市としての歴史的背景を踏まえ、貿易産業の現勢を示すことを主題として博覧会を立ち上げた。県内には「日本新八景」に選ばれた雲仙岳（温泉岳）という有名な山岳もあって、雲仙を含む一帯は昭和九年三月に、日本最初の国立公園に指定されている。長崎県は、雲仙国立公園という観光資源、出島での海外貿易という歴史遺産に恵まれていた。この資源活用として、博覧会は行われたのである。

その博覧会場は二つに分かれ、第一会場に観光館が建てられ、中央からは国際観光局と鉄道省が出品し、ほかに九州各県からもそれぞれの観光地がジオラマなどで紹介されていた。これだけを見れば、ありきたりの展示にも思える。ただ、興味深いのは、鉄道省が長崎を起点として世界主要都市に至る運賃表を展示したりして、国際性を意識していたこ

図Ⅶ－３　「国際産業博覧会」の記念絵葉書

この記念絵葉書は長崎市役所の発行。オランダ人、清国人と並んで和服姿の日本女性が描かれている。ステレオタイプ化した描写である。

とである。これは長崎が出島を通して西欧社会と関係してきた歴史と関係している。さらに、国際観光協会は斬新な企画を見せていた。外国人向けに日本の旅館を改造した実物模型を展示したのである。その現物写真が残されていないので詳細は不明だが、国際都市を観光都市として売り出す意図がうかがえる。

この会場には、「文明発祥館」が建てられていて、オランダ船、唐船、そしてシーボルト関係など、外国ゆかりの事績も展示されていた。館内で販売されていた絵葉書を見ると、幕末から明治にかけて、西洋との接触で日本の技術文明が発達した様子が映し出されている。この「文明発祥」とは、近代国家の成立に長崎が大いに貢献した事績を指している。これに加えて「外国館」も建てられていて、外国の物産の紹介とともに、各国の風俗人形も飾られていた。これらの展示から分かるように、この博覧会は国際都市としての長崎を演じていたのである（竹下広人編　一九三五：七―九）。

第二会場は雲仙国立公園の中に建てられていた。見学者はハイキングのかたわらに訪れることになる。ここには、日本の国立公園を紹介する「国立公園資料館」、雲仙の四季を電気照明で照らし出し、その優雅な風景を堪能させる「雲仙国立公園館」、これに日光の名所の紹介として「日光国立公園大模型館」が並んでいた（竹下広人編　一九三五：一一)。

国立公園との関係で言えば、室戸岬を抱える高知県もまた観光地としての存在感を示す場として、会場内に「観光館」を建てていた。昭和十二年、土讃線開通記念として行われた「南国土佐大博覧会」は、剛健勇武を誇る土佐精神の紹介とともに、南国特異な産業の紹介も開催目的の一つにしていた。「土佐の観光」を謳う観光館では、何が展示されたのであろうか。そこは、史蹟の紹介と四国観光コース遊覧の誘いが主題であった。観光館は二二九坪あって、このうち七二坪は四国各地からの出品である。中央には四国八十八カ所、その他の著名な観光地が二〇のジオラマやパノラマで表示されている。残りの一二〇坪は京都の嵐山、和歌山県の和歌の浦のパノラマ、そして奈良公園の四季の光景、さらには青森県観光協会からは観光案内として電燈点滅式の模型図が出品された。高知県民に対しては日本全国の観光地の案内役を果たし、県外の人々には土佐観光の楽しみを味わわせようとしていた。

高知県では、土佐観光協会、龍河洞保勝会、土佐商船などが協力し、錦浦湾、浦戸湾、足摺岬、龍河洞、室戸岬など、有名な観光地の光景がジオラマで出品された。そのほかにもこの観光館では徳島県からは阿波踊りの写真が出され、愛媛県では松山城、道後温泉、香川県では金毘羅宮など、七〇カ所を超える観光地の風景が写真、あるいはジオラ

図Ⅶ－4　「文明発祥館」の絵葉書

六枚一組の絵葉書には、シーボルトなど江戸から明治期にかけての偉人と地元の独創的な科学技術が紹介されている。このうち、本書で紹介するのは次の絵葉書である。

(上)：写真技術の開祖、幕末の上野彦馬。撮影用薬品を苦心して製法している場面。

(下)：活版印刷の鼻祖、本木昌造。活版伝習所で精勤する研究活動。

マで展示された（土讃線開通記念　南国土佐大博覧会　一九四〇：二六九―二七四）。博覧会場では、高知市近郊の観光を誘うパンフレットが用意されていた。明らかに、県外民に対しての宣伝であった。

もちろん、このような企画を用意しても、ありふれた名勝地巡りの旅を勧めているにすぎないと言うことができる。しかしながら、博覧会を契機として、観光協会が設立され、ドライブウェーが通り、桂浜公園、龍河洞、室戸岬などが観光向けに整備されていったので、その意味では観光地のインフラ整備に効果があった、と言える（土讃線開通記念　南国土佐大博覧会　一九四〇：一八五）。

概して言えば、観光館の展示は、狭い館内の一画で疑似体験をさせるだけなので、面白いはずはない。例えば、呉市主催の「国防と産業大博覧会」は、「観光事業は我国策の重大なる一要素」と位置づけたうえで（山田芳信編　一九三六：四一九）、全国の名勝地三三カ所を選定し、ジオラマで紹介している。観光産業の企画は時流に乗ったことを告白しているが、その手段はありふれていた。しかしながら、これら一連の観光館を見て言えることは、東京発の産業展示の博覧会が地方都市に波及していった時、不況に苦しんでいた地方都市は、地方の生き残りをかけ、観光を産業構造の一環に組み入れ、地方発の博覧会として活性化させた事実である。昭和十年前後の地方都市は燃えていた。

第四節　温泉博覧会の登場

古来より日本人に馴染み深かった温泉が博覧会の主題として登場したのは、日本温泉協会が主催者として上野公園で昭和四年に開催した「保健衛生日本温泉博覧会」が最初である。名前から分かるように、その趣旨は、「保健衛生」の観点から温泉の効用を説くことにあった。古くから温泉は病気の治療に効果があるとして、また保養の目的でも利用さ

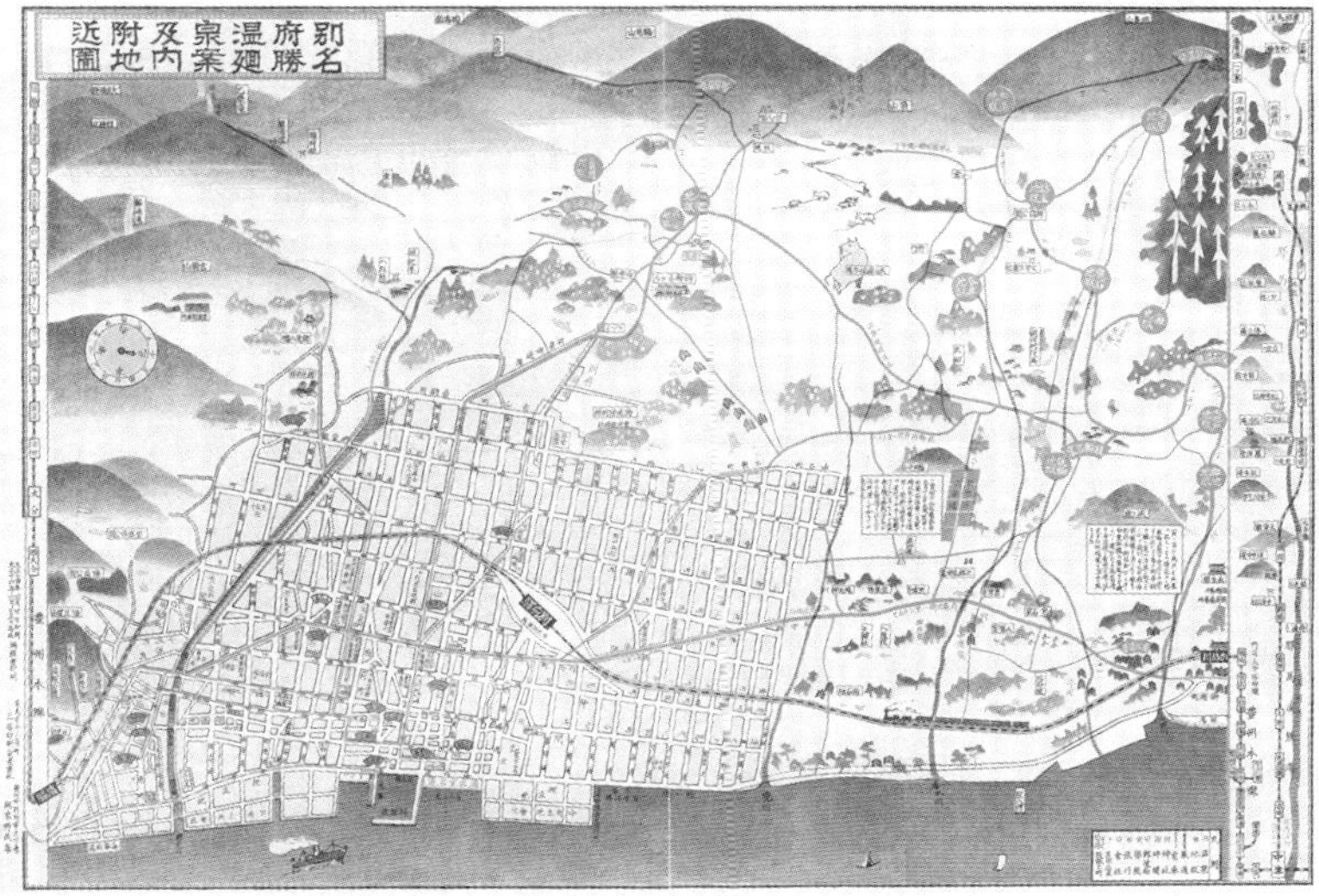

図Ⅶ－5　別府市街図（大正 14 年）

「名勝廻案内地図」と標題され、随所に温泉名勝が紹介され、市内の温泉の所在とともに、地図の左端には「遊廓」の文字が読める。

れてきた。剛健な身体をつくるためにも、温泉の活用は優れているとの認識で開催されたのが、この「保健衛生日本温泉博覧会」である。健康増進のため温泉の効能を説くことが目的で、それだから会場の展示内容も限定されていた。温泉についての知識を普及させるため、歴史や地理などの分野から温泉地の風光美を見せること、保健衛生に関係する物産品を紹介すること、これらが展示の基本であった（保健衛生　日本温泉博覧会　一九二九：四）。

東京での企画とは別に大分県の別府でも、温泉が日本人の生活に深く溶け込んでいる事実に着目し、温泉地としての地元産業の興隆をめざした博覧会が開催されていた。名称のうえで「温泉博覧会」と明記していないが、実質的には温泉を主題にし、別府市長を会長にした町おこしの産業博覧会として、昭和三年四月一日から五月二十日まで開催されていたのが「中外産業博覧会」であった。この博覧会の盛況ぶりは、入場者が八一万八九九六人であったという結果から知ることができる（別府市教育委員会編　一九三三：一六五）。その数値は別府市近郊だけでなく、遠くからの観覧者が多かったことを推量させる。

開催の動きは、昭和元年八月に「市制施行五年」を記念しての催しを別府市会が提起したことから始まっている。昭和二年一月には、別府市会で博覧会規則と予算が討議され、開催を可決し、同時に日本全国は及ばず、満洲・台湾にまで人員を派遣して出品を要請することも決めている（別府市教育委員会編　一九三三：一六一—一六二）。後に、助役を経験し、別府商工会議所会頭にまで登りつめた河村友吉は、当時、市役所の職員に採用されたばかりの若手であったが、その時の状況を回顧し、こう思ったと語っている。「（温泉郷という土地柄を生かして）産業の発展に資し、併せて別府地域の景勝を広く内外に宣伝するチャンス」であると（河村友吉〈遺稿〉二〇〇〇）。当時、国産振興の掛け声のもとで産業の発達に邁進していた日本にあって、別府市は温泉利用が産業の発展に資すると認識していたのである。その別府は、昭和の時代を迎え新たな方向へ歩み出そうとしていた。「保養」と「療養」の効用があるとして、「保健」の観点から博覧会で温泉活用の宣伝をしていた東京を尻目に、別府は産業という観点から温泉利用を考えていた。

別府市には、温泉地として発展していく時代が到来したという自信が満ち溢れていた。古くから温泉地として名をとどろかしていた別府の市役所に温泉課ができたのは明治四十三年であった。その別府は、昭和二年の「日本新八景」の選定では温泉の部で一位に選ばれている。その後も順調に温泉地として別府は成長していく。その背景には鉄道などの交通インフラの充実がある。鉄道が普及して人々は温泉旅行を以前より楽にできるようになった（関戸明子　二〇〇七：七六）。昭和十四年度の統計では、別府の入浴客の宿泊延べ人数は一〇一万一三三九人を記録していて、この数値は山鹿、城崎、下諏訪についで日本第四位である（日本温泉協会〈松山慎二〉編　一九四一：八四八）。

別府市郊外には、大正時代末に総合レジャー施設、「鶴見園」が開園している。この遊園地には小動物園、温泉プール、テニスコート、共同浴場が設置され、また歌劇劇場も造られ、毎日午後一時から宝塚を手本にした少女歌劇が演じられていた（図Ⅶ—６）。まるで宝塚遊園地のミニチュア版である。金沢市近郊には粟ヶ崎遊園が開園していて、宝塚

図Ⅶ－6　別府の遊園地（パンフレット）

別府市には九州一の遊園地、「鶴見園」があった。ここに常設劇場があり、「宝塚歌劇」を手本にした歌劇ショーが見られた。

少女歌劇の現地版が演じられていたのを先に見ておいた。この時代は宝塚を手本とした、いわば「宝塚文化」とでも言うべき新しい時代潮流が観光地を持つ地方都市に広がっていて、別府市もその影響を受けていたのである。戦時下にこの遊園地は閉鎖されたが、こうした遊園地を造成しながら、温泉を観光資源として活用し、別府は九州一を争うほどの活気ある歓楽都市として栄えていった。

昭和三年の中外産業博覧会は、観光の別府を天下に示威するために行われた。『別府市史』は、博覧会を開催するにあたって厳かに宣言している（別府市役所編　一九二八：四〇）。

> 躍進又躍進、既往二十四年、向上の一路を辿れる、別府市も、今や満身の力を傾注して時世に大闊歩を試むべき機運に到達せり。

大言壮語を並べたような文章ではあるが、そこには別府市の自信が満ちていた。その自信を裏付ける根拠は、もちろん湧き出る良質の温泉の存在にある。中外産業博覧会は、まさに社会的にも、文化的にも発展を遂げていく機運に乗じて、温泉という資源を活用し、別府市の魅力を高める目的で行われたのであった。再び、『別府市史』からの引用を読んでおきたい（別府市役所編　一九二八：四〇）。

別府市唯一の生命たる温泉政策を、此の際如何に有利に又徹底的に発揮すべきかの最も緊切なる境地に直面せるを疑はず、大博覧会は実にそれ等必要の意義に依って生まれたり。

これは、温泉を活用し博覧会を開催しようという呼びかけである。それだけに温泉の魅力を称える施設の充実は欠かせない。博覧会場は二つの場所に分かれていて、その第一会場には本館のほか、美術館、農林館、機械電気館、風景館、蔬菜館、朝鮮館、台湾館、満蒙館、北海道館、特許発明館、国産愛用館、園芸館、各種特設館などが建ち並んでいた。第二会場はおもに余興関係の施設である。これだけを見れば、他の博覧会場とさして変わらない。しかし第一会場には、「泉都の全能力を発揮したる別府療養館」があり、「温泉プール」もあった。熱泉を噴きだす噴水塔はまさしく「泉都」を宣伝するものであった（別府市役所編　一九二八：四一）。会場中央には温泉館が位置し、ここには各種の治療装置が置かれ、蒸気浴、サウナ、砂浴を楽しむ設備も完備されていた。島津製作所は電光浴、熱気浴の施設、冷熱風発生器とエックス線を提供している。その他、九州帝国大学からはマッサージ器、鉱泉飲用装置が提供され、この温泉館の近隣には温泉プールが作られていた（別府市教育委員会編　一九三三：一六四）。補足して言えば、第一会場に建てられた別府館では、湯の花、竹人形、櫛、温泉製薬が出品され、土産品として販売されていた。

別府の温泉博覧会が人気を呼んだ理由は、会場内にあっては温泉関係の施設を直接的に体験できたことである。さらに、別府市内に多くの温泉宿があって宿泊客がくつろげたこと、さらに郊外には温泉が噴き出す箇所が多数あり、それを見て歩く「地獄めぐり」などの遊楽施設が整っていたことである（図Ⅶ―7、8）。療養と娯楽の二方面が別府には備わっていて、こうした温泉郷を「ミニ宝塚」で代表される文化装置が支えていた。言い換えると、別府市全体が「温泉」を主題にしたテーマパークであったことである。この別府市は、そのうえに博覧会開催に必要な利点を持っていた。交通手段の便利さである。大阪商船は関西と別府間を定期船でつないでいたので、関西方面からは鉄道で回り道をしないで別府まで行くことができた。九州方面からは鉄道が利用できたが、航路の利用は関西方面から船旅を楽しむ旅客を運んでくれたのである。

別府市は、昭和十二年三月二十五日から五月十三日にかけて、さらに規模を大きくした博覧会を開催している。それが「国際温泉観光大博覧会」であった。[12] 事前の宣伝工作は大がかりに行われ、九州地域はもちろん、遠隔地の北海道、さらに満洲、朝鮮に

図Ⅶ－7　別府駅ホームの温泉洗面所（絵葉書）

別府駅のホームに温泉のでる洗面所が作られていて、一人の女性の姿が写し出されている。観光地としての別府ならではの光景である。

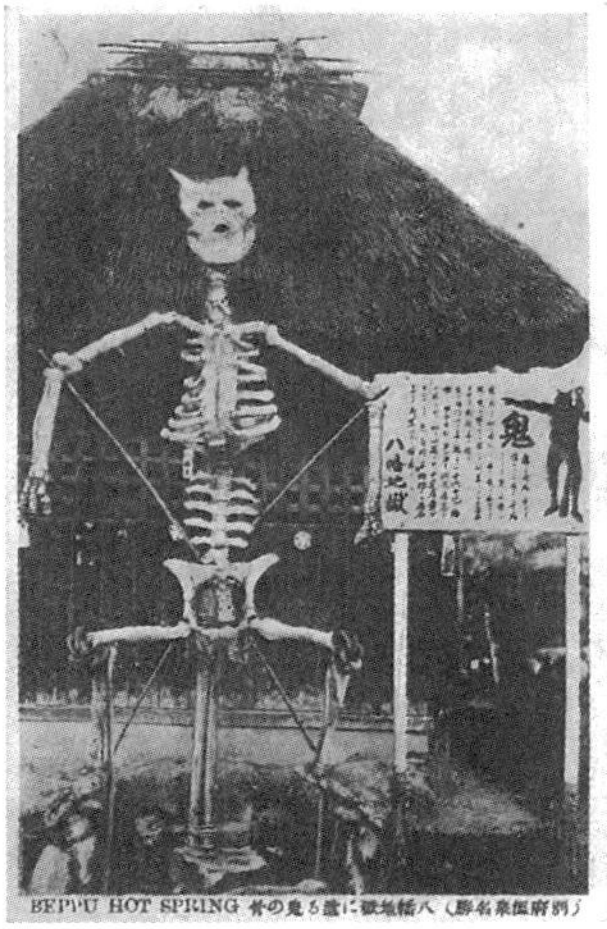

図Ⅶ－8　別府の温泉地獄廻り（絵葉書）

別府市の郊外の「地獄廻」は観光客の好む場所であった。

まで人員を派遣して出品の勧誘を企てた結果、入場者は四六万七八五二人に上っていた。前回の中外産業博覧会にはかなり劣るにしても、地方博としては満足のいく結果を出せたことになる。会期中をとれば、別府駅、亀川駅、東別府駅での乗客は二九万一〇一九人、降客は三〇万三七九八人になっていて、いずれも前年比で三・三倍の増加をみている（別府市　一九三七：九二—九四）。

　この博覧会の主旨は、「新産業部門の開拓に寄与」し、同時に「産業文化の成果を一堂に蒐め」ることで、将来の発達に貢献したい、との考えから出発していた（別府市　一九三七：三）。観光事業を新しい産業として位置づけ、博覧会でその可能性を試してみたということである。別府市の表現を使えば、「温泉を血とし、観光を肉とし都市計画を骨」に譬え、血肉（温泉と観光）と骨（都市計画）を組み合わせることによって、博覧会の成功へと戦略をたてていたのである（別府市　一九三七：五）。

　博覧会開催までの経過を見ると、昭和十年、市会で博覧会開催の建議案が提出されたことから始まっている。十一年には別府旅館協会長、別府商工会議所会頭からも建議書が出されたので、別府市は本格的な準備を開始した。各地の博覧会を視察し、観覧客を呼び込むための方法を模索し、別府という地の利を生かすため、当時高まりを見せていた観光熱を利用するとの実施方針を確立していく。さらに、外国人観光客の増加しつつあることを見込み、国際色を出すため

図Ⅶ－9　大阪商船と別府航路（パンフレット）

別府観光は大阪商船が定期航路を開設したことで関西からも身近になった。このパンフの表紙にはモダンな服装の女が描かれている。先の鶴見園の宝塚歌劇と併せ考えると、当時の別府がたんなる歓楽境としての温泉地ではなく、モダンな社交場としての位置づけも可能になる。

「国際温泉観光大博覧会」と命名することを決定している（別府市　一九三七：五―六）。

実施方針が確定した後、準備作業に取りかかり、出品勧誘をめぐっての戦略を練り上げていく。七月十四日に「全国出品主任者会議」を開き、九州を中心に、中国・近畿地方さらには北陸や名古屋からの代表を招集し、陳列方法などを取り決めている。九月二十八、二十九日には「全九州観光地協議会」を開催し、観光館と温泉館の設備について協議している（別府市　一九三七：三三―四五）。会場敷地として決定された場所は別府公園であった。この公園は、昭和三年の中外産業博覧会場で利用され、温泉湯を引くにも容易な場所であった。

完成された博覧会場は、今まで全国で行われてきた博覧会を手本とし、そのうえで興行性を考慮したため、まさに色とりどりな展示場で溢れていた。温泉館、観光館、産業本館、陸軍館、海軍館、電気科学館、大分県館を中心として、美術館、宗教館、矢野サーカス演技場、ラジオ館、農具機械館、満洲館、朝鮮館、台湾館、特許実演館、善光寺館、日の丸館、三偉人館、別府館、世界一周館、ミイラ館、海女館、南洋館、歴史館、非常時国防館、野外演技場など、大小の施設が連ねていた（別府市　一九三七：六四）。

別府市の編纂した『国際温泉観光大博覧会報告』（別府市　一九三七）、および『国際温泉観光博』と題した小冊子（別府市役所〈観光課・温泉課〉一九三七）には会場を紹介した記述がある。会場の要になる温泉館は、パノラマ式に全国の温泉地を再現した展示を掲げている。この展示には、九州帝大温泉治療学研究所、京都帝大地球物理学研究所、別府海軍病院、小倉衛戍病院別府分院、鉄道省国際観光局、日本温泉協会などの支援のもと、温泉の医学的効用が説明され、温泉の地質や地形の参考模型が飾られていた。

九州帝大温泉治療学研究所は泉浴場、気泡浴室、サウナ、飲泉スタンドの設営を指導し、その指導のもとに会場には入浴設備が整えられた。同時に、入浴後の適宜な運動を薦め、各種の医療器具も用意していた。京都帝大地球物理学研究所は温泉生成の地質・地形の参考模型を用意していた。そのほか、小倉衛戍病院別府分院とともに、海軍別府病院は

図Ⅶ－10　「国際温泉観光大博覧会」の会場配置図（ポスター）
温泉館や観光館が会場の主役であった。

戦傷者の温泉治療の実際を写真で説明していた。異色の展示としては、ポーランド観光協会の支援のもと、ポーランド、ドイツ、ハンガリーなどの温泉場の写真やポスター類が飾られていたことである。

会場内の特色ある光景は「温泉街」である。ここには、湯布院をはじめ日本の代表的な三十余の温泉場がジオラマで紹介され、特産品の販売所も設けられていた。別府市の意気込みは露天風呂の設置に見ることができる。ここで、温泉を実体験することができた（別府市　一九三七：七二）。こ

図Ⅶ−11　「九州帝大別府温泉治療学研究所」の遠景（絵葉書）

うして見ると、会場全体が大温泉博物館の体裁を整えていた、と言えそうである。

観光館はどうであろうか。館内に入ると、最初に大阪商船のパノラマが視界に入り、まるで甲板にいて瀬戸内海を眺めている光景に誘われる。鉄道省は列車の模型を作り、窓から外の景色が見えるよう仕掛けに工夫を凝らしていた。館内に進むと、別府八景、遊覧地、例えば「地獄」の景勝などの模型が並んでいる。全九州の観光地と鉄道各線、ならびに沿線各駅をネオンによって配列し、ジオラマやパノラマを駆使してそれぞれの風光を表現している。いずれも電燈の点滅で各種の装置を引き立たせていた。

余興としてサーカス団による演芸が催されていたが、別府温泉を特徴づけるのは、やはり郊外にある天然の資源である。温泉の湧き出る現場を見る「地獄めぐり」はその代表である。別府を訪れた見学者を楽しませ、その観光気分を昂揚させる仕掛けは随所で繰り広げられていた。別府市の人口は十万に及ばない小都市である。その数倍もの観光客が短期間に訪れた計算になる。温泉という天然資源に恵まれ、歴史的にも名を知られていたという有利な立ち位置にあったとはいえ、昭和十年前後、日本を襲っていた不景気のなかで活路を開いた別府市は企画力が優れていたと評価される。この実績は戦後にも引き継がれ、昭和三十二年に「観光と温泉」を主題にして「別府温泉観光産業大博覧会」が挙行されている。別府市の観光事業はまたしても成長過程をたどっていった。だが、その繁栄の礎石は、遡れば昭和三年の「中外産業博覧会」にあった。

ひとまず、金沢と別府との違いを見定めながら、別府市の評価をしておきたい。金沢の博覧会が名所旧跡のパノラマ展示に留まっていたのに対して、別府の場合は会場内に「温泉」という施設を造成し、その効用を宣伝し、かつ余興的効果を狙ったことにある。もはや一般的な観光案内としての博覧会ではなく、博覧会場自体が温泉を主題にした公園になっていた。今でいうテーマパークの先駆をなしていたことである。

第五節　郷土と観光から観る富山県：電力日本一の博覧会

昭和十一年の「富山市主催　日満産業大博覧会（以後、日満博と略）」については前章で見てきた。そこでは、とくに観光を主題として論じただけで、開催経過は触れていなかった。ここでは、最初の出発点から考えていきたい(13)。

富山市が開催の声をあげた時期は昭和八（一九三三）年である。この年の四月、知事は県政調査会勧業委員会に対して、「対岸貿易ノ振興及本県産業資源紹介宣伝ニ関スル意見」を求め、諮問した。その返答として、勧業委員長は「日満産業大博覧会開催ニ関スル意見書」を提出している。その意見書の要点は、次の四点にまとめられる（富山市主催日満産業大博覧会編　一九三七：三〇―三二）。

1、インフラ整備。富山湾には伏木港と東岩瀬港という二つの港湾が完成した。近く飛越鉄道が開通し、運河や飛行場などの竣工が予定されている。

2、満蒙貿易の発展。満洲との直通航路が開けたことによって、富山県は日本海での交通の要衝としての位置を占めたことになる。

3、電力工業の誘致。

4、観光地の紹介。

鉄道や港湾施設などのインフラ整備に結び付け、大事業の一環として博覧会開催を促す意見書は当時の日本の趨勢をそのまま反映したものであった。満蒙貿易の発展が記述されているのは、日本海交易の中心地としての富山県の実情を映し出している。同時に、電力工業の発展と観光事業の推奨が述べられていることには、特に関心を惹かれる。「電力工業の誘致」と「観光地の紹介」は富山県の基本産業に関係し、その発展は富山県が長年抱き続けてきた宿願でもあったからである。

この「意見書」に基づいて計画は実行に移され、すぐ後に制定された「日満産業大博覧会規則」には、「本邦産業文化ノ振興」をめざし、「日満両国ノ親善竝ニ貿易ノ進展」を図り、かつ「本県ノ現状ヲ紹介」するという内容が記されていた（富山市主催　日満産業大博覧会編　一九三七：附録）。日満両国の貿易の進展を図るとは何を意味しているのだろうか。それは、インフラ整備の進捗状況を考えると明確になる。飛越線と高岡本線とが結合し、鉄路は一気に東京と結合し、大阪、名古屋方面との交通も便利になった。加えて、富山湾にある東岩瀬と伏木両港の拡張事業が完成していて、日本海沿岸の海上交通の基盤が整ってきた。こうしたインフラ整備がもたらした経済的意義は大きく、東日本に対抗して、北陸もまた産業分野で重要な役割を担う道が切り開かれたのである。富山と朝鮮北部との航路開設もあって、富山は日本海交易の中心地になろうとしていた。もはや富山は「裏日本」ではないという意識が強くなったのである。昭和七（一九三二）年の満洲国建国はこの趨勢に拍車をかけた。満洲国との結びつきを強化する国策に応じて、交易関係を深化させれば、富山の存在価値は高くなる。富山は絶好の位置に立っていた。「裏日本」という汚名を返上し、国策に乗ることで経済発展を図ること、このための機会だと富山市は判断し、全国に向けて博覧会開催を発信したのである。

「日満両国ノ親善」に関して、博覧会の名称についても補足しておく必要がある。開催が決定された時点で、その名称問題は協議の対象になっていた。日本海沿岸都市としての富山市は対岸の満洲国を強く意識していたので、その関係を強く表す語句が当初から取沙汰されていた。例えば、「日満交通」、あるいは「日満親善」という文言を入れるかで議論が交わされもした。けれども、「産業」という観点からする開催が博覧会の基本主旨であるという理由で協議は決着がつく。かくして、「日満産業大博覧会」という名称に落ち着いた（富山市主催　日満産業大博覧会編　一九三七：三五）。

こうした経緯を考えると、この博覧会を位置づけるためには三方面、すなわち、第一は満洲国との関係、第二は郷土意識、第三は観光、これらの観点からの考察が必要となる。第二の観点は前章で論じておいた。北陸の地、富山の歴史と文化に照準を合わせ、地域をいかに表現して見せるか、富山市側の取り組みを見ておいた。だが、懸念すべきことがある。郷土史のパノラマ展示で終わってしまえば、見て終わりという結果におわり、観覧者に与える印象は乏しい。そこで、さらに工夫が必要になる。「郷土」と「観光」とを組み合わせて富山を語れば、発信力は強力になる。

第一の満洲国との緊密な関係は、実際にさまざまな機会に見ることができた。開会式の祝辞は、慣例にしたがって博覧会長や名誉総裁、政府関係者などから寄せられたとともに、満洲国実業部大臣と駐日特命全権大使からも寄せられた。この実業部大臣は張燕卿であり、昭和九年十一月十二日に富山市を訪問し、富山県との産業と貿易の連携を強く訴えていた（富山市主催　日満産業大博覧会編　一九三七：五八）。会期中の四月三十日はとくに「満洲デー」とし、各種の歓迎行事を行っていたが、その日にはまた「日満交驩会」も開かれた。この会合には実業部高官が出席し、日満貿易の発展を歓迎するという趣旨の演説をしている（富山市主催　日満産業大博覧会編　一九三七：六四二）。

日満関係の展示館は会場内に二カ所、「日満記念館」と「満洲館」とがあった。他の多くの博覧会と同じように、ここでも満洲館は建てられていたが、満洲の産業と文化を展示するだけの平凡さは拭い切れない。それに対して、「日満記念館」はこの博覧会の特色を強く印象づけていた。それは、「記念館」というよりも、天空に高く聳えていたので「記念塔」と呼ぶべき象徴的な建造物であった。内部の展示は満洲の歴史、文化、政治などの分野で構成され、満洲事情の紹介を目的としていた。東京松坂屋意匠部が製作した大きなジオラマが掲げられていて、満洲情緒を醸し出す雰囲気が立ち込めていた（富山市主催　日満産業大博覧会編　一九三七：三八八―三九九）。

「郷土館」についてはすでに見てきたので、観光に関わる展示を見ておきたい。この展示は「観光館」と「鉄道館」で見ることができる。観光館は富山県内からは、地域の商工会、温泉・旅館組合が中心になって一三件を出品し、県外からは各地の観光協会を中心に一九件の出品があった。富山県電気局は、立山の自然を精緻な模型で表現していたのが目立つが、他の多くの展示は観光地の紹介にとどまっていた。例えば、黒部鉄道株式会社は宇奈月温泉組合と共同で宇奈月温泉の風景を模型で表して出品したが、観光地の紹介に終わってしまった。

鉄道館も観光に関わる展示をしていた。鉄道省運輸局、名古屋鉄道局、日本旅行協会は高岡本線の全通を記念して出品に応じている。観光パノラマなどの展示が主体であって、風光美を見せるのみで、観覧者に体験をさせるなどの仕掛けに乏しかった。同じジオラマを使っての展示であっても、郷土館が富山県（越中）に関わる歴史を通覧させることで体系だった筋書きを示していたのに対して、多くの観光名所を同時に並べることで、焦点が散漫になった印象を与えている。例えば、高岡市が出品した「観光の高岡」を覗いてみよう。いささか名文調の描写には戸惑うが、その展示の概略は次の通りであった（富山市主催　日満産業大博覧会編　一九三七：四八一）。

観光高岡が持つ大きな誇り、花の名所の桜馬場、青葉かほる古城公園、名刹端龍寺等を手際よくあらはし、名物の中納言山車の模型は錦上更に花を添えて高陵の秀光を存分に紹介。四方から観覧出来る開放的な手法も嶄新、明朗なパノラマ。

高岡市の観光名所は確かに上手によく紹介されている。名物の山車（鉾車）の模型は、文面からすれば見事な出来栄えであったに違いない。黒部鉄道株式会社と宇奈月温泉組合の共同出品、「宇奈月」もまた観光地の風情を伝えようと努力していた（富山市主催　日満産業大博覧会編　一九三七：四八二）。

国立公園――天下の秘境黒部の玄関、屹立する巨巌より眼下に岩魚躍る急湍を望む宇奈月の全貌を描いた大画面をバックにベランダを設らへ、鮮やかな朱塗りの欄干、御殿簾も典雅に映ゆ。数脚には観客を自由に憩はしめて、湯の香ほる宇奈月情緒と、新緑の渓谷を心ゆくまで鑑賞させ、居ながら神仙境に遊ばしめる趣向に富んだ設備。

この文章自体が雄大な大自然を表現していて、展示場面も製作者の努力を感じさせるし、温泉地の雰囲気を出そうと工夫していることも評価できる。しかしながら、雄大な自然を模写したような展示だけでは、結局は名勝旧跡を見せるだけとの柳田國男の批判が木霊《こだま》して来そうである。ジオラマという当時では最新の手法は見応えがあったにしても、視覚だけではなく、手で触りつつ音で耳に聴かせ、体感を通して理解させる手法が取られなければ、自然の息吹は伝え難い。この点で言えば、先に紹介した別府市の温泉博覧会との違いは顕著であった。

なお言えば、人々が観光地に惹かれるのは、非日常的な世界を体験するとともに、現地での食を味わうことにある。冷凍や保存技術の発達した現代と比べるのは酷な言い方であるにしても、北陸の食文化が観光産業に大きな位置を占めるとの認識は、昭和前半の時代には乏しかったようである。会場にはお土産店が皆無だったわけではないが、観光を標榜しながらも、なおその意義が十分に浸透せず、したがって幅広い分野を包み込んだ産業として成熟していなかった状況が窺えてくる。

富山県の博覧会は日満博だけで語り尽くせるものではない。富山県では、注13（二四六頁）で説明したように、高山市と富山市との二つの都市が競い合って博覧会招致運動をしてきたという歴史がある。結局、戦後になって高岡市が

「高岡産業博覧会」（昭和二十六年）、そして富山市が「富山産業大博覧会」（昭和二十九年）と、富山県は二つの都市で大規模な博覧会を経験したことになる。高岡産業博覧会は昭和二十六年、総裁には富山県知事が就任し、会長には高岡市長が任命され、場所は高岡公園（古城公園）と決定された。

昭和十一年の日満博から太平洋戦争を挟んで十五年後、戦禍が残る日本で高岡市が博覧会開催に乗り出した背景には何があったのであろうか。第一に高岡市は米軍の空襲を受けなかったので経済的被害はなく、観光資源が温存されたことで開催に必要な条件に恵まれていた。さらに戦前の博覧会から受け継いだ遺産がある。富山県といえば、日本随一の水力発電所を抱える電力の生産地であった。富山県は水流に恵まれていて、水力発電に利用可能な河川が豊富であり、そのなかでも黒部川、神通川は代表格であった。当時稼働していた発電所のうちでも、富山県を流れる神通川はもっとも規模の大きい発電所であった。この利点を最大限に生かし、富山県の威光を高く掲げたのが、高岡産業博覧会であった[4]。

会場内を歩いてみよう。以下は、『高岡産業博覧会誌』に記載された事柄である（高岡産業博覧会事務局編　一九五二：六一四―六三二）。たいていの博覧会では象徴的な建造物として「テーマ塔」が建てられているように、高岡市の場合では二五メートルの高さに達する、銀色に輝くジェラルミン製の尖塔が博覧会を象徴していた。頂部には電燈を飾り付け、昼間は陽光を浴びて輝き、夜間に投光器で照らすと雄姿が浮かび上がる仕組みになっていた。それと並んで、東洋一と謳われた巨大な小牧ダムの模型は入場者を驚かした。日本発送電株式会社の製作によるもので、模型とはいえ実物の十分の一の規模で作られていて、水槽と放水門も備えられていた。水槽から飛沫をあげて放水する光景は実物さながらの出来栄えであった。

会場内の「電源館」は多彩な内容を展示していた。「河川災害」「発電と送電」「富山県電源地帯のパノラマ」「堰堤工事状況」など、水力発電に関する基礎的な土木事業を網羅していた。ついで、「電気科学館」が登場する。それは、電気の発生装置、利用方法など科学的知識を学習する施設であった。変圧器、電動機の実験装置が見られたほか、呼び物として北陸配電株式会社の考案した「人造人間」（ロボット）も活躍していた。そのロボットは機械仕掛けで動き、観覧者に案内役を買って出る人気者であった。ほかにも、電化された台所と浴室設備が登場し、また電気の魔術などの娯楽も楽しめた。

こうした電化生活を楽しむ姿は、戦前にもあたかも理想郷のように語られて博覧会に登場していたことがあった。しかしながら、戦前の博覧会とは状況が異なり、開催はGHQ占領下で行われていて、アメリカ人の生活様式に羨望の念を抱かせる意図が秘められていた、と考えてよさそうである。この博覧会自体は高岡市が主催したのだが、会場にはGHQの支援を受けて「アメリカ館」が建てられていた。戦後もまもなく物資の不足していた人々にアメリカ風の生活に憧れ感を抱かせる目的で、この博覧会は利用されたのである。(15)

アメリカ館では、ニューヨークの摩天楼の大パノラマとともに、アメリカの歴史、例えば「アメリカ発見」、「殖民時代」、「開拓者の群」、「西へ西へ　幌馬車は進む」、「人口の増加、人種のるつぼ」、「都市の今昔」、「交通機関の発達」などの場面がジオラマで再現され、アメリカの壮大さが映し出されていた。「アメリカ人の一生」と題したジオラマもあった。幼児教育から始まって恋愛結婚を描き、家庭生活を紹介する内容である。これらに加え、アメリカ人の家庭のモデルルームが展示されていた。空調設備が完備され、通風・彩光に配慮し、室内備品が整った家屋である。トースター、電気毛布、電気掃除機、これら数々のアメリカ製の新製品が用意されていた。機械化された商業文明の数々が日本人の目の前に展開していたのである（高岡産業博覧会事務局編　一九五二：八二一―八二二）。

十五年前、富山市では国策に沿って満洲国が博覧会の主役の一端を担っていたが、今回は同じ富山県の高岡市ではアメリカが主役の一端を担うことになった。変わり身の素早さには驚かされるが、変わらないものと言えば電力県としての自負であった。その高岡市に次いで、富山市でも昭和二十九年に再び博覧会を行っている。その時期は、戦災から立ち直り、復興へと目指していた時期であり、日本の高度経済成長が始まろうとしていた前夜でもあった。この時期に富山県が博覧会を開催した理由は、「電力の富山」を宣伝することにあり、どの府県よりも日本の復興に貢献していることを承知させ、富山県の存在を日本中に高めることにあった。

したがって、博覧会では「電気王国の象徴」として富山県を表現することが強調されていた。「電源の富山」「工業と電気」「生活と電気」「農業と電気」というように、以前の博覧会に比しても多くの電力関係の展示館が林立していて、そのこと自体から富山産業大博覧会の特徴が見えてくる。日本の高度成長期と巡り合わせることで、電力県としての富山が精彩のある存在に仕立て上げられていったのである。

博覧会での電力関連施設の企画は主に北陸電力と関西電力の両社が担当し、多くの企業が日本各地から参集していた。会場に入ってまず目に付く建造物は、屋外に聳え立つ高さ二〇メートルほどの超高圧送電鉄塔である。それは他の施設を圧倒していて、壮大で威圧的な雰囲気を作り出していた。

展示会場の光景もまた壮大であった。『富山産業大博覧会誌』の語るところでは、電気の世界は壮麗な姿を表していた。「電源の富山」では、「電力は総てを解決する」、あるいは「電気は産業と経済の原動力」などの標語が並び立ち、日立製作所の変圧器の模型、富士電機の発電機の模型などが展示されていた。発電施設のパノラマが雄大に展開されていたことは、言うまでもない。「工業と電気」では、躍進する重工業や軽工業が主題になり、例えば鉄鋼、軽金属、セメント、ガラスなどが生産される過程を展示していた。「生活と電気」では「合理的で文化的な生活は家庭の電化から」という標語が主題になって、冷蔵庫、洗濯機、ミシン、蛍光灯、ラジオ、テレビなどの普及が生活を豊かにする将来像が現出されていた。時あたかも高度経済成長期を迎えようとしていた日本を体現する世界が展開していた。「農業と電気」は電化した農村が大パノラマで表現されていた。農機具の電化、灌漑施設の電化、電力利用による露地栽培の方法、このように電力が農業をいかに発展させたのか示されていて、まさに「電気で築こう楽しい農村」という合言葉に

日満産業大博覧会 昭和 12 年	高岡産業博覧会 昭和 26 年	富山産業大博覧会 昭和 29 年
国防館	――――――	――――――
満洲館	――――――	――――――
朝鮮館	――――――	――――――
台湾館	――――――	――――――
――――――	アメリカ館	――――――
東京館		
京都館		
愛知名古屋館		
金沢市特設館	高岡特産街	石川県名産館
青森ひば館		
		趣味の家
教育歴史館	――――――	郷土歴史百景
明治大帝御聖徳記念館	――――――	――――――――
観光奈良館		
海女館		潜水作業実演館
発明品実演館		科学の勝利
山岡ディーゼル館		
動力機械館		
協賛会経営		
迎賓館	迎賓館	
演芸館		世界の文化
万国街		
日光館	日光館	
子供の国	子供の国	子供の国、
		ビックリハウス
		ジェット機
		北海道館

出典：富山市主催　日満産業大博覧会編 1937
高岡産業博覧会事務局編 1952
富山産業大博覧会誌編纂委員会編 1952

表Ⅶ－1　富山県下の博覧会の館名比較

日満産業大博覧会 昭和12年	高岡産業博覧会 昭和26年	富山産業大博覧会 昭和29年
本館	全国館	国土の産業
富山県館	富山県生産館	郷土の産業
日満記念館	――――――	――――――
電気館	電気科学館	
電気と工業の館	電源館	電源の富山
		工業と電気
		生活と電気
		電気と科学
		通信と電気
農機館	農業機械館	農業と電気
農林振興館	農林水産館	農村の科学
売薬振興館	薬業館	くすりの富山
美術工芸館	美術館	美の殿堂
郷土館	――――――	郷土の歩み
観光館	観光館	観光の日本
本願寺館	宗教館	仏のみ光
航空館	――――――	空のつばさ
鉄道館	交通運輸館	車輪の進歩
逓信館	郵政館	郵政ルーム
ラジオ館	電波操縦室	電波の視聴
保健館	健康館	保健と体育
和清館		
――――――	中小企業館	――――――
――――――	貿易館	通商の泉
――――――	新聞館	――――――
――――――	たばこ館	たばこ館
――――――	テレビジョン館	――――――
		自動車館
		天体の変化
――――――	婦人子供館	女性のしおり
		労働と安全
		子供の科学
		自然の宝庫
		世界の文化
		電波の視聴

相応しい光景が展開していた（富山産業大博覧会編纂委員会　一九五七：五四六―五七〇）。

「郷土」という概念は狭く解釈すれば「故郷」という内容につながるであろうし、「地域（ローカリティ）」、さらには「地方」という概念とも関連してこよう。「郷土史」といえば、「地域史」という意味にもなりうる。実際に富山県の博覧会では「郷土館」が建てられ、富山県に因んだ事績や人物が主役として登場していた。その限りでは、全国的な歴史とは連動せず、富山県内での自閉した地域の物語、すなわち「お国自慢」にとどまっていた。これに対して、日本の電力が水力発電に大きく依存していた時代、「電力の富山」という標語は全国的に通用する言葉であった。富山県は東京の経済圏から離れた場所に位置しているが、日本の経済発展を支えた原動力という意味で、「日本」を背負った存在であった。博覧会での「郷土館」は富山県という限定された地域での物語であったが、「電力の富山県」を発信することで、富山という「郷土」は全国的な地位を得たのである。ここに、「郷土の富山」は「観光の富山」と一体になり博覧会を盛り上げていくことになった。

注

（1）『大阪毎日新聞』、昭和二年七月六日。

（2）この時の「25景」とは次の通りであった。

山岳：立山（富山）、阿蘇山（熊本）、木曽御嶽（長野）、白馬山（長野）

渓谷：瀞八丁（和歌山）、黒部峡谷（富山）、御嶽昇仙峡（山梨）、天竜峡（長野）

瀑布：那智滝（和歌山）、養老滝（岐阜）、袋田滝（茨城）

河川：利根川（千葉）、球磨川（熊本）、長良川（岐阜）

湖沼：富士五湖（山梨）、琵琶湖（滋賀）、大沼（北海道）

平原：大和平原（奈良）、日田盆地（大分）

海岸：屋島（香川）、鞆の浦（広島）、若狭高浜（福井）
温泉：熱海温泉（静岡）、塩原温泉（栃木）、箱根温泉（神奈川）

（3）「岡山観光博　愈々蓋をあく／けふ公会堂で開会式」『山陽新報』昭和七年四月二日〈夕刊〉。

（4）「近づく岡山祭　神輿渡御の行列決る／武者連中につゞく黄薇の市女」『山陽新報』昭和七年四月六日。

（5）「いよいよ明日と明後日／宝塚少女歌劇公演／岡山市公会堂に於て」『山陽新報』昭和七年四月二十三日。

（6）「けふ十日から　愈よ始まる岡山祭／恰も芳烈公の二百五十年祭で／益々華かなその呼物」（『山陽新報』昭和七年四月十日）。

（7）四月十二日の『北国新聞』は一面、二面に続き、三、四面にわたっても「花と競ふ金沢博」との題目で特集を組んでいた。「輝かし文化の一大絵巻物／その外貌と内容を観る」のほかに、本文で紹介する多彩な記事で溢れていた。

（8）空閑少佐は上海事変の戦闘で捕虜になり、その後、虜囚を恥じて自決したことで「軍神」に祀られた。『北国新聞』は大々的に美談として報道したので、金沢市民の関心をひいた（本康宏史　二〇〇四a：七九―一一六）。

（9）平山周吉　二〇一五『戦争画リターンズ：藤田嗣治とアッツ島の花々』、東京：芸術新聞社。この絵画は参考のため第九章三三九頁に掲載しておいた。

（10）金沢市の博覧会は、「産業化」を一つの軸におくと同時に、「〈観光〉という〈情報化〉の時代に即したテーマをもう一つの軸に」していたとの指摘（本康宏史　一九九三：二一九）はうなずける。だが、正確に言えば、観光を産業化していく方向性を示したと言う方がふさわしい。

（11）日向市会が出した、祖国日向産業博覧会の開設要望書には、日向は商工都市として発展したので、「県外より企業家、観光客を誘致」するのは緊要で絶好の機会だと書かれている（宮崎市役所・宮崎商工会議所　一九三四：六）。この建議を受けて、日向市は博覧会開催に動き出す。その時の趣意書には、「祖国日向ハ皇祖発祥ノ霊地」として史蹟名勝に富んでいることを踏まえ、「産業ノ進展」を図り、「外来多数ノ顧客ヲ吸収」して「祖国日向ノ実情ヲ紹介」したいと記されている（宮崎市役所・宮崎商工会議所　一九三四：二）。

会場には、宮崎神宮宮司、県立中学校長など学校関係者、宮崎県史蹟調査委員、博物館主事ら合計一〇名が合作して「祖国館」を建てている。その目的は、「皇祖発祥の霊地たる祖国日向を天下に顕彰する」することで、イザナギの命から神武東征に至る記紀神話が九場面のパノラマで展示された（宮崎市役所・宮崎商工会議所　一九三四：二四六及び挿入写真）。

(12) 別府市主催の「国際温泉観光大博覧会」の趣意書は次の通りである「現代温泉観光事業の組織、体系の整備に努め観光事業が産業として持つ偉大なる経済的、文化的価値を宣揚し以て新産業部門の開拓に寄与し併せて産業文化の成果を一堂に蒐め其の将来の発達に資せんことを期せり。」（国際温泉観光大博覧会事務局　一九三七：三）。

(13) 大正二年に三府八県聯合共進会が開催されて以降、富山市で博覧会が開催されたことはなかった。それが、富山市でも強く望まれるようになったのは、昭和になって各都市で博覧会が開催される時代が到来してからである。開催にあたっては、いくつかの難題を解決しなければならなかった。一つは自然災害の克服である。大雪害に悩む北陸にあって、開催時期の設定は時々の自然条件によって左右される。

しかしそれ以上に、富山県内に開催希望都市が複数あるという事情があった。富山県には歴史的、文化的、経済的にみて二つの大都市、富山市と高岡市が並び立っている。富山市が開催計画を立てていた時、隣接する高岡市でも開催を計画していて、富山県内で競合していた事情があったのである。そのため両者の間では何度も折衝を行い、最初に富山市で行い、次回には高岡市で行うということで合意をみた（富山市主催　日満産業大博覧会事務局編　一九三七：二、高岡産業博覧会事務局編　一九五二：一三六）。

日満博で先を越された高山市は、戦後もまもない昭和二十二年に博覧会開催を話題にのせていた。一方、富山県側では昭和二十三年に富山県主催で産業復興を目指し、「平和博覧会」を名目とした博覧会開催を企画していた。だが、ここでも高田市と富山市との確執が表面化してくる。日満博で富山市が開催しているので、次は県主催ではなく高岡市単独で開催したいと、強く主張したのである。最終的には富山県、富山市、高岡市の間で妥協し、県と市の共催で行い、「高岡産業博覧会」という名称を使うことで決着した（高岡産業博覧会事務局編　一九五二：一三三―一四五）。

(14) 高岡産業博覧会の「会則」には、「我が国の豊富なる電源力とこれを根幹とする産業の全貌を紹介し併せて地方産業の振興と文化の向上を図らんとする」と明記されている（高岡産業博覧会事務局編　一九五二：九五〇）。

(15) 戦後まもなくの頃は日本各地で「アメリカ博覧会」、あるいはアメリカに関する展示の博覧会が開催されていた。その代表は、一九五〇年三月に西宮球場および外園で行われた「アメリカ博覧会」である（平井常次郎編　一九五〇）。かつて、一九三八年には、この同じ場所で「支那事変聖戦博覧会」が行われていた。主催者も、同じ朝日新聞社であった。

この年には沖縄県の石垣市で「八重山復興博覧会」が行われ、アメリカ文化の宣伝が見られた（記念誌編纂局（八重山復興博覧会）一九五〇）。これらより前、一九四九年四月には、野市・長野商工会議所主催で「長野平和博覧会」が開催されていて、「アメリカ文化館」が起ち上げられていた（矢ケ崎賢次編　一九五〇）。アメリカは「平和」との関連で語られていたわけである。

第八章

名古屋市と国際博覧会：名古屋汎太平洋平和博覧会

昭和十三年は日本の博覧会にとって受難の年であった。前年に勃発した日中戦争が直接の原因で、昭和十五年に予定されていた万国博覧会が中止せざるを得なくなったこと、昭和十三年には国内のいくつかの地方都市主催の博覧会が予定されていたが、これもまた中止に追い込まれてしまったこと、こうした事態が発生した年であった。昭和十二年には長崎、別府などとともに、名古屋市主催での博覧会が開催されたが、いずれも日中戦争勃発直前であったため、中止に追い込まれることはなかった。会場には華やかさがひときわ目立ち、日中戦争前の昭和十二年は地方都市の黄金時代であった。

昭和十二年、名古屋市主催で開催された「名古屋汎太平洋平和博覧会」（以下、汎太博と略称）は、今までの博覧会と比べて異色さが目立っていた。名称から判断されるように、汎太博は太平洋諸国の参加を得た国際的な博覧会であった。昭和十五年に予定していて、後に中止になった万国博覧会の準備が政府の関与のもとで進行していた頃、名古屋市は国際的な博覧会を独自の力で開催させてみせたのである。多くの外国から参加があって会場には各国の国旗がはためいていたので、国際的光景がまぶしいほどに見られたが、例えばアメリカは翌年に控えた万国博参加の準備に追われ、農商務省を除くと、政府としての正式参加はしていない。アメリカを代表する産物や模型の展示は国際色を出していたが、それらの多くは日系人の出品であった。とはいえ、南米諸国からの参加は今までになかったことであり、それだけでも画期的であった。さしずめ、「名古屋市、恐るべし！」ということであろうか、名古屋は燃えていた。

第一節　前進へ！：博覧会へ向けての取り組み

名古屋市での博覧会は、京都に続いて古い歴史を持っていて、明治四年に開催された記録がある（名古屋市博物館編一九八二）。その後も、共進会という名称での物産品の品評会が開かれている。明治四三（一九一〇）年には「第十回関西府県連合共進会」、昭和三年には「御大典奉祝名古屋博覧会」と、いずれも全国的規模の博覧会が開催されていた。

1　名古屋と国産振興会

推理作家の江戸川乱歩にとって、明治四十三年の「第十回関西府県連合共進会」は衝撃的な出来事であった。乱歩には、少年期に見た博覧会を印象的に語った文章がある。会場で「旅順海戦館」と名付けられた興行館に足を踏み入れた時、パノラマ風の画面に映し出された光景は、東郷平八郎の率いる聯合艦隊とロシアのバルチック艦隊が白煙をたてて死闘を繰りひろげる壮絶な場面であった。それを見てひどく感激した様子が乱歩の随筆には書かれている。少年であった江戸川乱歩はその場面に魅了され、さっそく翌日に自宅で、友達とおもちゃの軍艦を作って遊んでいた。黒い布で作った海面を軍艦が走り、線香や煙草の煙をたてて海戦の臨場感を出すという、実に手の込んだ仕掛けを作り、友だちと一緒に楽しんでいた（江戸川乱歩　一九九一：三六八―三七五）。

これまで東北地方でも、北陸や九州地方でも何度も行われていた共進会のなかでも、名古屋での共進会は盛大であった。今までの共進会は物産会の域を出るものではなかったが、名古屋では、東京も含め三府二十八県の参加を得て行われ、活気に満ちていた。『名古屋新聞』（明治四十三年三月十六日）は大々的に「大、壮、美」という表現を用い、初日の光景を紹介していた。(1) 翌日には「聞け！歓喜に満たる市民の声を」と題し、式場の光景を熱く報道している。(2) この日から数えてほぼ一か月後の四月十二日、名古屋は「開府三百年」の記念日を迎えている。共進会と記念祭が重なり、名古屋は祝賀気分に浸っていた。

昭和三年九月、名古屋は再び活気づいていた。この年の九月から十一月にかけて「御大典奉祝名古屋博覧会」が開催されたのである。場所は先の共進会の会場跡に設立された公園、すなわち鶴舞公園であった。目的は、「今上陛下御即位ノ大典ヲ奉祝シ併テ産業ノ振興文化ノ発達ニ資スル」ためである（名古屋勧業協会　一九二九：五四）。昭和天皇即位を名目とした祝賀は東京、京都でも行われていて、この名古屋でも同じ主旨で開催されたのであった。

実は、この開催目的はほかにもあって、当時、日本中を巻き込んで展開していた国産振興運動が関係していた。主催は名古屋市役所内に置かれた「名古屋勧業協会」であり、会長は名古屋市長の大岩勇夫である。当時の名古屋は東京、大阪に次ぐ第三の都市に成長し、産業の発達が著しかった。主要産業は絹織物、綿糸紡績、陶磁器が中心であり、染織工業の分野では大阪に次いで第二位の位置を占めていた。こうした実績を踏まえ、名古屋の産業をさらに飛躍させる目的が博覧会開催には込められていた。

国産振興という観点から名古屋での博覧会の歴史を一瞥すれば、「愛知国産振興会」の成立から説き起こしていくのが順当である。その成立は大正十五年五月十八日に遡る。県、市、会議所の幹部が愛知県庁で会合し、八月十六日に「発起人会及創立総会」を開催し、その結果、「愛知国産振興会」が愛知県庁商工課内に成立した。会長は山脇・愛知県知事であり、その「趣意書」には①国産品の改良発達、②優良品の愛用、③産業の発展と貿易の振興、④国産奨励と国力の充実が目標として掲げられていた。

その第一回役員会は大正十五年十月十六日に持たれ、この会議で「汽車博覧会」の協賛事業が決定している。ついで名古屋市は十月二十七日、豊橋市は十月三十日に協賛事業として「講演会」を行い、同時に、「国産振興デー」と称して「無電放送」の実施を決定している。この一連の動きは、大阪と東京とで同種の博覧会が開催されるとの報告を受けて決定したものであった（愛知国産振興会　一九二六）。東京、大阪の出来事は敏感に名古屋に伝えられていた。

その後、昭和二年十一月一日から同月三十日にかけて、愛知国産振興会が主催して「国産振興　染織工業博覧会」が行われている。ちなみに、この時の名古屋市長は大岩勇夫であった。出品は二五八一点、出品人員は六九五人にのぼったというから、これは成功した部類に入ると考えてよい。しかしながら、この博覧会に対しては、開催の意義が徹底していないとの辛口の評価が下されていて、当時の名古屋の水準がよく分かる。染料は品質、種類とも輸入品と比べて遜色がないし、最近に創業されたばかりなのに刺繍やレースなどには努力の跡が歴然としているとしながらも、周到さに欠き、そのため真価を相殺し、かえって舶来品尊重の観念を高めたとの指摘も出されていたのである（愛知国産振興会　一九二八（？）：一二二―一二三）。

昭和四年五月二十一日から六月十日にかけて、再び愛知国産振興会の主催で「国産振興　窯業博覧会」が催された。出品種目は窯業製品とその原料、材料、器具などが中心であった。だが、この博覧会で審査委員を務めた専門家の意見には厳しい口調で批判する人物がいた。その概要は、おおむね以下のようである。すなわち、愛知県は陶磁器の生産と輸出で優れた実績を持っている。だが、出品された製品の質は均一ではなく、大工場では優良品を生産しているが、その他の工場では低廉な製品を作るあまり粗悪品が見受けられる、という内容であった。輸入防遏を声高く唱導する一方で、製品の質的向上を求める意見が出されていたのが現状であった。例えば、愛知窯業界では輸出品として「常滑焼」

と呼ばれる陶器を多く出荷してきた。常滑の陶磁器は輸入防遏におおいに貢献しているにしても、意匠やデザインで古さを感じさせる、というのが審査員の見解であった。今後は、品質の研究とともに、斬新なデザインを追求し、諸外国の嗜好に適するよう製作する必要があり、そうすれば新市場の開拓に至るであろう、と忠告している（愛知国産振興会一九二九（?）：一〇二）。

審査員の評価は、他の出品でも概して厳しい。この厳しい評価のなかに、輸出が思うように伸びない当時の陶磁業界の苦悩が読み取れる。輸入防遏というスローガンは、けっして排外的な立場から出されたものではない。諸外国が関税に厳しい措置をとったことが事の始まりであって、輸入を防ぐというよりも高品質な製品を製造することが、輸入防遏と輸出振興につながるという発想からでていた。それだから、国産振興という呼びかけは閉鎖的な保護貿易を志向する考えを意味しなかった。審査員の評価の基準は、外国製品に対抗できるだけの品質を持ち合わせているのか、この点にあった。

昭和大恐慌の発生後、愛知産業界も激変に襲われている。産業の停滞、農村の疲弊という全国的な傾向は、この名古屋でも直面し、難しいかじ取りを迫られていたことは同じであった。農村の疲弊ということで経済の更生が叫ばれ、副業も奨励されたりしていたのである。この観点に基づいて開催されたのが、「経済更生副業博覧会」であった。繭《まゆ》の価格暴落を機に、農山漁村の困窮対策の一環として、名古屋新聞社と中部日本農村振興助成聯盟は昭和六年十二月に「第一回経済更生副業博覧会」を開催している。続いて八年と九年にも、それぞれ第二回、第三回と開催している。それは中部圏の農、山、漁村の産品を展覧する試みで、会場には試食会があって人気を呼んでいたが、その趣旨は商品の販路拡大を目的とし、農漁村の経済更生を目指すことにあった（鷹野虎雄編　一九三四：二一）。同様に、昭和十年には、名古屋松坂屋で「第四回経済更生副業博覧会」が開催されている。これも副業品の販路拡大に努めることが目的であった。

このような国内的にも、国際的にも多難な時代を迎えていた名古屋市は、現状打開のための大勝負を仕掛けることになる。地方の博覧会としては類例を見ない国際化の推進、加えて貿易産業の発展、都市と農村の近代化、そして観光事業の掘り起こしによる地方の活性化、こうした目的を束ねた博覧会、すなわち汎太博（名古屋汎太平洋平和博覧会）の開催である。後に見るように、汎太博は名古屋市にとって観光地としての名古屋を宣伝する機会になった。名古屋市は汎太博開催の前年、産業部に観光課を新設している(3)。この時期は、相次いで地方自治体が観光課を設置し始めるが、汎太博は名古屋市が行政組織を立て直し、観光事業を推進していくきっかけとなったのである。

2　インフラ整備と都市の発展

名古屋市が再び博覧会開催を決意した背景には市勢の発展を誇示する意図があった。昭和九年には名古屋市は人口が一〇〇万人に達し、東京、大阪に次ぐ第三位の地位を占めるまでに成長していた。近隣の町村を合併しながらであったが、その頃には名古屋は商業都市であるとともに、工業都市としても著しい躍進を遂げていた。東京と大阪との中間にある名古屋は伊勢路、あるいは木曽路へも街道はつながっていて、交通の要衝を押さえる格好の場所に位置している。海路も決して貧弱ではなく、江戸時代でも伊勢地方との海の交流は絶えることはなかった。しかしながら、近代に至って決定的な弱点、すなわち天然の良港を持っていないという自然条件が名古屋の発展に不利をもたらしていた。名古屋の海は沖合にまで遠浅が広がっていて、木曽川や庄内川からもたらされた土砂は沖合まで堆積し、浅い海をさらに浅くしていった。大型船の入港は不可能で、遠洋航路の大型船は四日市港に入港し、そこから艀船、もしくは鉄道によって名古屋市まで物資を運搬せざるを得なかった。明治四十一年の開港当時、名古屋港はわずかに小型汽船が出入するだけの小さな港であった。こうした状況は、名古屋は海外との交流に適した都市ではないことを意味していた。

遠浅の海で海運業には適していなかった名古屋が脚光を浴びたのは、明治も半ばを過ぎてのことであった。それまでは、海運業の面では近隣の四日市のほうが栄えていた。しかし、その名古屋では、明治中期には交通網が整備され、新たな産業の育成が始まっていて、名古屋を発展させるため海外との交易の必要性が認識され始めていた。そのために港湾の整備が欠かせないとの認識がおこり、やがて港湾修築工事が着手されていく。明治十六年、臨時県会で一議員が「熱田築港の建議」を提出している。水深を掘り下げ大型船が入港できるようにし、各地と海路で結び名古屋の産業の活性化を図ろうとする意見である。この建議は県会では承認されたが、時の政府は応答することはなかった。明治二十七年にも同様な主旨の議論が県会で起こり、港湾として有望かを見きわめるための調査活動が開始された。この調査で最大の懸案は、浅瀬を二〇尺（約六メートル）の深さに掘削する費用の捻出であった。国庫補助金、県と市との金額の摺合せ、いくつかの条件を検討した結果、事業計画は実行に移されていく（奥田助七郎　一九五三：一二一―一二三、一五一―一七）。

けれども、この築港計画が持ち上がった当初から、それへの反対が県会内部から出されていた。その一つは延期論である。国会で地租の増税が決まった今日の経済状況を考えて、費用のかかる築港事業は延期すべきではないか、という意見である。それに対して推進側の立場は、築港の財源として埋立地などの売却で対応できるとの考えであった。築港自体の中止を求める意見は当初からあったが、工事が着工されてからも強硬な反対意見は出されていた。築港に伴い、その近辺の水流の変化によって水害を受ける集落が発生すると危惧する意見である。加えて、環境問題を取り上げ、人間の力は自然の前では無力であって、木曽川や庄内川が運ぶ土砂で港湾が閉塞されてしまう恐れがあると訴え、増税が決定した状況下では築港建設は見直すべきだ、という主張であった。県会での議論では推進派の意見が多数を占めたが、巷でも中止論と断行論とが競い合っていて、この事業を包む空気ははなはだ険悪であったと伝えられている（奥田助七郎　一九五三：六一―六五）。

巨大プロジェクトの立ち上げには賛否両論が激突するものである。将来にわたって持続的収益があがるのか、環境保護かそれとも経済開発か、昔から今に至るまでインフラ造りには両論がせめぎ合う。名古屋も例外ではなかった。このなかで、名古屋県会は既定の方針を押し通していく。結果的には、県会での築港推進の議決が名古屋市の発展をもたらすことになった。

港湾整備は大がかりな事業であって、何度かに分けて行われている。その第一期は明治二十九年に始まった。この工事では三千トンの船舶の接岸を可能にすることが目標とされ、完了したのは明治四三年である。この期間に起った出来事を挿話として挙げれば、明治三十九年に「巡航船博覧会」が報知新聞社の主催で行われ、三千八百トンの大型船、ロゼッタ丸が入港してきたことである。ロゼッタ丸は展示品を積み込んで各地を廻り、寄港地で停泊している間、船内で博覧会を催していた。未完成の港に入港するのは冒険的行為ではあったが、その堂々とした威容は名古屋市民を驚愕させた、と伝えられている（奥田助七郎　一九五三：四一三―四一五）。

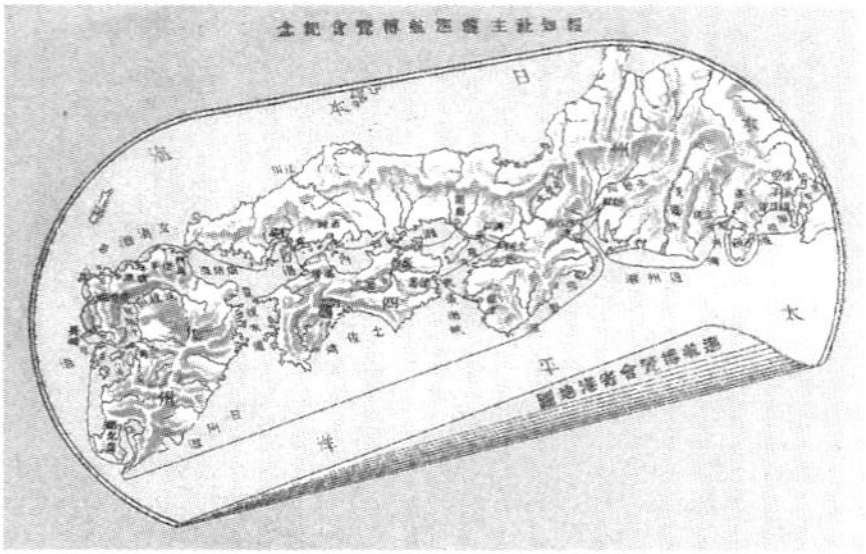

図Ⅷ－1　巡航博覧会とロゼッタ丸（絵葉書）

（上）：明治39年、ロゼッタ丸は東京、名古屋、鹿児島、長崎、大阪などを巡航して、船内を会場にした博覧会を行っていた。絵葉書は巡航路を表している。

（下）：ロゼッタ丸（3000トン級）の雄姿。当時、築港中の名古屋港へ入港するのは、座礁の恐れありと危険視されていたが、人々はこの大型船を初めて見て、港湾施設の充実を実感した。

その後、大型船の入港を可能にさせるため、さらに改築工事は進められ、第二期、第三期の工事が進捗し、大正十五年には一万トン級の船舶が接岸できる港湾にまで成長していく。その後も、神戸、横浜、大阪に次ぐ第四位になった名古屋港は、中京工業地帯の発展により、いっそうの拡充を必要とした。昭和二年度から、そのための第四期工事が始まり、昭和十二年に完了している。この工事によって、現在の名古屋港の基盤が整い、序章の注で記したように日本一の貿易港に成長したのである。昭和十二年には、一万トン級の汽船が十一隻、常時入港可能になり、年間では内国航路と外国航路とを合わせ四一四六隻の汽船の入港をみるまでになった（名港海運株式会社編　一九六四：七）。これを総トン数で見れば、一四九九トンに達していて、開港当時に比べると艘数で四倍、トン数で五十倍に増加している。その成長ぶりは明らかである（愛知県名古屋港務所　一九三八：一）。

名古屋港に入港した船舶についての統計資料を読むと、昭和七年から十一年までの五年間に限っても、入港した汽船は隻数では一・二三倍、トン数では一・四一倍に増加し、汽船航路別では内国航路が一・一三倍、外国航路が一・四二倍に増加している（表Ⅷ―1を参照）。この数値からは、名古屋港の発展の経過を見ることができる。さらに興味深いのは、汽船の国籍を見た時で、そこには修築された名古屋港の特徴がはっきりと出ている。外国航路の増加に伴い、内国船が一・一六倍であるのに対し、外国船は二・六九倍と著しく増加している事実である（名古屋市産業部庶務課　一九三七：一八）。表Ⅷ―2は、名古屋港の修築が外国との貿易を促進したことを示す資料である。名古屋港を使用した輸出と輸入に関しても、総数量と総価格のいずれもが飛躍的に伸びている。外国貿易での名古屋港の占める位置は開港以来、大幅に高くなっている。昭和元年の輸出入の総額は一億三三三一万九三五四円であったのに対し、昭和十二年は二億九六二三万八一九一円と、十一年の間に二・二二倍に伸びているし、船舶の総トン数では一・六四倍の増加を記録している（愛知県名古屋港務所　一九三八：一六―一七）。汎太博は、こうした貿易都市としての発展と深く結びついていた。

昭和十二年に、名古屋港を通して行われた外国貿易を国別に詳細に分類したのが表Ⅷ―3である。この数値は名古屋港湾事務所の集計値で、輸出は数量、価格とも第一位がアメリカ、ついで英領印度（インド）、蘭領印度（インドネシア）が続き、輸入は一位がオーストラリア、以下、南アフリカ、満洲国で、アメリカは四位であった。アメリカへは陶

表Ⅷ－1　名古屋港で占める汽船の位置

	汽船		一隻平均トン数		汽船航路別隻数		汽船国籍別隻数	
	隻数	トン数	汽船	帆船	内国航路	外国航路	内国線	外国船
昭和7年	3833	11729562	3060	25	2497	1336	3659	174
昭和8年	3968	13271314	3345	26	2464	1504	3720	248
昭和9年	4126	14036561	3402	26	2594	1622	3814	312
昭和10年	4476	15544500	3473	26	2708	1768	4099	377
昭和11年	4717	16521078	3502	28	2818	1899	4249	468

出典：名古屋市産業部庶務課 1937 : 18。
この資料では汽船と帆船についての統計がある。そのうち汽船、とくに「汽船航路別」「汽船国籍別」を中心に名古屋港の船舶利用状況を示した。

表Ⅷ－2　名古屋港の外国貿易

		明治41年	昭和1年	昭和12年
輸出	数量（トン）	18,486	310,381	786,046
	価格（円）	1,705,910	51,841,614	147,909,395
輸入	数量（トン）	24,541	973,026	1,322,724
	価格（円）	727,653	81,477,740	148,328,796
合計	数量（トン）	43,027	1,283,407	2,108,770
	価格（円）	2,433,563	133,319,354	296,238,191

出典：愛知県名古屋港務所 1938 : 16-17。

磁器、玩具、綿布、艦褸を輸出し、人絹用パルプ、木材、機械類を輸入していた（愛知県名古屋港務處一九三八：四二）。博覧会に際して刊行された名古屋市の紹介冊子、『名古屋市勢要覧』によれば、昭和十年における名古屋の重要輸出品と輸入品は表Ⅷ－4の通りである。綿織物と陶磁器は最重要な輸出品であり、ベニヤ板がこれに続く。輸入品の一位は羊毛であった。この数値は名古屋市、あるいは愛知県の産業の特徴をよく表している。昭和十年の貿易相手国については、表Ⅷ－3とⅧ－4とでは、いくらかの食い違いが見られる。この差異は年度の違いによるのかも知れないが、おおよその傾向は同じである。

名古屋市内の都市改造計画も着実に進行していく。大正十五年から、都市計画事業の一環として名古屋港と市内を連結する運河が開鑿され、昭和五年に完成された。これが中川運河である。この水運工事は港湾近くの南区での造成工事を伴っていて、多くの工場が誘致された。「名古屋・鳴尾の分譲地」

表Ⅷ－3　外国貿易　国別表

国別	輸出		輸入		主な輸入品	主な輸出品
	数量（トン）	価格（円）	数量（トン）	価格（円）		
アジア						
満洲国	57,899	7,952,229	491,726	18,365,669	陶磁器、自動車、毛織物、棉袋、時計	石炭、大豆、豆粕、高粱、採種
関東州	68,428	11,004,044	19,579	835,372	車輛、小麦粉、陶磁器、毛織物、麻袋	飼料、塩、耐火煉瓦、フリント
中華民国						
北支	30,545	3,765,689	491,726	1,517,791	紡績機、陶磁器、毛織物、小麦粉	石炭、棉子、豆粕、骨粉、粘土
中支	23,225	4,917,427	19,579	2,445,555	紡績機、毛織物、陶磁器、自転車	棉子粕、胡麻子、飼料、玉蜀黍
南支	189	23,947	50,758	360,992	陶磁器、時計、ベニヤ板	麦稈帽、粘土
英領インド	95,377	18,966,981	50,303	5,539,133	綿布、陶磁器、人造絹糸、箱板、時計	繰綿、玉蜀黍、豆類
蘭領印度	74,229	15,975,102	118,242	8,072,394	綿布、陶磁器、箱板、鉄製品、自転車	玉蜀黍、木材、蓖麻子、生護謨
海峡植民地	22,726	3,479,136	9,075	933,842	綿布、陶磁器、時計、自転車、箱板	生護謨、燐鉱石、籐、コプラ
セイロン	21,623	1,740,650	1,715	185,489	箱板、陶磁器、鉄製品	石墨、植物繊維
フィリピン	20,198	2,381,894	122,649	4,770,413	陶磁器、自動車、毛織物、棉袋、時計	木材、マニラ麻、薬品
タイ	9,160	2,289,363	3,629	517,235	綿布、陶磁器、毛布、鉄製品、硝子器	木材、砕米、蓖麻子
仏領インドシナ	5,626	479,290	61,106	1,011,684	箱板、陶磁器、鉄製品、硝子器	石炭、漆、塩、生護謨
北アメリカ						
アメリカ	127,362	23,595,317	115,438	12,225,379	陶磁器、玩具、帽子、綿布、襤褸	人絹用パルプ、木材、機械類
カナダ	19,919	2,120,621	49,777	5,475,214	陶磁器、玩具、莫大小、鉄製品	人絹用パルプ、木材、小麦
中央アメリカ						
メキシコ	1,812	389,605	2	2,135	陶磁器、自転車、ベニヤ板、玩具	雑品
ホンジュラス	534	342,572	–	–	綿布、陶磁器、毛織物	
パナマ	1,675	275,887	0	9	陶磁器、綿布	雑品
キューバ	2,893	303,956	0	1	陶磁器、靴、玩具	
ハイティ	106	126,366	–	–	綿布	

ドミニカ	817	320,895	–	–	綿布、陶磁器、綿タオル	
プエルトリコ	1,180	158,281	0	547	陶磁器、綿布、硝子器	雑品
南アメリカ						
ペルー	925	232,641	2	1,109	陶磁器、綿布、玩具	雑品
チリ	1,180	742,486	5,967	2,317,798	綿布、陶磁器、毛織物、莫大小	羊毛、工業用薬品、大麦
ウルグワイ	514	108,162	6,293	6,023,919	陶磁器、綿布、ベニヤ板	羊毛
アルゼンチン	108,162	2,154,769	17,390	6,294,498	陶磁器、綿布、紡績器、毛織物	羊毛、玉蜀黍、カゼイン
ブラジル	13,653	2,150,049	649	310,166	陶磁器、毛糸、セルロイド製品、玩具	珈琲（種子）、貴石及半貴石）
パラグアイ	307	124,599	–	–	綿布、陶磁器、毛織物	
ヴェネズエラ	2,124	341,871	20	1,614	陶磁器、綿布、毛織物、鉄製品	
コロムビア	158	19,572	1	905	陶磁器、綿タオル	
エクアドル	152	83,667	–	–	毛織物、綿縮緬、其他ノ織物	
アフリカ						
南アフリカ	16,164	3,066,296	22,448	19,392,580	陶磁器、毛織物、綿布、ベニヤ板	羊毛、玉蜀黍
オセアニア						
オーストラリア	24,704	3,967,891	39,225	31,549,471	陶磁器、綿布、玩具、ベニヤ板、楽器	羊毛、小麦、大麦

出典：愛知県名古屋港務所 1938：40-44。
注記：国名は当時の表記に従っている。ただし、現在使われていない漢字は現代風にカタカナ表記をしている。

として売り出された土地は、「中部日本の工場最適地」と宣伝されていた（図Ⅷ―2、参照）。市電やバスの路線も昭和になると整備され、博覧会が開催された昭和十二年には観光客を市内見物に誘致する手段として機能を充分に果たしている。この年、名古屋駅の改築工事が終了し、二月三日には竣工式が行われた。すでに見てきた名古屋港も開港三十周年に当り、名古屋港修築工事も完了間近であった。そのうえ、国際空港の竣工も近く予定されていた。こうしたインフラ整備の充実を記念して行われたのが、汎太博、すなわち「名古屋汎太平洋平和博覧会」であった。

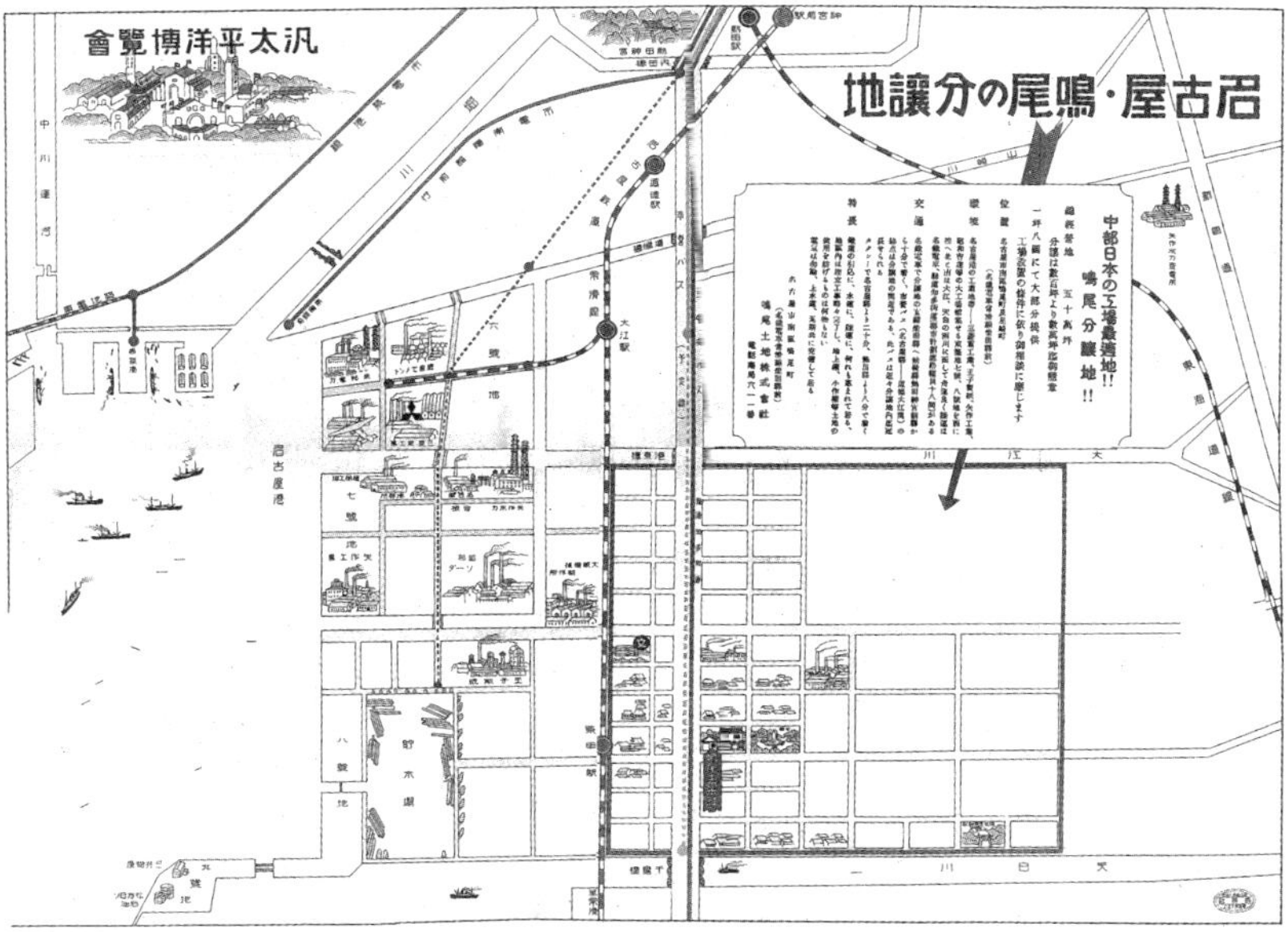

図Ⅷ－２　「名古屋・鳴尾の分譲地」（ポスター）

汎太博は名古屋港の修築祝いであったが、その近辺の鳴尾地区は工場地として開発の対象にされていた。工場誘致に向けての業者が作成した大型ポスターである。汎太博会場に近く、名古屋港に近接していた。

表Ⅷ－４　名古屋市の品種別貿易品（昭和10年、単位：円）

重要輸出品		金額	重要輸入品		金額
総額（円）		129,478,126	総額（円）		95,528,520
1	綿織物	48,187,708	1	羊毛	41,873,854
2	陶磁器	36,967,953	2	木材	6,695,799
3	ベニヤ板	2,274,281	3	機械類	5,844,474
4	車輌	5,220,961	4	石炭	5,820,519
5	玩具	4,560,671	5	肥料	3,864,868
6	紡績機	3,191,018	6	小麦	3,260,236
7	箱板	2,698,185	7	豆類	2,949,760
8	毛織物	2,325,325	8	採油用種子	1,877,178
9	鉄製品	2,087,768	9	鉄類	1,876,591
10	小麦粉	1,303195	10	工業用薬品	482,286

出典：名古屋汎太平洋平和博覧会 1937 : 95-96。

表Ⅷ－5　名古屋港外国貿易国別比較（昭和10年）（千円）

1	輸出　総額	129,478		輸入　総額	95,528
1	英領印度（インド）	26,765	1	豪太剌利（オーストラリア）	41,643
2	北米合衆国（アメリカ）	22,655	2	満洲国	13,496
3	関東洲	11,300	3	北米合衆国（アメリカ）	6,466
4	蘭領印度（インドネシア）	10,685	4	中華民国	4,065
5	中華民国	6,799	5	英領印度（インド）	3,643
6	豪太剌利（オーストラリア）	3,854	6	加奈陀（カナダ）	3,248
7	満洲国	3,735	7	蘭領印度（インドネシア）	2,742
8	東部阿弗利加（東アフリカ）	3,588	8	比律賓（フィリピン）	2,073
9	埃及（エジプト）	3,279	9	独逸（ドイツ）	1,959
10	英吉利（イギリス）	3,257	10	亜爾然丁（アルゼンチン）	1,697
11	埃及スダン（エジプト・スーダン）	3,147	11	関東洲	1,314
12	海峡植民地（シンガポール）	3,094	12	英吉利（イギリス）	1,259

出典：名古屋汎太平洋平和博覧会 1937 : 95-96。

3　国内宣伝と国際化：活発化する動き

博覧会開催は昭和九年十一月十九日の名古屋市会で発議されたことから始まる。この市会で一議員から「博覧会開催ニ関スル意見書」が出されている。その「意見書」は採択され、名古屋市会議長の今堀辰三郎から市長の大岩勇夫宛に送付された「意見書」には、こう書かれている（名古屋市総務局総務課　一九三四）[4]。

図Ⅷ－3　改築なった名古屋駅（絵葉書）

竣工記念絵葉書として発行された絵葉書には新旧の名古屋駅が描かれ、名古屋の発展が示されていた。

嚢には市庁舎の建設成り、今国際飛行場の仮設せらるゝあり。近く昭和十二年に至つては大名古屋駅、竝第四期名古屋港修築の完成を見るべく、茲に大都市としての外容略成るに至るべし。時宛も名古屋開港三十周年に際会す。此の機に於て一大博覧会を開設し、普く内外の産業を紹介して市民に更に一段の努力を促すと共に、本市並本市産業を広く世に紹介し、以て本市が大都市としての発展途上に於ける一大画期たらしめんとす。

これまでに見ておいたように、多くの地域では博覧会開催はインフラ整備が完了した記念行事として行なわれていた。この引用文に見る名古屋が語る内容も同じ主旨を貫いている。その主旨は次の三点に整理される。

1、市庁舎の建設、空港の仮設。
2、名古屋駅修築。
3、名古屋港の修築と開港三十周年。

近年の名古屋市の発展はめざましく、昭和十二年には名古屋港が開港三十周年を迎え、名古屋駅の修築工事もまた完了の予定であることが強調されている。時に人口が百万人に達し日本で第三位になった名古屋、大都市として生活構造が整備された名古屋、貿易港として発展した名古屋、こうして産業の発展した名古屋の雄姿を見せることが博覧会の目的とされたのである。

この意見書は昭和十年一月、愛知県知事、名古屋市長、名古屋商工会議所会頭などが協議して作成され、その結果は二月十二日の名古屋市参事会に上程され、承認された。次いで三月十五日には、主催を名古屋市、会期を三月十五日から五月三十一日までとし、予算額も示されて全体構想が整った。最終的な計画案は四月になって大岩市長から市会に提示された。

六月二十四日、大岩市長は市民向けの「声明書」を発表している。名古屋の有力紙の一つであった『新愛知』（昭和十年六月二十五日）は次の内容を伝えている[5]。

1、汎く太平洋沿岸諸国、およびインドなど名古屋市と密接に関係する地域に参加を勧誘する方針であること。太平洋は世界の新文化の生成が予想され、名古屋とも密接に関係する貿易圏である。

2、日本に於ける最初の国際的博覧会であること。太平洋沿岸諸地方の文化の粋を蒐集するとともに、国内産業の振興に資し、かつ日本文化を海外に示し、彼此の人文の融合と進歩に資したい。

ここに、博覧会の方針は揺るぎない方針のもとで宣言された。その声明では、日本国内はもちろん、太平洋地域をめぐる諸国に参加国を募るという方針が明言されている[6]。実際、多くの諸国からの参加があって、会場は国際色が漂っていた。ただし、あらかじめ注釈が必要である。国際色豊かな博覧会を謳い、二十九ヵ国からの参加を得たのは確かだが、その内容について吟味しておきたい。注意深く見ると、「外国館」などでの展示には、現地滞在の日本人が収集し、名古屋へ送った展示品がかなり多く含まれていたことである（表Ⅷ―6、参照）。とはいえ、中南米諸国に対しては、名古屋市側からの熱烈な招請訪問が功を奏し、参加への承諾を勝ち得ている。国際環境のなかで名古屋市が無名であったことを考えれば、それは汎太博が切り拓いた偉大なる成果であった。その成功への過程については、後に詳論したい。

この市長声名の後、計画はほぼ順調に進行し、予算措置も講じられていく。名古屋市からは昭和十年に八万円、十一年に一九万円、十二年に二三万円の交付が決定し、愛知県からの補助金は昭和十一年に一〇万円、昭和十二年に一五万円が交付され、これに加え国庫補助として昭和十一年十月二十二日に一〇万円の交付を受けているので（名古屋汎太平洋平和博覧会　一九三八ａ：三六―三七）、開催費用の目途はついたことになる。政府と地方自治体からの補助金の交付金が総額で八五万円という予算は、地方博覧会としてはかなりの高額である。

準備態勢が整って以後、いよいよ名古屋市は開催に向けての宣伝活動に乗り出していく。最初の第一歩は、市会議員らを地方に派遣して博覧会の意義を訴え、出品参加を促すことから始まった。『名古屋新聞』と『新愛知』は、そのつど市議らの派遣を記事に載せている。同時に、各地で催し物があれば、観光都市・名古屋の宣伝を積極的に売り込み、博覧会気分の高揚を図っていた。例えば、『名古屋新聞』の記事には、国際観光局とジャパン・ツーリスト・ビュウロウが東京・日本橋の高島屋で国際観光博覧会を主催するので、汎太博側も宣伝活動をしたという内容が書かれている。会場入り口に絢爛にして美麗な宣伝月のウィンドウを特設し、屋上から垂れ幕をたらし、またアドバルーンを打ち上げたというから、その活動も地味ではなかった[7]。

汎太博関係者、とりわけ博覧会協賛会もまた相当な努力を払い、ポスター、絵葉書、その他の媒体を使いながら、日本各地に向けて宣伝活動を活発化させていった。汎太博では、数多くの案内パンフや冊子類が刊行されている。それらは博覧会への誘いを込めて作成されたが、名古屋の市内観光を宣伝する目的でも頒布されていた[8]。博覧会の宣伝は公的機関だけを通じて行われたのではなく、ほかにも様々な手段を講じていた。宣伝用の文言を記した駅弁を近隣県の駅弁で販売していた[9]。

タバコも、マッチ箱も宣伝のため、おおいに利用されていた（図Ⅷ―4）。この博覧会でもポスターが作成され、宣伝用のチラシも大量に配られていた（図Ⅷ―6、7）。こうした宣伝が地方にも及ぼした効果は明らかであった。ここに、富山県の高岡旅行会が、日本旅行協会とともに主催した汎太博見学の募集広告が残されている。高岡旅行会は春の訪れとともに千葉県の水郷方面の観光旅行を企画していて、水郷潮来、香取鹿島神宮、成田不動尊という関東地方の名だたる名勝へ誘う六泊七日の旅行のチラシである。その旅を楽しんだ後、東京から東海道を西進して名古屋まで行く日程が組まれていた。六日目は名古屋に滞在し、当日は丸一日を費やしての汎太博見学であった（図Ⅷ—7、参照）。どうやら汎太博見学が旅行の最終目的地であったようである。

五月　十七日　高岡発（我孫子経由）
　　　十八日　佐原着、香取神宮参拝。潮来着、水郷見物、鹿島神宮参拝。午後四時三十分、成田着。
　　　十九日　成田不動尊見学。成田発、安房に至り、日蓮上人ゆかりの寺を参詣。
　　　二十日　館山で航空隊を見学。保田で行基ゆかりの寺を見学。午後五時頃、東京・神田着。
　　　二十一日　東京では自由行動。国会議事堂参観の予定。午後、夜行列車で名古屋へ。
　　　二十二日　午前九時から汎太博見学。
　　　二十三日　名古屋城、熱田神宮見学。夜行列車で高岡へ。

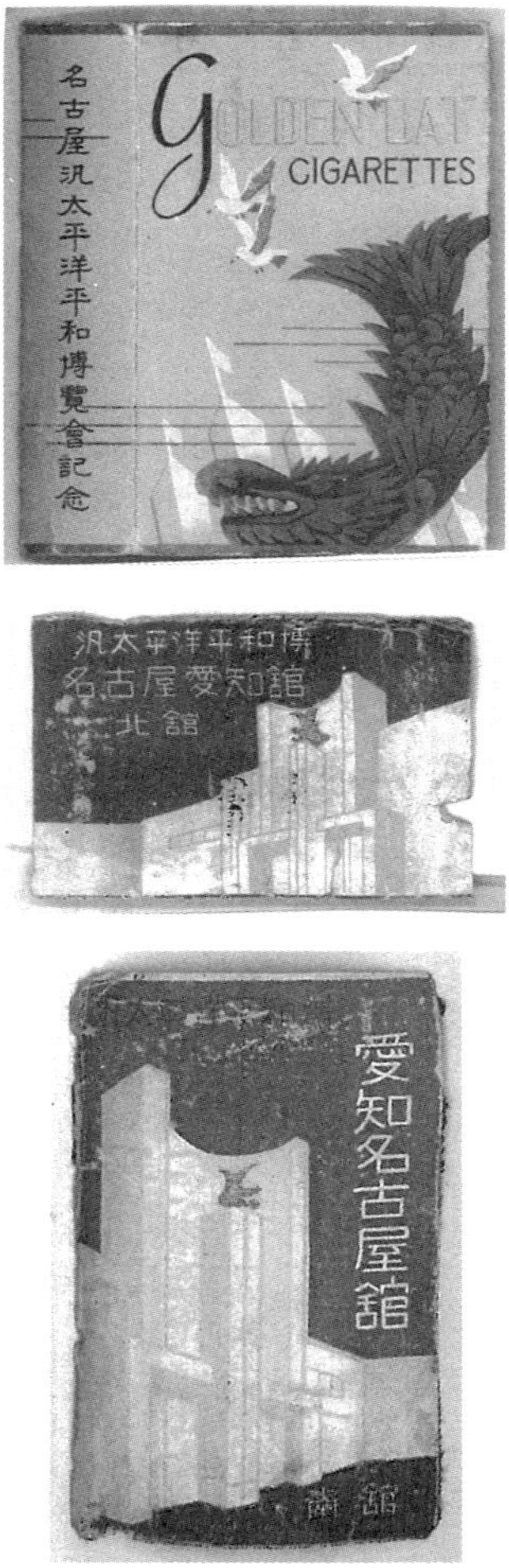

図Ⅷ－4　タバコとマッチのラベル

博覧会は様々な手立てで宣伝を試みていた。

図Ⅷ－5　会場写真

機上より望む西門附近の全景。

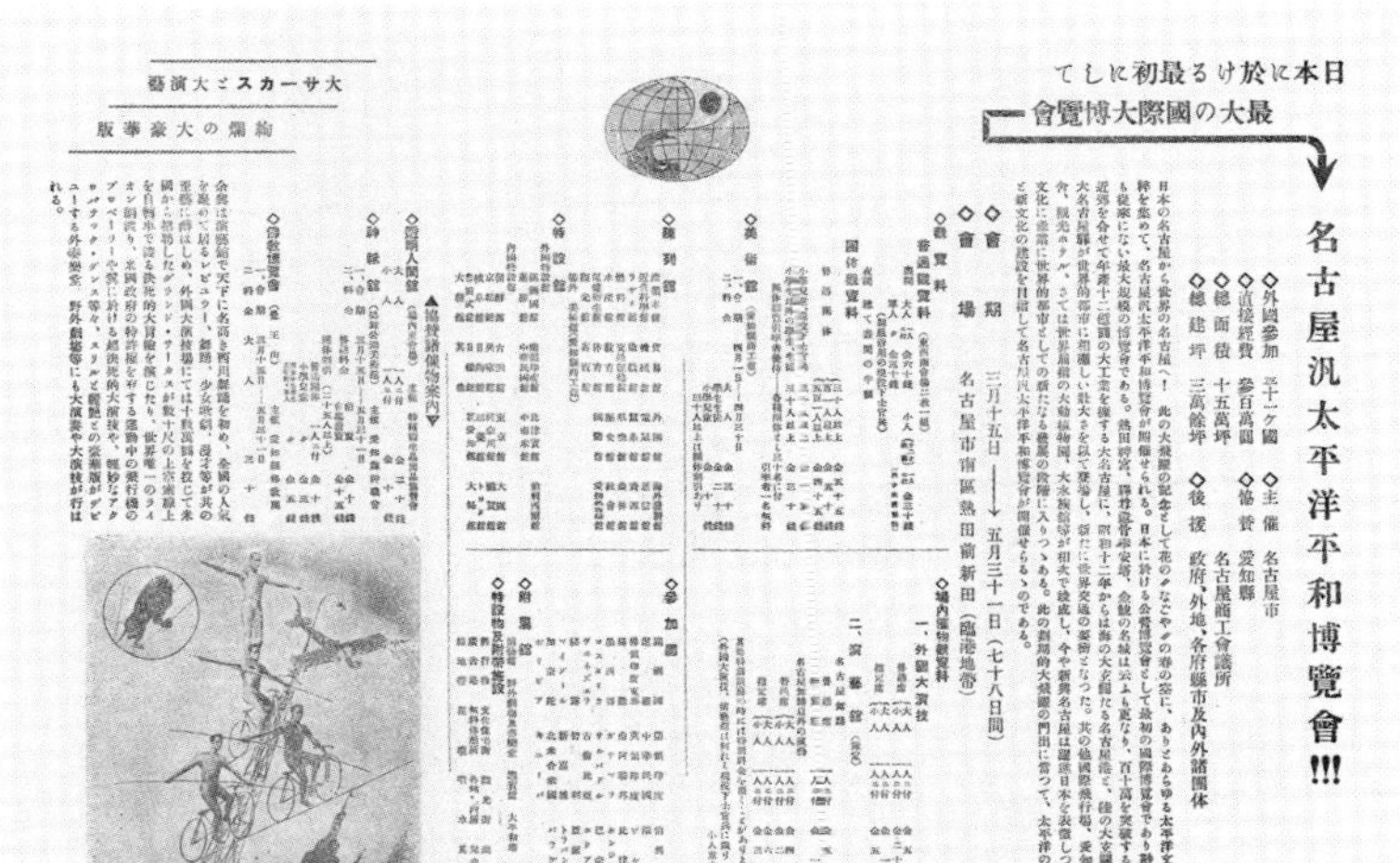

図Ⅷ－6　汎太博の宣伝チラシ

「日本に於ける最初にして／最大の国際大博覧会」の謳い文句で宣伝がされていて、左端にはサーカスの演技が描かれている。

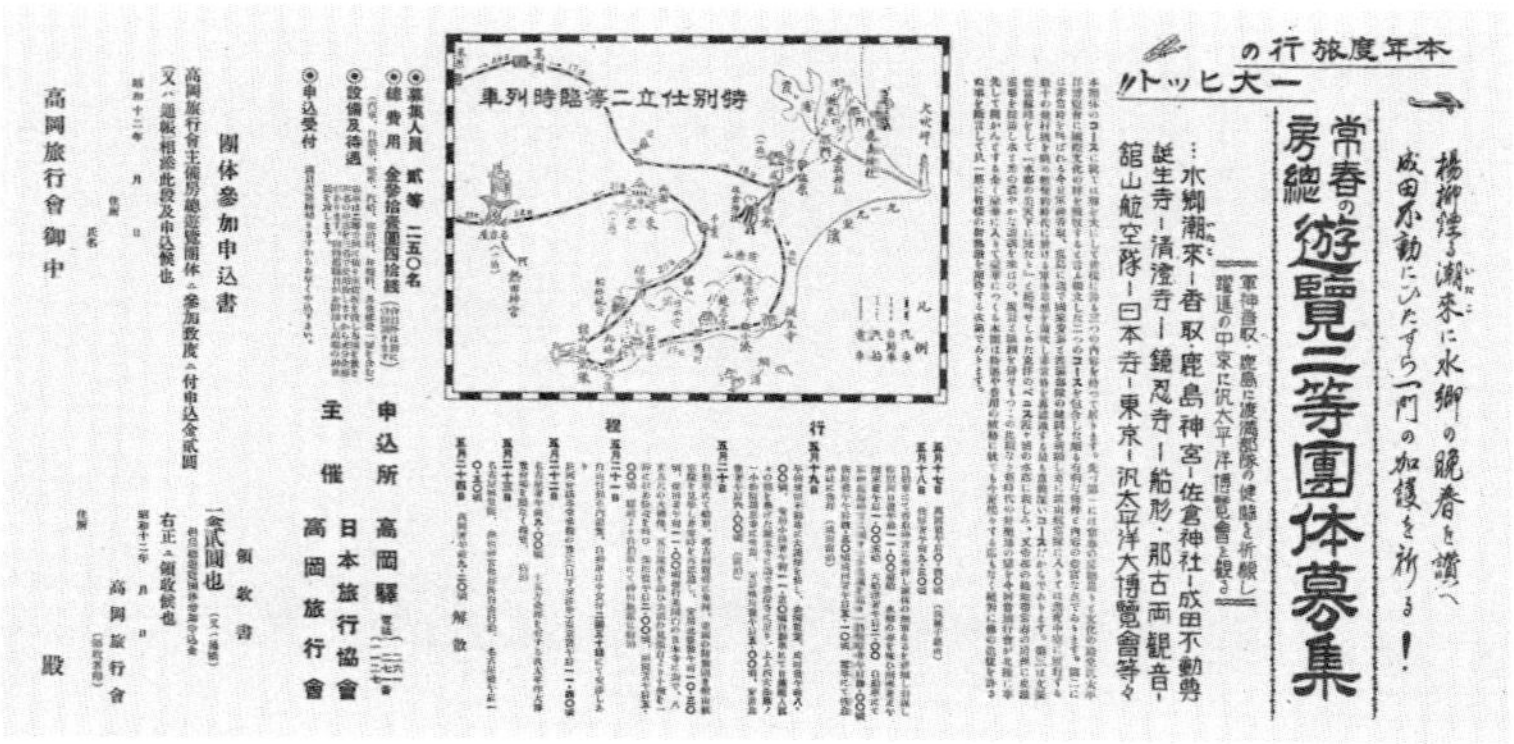

図Ⅷ－7　汎太博への旅行団募集チラシ

「常春の房総／遊覧二等団体募集」のチラシは日本旅行協会と高岡旅行協会が主催した団体旅行で、水郷潮来から最終目的地の汎太博を目指していた。

二十四日　早朝、高岡着。解散。

この旅行行程はゆったりと組まれていて、東京見物を取入れて名古屋に至るまで、観光名所は存分に取り揃えられている。複数の訪問地を並べることで、そのうちのいずれかに興味を持てば参加しやすくなるという主催者の戦略がのぞけるが、汎太博見学が最終目的として設定されていることで、この旅行の意義は成立していた。汎太博見学を含め、名古屋での滞在が二日にわたる日程は、この旅行の真の意図がどこにあったのか、明白である。

次は、名古屋に拠点を持つ薬剤会社、ノーシン本舗の旅行案内である。ノーシンは各地の業界関係者を集い、「汎太平洋平和博覧会　ノーシン御招待会」という名目での団体旅行を企画していた。その時の「東北班」の小冊子が残されている。東北各地から参加者がめいめいで名古屋に集合し、かつ現地解散という方式で、第一日（五月十八日）は早朝に熱田神宮へ参拝し、その後に会場見学をしている。昼過ぎに演芸館で演劇を楽しんだ後、市内見学を行うという日程が組まれていた。博覧会見学かたがた名古屋見物の案内冊子であった。

五月　十八日　午前七時、旅館に集合。朝食後、熱田神宮参拝。その後、博覧会場へ。
昼に演芸場。その後、東山公園を見物して旅館へ。
十九日　早朝、名古屋城。市役所訪問。午後、豊川稲荷へ。その後、蒲郡を経て、旅館へ。
二十日　早朝、解散。

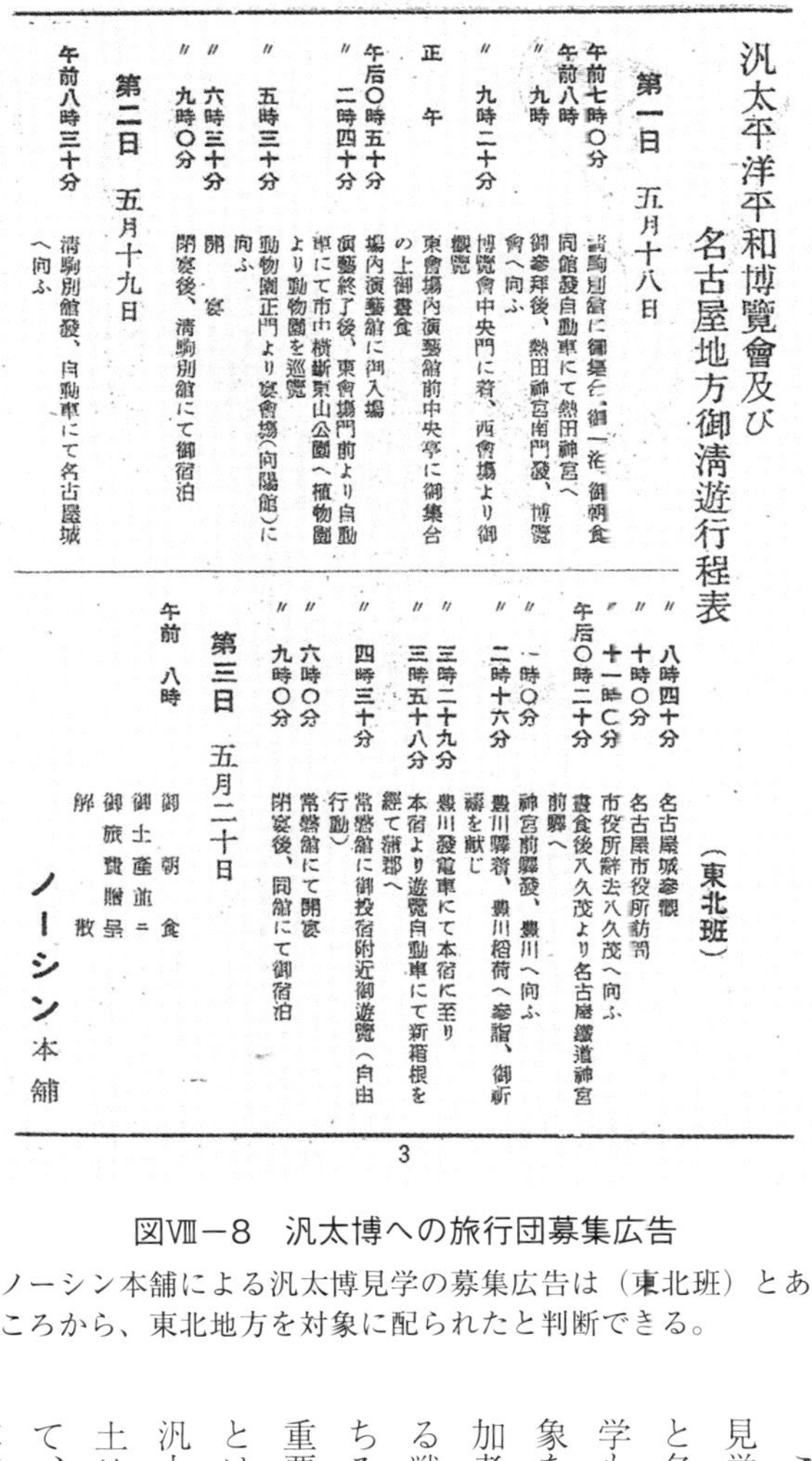

汎太平洋平和博覽會及び名古屋地方御淸遊行程表　（東北班）

第一日　五月十八日

午前七時〇分　清駒別館に御集合、御一浴、御朝食
午前八時　同館發自動車にて熱田神宮へ
〃九時　御參拜後、熱田神宮南門發、博覽會へ向ふ
〃九時二十分　博覽會中央門に着、西會場より御觀覽
正午　東會場内演藝館前中央亭に御集合の上御晝食
午后〇時五十分　場内演藝館に御入場
〃二時四十分　演藝終了後、東會場門前より自動車にて市中横斷東山公園へ植物園より動物園を巡覽
〃五時三十分　動物園正門より宴會場（向陽館）に向ふ
〃六時三十分　開宴
〃九時〇分　閉宴後、清駒別館にて御宿泊

第二日　五月十九日

午前八時三十分　清駒別館發、自動車にて名古屋城へ向ふ
〃八時四十分　名古屋城參觀
〃十時〇分　名古屋市役所訪問
〃十一時〇分　市役所辭去八久茂へ向ふ
午后〇時二十分　晝食後八久茂より名古屋鐵道神宮前驛へ
〃一時〇分　神宮前驛發、豊川へ向ふ
〃二時十六分　豊川驛着、豊川稲荷へ參詣、御祈禱を獻じ
〃三時二十九分　豊川發電車にて本宿に至り
〃三時五十八分　本宿より遊覽自動車にて新箱根を經て蒲郡へ
〃四時三十分　常磐館に御投宿附近御遊覽（自由行動）
〃六時〇分　常磐館にて開宴
〃九時〇分　閉宴後、同館にて御宿泊

第三日　五月二十日

午前八時　御朝食
御土產進呈
御旅費贈呈
解散

ノーシン本舗

3

図Ⅷ－8　汎太博への旅行団募集広告

ノーシン本舗による汎太博見学の募集広告は（東北班）とあるところから、東北地方を対象に配られたと判断できる。

この二例は、汎太博の見学とともに、熱田神宮と名古屋城などの市内見学も兼ねていて、見学対象を多様化することで参加者の幅を広げようとする戦略が見えてくる。もちろん、汎太博見学を最重要な口実にしていたことは疑問の余地はない。汎太博は名古屋から遠い土地にまで知られていて、入場者数も他の地方博覧会に比べて群を抜いていた。それには、こうした旅行業界の働きかけがあった。『新愛知』（昭和十二年三月十六日）の二面記事には、「開場を待かねて　ドッと観衆の群れ　午前中に入場者二万を突破　汎太博初日の盛況さ」というタイトルが見える。滑り出しは好調であった。最終的には、入場者総数は四八〇万八一六四人であったから（名古屋汎太平洋博覧会　一九三八a：五一六）、興行的には大成功であった。こうした盛り上がりを見越して、名古屋市はあらたに観光課を設置していた[10]。

「汎太平洋」の名称から分かるように、この博覧会は太平洋諸国とのつながりを主題としていて、主催者は何よりも太平洋諸国からの出品参加を望んでいた。そのため、招請活動は海外にまで及んでいて、新聞記事は多くの関連事項を載せている。記事の見出しと要点を鍵かっこで示した箇所からは、その活動内容が浮き彫りにされてくる。

1、「太平洋沿岸諸国へ　参加を招請す」『新愛知』昭和十年七月十九日。
［博覧会の委員会が十八日に開かれ、太平洋沿岸諸国を主とすることを決議した。］

2、「外国の特設館」『新愛知』昭和十年十二月七日。
［外務省を通じて勧誘に努める傍ら、地元各市輸出組合、海外協会、外国邦人会議所などに応援を求める。］

3、「沿岸14ヶ国の参加は確定的」『新愛知』昭和十年十二月十二日。

4、「汎太博勧誘に民間からも特使：中南米輸出組合が大乗気」『名古屋新聞』昭和十一年三月十一日。
［市当局は名古屋中南米輸出組合の取引先百八十社に対して参加勧誘の案内書を発送した。常務理事の伊藤九郎が勧誘使節として出かける、と報道。］

5、「汎太博の心臓　十ヶ国の特設館」「海外勧誘　第一陣」『名古屋新聞』昭和十一年四月十日。
［商工会議所での打ち合わせ。三井物産、三菱商事、木村郵船など、船会社、貿易会社に特設館への出品のとりまとめ交渉

表Ⅷ－6　汎太平洋平和博覧会の参加国

国名	参加主体	陳列館名
満洲国	政府関東局、満鉄共同	特設館
蘭領印度（インドネシア）	政府	特設館
伯剌西爾（ブラジル）	国立珈琲院	特設館
暹羅（タイ）	政府	特設館
中華民国		
冀東	政府	特設館
冀察	平津両市工商会	特設館
天津	帝国民留民団	外国館
上海	帝国総領事館	外国館
墨西哥（メキシコ）	政府及邦人団体	中南米館
グワテラマ	政府	中南米館
ホンジュラス	政府	中南米館
コスタリカ	政府	中南米館
サルバドル	政府	中南米館
巴奈馬（パナマ）	政府	中南米館
ヴエネズエラ	市、会議所領事館	中南米館
古倫比亜（コロンビア）	珈琲協会、日本領事館	中南米館
エクアドル	エクアドル駐在日本公使館、商工農業会議所	中南米館
秘露（ペルー）	政府並日本人商工協会	中南米館
智利（チリ）	政府	外国館
濠州（オーストラリア）	政府	外国館
仏領印度支那		
全般	総督府幹旋官民共同	外国館
東京（トンキン）	地方理事官庁	外国館
交趾支那（コーチシナ）	州政府	外国館
英領印度（インド）	甲谷陀日本人会議所	外国館
ビルマ	蘭貢会議所	外国館
錫蘭（スリランカ）	輸入業者組合	外国館
南阿聯邦（南アフリカ）	政府	外国館
亜爾然丁（アルゼンチン）	在亜国領事館	外国館
マイソール	王廰	外国館
新嘉城（シンガポール）	実業団体	外国館
比律賓（フィリピン）	日本人会議所	外国館
加奈陀（カナダ）	B・C・州ランバー・アソシエイション	外国館
玖瑪（キューバ）	公使館並実業団体	外国館
亜米利加合衆国（アメリカ）		
政府	農商務省	外国館
ダラス	亜米利加綿花輸出業組合	外国館
布哇（ハワイ）	日本人会議所及汎太平洋同盟	外国館
紐育（ニューヨーク）	帝国総領事館並実業団体	外国館
桑港（サンフランシスコ）	市及日本人会議所	外国館
沙市（シアトル）	十日会	外国館
羅府（ワシントン）	会議所及愛知県人会	外国館

出典：名古屋汎太平洋平和博覧会 1938 a : 37-38。
ただし、国名表記は原文に従い、カッコで現在の通称を補っている。

を依頼。出品斡旋は一切を民間ですることを確認。候補に上がっている国・地域の特設館としては、アメリカ館、中南米館、ブラジル館、中華民国館、シャム館、豪州館、印度館、南洋館、比島館、満洲館である。」

6、「海外勧誘　第一陣」『名古屋新聞』昭和十一年四月十日。

［三浦一（名古屋商工会議所理事）は上海、マニラ、シンガポール、バンコック、サイゴン（現・ホーチミン）、ホンコンに行くことになる。ただし、電報の行き違いでシャム（タイ）には訪問できなかった。］

7、「博覧会使節出発」『名古屋新聞』昭和十一年四月十七日。

［三浦一は四月十九日、南洋へ旅立った。また、藤岡・市助役は四月二十七日、満洲、朝鮮へ勧誘使節として出発する。］

8、「外務、鉄道省がうれしい助力」『名古屋新聞』昭和十一年四月十七日。

［中川商工課長の上京。外務省で出品招請状を発行依頼。鉄道省観光局、外国観光団を引き受け。］

9、「成果期して待て：出発迫る遣外使節の伊藤さん」『名古屋新聞』昭和十一年六月九日。

10、「南洋方面は大乗気　比島は早くも準備」『名古屋新聞』、昭和十一年八月十九日。

［視察に出た代議士の談話として、「南洋方面ではどこも汎太博の宣伝が行とゞき、大いに乗気になっていた」と伝えている。］

これら一連の招致活動では、名古屋市が外務省へ働きかけたと同時に、市の職員、そしてとくに商工会議所や輸出組合など名古屋市の商工界の重鎮の働きが際立っているという特徴があった。商工会議所理事の三浦は上海、南京で中国側関係者と会談し、その後でマニラ（フィリピン）、スラバヤ（インドネシア）を訪れ、出品を依頼している（『名古屋新聞』昭和十一年五月二日）。中南米輸出組合常務理事の伊藤九郎は、昭和十一年六月から約四ケ月にわたって中南米諸国勧誘のため旅立っていく。「汎太平洋」という名称を掲げた以上、太平洋沿岸諸国、とりわけ中南米からの参加は博覧会成功の鍵を握っていた。中南米からの参加がなければ、先の大岩市長の声名は鼎の軽重を問われることになりかねない。この博覧会が「国際化」を意識していただけに、訪問の成果は大いなる期待がかけられていた。

中南米輸出組合常務理事の伊藤九郎はこの重責を担った特使であった。伊藤は、まさにこの任務の適任者であった。父は岐阜の出身で、陶磁器輸出業に携わっていたし、伊藤本人は名古屋商業学校を卒業し、その後、アメリカに十年も滞在していた。帰国後、父の跡を継いで、名古屋で陶磁器の輸出業に従事し、中南米にも二度の渡航歴を持っていた。博覧会の中南米勧誘の使節として最適な人材が名古屋にはいたのである。

伊藤九郎の勧誘日程は『新愛知』に報道されている。実際に入国して誰と会談していたのか、すべてにわたっての詳細は新聞では触れられていないにしても、船あるいは乗物の到着日と都市名は記されている。後日談を聞くと、その旅行はかなりの難行の連続であった。伊藤の訪問先は、次のように報道されている（「成果期して待て／北米、中南米を四ヶ月で一廻り／出発迫る遣外使節の伊藤さん」『名古屋新聞』昭和十一年六月九日）。

六月　十一日　横浜出発
　　　十八日　ホノルル着
　　二十四日　サンフランシスコ着
　　　三十日　ロサンゼルス
七月　　八日　メキシコ
　　　十八日　サンサルバドル
　　二十六日　サンホセ（コスタリカ）
八月　　二日　パナマ

　　七日　カラカス（ヴェネズエラ）
　二十日　ボゴタ（コロンビア）
九月
　　二日　クワヤキ《（ママ）》ール（エクアドル）
　　九日　リマ（ペルー）
　十八日　サンチアゴ（チリ）
二十四日　サンチアゴ発、アントフハガスタ、リマ、クワヤサ《（ママ）》ール
二十七日　パナマ
十月末　横浜着

四カ月を超える中南米の勧誘の旅はけっして楽ではなかったようである。グアテマラでは農務大臣と会談している。その会談では、輸出する重要品はコーヒーぐらいだと軽くあしらわれた。サルバドルでは商業会議所会頭と会談している。だが、日本よりもアメリカ、ドイツと交易した方が利益は上がる、とすげない応対であった。コスタリカでは外務大臣からコスタリカ商品を購入してもらいたいと懇願されている。ヴェネズエラでは、商業会議所会頭から貿易不均衡を問いただされている（伊藤九郎「汎太博行脚の記」『名古屋新聞』昭和十二年一月四日）。

伊藤の勧誘旅行は苦労話の連続であった。それは無理もないことであって、表Ⅷ―3に窺えるように、日本と中南米では貿易がそれほど盛んではないうえ、名古屋についての知名度はきわめて低かったからである。いよいよ博覧会を迎える新年一月一日の記事として、『新愛知』は「太平洋の諸問題を語る」という特集記事を組んでいる。そのなかに伊藤九郎も一文を寄せ、自身の旅行を回顧している。訪問した十一ヵ国では、「名古屋を知っている人は極めて少ない。そのために名古屋を認識させるのに相当骨が折れた」と嘆いていた。だが、伊藤はこの旅行で少しは良好な感触を掴ん

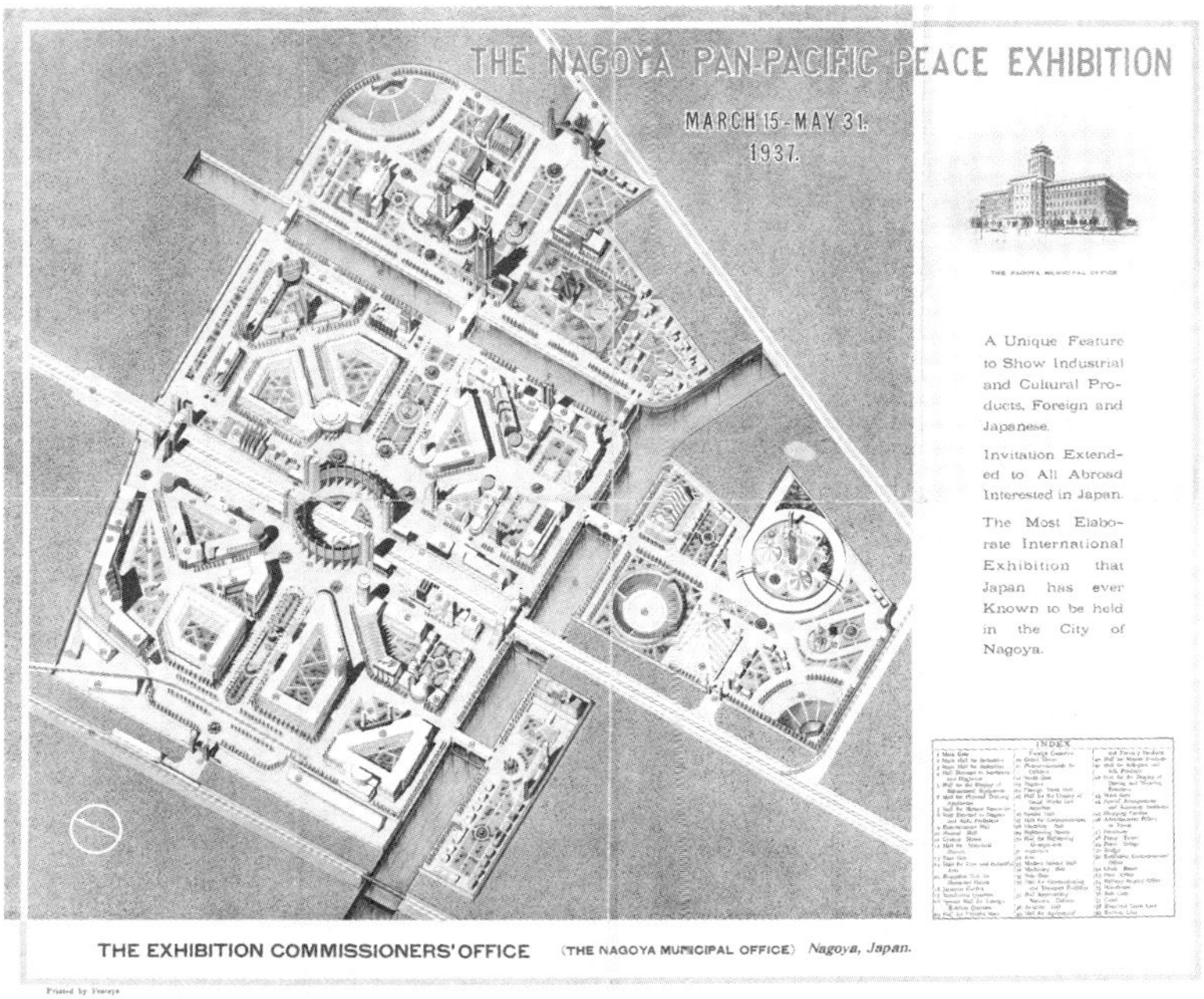

図Ⅷ－9　汎太博会場の案内図（英文）

この案内図の裏面には英文で汎太博の説明が記載されている。

だようで、続けてこうも語っている。名古屋など気にもかけなかった地元の重鎮たちもやっと名古屋へ眼を向け始めた、というのである。その有様を肌で感じた伊藤は、感慨深い想いに駆られて、こう語っている。

　新進日本に依り幾分なりとも東洋に新販路を開き得られるのではないかといふ淡い希望を抱きつゝ、参加したのは事実であらうと思ふ（「南洋の新販路に中南米の抱く関心／汎太博参加国の横顔」『新愛知』昭和十二年一月一日）。

　苦労した甲斐があったというべきであろうか、結局は中南米の多くの国々は博覧会に参加している。珍しい動物のアルパカがペルーから送られて来た。ブラジルからは本場のコーヒーが運ばれて来た。なによりもこれだけ多くの外国からの参加は、歴史上、初めての出来事であった。明治三十六年に大阪で開催された第五回内国勧業博覧会でも、カナダ政府など外国からの参加はあった。しかしながら、名古屋の場合は特別な意味を認めなければならない。中央政府以外に地方自治体でも国際的な博覧会を準備できることを名古屋は立証した。日中戦争の勃発以前という幸運もあったが、国際的博覧会の開催という名古屋市の目的は十分に果たせたのである。[11]

国際化という視点を補足すれば、些細なことにも名古屋市は配慮していた。『名古屋新聞』は、外人との接触を想定し、芸妓のために簡単な英会話の教室を開いていたことを報道している。「姐さん連にＡＢＣ／明春に備へ新サービス仕込む」と題した記事がそれである。[12]事務局も外人に対する案内に取り組んでいて、英語表記の会場地図を作成していた。国際化という主旨に対応して、受け入れ準備は着実に進められていた。

第二節　賑わう会場

昭和十二年三月十五日付け『名古屋新聞』朝刊の第一面は博覧会の記事で埋め尽くされていた。「汎太博けふ待望の蓋開け」という大きな見出しのもと、人々の声を代弁するかのような派手な文字が躍っていた。「中京の春空に絢爛たり／壮麗、文化の殿堂／奏でる歓呼の譜高らか」という言葉は、この博覧会を目指してきた名古屋の夢の実現を祝福している。この日は「臨時夕刊」も発行されていて、その一面には「明

図Ⅷ−10　汎太博の会場光景（絵葉書）

粧の全市、感激に沸く」という見出しも見られる。造成された会場にはいくつもの展示館が並んで建っていて、産業、文化、歴史、観光、美術など多彩な方面から鑑賞ができた。

実際に会場の光景は華やいでいた。『名古屋汎太平洋平和博覧会会誌（上）』に従って展示館一覧を一瞥しただけで、その豪華さに圧倒される。同書は、展示館を四系列に分類し、列挙している。

1、主系陳列館

①産業本館、②外国館、③保健衛生館、④教育館、⑤社会館、⑥歴史館、⑦貿易館、⑧海外発展館、⑨体育館、⑩専売館、⑪愛知名古屋館、⑫機械館、⑬国防航空館、⑭近代科学館、⑮交通運輸館、⑯農林館、⑰電気館、⑱水産館、⑲資源館、⑳燃料館、㉑蚕糸館、㉒染織館、㉓観光館（附設　観光街）、㉔逓信館、㉕ラジオ館、㉖美術館。

2、内国特設館

①台湾館、②朝鮮館、③東京館、④大阪館、⑤京都館、⑥兵庫県館、⑦神奈川県館、⑧岐阜県館、⑨滋賀県館、⑩日本陶器館、⑪三菱館、⑫トヨタ館、⑬豊田式織機館、⑭日本製鉄館。

3、外国特設館

①満洲館、②蘭領印度館、③中南米館、④伯剌西爾（ブラジル）館、⑤暹羅（タイ）館、⑥中華民国冀東館、⑦中華民国平津両市工商界出品陳列館。

4、特殊特設物

①大阪毎日新聞映画館、②朝日新聞社特設館、③新愛知新聞社特設館、④名古屋新聞社太平洋沿岸観光施設、⑤愛知海苔館、⑥透明人間模型館、⑦運河館、⑧ベニヤ館、⑨大平茶屋、⑩蘇山荘、⑪紅檜荘、⑫文化住宅。

この一覧表を見ると、観光館をはじめ他の博覧会と同じ建物が林立していて、変哲もない印象を与えているかも知れない。しかしながら、よく注視してみると、手の込んだ光景に触れることができる。ここでは三点に照準を絞って汎太博の特徴を見ておきたい。第一は外国特設館とその親縁関係にある中南米の展示である。太平洋諸国との深い結びつきが博覧会の出発点である以上、その展示には関心が持たれる。第二は近代科学館である。この博覧会では近代科学の成果を示そうと多くの大学、研究機関が関わっていた。これだけ多くの大学が関わった博覧会は今までになかった。そして第三は、いかに名古屋を表現していたのか、多角的に検討する必要がある。「歴史館」あるいは「愛知名古屋館」とは「郷土館」に近い存在であるし、「観光館」も今までの博覧会で見てきたのと同系列の展示館である。「蚕糸館」あるいは「染織館」、「日本陶器館」など、古くからの伝統的産業も立ち並んでいた。どこに愛知県の代表としての姿を見たらよいのであろうか。

1　コーヒー文化の醸し出す博覧会

開催時期が日本政府による万国博の企画と同じであっただけに、相乗効果を期待するかのようにして、名古屋市もまた国際化に向けて熱心に動いていた。とくに太平洋諸国との関係を重視し、各国に参加を促してきた甲斐が稔ったため、「外国特設館」、さらに「蘭領印度館」、「中南米館」、「伯刺西爾（ブラジル）館」、「暹羅（タイ）館」などが出現し、目新しさを印象づけたのが汎太博であった。外国特設館の正面入り口には、メキシコから送られてきた二メートルを超すサボテンが飾られていた。これなどは、異国趣味を印象づける光景であった[13]。外国館を飾るため、カナダから送ら

図Ⅷ−11　ペルーから来たアルパカ

出典：名古屋汎太平洋平和博覧会 1938 c：折込写真。

れてきた「トーテム・ポール」もまた異国趣味に適うものであった[14]。

中南米館内もまた、風俗人形を飾り南米の雰囲気を醸し出していた。そのほかに、珍獣のリャマの剝製も送られてきた。これらのなかで一番の人気者は、アンデス山中にのみ棲息するアルパカであった。アルパカは、コブはないが生物学的にはラクダ科に属し、家畜として飼われ、その毛皮はポンチョなどの材料として利用される。国外への搬送は禁止されている動物であるが、ペルー政府の特別の好意によって名古屋に送られてきたのである。会期中、アルパカは外国特設館の敷地の一部で飼育されていた[15]。

図Ⅷ－12　パラオのアバイ（集会所）

「海外発展館」の内部には、実物に模してアバイが組み立てられ、内部では土産物の販売も行われていた。
出典：大道弘雄編 1937 : 11。

海外協会愛知支部が中心になり、拓務省海外協会、南洋拓殖、海外興業、船会社など三〇余方面に働きをかけて建てた「海外発展館」は、日本人移民の活躍を紹介する施設である。『名古屋新聞』（昭和十一年四月二十三日）には、「飛躍日本を誇る／海外発展館の建設」の見出しで、移民の今昔を掲載している。移民を題材とした博覧会展示は、すでに昭和十年に「新興熊本大博覧会」が開催された時、その一角に建てられた「海外館」に見ることができた（熊本市役所編　一九三六：五八四―五八九）。熊本県は、ブラジルへの移民数では沖縄、福岡についで三番目の府県であるから、熊本県が力を注ぐのには理由があった。その「海外館」では移民の生活や現地の風物が展示されていたが、その展示は日本人が組織する「熊本海外協会」の収集品であった（高岡熊雄　一九二五〈石川友紀監修　一九九八：一八四—一八七〉）。この意味で汎太博と振興熊本博覧会の差異ははっきりしていて、汎太博は積極的に海外交流の場を創りあげようと工夫をしていた。

移民先でも、南洋庁が管轄していたオセアニアとの関係が人目を惹いていた。南洋庁寄贈のヤシの樹木が十数本も用意され、「海外発展館」を前にして、南洋イメージをかきたてる舞台装置は整っていた。この建物の中にはパラオ諸島のアバイ（集会所）が建てられていて、そこにはパラオ小学生の図画が飾られていた。(16) さらにヤップ島の民芸品も売られていた。大正時代の博覧会では「人食い人種」として語られていた南洋は、ここでは日本人の海外発展の姿を紹介する場所として位置づけられたのである。

当初から名古屋市は中南米との関係に力を注いできたことは、招請のため伊藤九郎を派遣していたことで分かる。その成果が「中南米館」と「ブラジル館」の創設であった。「中南米館」は一〇〇坪程度の建物で、そのなかにはペルー、サルバドル、コロンビア、パナマ、グァテラマ、ヴェネズエラ、エクアドル、メキシコ、ホンジュラス、コスタリカの十ヶ国の政府、あるいは関連団体が出品してい

図Ⅷ－13　ブラジル珈琲の宣伝

東京・銀座のブラジル珈琲販売宣伝本部は、日本各地でブラジル珈琲の宣伝に取組んでいた。この図は新聞広告である。

（上）：出典：『京都新聞』昭和 12 年 1 月 8 日。

（下）：出典：『名古屋新聞』昭和 12 年 5 月 10 日。

た。出品数は合計で一二三八点あり、そのうちペルーが五二五点、メキシコが四四四点を数えていた。もっともサルバドルなど、残りの国からの出品はわずかであって、やはり日本との関係の浅さは否定できない。中南米館は、全体として風景写真や模型の展示が眼につく。国情の一端を知らせる目的があったのかも知れないが、展示として手軽にすむためでもあろうか。出品物でも、農産物、とりわけコーヒーに偏重していたことは理解できる。表Ⅷ―3に見るように、貿易関係の繋がりの乏しさがそのまま反映された結果のようである。それにも拘らず汎太博への出品は、やはり伊藤九郎の働きかけの成果として評価すべきである。

これら諸国と対照的な存在は「ブラジル館」であって、その出品数では中南米館を上回る一三一五点を数えていた。ブラジルからは、在横浜ブラジル領事館、国立珈琲院東京ブラジルコーヒー販売宣伝本部からの出品が多くを占めていた。これらの展示を見る限り、コーヒーを中心とした物産会との印象は拭えない。しかしながら、実際に館内には喫茶店が設けられていて、コーヒーの風味が漂っていた。そのうえ、コーヒーには多様な種類があり、その製造道具とともに、豆のひき方や飲み方も多様に富んでいることが示されていた（名古屋汎太平洋平和博覧会　一九三八ｃ：一三三四―一三三六）。

コーヒーと日本人との関係は歴史的に見ても深い。東京にはじめてカフェーが開店したのは明治四十四年、同じ頃、大阪でもカフェーが登場し、俳優や画家の集うモダンな世界としてもてはやされていた。南国の薫り高いコーヒーに当時の人々はハイカラで洒落た雰囲気を味わっていたのである。昭和になると状況は変化してしまう。村島帰之のカフェー考現学は昭和期の都会の世相を論じていて興味深い。コーヒー以外に、酒と料理を提供し、さらには女給が愛嬌を振りまいて接待するような社交場に変容していった都市の風情を活写している（村島帰之　二〇〇四：二五〇）。

とはいえ、人々にとって、やはり本場の味は格別であったに違いない。中南米諸国はコーヒーの宣伝に本腰を入れ、日本人にコーヒーの味を知ってもらおうと取り組んでいた様子は、ブラジル政府が東京に「国立珈琲院東京ブラジルコ

ねえ忘れちゃや嫌よ

中京カフェー界の王者
パレスモナコの本塁打
思ひ切った値下げ断行と
悩みの種！チップ制度の統制成る
全店錦繍秋爽涼の新陣営

モナコの値下一例

女給陣新編成

サービス陣の大更新
制度にも外科的手術
心臓の弱い人でも気楽に遊べる新制
モナコは連日超々満員

紅葉燃える全店
秋爽涼の陣営全く成る
グランド　サロン
パレス　モナコ

図Ⅷ－14　名古屋のカフェー店の宣伝チラシ

昭和期の名古屋にはモダニズムの波が押し寄せていた。これは市内の有名カフェー店の発行する宣伝チラシ。飲食を中心にした接客業は、東京より上等だと宣伝。
発行日は昭和 11 年 10 月 27 日。出版元は「パレス　モナコ」である。

ーヒー販売宣伝本部」を設置していたことから分かる。林洋子によれば、製作を依頼された藤田嗣治が、ブラジル政府の要請で東京にあった「ブラジル珈琲店」に巨大な壁画を描いた、と言う。壁画には、人物四七人、動物一五匹とともに、コーヒー農園が描かれていて、「青空のもとのコーヒー農園の賑わい」が描写されていた（林洋子二〇〇八：二六八—二六九）。それほどに、ブラジル政府のコーヒーの対日輸出は真剣であった。したがって、博覧会場でもその熱意は漲っていた。中南米館、そしてブラジル館では、世界一を誇るグアテマラのコーヒーをはじめ、各国のコーヒーの試飲と即売が行われていた（「汎太博だより」『名古屋新聞』昭和十二年三月二十一日）。

モダニズムの流行していた当時、カフェー文化は新しいファッションとして当時なお市中で賑わいを見せていた。ブラジル館などでのコーヒー展示は時代の先端を歩む文化の展示であって、それなりの歓心をひいていた。当時の名古屋の「カフェー文化」を代弁するチラシがある（図Ⅷ―14、参照）。名古屋市で、昭和十一年十月二十七日付で発行されたチラシは、老舗の「バァサイセリア」と「パレス・モナコ」が店舗の刷新を図り、人気が沸騰中であることを宣伝する内容である。中京カフェー界の王者、パレス・モナコはチップ制度を改革し、料金の値下げを断行した結果、誰でも入れるカフェーに変貌したと宣伝している。カフェーは酒食を伴う店であったが、他方では女性たちをも顧客とした社交場でもあった。

中南米館、ブラジル館以外に外国を対象とした展示は、建坪で五〇〇坪という規模を持つ「外国館」でも行われていた。だが、二点でいささか注釈が必要である。第一点は、本来は中南米館に入れるべきだが、手狭なため別置して外国館で展示した国々があったこと、二点目はアメリカである。

第一点の国はキューバ、チリ、アルゼンチンである。各国政府、および在外日本政府公館などの出品で、農産物と風俗人形が中心であった。第二点に関して言えば、先に記したように、アメリカは政府としては参加を見送り、その代り農務省といくつかの都市が参加してきた。その都市とはダラス、ロサンゼルス、ニューヨーク、サンフランシスコ、シアトルであり、これら都市に加えてハワイも参加してきた。農務省は綿花見本と綿花産業を展示し、ロサンゼルスからは同市商業会議所がハリウッド映画の紹介として映画制作過程を紹介する展示があったが、残りの都市は在米日本人が関係した出品が中心であった。アメリカを代表する大自然のパノラマ、ニューヨークの摩天楼などは確かに魅惑的であるにしても、展示内容からすれば、国家の支援が得られないことからくる限界は否定できない。

他に出品していた国々は南アフリカ、カナダ、インド（英領インド）、ベトナム（仏領印度支那）、フィリピン、ビルマ、シンガポール、スリランカ（セイロン、錫蘭）、マイソール（インド、カルナータカ州）、インドネシア（蘭領印度）、中華民国（上海、天津）であった。こうした国々の展示はおおよそ物産会の雰囲気を漂わせているだけであったが、このなかにあって蘭領印度（インドネシア）は熱心な取り組みを見せていた。外国館の展示は現地日本総領事館の

（裏）　（表）

図Ⅷ－15　「蘭領印度館」の配布した小冊子

汎太博での配布資料、「蘭領印度館」はバタビア（ジャカルタ）で発行された。面積、人口、産業、貿易、交通などの紹介を試みた小冊子であるが、蘭印と日本との貿易関係が統計的に示されていて、蘭印（オランダ）政府の日本への期待が分かる。裏表紙には「阿蘭陀船入津ノ図」が用いられている。
出典：コナイネンブルツ、エ、ヴァン編 1937。

収集品が主であったが、これとは別に特別館として「蘭領印度館」が建てられていた。

蘭領印度館は現地の建築技師が来日し、インドネシア寺院を象った建築様式で登場した。異彩を放つ建築物に加え、展示品もインドネシアの風情、例えばバリ島の生活文化を見せることも試みられていた。インドネシアの鉄道も紹介されていて、旅行気分の醸成にも配慮していた。日本人には読めないにしても、インドネシア語で書かれた文学作品も数々と並べられ、高度の文明を誇る国柄であることを力説していた。会場では一冊のパンフレット、『蘭領印度』と題された資料が配布されていた。それはインドネシアの国勢を紹介するパンフレットで、面積、人口、気候、産業など一般的内容を紹介した小冊子とはいえ、概要を知るうえで参考になる。

その小冊子で、興味深いことが二点ある。一つは表紙であって、そこには「阿蘭陀船入津ノ図」が描かれている（図Ⅷ—15、参照）。言うまでもなく、これは、江戸時代の長崎で行われていたオランダ交易を描いた図柄である。その図は日本とオランダとの古くからの関係を語るものだが、インドネシアに関心を呼び起こすためにオランダ当局は積極的に利用したのである。もっと重要なことは末尾に記載された蘭印と日本との貿易関係を示した統計表である。日本への輸出品は燃料油、砂糖、コプラ、ゴム、木材が上位を占め、日本からの輸入では織物が群を抜いている数字が示されている。そう言えば、名古屋港における貿易関係国とのつながりは表Ⅷ—5にも示しておいたとおり、蘭領印度と深い関係にあったことが分かる。蘭領印度の博覧会への参加はこのような貿易関係を反映していたのである。

図Ⅷ－16　「透明人間館」（絵葉書）

汎太博で人気の透明人間館にはドイツから購入した「透明人間」が展示されていた。

2　近代科学の驚き

汎太博は驚きずくめの展示が続いていた。明治五年に新橋・横浜間を走り、その後東京の鉄道博物館に収納されていた日本最初の蒸気機関車が名古屋まで運ばれてきて、展示されたのである。[17] ほかにも現代科学と技術を代表する展示は事欠かない。例を挙げると、逓信省電気試験所で完成したばかりの「テレビジョン」が運ばれて来たし、開発したばかりの電動装置を利用してタバコ製造の全過程を見せる専売局の実験

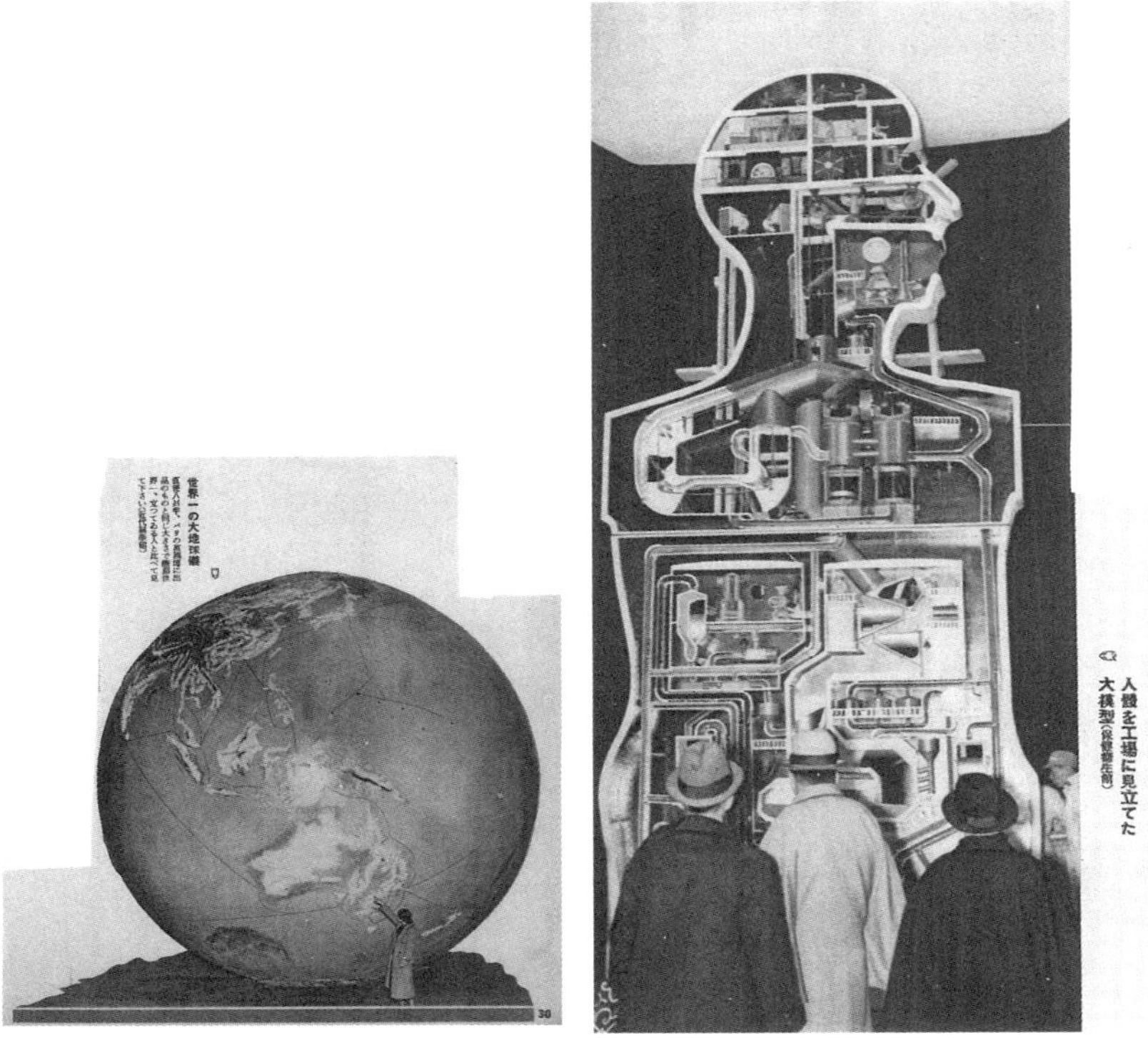

図Ⅷ－17　自然科学の装い

汎太博では医学を始めとした自然科学の展示に特徴があった。
(右)：保健衛生館の人体模型（人体を工場に譬えて展示)。
(左)：近代科学館展示の「世界一の大地球儀」。
出典：大道弘雄編 1937：23、30。

も行われていた。

汎太博の人気の高さは「近代科学館」の展示を見れば、よく分かる。最新の科学実験という謳い文句で実施した、東北帝大教授・青山博士による「汎太博開館式に低温現象の実験」は人々の関心を誘っていた(18)。その実験とは、「燃やす水と消す瓦斯」「液体酸素は水中に潜る」「盛んに気化する液体酸素」など摩訶不思議な現象に関わる事柄であった。それ以外にも「近代科学館」は当時の科学技術の最高点を示す展示が並んでいた。名古屋医科大学（現・名古屋大学）の眼科教室は人間の精巧な眼球模型を提示していた(19)。解剖学教室では、幼児の体を使って蝋化人体を展示しようと企画していた。蝋化人体とは、人体を蝋化して人工的にミイラとしたものである。ただし、生けるが如く生なましさのため、余りに痛ましいと批判され、一般公開は中止されている[20]。

汎太博の人気が最高潮に達した原因は、近代科学館の附属として建てられた「透明人間館」にあった。「透明人間」とは誤解を生む表現であって、実際は内部の諸器官が見えるようにして、透明な物質で全身の骨格が見えるように組み立てた人体像を指している。人体内のそれらの諸器官は電気配線で結ばれ、その「透明人間」の前に立った見学者が解説ボタンを押すと、体内の内臓器官が点灯し、体内の構造が照らし出されるというのが、その仕組みである[21]。例えば、心臓の部位のスイッチを押すと心臓の部分の電気が灯り、それにつれて心臓の働きやその構造を示すことができる。この透明人間はドイツのドレスデン博物館の技師による製品で、名古屋市の依頼を受け、名古屋医科大学の田村春吉がドイツに行って購入してきたものである。世界で三体しか作られず、一体の価格が三万円だったというから、それはかなりの高額であった[22]。

汎太博は近代科学の多彩な分野、とくに理工系や医学系の分野で多大な啓蒙的役割を演じていた。その役割を担ってきた機関には民間企業や陸海軍なども含まれていたが、主たる機関は大学であった。基礎科学部門として天文、地質、数学、物理、化学、生物の各分野、応用科学部門として医学、工学、農学の分野に分ければ、いずれにおいても博覧会展示に協力的であった。煩雑を厭わず、北から順番に大学ごとに並べ変え、その出品内容を列挙してみたい。これらの分野で、主催者側の要請に対して大学がいかに積極的に呼応していったのか、一瞥しただけで全体が掴めるはずである（名古屋汎太平洋平和博覧会　一九三八b：一〇七七―一〇八六）。

北海道帝国大学

物理学：電荷図（図表）、雪の結晶（写真）。

生物学：餌虫に関する分類標本（十二点）、アカンドジアプトプス（図表五点）、太平洋岸古代動物骨格（写真一点）、メンデル雑種分離法則二種及祖鳥（模型四点）、マンモスの牙臼歯（模型一点）、イルカ青鯖（剥製二点）、イクチオソーラス（模型一点）、脊椎動物初期発生比較（標本一点）、馬の脚の進化（模型二点）、昆虫口器比較（模型一点）。

工学：砂の崩壊並圧力に関する研究（写真六点）、跳汰浮遊分級の三作用を併せ有する粉砕機（実物一点）、高周波の生物に及ぼす影響並高周波コロナ発生装置（実物標本、写真）。

農学：北海道農業の特異的変遷（図表二点）。

東北帝国大学

天文：隕石（実物一点）、シーロスタット（実物一式）。

地学：地質時代（古生物化石標本・人骨・動植物生態ジオラマ　合計十三点）。

化学：衣食住：魚肉蛋白を利用したる新調味料（一点）。

生物学：鹿の野生写真・海猫・鉄漁（標本・写真三二点）、ドードー鳥の図（一点）、肺結核に関する資料（八点）。

工学：特殊金属材料（各種特殊鋼並其の性質の展示一式）。

映写室：低温に関する実験。

東京帝国大学

物理学：風洞（実験一式）、人口の山彦（実験説明一点）、光線電話（実験説明一点）、イグニトロン（実験説明一点）、マグネタイザー（実験説明一点）、新搬送式多重電信装置、極超短波送信機並受信機兼方向探知機（実物陳列一式）。

生物学：魚類標本写真其他（標本写真七点）。

工学：X光線により材料の研究（X線カメラ実物、各種X線写真及図表一式）、M・K磁銅鋼（特殊銅製品並製品）、エキステンソメーター〈鏡式〉（実物一点）、歪様及伸張切断目盛機（実物一式）、ワット参考品、ワットビームエンジン模型、ワット使用眼鏡（模型及び実物各一点）。

農学：光と植物の関係（模型図表九点）、輓近の作物の品種改良及栽培法の改良（模型図表一五点）、航空写真と林業（写真一点）、水耕法による農産物の培養収穫（標本実物模型六点）、アゾトバクターの種類と本邦土壌中に於ける分布（標本図示三点）、緑肥と根瘤菌（標本図示六点）、兎毛加工（実物図示十六点）、鮑の発生経過（模型十二点）、初生雛の雌雄鑑別（十点）。

医学：整形外科資料（標本及び説明図表四点）。

東京文理大学

地文学：地質学用機械・地下検査資料（ロータリー式鑿井機模型一点一式）。

生物学：本邦産業の標本、汎太平洋動物移出入図（標本及び図表三七点）。

早稲田大学

化学：竹材及び人造絹糸顕微鏡写真（写真一点）、酸性白土及び活性白土（実演一式）。

工学：溶接及び手削顕微鏡写真（写真四点）、アルミナセメント（一式）、建築物附近における重き瓦斯の流動（一式）。

名古屋医科大学

医学：医学解説資料・細菌学領域（自働幻燈・細菌標本一式）、医学解説・眼科学領域（二点）、体位向上史料（一式）、皮膚泌尿器に関する資料（標本模型二〇点）、実験動物供覧（標本・説明図表八点）、ホルモンに関する資料（一式）、熱河地方における甲状腺腫（写真、標本・その他二〇点）、透明人体、人工ミイラ、その他（標本・模型十点）、レントゲン資料（全身レントゲン写真、写真標本、その他一式）、粉塵病ジオラマ（レントゲン写真一式）、医学解説資料内科領域（ヴィタミン資料その他一式）、解説外科学領域（癌標本・その他一式）、医学解説衛生学領域（空気検査器械その他一式）、医学解説婦人科学領域（模型、標本、写真一式）、医学解説法医学領域（指紋に関する資料一式）、医学解説薬理学領域（心臓と血圧との関係を動的に展示一式）。

金沢医科大学

医学：地衣類色素の研究、佝僂病患者（写真及び説明図表三五点）。

京都帝国大学

医学：奇形児（標本五点、岡山医科大と共同）。

天文学：反射鏡その他（実物一式）、子午儀（実物一点）、考古医学資料・アイヌに関する資料（写真及び解説二〇点、北海道帝大と共同）。

大阪帝国大学

医学：純粋化学物質とそれに依る発癌（模型二点）、オタマジャクシ製臘板復構（模型一六点）、北満におけるペスト伝播動物タルバガン（標本二点）、神経外科学・肺臓外科学（標本及び模型四八点）。

工学：石炭灰耐火度測定装置（実物一点）、カーチース式船舶用蒸気タービン（模型一点）、極超短波通信装置（実物一式）。

岡山医科大学

医学：寄生虫に関する資料その他（二〇点）、医療器械プイモグラフ吸入器肺活量計、握力計イオニアザトール（実物一式）。

広島文理大学

数学：円周および中心角の説明器、簡易測量器、角錐の定理説明器、斜角梼体積説明器、並行平面に関する定理証明実験器、二次曲線説明器、楕円製図器、ピタゴラスの定理説明器、曽田式コンパス（実物及び実験一〇〇点）。
物理学：重心実験説明器（実物）、反作用実験説明器（一点）、縦波実験説明器（一点）。
生物学：クロダイの性の転換その他（二七点）。

九州帝国大学
地学：彫塑的水平曲線地図（立体的地形図一式）。
化学：アセント可燃性繊維状酷酸繊維と其製品（一式）。
医学：胃潰瘍・十二指腸潰瘍・胃癌に関する資料（一式）、胆石・生体血管・レントゲン撮影法（一式）。
工学：長柱挫屈試験機（実物により実験一点）、日本刀に関する研究資料（書物一式）、歯車噛合状態試験機（実物一点）、カーチース式船舶用蒸気タービン（模型一点）。

長崎医科大学
顕微鏡、聴胸器（実物一点）。

熊本医科大学
医学：脳室レントゲン写真（写真十三点）。

満洲医科大学
医学：満洲の衣服及び住居に関する資料、満洲における特殊疾病に関する資料（標本及び図表五点）。

台北帝国大学
生物学：台湾植物生態資料（六一点）。

これらの一覧を見ると、台北帝大を含め旧帝大がこぞって出品していて、なかでも医学・生物系の分野が顕著であることが明らかになる。「透明人間」の展示で奮闘していた名古屋医科大学（現・名古屋大学医学部）が中心になり、全国に参加を呼びかけたと考えるのが順当であるが、物理系を含め自然科学分野の研究者が啓蒙活動を行っていたことが、汎太博の特徴として指摘できる。

3　産業都市としての名古屋

ロンドンで一八五一年に開催されて以後、世界の大都市で開催された万国博覧会は自国の産業の宣伝の場であるとともに、商品流通の情報収集の機会でもあった。一八七三年のウィーン万国博覧会では、多くの万国博覧会に参加してきた日本が、伊万里焼などの陶器を展示するという画期的成果を挙げている。以後、日本の陶磁器は万国博覧会に出品され、ヨーロッパではジャポニズムの流れを作り上げていく。こうした事情をもとに、焼き物で有名な愛知県瀬戸市は万国博覧会に関心を寄せるとともに、日本で開催された博覧会でも陶磁器をその都度、出品してきた。明治期には各地の共進会、内国勧業博覧会に積極的に参加してきたし、大正・昭和期に至っても各地の博覧会で瀬戸の陶器には視線が集まっていた。

愛知県の陶器産業は、大正期には日本有数の生産地として成長し、アメリカなどへ向けての輸出産業として発展していく。陶業の発展ぶりは顕著であった。大正十四年、愛知県工業試験場長の小泉角五郎は統計的数値で愛知県下の陶業の実態を示している。それによると、製造戸数は一六六三戸、職工数は一万三八六七人を数え、生産額は二五四五万七二五七円にのぼる、と言う。製品としては、飲食器が首位で家具・装飾品がそれに次いでいた（小泉角五郎　一九二五：四八）。

大正末から昭和期にかけての愛知県の陶業界は、時代の波をかぶり、輸入防遏と製品の質の向上が叫ばれ出していた。「愛知国産振興会」が成立したのは大正十五年八月であった（愛知国産振興会　一九二六：一）。その事務所は愛知県庁商工課内に置かれ、「国産品ノ改善普及ニ関する調査研究」を目的として活動し始めている。その主旨に沿って、愛知国産振興会は昭和四年五月二十一日から六月十日まで愛知県商品陳列所で「国産振興窯業博覧会」を開催している。輸出振興と輸入防遏のため、陶磁器、レンガ、ガラス、ホーロー、七宝などの展示をして、製品の質の向上を競い合うことが目的であった（愛知国産振興会　一九三〇：三）。

こうした伝統を踏まえ、汎太博で愛知県商工課は「愛知名古屋館」を開設している。愛知県下の産業を全国に向かって発信するためである。広大な二千坪の面積は北館と南館に分かれていて、毛織物、絹織物、食品、玩具、陶磁器、家具など愛知県の産物が展示されていた（愛知名古屋館共同出品協会　一九三七）。ただし愛知県の製品であっても、機械館、電気館、染織館、あるいは貿易館などに展示されたものもあり、すべての愛知県産がここに集約されていたのではない。それに陶器の展示は、建物を別にして「日本陶器館」があって、日本陶器株式会社、東洋陶器株式会社を中心にした関連企業の手による独自の展示が試みられていた。その展示には茶器、食器、花瓶、人形を含め、陶器や磁器が幅広く集積されていた。ほかにも、「産業本館」には、産業に関わる多くの製品が展示されるなか、その一部として陶磁器も飾られていた。

独自の陶磁器の歴史を誇る日本では、デザインや形状に新趣向が求められ、その展示には高い評価が期待されるというように、まさに博覧会の花形としての位置を与えられていた。その期待に答えるべく対応したのが、愛知名古屋館であって、そこには愛知を代表する多数の製品が集められていた。なかでも瀬戸市の取り組みは意欲的であった。瀬戸市は汎太博に際して陶磁器の出品を企画し、市内の同業組合を基にして「汎太博瀬戸市共同出品協会」を立ち上げている。長年にわたって瀬戸市が築きあげてきた陶器、「セトモノ」を天下に宣揚する絶好の機会だと判断しての参加であった。轆轤（ロクロ）を準備し、染付、素焼き、上絵描きの実演をしながら、「セトモノ」の宣伝に力を入れていた。

表Ⅷ－7　汎太博での受賞結果（陶磁器の部類）

受賞結果

審査品出品	出品審査								優良国産	国産	
人員（人）	点数	名誉大賞牌	名誉賞牌	金牌	銀牌	銅牌	褒状	計	大賞牌	有功賞	計
395	2725	4	4	6	15	39	78	146	3	7	10

出典：名古屋汎太平洋平和博覧会 1938 c : 1596。

そこには地域産業の掘り起こしを狙う瀬戸市の戦略があった。「汎太博瀬戸市共同出品協会々則」はきっぱりと出品の意義を強調して、こう述べている（瀬戸市史編纂委員会編　二〇〇六：一六三）。引用に当ってカタカナ書きをひらがなに直している。

各地より網集する観客に対し、原産地より消費地への呼声の元に購買欲を高め更に本市への吸引策を講ぜんとす。

瀬戸市は、この博覧会を地域おこしの一環として活用する意図を持っていたし、愛知県自体が積極的であった。それだから、陶磁器の出品については、質量ともに他府県の出品を圧倒し、その主要産地としての地位をしっかりと固める結果を出していた。名古屋港での貿易統計（表Ⅷ—4）では陶磁器の輸出額は常に上位を占めていたように、その統計通りの姿を博覧会場でも見せていた。

汎太博においても、展示品の審査は専門家によってなされている。陶磁器の審査委員は、審査官に赤塚幹也（商工省陶磁器試験所瀬戸試験場長）、井深捨吉（岐阜県陶磁器試験所長）、野口清（愛知県工業試験所地方商工技師）が選任され、さらに審査嘱託として商工省と岐阜県の技手が加わっていた。その審査員の概評はおおむね好意的であった。この評価は全国の出品を総括したものだが、出品の多くは愛知とその周辺県であったことを考慮すれば、ほぼ愛知県に該当すると考えてよい。ひらがな表記にして概評を整理すると、以下のようになる（名古屋汎太平洋平和博覧会　一九三八ｃ：一五九六—一五九七）。

1、近年に於ける我が国製陶技術の顕著なる進歩の跡を観取し得ること。
2、磁器に陶器に輸出貿易品に於て品質の改良、品位の向上また著しきこと。
3、優秀なる新規製品の進出顕著なること。
4、総じて科学的機械的研究努力の効果著しきこと。
5、意匠図案に於ても進歩向上の跡を見ること。
6、輸出品に比すれば劣るとは言へ内地向製品に於ても意匠、着彩、釉薬等概して進歩の跡を示すこと。

これだけ読めば随分と好意的な評価が与えられていることになる。品質の改良が見られるという評価は、当事者にとって名誉なことであろう。しかしながら、個々の作品では手厳しい注文も見られた。今後の改良点として、以下のように大きな課題が与えられたのである。

1、欧米の模倣あるいは焼き直しの程度の類が少なからず見られる。
2、美濃・瀬戸の磁器、滑川の陶器には、二、三を除き、意匠図案の面で進歩の跡がみられない。
3、四日市方面の輸出陶器は品質の向上が認められる。しかし、磁器には安価な製品を多売しようとする意図が見られる。

博覧会は単なる物産展示会でも、即売会でもなかった。国産振興という言葉はただの掛け声だけではなく、品質の向上を目指し、専門家による外部評価を伴って進行していったのである。全体として見たら、どうなのであろうか。出品人員三九五人、出品数二七二五点のうち、もっとも名誉ある「名誉大賞牌」に輝いたのは四人、名誉賞牌、金牌、銀杯、胴牌、褒状などを入れると一四六人が表彰されていた。総体として見れば、陶磁器の出品は成功したことになる（名古屋汎太平洋平和博覧会　一九三八c：一五九六）。

他の産業の様子はどうであったのであろうか。愛知県の産業で、林業の位置はけっして低くはなかった。農林館では、後述するように「更生せる農山漁村模型」の大ジオラマがあったが、これとは別に大日本山林会は「山林愛護ジオラマ」を出品していた。帝室林野局からは「簡易曹達バルブ工場模型」の出品があったし、農林省山林局の出品にはブナ材で作った洋服タンス、テーブルなども展示されていた。山林業が主要産業の一つであった昭和の時代、山林利用は博覧会関係者の間でも重要課題として取り組むべき対象に数えられていた。各県から出品された木材には、それぞれの地域を代表する郷土玩具が見られたほか、竹製品、材木加工品、あるいは家具などが産業本館には並べられていた。それらは山林王国としての日本を語る製品の数々であった。

名古屋の産業で忘れていけないのはベニヤの製造である。名古屋港が関わる貿易のうち、ベニヤの輸出が昭和十年には第三位を占めていたことは表Ⅷ—4で見ておいた。そうした事情を背景に、愛知県ベニヤ板工業組合は輸出品の展示を行い、また会場には「ベニヤ館」も建てられていた。愛知県山林会と名古屋の企業が共同で建てたベニヤ館には、ベニヤ板を製造する機械が作動していて、その近くには多数の製品が陳列されていた。ここでは、ベニヤ板製造の実演も行われていて、木材を削ってベニヤ単板を製造する過程を見ることができた（無署名〈愛知山林会〉一九三七：六三）。地味な演出のように見えるが、名古屋の貿易を陰で支える一産業もまた博覧会に顔を出していたのである。

4　郷土と観光と：名古屋を見せる

博覧会場を歩いていると新旧二つの名古屋に出会い、戸惑うかも知れない。新しい名古屋とは、更生農村と文化住宅に凝縮された新世界のことである。この構想は前年の夏にはすでに練られていて、農務省と林務局の二人の技師が提案した「かくあれ新しき村」と題した記事が『名古屋新聞』に掲載されていた。その構想では、「五〇年後の農村」というユートピアの模型を展示し、交通機関、共同浴場、託児所、青年学校、農民道場などの社会設備を完備した理想の村が描かれていた。(23) さらに、新聞は、「パノラマが示す更生農村の歩み」と題し、三重県矢持村の模型が「社会館」に展示される計画であると伝えていた。矢持村は理想的な更生農村とされていて、農村社会での生活改善を目指している模様がパノラマ模型で取り上げられていたのである。(24)

新しい農村の建設とともに、当時の流行にやや遅れた感があるが、文化住宅もまた展示されていた。『名古屋汎太平洋平和博覧会会誌（下）』では簡単にしか記述されていないが、『名古屋新聞』は「尖端をゆく文化住宅の粋」と題して、その特徴を伝えている。(25)「碧眼のお客を驚かす」という表現が飛び出すほど自慢する住宅建設の記事である。それによると、帝室林野局、東邦電力、東邦ガス、名古屋建築業組合、名古屋竹商組合の協力で四戸の住宅が建てられ、しかもそれぞれが特徴を持っていた。家事万般がことごとく電気で行なわれる「電気の家」、あらゆる施設がガスで一元化された「ガスの家」、家具の全部を檜ばかりで作った「檜の家」、竹ばかりの「竹の家」であって、日本人ばかりか、外国人にも現代日本の家のスタイルを展示するのが狙いであった。これらすべての家が完成されたのではないが、新しい家を博覧会で展示する手法は大正期の博覧会からの伝統を踏襲したものであろう。

こうした近代的な住宅展示の一方で、名古屋の歴史を再現し、名古屋が歴史上で果たしてきた位置を展示する動きもあった。その動きは、博覧会開催が決定されようとしていた早い段階ですでに芽生えていた。『新愛知』は「汎太平洋博へ歴史館を設けよ」という記事を載せていて、五人の市議が大岩市長に対して郷土の英雄を顕彰するため「歴史館」の設置を陳情した、と報道している。(26) この歴史館は織田信長、豊臣秀吉、徳川家康の一代記をパノラマで示す構想を持っていて、その実現へ向けて活動を起こしていた（名古屋汎太平洋平和博覧会　一九三八b：八八八―八八九）。『新愛知』は開催日の直前に「汎太博の魁　神祇館まず蓋明け」という記事を掲載している。(27) 博覧会場から離れた場所に位置する鶴舞公園に、「神祇館」が開館したことを伝える記事である。敬神思想を涵養する目的のため、財団法人・愛知県神職会の企画によって建てられたのが「神祇館」であった。日本の代表的な神社社殿の構造模型の展示、靖国神社の祭祀光景のほか、熱田神宮、出雲大社などの宝物展示、さらには年中行事や通過儀礼からみた一般家庭と神社とのつながり、こうした日本の神社に関連する事柄を図解で説明して見せたのが、この神祇館であった（愛知県神職会　一九三七）。

人々は、とりわけ地方からの訪問者は会場だけに足を運んだわけではなかった。名古屋観光に来た人たちも大勢いて、汎太博は名古屋市を観光地として宣伝する機会になったはずである。すでに見たように、昭和十年、名古屋市は汎太博開催を契機にして、産業部の一部門として観光課を新設している[28]。この時期には、各地の都市で相次いで観光課が設置され始めていて、名古屋市もまた、汎太博を契機に行政の立場から観光事業を推進していくことになったのである。

こうした趨勢を反映して会場には「観光館」が建てられていた。しかしながら、観光ブームに乗ったような企画では、各地でみた博覧会場の観光館と比較して、さしたる変哲は感じられない。鉄道省運輸局の出品は、名古屋を中心とした観光地ジオラマであったし、国際観光局の出品は外人向けを意識して、観光日本を表現するために立体的な模型を製作しただけであった（名古屋汎太平洋平和博覧会　一九三八b：一二一五―一二一八）。ただ、工夫を凝らしていたと評価できる設備は、「観光館」に付随して建てられた「観光街」であった。それは、各地の自治体、観光協会に依頼し、日本の観光地として十景をパノラマなどで構成した展示館であった。地方の団体が製作協力した景観だけに名古屋とは関係がなく、むしろ地方の名勝旧跡を紹介する内容であった。ただし、そこに描かれた光景は平凡としか言いようがなかった。参考までに、その十景のパノラマを紹介しておく（名古屋汎太平洋平和博覧会　一九三八b：一二一九―一二二〇）。

1、「観光の山梨」：甲府市と甲府商工会議所の出品。富士山、身延山、昇仙峡のパノラマ。
2、「富岳大観」：清水市、静岡県の出展。富士山を背景とし、静岡市、清水市などの全景のパノラマ。
3、「美の神奈川県」：横浜市、神奈川県、箱根振興会の出品。富士山を背景に、鎌倉小田原、箱根山の観光ルートのパノラマ。
4、「成田山の不動尊」：成田山出品。桜花のもと、成田山の不動尊のパノラマ。
5、「東京市設案内所」：東京市出品。来たるオリンピックに向け東京市の宣伝。皇居前の出初め式、上野公園、両国川開き、明治神宮のジオラマ。
6、「旅は信濃路」：長野県観光協会の出品。日本アルプスのパノラマ。
7、「奈良公園」：奈良市、奈良県の出品。春日神社、五重塔、猿沢の池。
8、「東山」：京都市出品。清水寺を中心に京の東山の光景。
9、「観光の神戸」：神戸市の出品。六甲山、湊川神社、生田神社、神戸港の光景。
10、「九州横断国際観光幹線」：熊本県、大分県、長崎県出品。阿蘇山を中心に別府市、長崎、熊本城のパノラマ。

ジオラマは観光地を視覚によって紹介するので、見た瞬間は印象深く映る。しかしながら、観光館の展示にしろ、観光街の紹介にしろ、すでに多くの都市で試みられてきたこともあって、もはや平凡すぎ、名所を紹介しただけの修学旅行を思わせる内容にすぎなかった。たとえジオラマで、かつ立体的に表現したにせよ、よく知られた観光地を並べただけでは旅のもつ開放感を味わうことはできない。観光地に備わった資源、例えば食文化の提供など、旅行気分を満足させる工夫がなければ人々の歓心を呼ぶことはない。人々の眼前にある姿は絵葉書の世界をただ見せているだけで、観光地に来ているという実感を体験させる場所ではなかった。

そのほか、余興について言えば、「名古屋をどり」が演芸館で鑑賞できた。吉本興行も漫才の興行で訪れている。アメリカからは大サーカス団を招請している。これらの演芸や寄席などは色とりどりあって、期間中はその演技を楽しめた。総体として眺めてみると、多種多様な組織、団体が「それぞれの名古屋」を目指して博覧会に参加していた。しかしながら、博覧会を見学に来た観光客は、会場の展示を見ただけで、観光気分に浸ることができたのであろうか。名古屋にどのような楽しみを求めて来たのであろうか。名古屋には名古屋城があり、熱田神宮もある。しかし、この見物だけではあまりにも平凡すぎる。東京とは別に、地方都市として発展してきた顔を見せる仕掛けが必要である。答えは簡単であった。それは、「発展する名古屋」、「歓楽の名古屋」を売り込むことであった。地方都市であっても、夜の名古屋は爛熟した文化で栄え、訪れた観光客に快楽を提供する街であると装う必要があった。街中には光の芸術が満ち溢れ、魅惑的な新しい文化が生まれつつあることを示さねばならなかった。

名古屋は東京と大阪という大都市に挟まれ、両者の影響を受けながら、なおかつ独自性を求めていた都市である。もっとも、名古屋の映画館の歴史をみると、東京と類似した都市文化の姿が現れてくる。名古屋の映画館の歴史は、古く明治三十二年、市内でも有数の繁華街、大須観音の境内にアセチレンガスを光源として活動写真を見せる「五明座」から始まった。それが「文明館」の名称で常設映画館として開館したのは、明治四十一年一月であった（伊藤紫英　一九八〇：二）。東京・浅草の「電気館」が専門の常設映画館として開業したのが明治三十六年であったから、名古屋はさほど東京に遅れをとっていたわけではない。

大須観音界隈に映画館が建ち並び、活動写真の鑑賞で賑わいを見せたのは大正初期であった。かつての芝居小屋が常設映画館に衣替えするなどして、境内の文明館のほか、近辺には大須電気館、世界館、敷島館、大須太陽館が並び、活気づいていた。映画史の専門家で評論活動にも携わっていた伊藤紫英は、青少年期の体験を交え、当時の名古屋映画界の模様を克明に記録している。大正六年には、太陽館では「チャップリンの伯爵」「カルメン」などの人気作品が上映されていた。大正十三年には、外国映画専門店で上映された映画のベストテンが選ばれていて、芸術部門では第一位が「巴里の女」（世界館）、第二位が「結婚哲学」（世界館）、第三位が「椿姫」（港座）であり、娯楽部門の第一位が「幌馬車」（港座）、第二位が「ホリウッド」（港座）、第三位が「要心無用」（港座）であった。

その後も、毎年ベストテンが選ばれ、「バグダットの盗賊」、「ピーターパン」などが大正期の名作として歓心を呼んでいた（伊藤紫英　一九八〇：三一）。昭和になっても名古屋の映画界は活気がみなぎっていて、昭和十年には日活の時代劇「大菩薩峠」が封切られている。その後も、戦争関連の勇ましい映画が上映されるとともに、チャップリンの「モダンタイムス」も上演されていた。映画のみならず、劇場もまた活気に満ちていた。昭和十年十一月三日には「名古屋宝塚劇場」が開場している。宝塚少女歌劇は名古屋でも人気であった。このようにして、名古屋は芸能都市として栄

図Ⅷ－18　名古屋の映画館

『名古屋新聞』昭和12年3月17日（夕刊）に掲載されている松竹座の映画。題目は「ターザンの逆襲」。当時、洋画、邦画ともに映画館は繁昌していた。

図Ⅷ－19　名古屋宝塚劇場の登場

『名古屋新聞』昭和10年11月1日（朝刊）には名古屋宝塚劇場がオープンした広告が紙面貸切で掲載されていた。

え、「大歓楽境」とさえ宣伝されていたほどであった。

その一方で、名古屋には独自のモダニズムを開拓する精神が芽生えていた。東京経由ではなく、独自に西欧文化に接触していくなかで、純粋な好奇心と探究心によって支えられた名古屋のモダニズムの存在意義を説いたのは馬場伸彦であった。馬場は、フランスの詩人・エリュアールとの交際を通して名古屋の土地にシュールレアリズムの世界を植え込んだ山中散生の仕事を高く評価している。名古屋の詩人と言えば春山行夫がいる。春山は雑誌、『青騎士』の編集に携わった経歴があり、最先端を突き進んでいたモダニズムの詩人として今も評価されている。一九二〇年代、三〇年代の名古屋は、こうして伝統と近代が混淆として交りあいながら、独自の境地を切り開く雰囲気に満ちていた。「昭和初期の名古屋は、詩誌や詩集の発刊が相次ぎ、新興芸術の詩派、つまりモダニズムの詩人が最も生気ある活動を展開した時代であった」（馬場伸彦　一九九七：四九）。

図Ⅷ－20　電気の照らす夜の名古屋市街

東邦電力株式会社名古屋支店の発行した小冊子、『明粧　夜の名古屋』はネオンの綺麗な夜景を紹介している。写真は小冊子の表紙で、広小路通りの夜景を映し出している。
出典：国司経夫 1937。

こうした詩の世界に紛れ込んだような写真集が、ちょうど博覧会開催に時期を合わせて出版されている。『明粧　夜の名古屋』と題した写真画帖は東邦電力株式会社名古屋支店が出版元になっていて、会社の宣伝冊子には違いない（国司経夫編　一九三七）。「街のネオン」、「電気サイン」、「外郭照明」、「特殊な照明」、「明るさ　東洋一の名古屋駅」、「街路照明」と名古屋市内の夜景の華やかさを収めた写真冊子は、電力会社からの出版物にふさわしい内容だとしても、その映し出された夜景の表情は詩的情緒を誘う。表題に使われた「明粧」という言葉は、その内容を直截的に伝えている。こうしてみると、人口が百万人を超え、国際都市にまで成長した名古屋の繁栄を印象づける写真帖ということになる。街路照明、電気ネオン、ビルディングの外郭照明、これらは「文化の象徴たる夜の都市美」を代表している。豪華壮麗な殿堂として開催された博覧会にふさわしく、夜の街並みもまた、光の芸術のように輝いていると、この写真画帖は訴えかけているようだ。

『歓楽の名古屋』という怪訝な標題を持つ書籍も、この博覧会に合わせて出版されている。この書物は「汎太平洋平和博覧会記念」という名辞が、あたかも副題のように表紙には記されている。けれども、博覧会という文字は序論に当る部分で一カ所出てくるだけにすぎない。では、何ゆえに博覧会という表題を掲げたのであろうか。本書を読み進んでいくと、ある意図が読めてくる。博覧会を見学しに来た他府県人に向け、名古屋の紹介を企てたと断っているように、表向きの編集目的は、名古屋の土地に疎く時間的余裕の乏しい観光客のため、要を得た市内案内をすることにあった（稲川勝二郎　一九三七）。

図Ⅷ－21　名古屋の繁華街、中村遊廓と大須観音（絵葉書）

（上）：中村遊郭。
（下）：大須観音。大須観音は、東京の浅草寺、大阪の千日前と並んだ日本有数の繁華街であった。ここには多くの劇場も建てられていた。

この書物は、三部構成になっていて、「昼の観光」「夜の観光」「名古屋うまいもの案内」に分かれ、そして「附録」として「旭郭遊女名鑑」が記載されている。この目次を見ただけで判断されるように、協賛会や市役所が発行する公式の市内観光の案内書とは違っている。「昼の観光」は半日コースと一日コースに分け、名古屋城、熱田神宮、大須観音など名だたる名勝が紹介されているのだが、「夜の観光」になると話は一変する。主題は盛り場情調であって、花柳街など歓楽街での芸者遊びが要領よく記述され、とくに中村遊郭（旭郭）は明細図をもとに詳しく紹介されていた。その記述から、名古屋市民ではなく、地方から来た博覧会見学者、とりわけ男性を対象にしていることが読み取れる。

芸妓の世界だけで終わるなら、近世からの遊興の世界が連綿として続いているという印象を与えるが、そればかりではない。一般大衆が利用する食堂が列挙され、さらには鳥料理、てんぷら、すし、おでんなどの店の名前も載っている。この書物には、またカフェー、バーの紹介もされている。広小路をはじめとした名古屋の繁華街には多くのカフェーが点在していて、その案内書としての役割を果しているのが、この書物の特徴である。カフェーが最初に店開きした場所は、名古屋でもっとも有名な名勝地、大須観音の界隈であった。

『歓楽の名古屋』で著者は、名古屋で喫茶店、カフェー、酒場などが日ごと、夜ごとに伸びゆく姿を強調している。すでに述べたように、実際に昭和期の名古屋はカフェー文化が流行の花形であった。だが、記述はそれだけにとどまらない。名古屋のカフェーでは親しみ深い接待が期待できる、と言いたげである。東京、大阪などと外見は同じであるにしても、「チップは普通五十銭から一円、女給君のせぶり方は東京よりは温和」（稲川勝二郎　一九三七：一九）だという著者の言い分には、近代を突っ走る名古屋は東京よりも優雅だという自負が感じ取れる。博覧会を契機として、見学者は名古屋の街を様々な面から堪能していくことができるが、この一風変わった名古屋案内は、これぞ観光の醍醐味だということを実感させる手引書であった。

博覧会は会場の内と外とで多面的な顔を見せている。修学旅行生は会場で近代科学の粋を観察して科学の世界に驚いて、目からうろこが落ちる思いを抱いたことであろう。大人たちは夜の街を堪能したことであろう。子どもたちはペルーの見慣れぬ動物を見て驚いたことであろう。展示は多方面にわたり、綜合的な角度から見学者に情報を与えていた。たとえ作り物であってもパラオの集会所の前に立った人類学者は、もしいたとしたらの話だが、世界とのつながりに思わず感嘆し、喜んだことであろう。昭和十二年の名古屋は輝いていた。

注

（1）この日の『名古屋新聞』（明治四十三年三月十六日）は、第一面の見出しは「大、壮、美」から始まっている。七面には特集記事を満載していて、「光彩陸離たる鶴舞公園」との見出しは歓喜の声が伝わってくる。

（2）『名古屋新聞』明治四十三年三月十七日は詳細に会場内の模様を伝えている。見出しに書かれた「聞け！歓喜に満たる市民の声を」は、会場の雰囲気を物語っている。

（3）「汎太博を機会に観光課新設」『名古屋新聞』昭和十一年十一月十二日。

（4）この「意見書」は、全文が山田進（一九四二：一一四三―一一四四）に再録されている。名古屋汎太平洋平和博覧会（一九三八ａ：二―三）でも読むことができる。原文はカタカナである。

（5）「汎太平洋博を機に／全市の飛躍を期待　けふ大岩市長声名」『新愛知』昭和十年六月二十五日。大岩勇夫は昭和二年八月に名古屋市長に就任し、昭和十三年十二月まで在職していた。その間、昭和三年の「御大典奉祝名古屋博覧会」、昭和十二年の「名古屋汎太平洋平和博覧会」で会長として主導的役割を果した。そのほか、中川運河とその沿岸地域の工業用地造成を完成し、名古屋市の発展に寄与した。この功績は亀田忠男（二〇〇一）が詳しく論じている。

（6）大岩市長の声名では「汎太平洋平和博覧会」と、「平和」の二文字が含まれている。しかしながら、建議された当初の文言は「汎太平洋博覧会」と書かれていて、「平和」の二文字は見当たらない。『新愛知』昭和十年四月二十七日の「汎太平洋博へ歴史館を設けよ」の記事では「平和」の文字が加わっているので、その頃には名称の修正が行われていたことは確かである。「平和」という名称を追加した名称変化がいつ、何の目的でなされたのかは、残念ながら不明である。

（7）「汎太博の内国宣伝　帝都を皮切りに大掛りな呼びかけ」『名古屋新聞』昭和十一年四月五日。

（8）博覧会を契機にして随分と多くの観光用パンフレットや小冊子が発行されていた。小冊子としては、『名古屋汎太平洋平和博覧会読本』（名古屋汎太平洋平和博覧会事務局）、『名古屋汎太平洋平和博覧会』（名古屋汎太平洋平和博覧会事務局）、『観光の名古屋とその附近』（名古屋汎太平洋平和博覧会観光部）、パンフレット・リーフレットとしては、『名古屋汎太平洋平和博覧会案内』（発行所不明）、『名古屋名勝案内』（名古屋汎太平洋平和博覧会）、『名古屋　汎太博と名勝案内』（松井広文）、『名古屋汎太博と観光の岐阜』（発行所不明）、『名古屋市（鳥瞰図）』（汎太平洋平和博覧会事務局）、など、数多く出回っていた。

（9）「駅弁を通じ　汎太博を大宣伝」（『新愛知』昭和十二年二月二十二日）によれば、駅弁用レッテルを米原、岐阜、大垣、静岡、浜松、豊橋、木曽福島、塩尻、中津川など、比較的近辺の各駅へ配布する、とある。

（10）『名古屋新聞』（昭和十一年十一月十二日）には「汎太博を機会に　観光課新設」と題して、観光課の新設と予算要求についての記事がある。また、『新愛知』昭和十一年十一月十二日には、「観光名古屋宣伝と商工業の飛躍へ」と題して、名古屋の紹介に努力するため観光課を新設し、貿易の振興のため斡旋所の充実を図り、助成金を計上する、という記事が掲載された。

（11）一九三七年七月、北京市郊外の盧溝橋で日中両軍が戦闘状態にはいった。日中戦争の勃発である。汎太博は日中戦争の前に行われたが、これ以後、娯楽的な要素を持つ博覧会は自粛され、あるいは延期もしくは中止に追い込まれていく。その問題は次章で扱う。

（12）『名古屋新聞』（昭和十一年九月二十三日）には、「姐さん連にＡＢＣ　明春に備へ新サービス仕込む」という記事が掲載されている。

(13)「大サボテンや珍獣がお目見得　中南米館24日開館」『新愛知』昭和十二年三月二十一日。
(14)「カナダの珍物　トーテムポール着く／汎太博外国館を飾る」『新愛知』昭和十二年二月十四日。
(15)「ホラまた珍獣が来ましたゾ！」『新愛知』昭和十二年三月十日。この時は、アルパカのほか、リャマ三頭、ペルー鹿も送られてきた。
(16)「邦人発展の大模型を展示」『新愛知』昭和十二年三月十七日。
(17)「我国最初の機関車　昨日会場へ到着」『新愛知』昭和十二年三月三日。
(18)「汎太博開館式に低温現象の実験」『新愛知』昭和十二年三月二日。
(19)「人間の大眼球　汎太博近代科学館」『新愛知』昭和十二年三月三日。
(20)「蝋化人体　余りに痛ましいと　一般公開を禁止」『新愛知』昭和十二年三月十九日。
(21)現在、名古屋市にある「名古屋市科学館」には、「人体のしくみ男子像・女子像」として透明な人体模型が展示されている。知りたい器官の解説ボタンを押すと、そこが点灯し音声解説が流れる仕組みであって、原理的には汎太博展示の発想法に似ている。
(22)「人間の体の組織が一目で分かる／すばらしい人造人間」『新愛知』（昭和十二年二月七日）。
(23)『名古屋新聞』昭和十一年六月十三日。
(24)『名古屋新聞』昭和十一年七月二十三日。
(25)『名古屋新聞』昭和十一年十一月八日。
(26)「汎太平洋博へ歴史館を設けよ」『新愛知』昭和十年四月二十七日。
(27)「汎太博の魁　神祇館まず蓋明け」『新愛知』昭和十二年三月十三日。
(28)「汎太博を機会に観光課新設」『名古屋新聞』昭和十一年十一月十二日。

第九章 戦場の博覧会とまぼろしの博覧会

昭和十二年七月七日、北京市郊外の盧溝橋を挟んで勃発した日中の軍事衝突、当時「支那事変」と呼ばれていた戦闘の開始は、宣戦布告なしの戦争、日中戦争を引き起こした。この日中戦争を契機に、博覧会そのものにも変質が起こった。今までにない類型の博覧会が出現し、それまでの予定されていた博覧会の多くは中止を余儀なくされてしまった。

今までにない類型の博覧会とは、日中戦争を主題にした戦時博覧会、内容本位に言うと戦場を見せる博覧会のことである。昭和初期に行われた国産振興東京博覧会では国防館が登場し、それ以後の多くの博覧会でも国防館は主に武器の展示館として会場内の一画に存在してきた。だが、それらは、あたかも百貨店が呉服の展示をするように、優秀な武器を展示するのが目的であった。なかには呉市主催の「国防と産業大博覧会」のように、魚雷を発射して海軍の演習を実見させる場面もあった。けれども、それらの類いは軍事力を見せつけるだけの娯楽ショーの域を出るものではなかった。その意味では、産業、観光、郷土など、多彩な展示館の一翼に位置するものでしかなかった。

しかしながら、日中戦争の勃発は博覧会の在り方そのものを一変させた。昭和十三年以降に登場した博覧会は武器の展示というよりも、戦場を見せる展示へと変わっていった。博覧の名称自体が変化し、「事変」や「聖戦」、あるいは

「興亜」を名乗る博覧会が登場し、会場内には「支那事変館」を設ける博覧会も登場した。そこでの主役は「戦場」であった。戦争そのものを見せる博覧会の登場である。この事実は福西がはっきりと説明している。支那事変に関わる聖戦博覧会とその直後の大東亜博覧会は、銃後にいる国民に「戦場を見せ、体験させる働きを持っていた」（福西加代子　二〇一五：五〇八）。福間良明の指摘も同様である。例えば、西宮球場で行われた「支那事変聖戦博覧会」では実物大のトーチカや地下塹壕が作られていて、戦地にいるという高揚感を醸成していた。「博覧会は、銃後の国民に身体的な疑似戦場体験を促すメディアであり、それは、視覚に限定されたニュース映画とは大きく異なっていた」（福間良明　二〇一五：二六四）。

　一方、従来通りの博覧会はどのような道筋を辿ったのであろうか。名古屋の汎太博は日中戦争の直前に行われたので企画通りに展開したが、その後、とくに昭和十三年に着手予定であった博覧会

図Ⅸ－1　「航空日本大展観案内図」（ポスター）と生駒山山頂の遊園地（絵葉書）

起源2600年を記念して奈良県の生駒山上とあやめ池の二ヶ所で「航空日本大展観」が行われた。あやめ池では「海軍艦」「立体野戦場」などがあり、生駒山上では「航空道場」「グライダー場」などがあった。図は生駒山上を舞台にした宣伝のポスター。山頂には遊園地があった（絵葉書）。

はおおむね中止を余儀なくされた。昭和十三年には「国民精神総動員」が発令され、生活物資は統制下におかれ、そのため会場設営用の資材が不足したことに原因があった。だが、それ以上に、博覧会のもつ娯楽的要素が戦時下ではふさわしくないと見なされ、軍当局や警察の横やりが入ったことに根本的な理由があった。計画は途中で変更を余儀なくされてしまい、結果として中止に追い込まれてしまった。そのため、公式な記録はあまり残されてはいない。いわば歴史から消された「まぼろしの博覧会」であった。

もちろん、この二類型でこの時代を説明できるものではない。昭和十五年は「紀元二六〇〇年」に当っていたので、盛大な祝典が日本中で展開されていた。中止になったとはいえ、東京オリンピックと万国博覧会が開催予定であったし、大阪・枚方公園では「肇国聖地　日向博覧会」が開催され、奈良県の生駒山では「航空日本大展観」が「紀元二六〇〇年記念」と「航空創始三〇年記念」を兼ねて、いわば航空ショーとして行われていた。ほぼ同時期には、満洲や朝鮮でも博覧会が行われていた。こうしてみると、この時代は一見して錯綜しているかのように見える。この章では、錯綜した時期の博覧会の特徴を見定め、かつ今まであまり言及されてこなかった「まぼろしの博覧会」を復元していくことを目指している。これらは、戦前では最後の地方都市主催の博覧会になるはずであった。

第一節　戦場体験の博覧会

支那事変を契機にして博覧会の形式は変貌を遂げていく。地方自治体や商工会議所が主催した博覧会は影を潜め、代わって登場したのは支那事変を主題にし、戦争に特化した博覧会であった。その博覧会には、名古屋新聞社、京都日日新聞社、大阪朝日新聞社などの有力新聞社が積極的に関与していたという特徴があった。新聞社は特派員を戦場に派遣していたので、その生の情報をもとにすれば、新聞やニュース映画よりも現実味をもった展示を供給できるという利便性を持ち合わせていた[1]。

なかでも、早い段階でこの種の博覧会の開催に邁進したのは名古屋新聞社であった。名古屋新聞社は戦争勃発とともに特派員を送っていて、七月三十日にはその現地報告を名古屋市公会堂で行っている[2]。この種の報告会、講演会は何度も繰り返し行われているばかりか、特派員の撮影したフィルムを編集して、松竹座、八重垣劇場、常盤座、世界館など有名映画館で戦況のニュースを毎週のように上映していた[3]。ただし、八重垣劇場では「マドリッド最終列車」などの洋画も上映されていて、日常生活が戦時色一辺倒になったわけではない。とはいえ、新聞紙上では毎日、戦況が報道されていて、戦死者関連のニュースが続いていたし、武勲を称える記事は頻繁に掲載されていた。

社会を取り巻く雰囲気は戦局の長期化とともに大きく変化し、博覧会の主題に据えられていく。名古屋市では、十一月六日から十二月十日まで「支那事変軍事大博覧会」が開催されることになった。主催は皇国軍事普及会であり、名古屋新聞社と第三師団が後援している。場所は名古屋市栄町の大平生命敷地であり、戦線のパノラマと戦利品の一部が展示された。『名古屋新聞』は「銃後へ贈る事変絵巻」と題して、博覧会の模様を声高く宣伝していた[4]。この会期中、『名古屋新聞』は従軍記者の講演会を頻繁に開いているし、名古屋新聞社は『日支事変画報』を発行している。それは、新聞社の特派員が総出で蒐集した写真をもとに構成されていた[5]。

示し合わせたわけではないが、京都でも同時期に、同じ博覧会が行われていた。次節で詳述するように、昭和十三年に企画していた「春の京都大博覧会」が戦争のため十月に延期声明が発表されたが、その直後、京都市庁とは関わりなく、京都日日新聞社は「支那事変博覧会」の開催を宣言する。十一月六日から十二月二十日まで、陸海軍当局の支援のもとで行われた博覧会は、「全支戦線めぐり」を謳いつつ、「日本一の豪華パノラマ」の形式をとって戦場を見せることに目的が置かれていた[6]。戦死者の遺影、遺品、血染めの軍服が展示されたほか、戦場を彷彿させる大パノラマが飾られ

図Ⅸ－2　台北で行われた支那事変博覧会（絵葉書）

支那事変博覧は日本内地ばかりでなく、台湾でも昭和13年7月1日から20日まで台北市公会堂を会場にして、「事変一周年記念」として、「台湾日日新報社」主催で開かれていた。展示の中心はジオラマなど戦闘場面であった。

た。日本一を誇るという触れ込みで、居ながらにして中国全土での戦線が見渡せるように、百二十坪の建物いっぱいにパノラマ画面を展開したのである。[7] 博覧会場の様子は毎日のように伝えられ、派手な報道を繰り返していた。「萬都の人気ここに集めて／銃後に捧ぐ〈聖戦の全貌〉」（十一月六日）、「銃後百万の待望裡に／大殿堂今ぞデビュー」（十一月七日）、「皇軍の武勲を語る　本社主催　支那事変博／壮烈なる大野戦宛らに／爆発する赤心の感激／目頭を熱くして見入る」（十一月七日）、こうした勇ましさを強調した記事の連載が続いていた。

この翌年には、さらに地方にまで支那事変博覧会の開催は広がっていく。昭和十三年四月一日からおよそ一か月間、岡山市では、岡山商工会議所が主催して「支那事変と産業博覧会」を開催している。この期間、岡山県の地方紙、合同新聞社主催で「支那事変と学童展」も開かれ、学童自身が製作した絵画や習字が展示されていた。この二つ

図Ⅸ－3　「支那事変聖戦博覧会」の会場鳥瞰図

阪急西宮球場とその外園が会場。

出典：大道弘雄編 1938：表紙・裏ページ。

図Ⅸ－4　「支那事変聖戦博覧会」に出現した大パノラマ

西宮球場の外野席全体を使って大陸を模したパノラマが展開し、フィールド内には戦闘光景が展開した。
出典：大道弘雄 1938：18-19。

の催しは、ともに時代の風潮に順応しての開催であった(8)。日本内地ばかりではなく、昭和十三年七月一日から二十日まで、「事変一周年記念」として、台北市公会堂で台湾日日新報社が主催し、「支那事変博覧会」が開催されていた。

月日はやや経過して、熊本では昭和十三年十月一日から三十日まで、熊本商工会議所主催で「支那事変と産業博覧会」が開催されている。ここでの「産業」とは「国防産業」を指しているのは明白であるが、当地方の二大紙が競い合うかのようにこの博覧会を取り上げていた。『九州日日新聞』は「聖戦下意義深き／支那事変と産業博覧会」と伝えたのに対し、『九州新聞』は「非常時日本の真姿を一堂に集めた一大絵巻」と開会式の模様を熱狂的に紹介している。県内代用品で戦時産業を示す「資源参考館」を紹介し、会場内の第一の呼物として、木材を利用して製作されたトーチカやクリークなど実地体験の設備があると宣伝するなど、『九州新聞』は第三面全段を利用して報道していた(9)。

こうした一連の報道、そして博覧会開催が続くなか、最大限の盛り上がりを演じて見せたのが大阪朝日新聞社であった。昭和十三年四月一日から五月三十日まで、阪急西宮球場とその周辺広場で、大阪朝日新聞社が主催し、陸軍省と海軍省の後援で開催された「支那事変聖戦博覧会」は、戦場を疑似体験する博覧会の代表例であった。「国民精神総動員」、「無敵皇軍の勇戦奮闘」、「世界一の戦争パノラマと非常時日本の拡大鏡現はる」と銘打って行われた博覧会は、入場者が一五〇万人を超えるほどの熱狂ぶりを見せ、会場を興奮の坩堝に誘い込んでいた（樋口正徳編　一九三九：序）。

この博覧会については、三点の特徴が指摘できる。第一の特徴は兵器の展示とともに、「戦時と科学」、「戦時産業」

などを紹介しながら、「支那事変戦況巡覧大パノラマ」を球場内に設営したことである。巨大なパノラマを用い、南京攻略に至る一連の激戦場面を視覚に訴えて提示して見せたことが、観覧者を興奮させた。続いて、観覧者は「輝く武勲室」に入って戦死者の遺影に接して厳粛な気分にさせられる。これが第二の特徴で、そこには近畿を中心に中国、九州、四国の兵士ら六〇〇余名の軍人の遺影が飾られているのを目撃する。その傍らには戦死の際の状況が説明され、遺品、遺影、軍服、軍刀、ピストルなどの携帯品が置かれていた。戦場での武勲を語り、敵陣に突撃して戦死した勇敢さを賞賛する仕掛けが施されていたのである。第三の特徴は、「野戦陣地大模型」に接して、戦場体験をすることにあった。球場外延の広場には「模擬野戦陣地」が構築されていた。そこにはクリーク、すなわち「掘割」が造られ、トーチカも設えてあった。ここで野戦気分を味わうという仕組みができ上がっていたのである。

とりわけ、広い球場内と外野スタンドをいっぱいに使って製作されたパノラマは、大陸全体を俯瞰でき、その巨大さゆえに人々を驚嘆させた。このパノラマの企画担当者はランカイ屋（博覧会屋）として知られた研精社の鍛治藤信である。鍛冶は戦線を実際に視察していて、その経験を活かし、巨大なパノラマを製作し、人々を仰天させた。この製作に同じ研精社にいた中川童二は、当時を述懐し、こう説明している（中川童二　一九六九：二六五―二六六）。

スタンドは人造の山になり、背景には北支の山々が描かれた。フィールドには上海のクリークを表すために、青く染めた砂がまかれた。これは、ウースン上陸戦のために必要だったのである。

大工や画家、数十人が現場へ入っているのだが、あまりにも広すぎて、ちょっと見たところではどこに人間がいるのか分からなかった。それらの人たちと連絡をするにしても、自転車に乗って捜しまわるという状態であった。

観客は、山と山の間を通りながら戦場を眺めるような設計になっていた。

鍛冶藤信、そして研精社はその後も博覧会での巨大展示に関わっていく。昭和十四年には、同じ西宮球場で「大東亜建設博覧会」が開催されていて、この時も巨大展示が登場した。球場全体が武漢攻略の大パノラマと化したのである。この時の展示の状況を中川は語っている（中川童二　一九六九：二六八）。

フィールドには漢口を攻撃する最前線ができ、鉄条網を乗り越える戦車のうしろに、銃剣をひらめかす兵士の人形がならんだ。戦場には敵の兵器がのこされ、支那人部落には生々しい爆撃の跡がつくられた。スタンドには戴家山一帯ができ、そこから漢口を望めるようになっていた。

こうした巨大展示は今までの博覧会にはなかった。「郷土館」、「観光館」で見た展示は規模の小さいものでしかなかった。あるいは、戦争を主題にしても、戦利品をいくら並べてみたところで、それは博物館の「物」の展示と変わりはない。しかし西宮の場合、展示の質と規模の面からして従来とは違っていた。それゆえ、「擬似的な環境を、この世に出現させるディスプレイ技術史のなかで西宮において藤信がなしとげた大仕事は、革新的な先例」（橋爪紳也　二〇〇一：一四〇）であった。

球場全体で戦場を擬似的に表現するなら、発信するメッセージは重みを増してくる。この巨大展示が持つ迫力は軍部の意向を忠実に反映させた、戦争遂行を目的としたプロパガンダという観方もできる。しかし、戦後まもなく、昭和二十五（一九五〇）年に同じ西宮球場で「アメリカ博覧会」が開催されていて、両者の展示手法には共通性が多くあったことを考えておく必要がある。アメリカ博覧会は、アメリカの消費文化を謳歌する展示で満ち溢れていたが、アメリカの自然を巨大なパノラマで見せる仕掛けもあった。(10) 一見すると、戦争の前と後に行われた西宮球場での二つの博覧会は、相反する理念を宿しているかに思える。一方は「戦争」「大東亜」「戦時動員体制」、他方は「平和」「アメリカ」

てしまったと考えてもよさそうである。しかし、大衆の嬉々とした姿に着目した時、河田明久の解釈は暗示的である。結論は躊躇して下していないが、統治者が向ける「啓蒙の試みを換骨奪胎して娯楽」に仕立て上げてしまう「ビジネスモデル」の適用を河田は示唆している（河田明久　二〇一一：一一一）。「支那事変聖戦博覧会」から「アメリカ博覧会」への変化は、戦時体制から戦後民主主義へという変化に裏打ちされているかのように見えても、大衆の娯楽へのこだわりが変わることなく連続している状況を読み取ることは可能である。

これと類似した現象は、すでに富山県での博覧会で見ておいた。富山市の日満産業博覧会は、満洲国との貿易の発展を目指す大義名分が一つの目標として掲げられていた。それは国策に順応し、満洲への啓蒙を目的とした博覧会であった。戦後、近接する高岡市で開催された「高岡産業博覧会」では状況は一変していた。「アメリカ館」が建てられ、アメリカの近代的生活様式がふんだんに紹介されていた。この過程はまさに西宮と同じである。富山県下の博覧会を西宮の博覧会と比べてみると、戦後の「アメリカ」という指標は変わらず、戦前においては西宮の「戦争」が富山の「貿易」と対照的になっているのに気づく。両者とも国策に順応したと言ってしまえば、それまでだが、この両者の主題、すなわち「戦争」と「貿易」とは転換可能な位相に置かれていたと考えれば、別の解釈も成立するはずである。「戦争」も「貿易」も、そして「アメリカ」も娯楽活動の一環として人々は楽しんでいたのであって、国家、自治体、そしてメディアの思惑とは次元を異にして、人々は戦前も戦後も連綿として、それなりの時代の提供する娯楽を求めていたのである。

支那事変博覧会については、自治体としての呉市が主催した博覧会も取り上げておかねばなるまい。軍港を持ち、軍都として発展してきた歴史を呉市は持っている（中山富広　二〇一四）。呉市は本格的な博覧会、「呉市主催　国防と産業大博覧会」（昭和十年）を開催した経験も持っている。こうした経験を積み重ねてきただけに、新聞社の類いの即席

図Ⅸ－5　「呉市主催　支那事変大博覧会」会場図

この会場図の北側には、トーチカ、クリーク、塹壕などが配置され、実体験できるようにされていた。
出典：呉市役所 1940（折込図）。

的な博覧会に遅れを取るなどとは恥ずかしいことであったに違いない。新聞社の商業主義的な興行を嘲笑うかのように、呉市は本格的に戦場を主題にした博覧会を行う。それは、呉市主催で海軍省、陸軍省、商工省、文部省、呉鎮守府、第五師団の後援によって行われた「支那事変大博覧会」であって、「国民精神総動員」「軍事思想の普及」「軍需工業の奨励」を三本柱とし、昭和十三年三月二十五日から四月二十三日までの短期間、市内の二河公園で行われた[11]。この三本柱は、会場に建てられた展示館によく表されている。「子供の国」を除けば、いずれも支那事変に関わる展示館であった。「支那事変記念館」、「戦利品館」、「兵器館」、「航空館」、「軍需工業館」、「パノラマ館」が建ち並び、それ以外に「野外戦線大模型（実物）」、「支那事変ニュース館」、「軍事劇場」など、戦時色

図Ⅸ－6　「呉市主催　支那事変大博覧会」の一場面（絵葉書）

会場の一区画には戦闘の場面が人形を配置し、再現されているので、見学者は見て廻ることで臨場感を高めていた。

の濃い展示館が林立していた。規模の大きさを誇るのは、呉市は博覧会開催の経験が豊富であったからである（呉市役所編　一九四〇：八）。

呉市会で開催が正式に決定されたのが昭和十二年十二月であったというから、この博覧会は急ごしらえであったという印象を与えかねない。しかし、展示に詳しい軍人を招聘し、北京をはじめとした大陸各地に派遣して、資料収集に努めたというから、出来合いの寄せ集めではなかった。むしろ、会場は一つの物語で構成されていた、と言ってよい。その最大の特徴は「野外戦線大模型」と称して、戦場を再現した仕掛けにあった。広大な地形を利用し、クリークやトーチカ、塹壕を築き、実物大の軍服姿の人形を百体ほど配置した会場はまさに戦場そのものの再現である。その人形は動力で動き、しかも数カ所には拡声器を置き、銃砲音や爆音を轟かせていたというから、臨場感を出すための仕掛けは工夫されていた。ここでは、観覧者は実際に戦場を模擬体験するわけである。しかしながら、この企画に対して、いささか芝居がかった見世物という批判もあるかも知れない。下手な比喩を使えば、お化け屋敷でのびっくり体験を応用した体験型の見世物と言ってよいのかも知れない。ただ、こうした批評は現代のテレビやスマホのゲームに慣れ親しんだ側からの観方であって、当時の人たちにとって、視覚と聴覚を刺激しての見せ場には迫力を感じていたはずである。パノラマで戦場を見せる手法は、この時代にはよく見られたことであったが、技術的に展示方法を見ると、大阪朝日新聞社よりも緻密であった。

第二節　まぼろしの博覧会

昭和十二年、日中戦争によって博覧会関係者、とりわけ地方自治体は苦しい立場に追い込まれていた。名古屋での汎太博の成功を見て、多くの自治体が博覧会の開催を企画していたが、そうした企画は水泡に帰してしまった。日中戦争での戦死者報道が繰り返されるごとに、娯楽的要素を秘めた博覧会は興行的な取り締まりの対象になり、延期になり、そしてついには中止に追い込まれたのである。昭和十五年の東京オリンピックと日本万国博覧会が中止せざるを得なかった時期、地方都市でも苦悶の日々が続いていた。中止された博覧会は、表Ⅸ―1で示しておいた。ただし、説明の順番は少し入れ替え、最後に仙台市を取り上げている。

1　京都市「春の京都大博覧会」

明治初期、日本で最初に「博覧会」を開催した京都は、その後「第四回内国勧業博覧会」（明治二十八年）を挙行し、昭和に至っても大規模な博覧会を経験している。昭和二年には「京都国産振興博覧会」、昭和三年には「大礼記念京都大博覧会」を相次いで開いている。前者は、京都国産振興会と京都工芸品聯合会の共同主催で、国産振興が唱えられていた時代を反映した博覧会である。後者は京都市主催で、昭和天皇の即位を祝賀して行った博覧会である。やはり国産振興と

表Ⅸ－1　まぼろしの博覧会　一覧表

1「春の京都大博覧会」主催：京都市。
予定：昭和13年3月15日－5月31日。
延期発表：昭和12年10月31日―――中止決定：昭和13年7月14日。

2「市制五〇周年記念　全日本産業観光甲府大博覧会」主催：甲府市。
予定：昭和13年3月25日－5月13日。
延期発表：昭和12年11月11日―――中止決定：昭和13年8月18日

3「神国博覧会」主催：松江市。
予定：昭和13年4月5日－5月29日。
延期発表：昭和12年9月25日―――中止決定：昭和13年7月14日。

4「東北振興大博覧会」主催：仙台市。
予定：昭和13年4月5日－5月31日。
延期発表：昭和12年10月28日―――中止決定：昭和13年7月13日。

5「日本海大博覧会」主催：新潟市。
予定：昭和13年4月20日－6月15日。
延期発表：昭和12年10月1日―――中止決定：昭和13年4月21日。

注：これらの資料については、以下の新聞などの当該日時を参考にしている。
『京都日日新聞』『山梨日日新聞』『松江市公報』、『山陰新聞』『昭和13年宮城県仙台市事務報告書竝財産表』『新潟毎日新聞』『信濃毎日』。

いう側面が強調されるなかで、美術、工芸などに京都らしさの表現が目立った博覧会であり、観光都市・京都を彩る祝祭であった。

この京都市は昭和十一年には大掛かりな記念事業を計画していた。「皇太子殿下御生誕記念事業」、「皇紀二千六百年事業」、「市制五〇周年記念事業」などがその候補として検討された。このうち、「市制五〇周年記念事業」としていくつかの原案が考えられ、「綜合大グラウンド」、あるいは「京都歴史博物館」の建設などが話題に上ったが、「大京都博覧会」を昭和十三年に開催する方向で検討が進められることになる。⑫その際、産業博であるとともに、歴史的な観光都市としての京都を表現するために、踊り、法要、祭りを組み合わせた京都色を打ち出す方針が示されている。審議の過程で、期間を一時的に限定した博覧会が果たして市制五十年の記念事業に値するのか疑問が出され、紛糾する一齣もあったが、⑬最終的に京都市会は開催決定にこぎつける。⑭ここに、名称は「春の京都大博覧会」、期日は昭和十三年三月十五日から五月三十一日まで、主催は京都市、協賛は京都商工会議所と京都府、および第十六師団とし、博覧会事業が船出することになる。

昭和十二年になると、京都市は大々的に宣伝活動を展開する。二百五十万円という未曾有の予算をかけての開催は、華やかさが漂っていた。⑮初期の予定では「オリンピック館」を建て、オリンピックの歴史を紹介する予定であったから、昭和十五年の東京オリンピックを意識していたことは、間違いない。同じように、万国博へも京都の工芸品を出品する予定であって、この時期、京都市は東京での動きに敏感であった。⑯もちろん、京都博への京都市の取り組みは熱がこもっていて、市議会議員を各地に派遣して出展の勧誘に努めていたほか、新聞紙上でも博覧会の呼物の紹介に余念がなかった。⑰

こうした準備段階を経て、京都市は本格的に博覧会事業をまとめていく。博覧会を運営する京都市産業部商工課は、「計画要項」と「規程」からなる「計画要綱」を発表している。そのうちの「規程」では、第一章の総則第一条には目

図Ⅸ－7　「春の京都大博覧会」のパンフレット（一部）

的が明記されていて、博覧会の名称からも推量できるように、主眼点は「春の京都観光」にあったことは明瞭である。句読点を補い、カタカナをひらがなに変換し、以下に記しておく（京都市役所産業部商工課　一九三七：一五七）。

　京都市市制実施五十年を記念し、併せて一般文化の発達に、特に産業観光事業の振興、及国防思想の普及を図るを以て目的とす。

この文面を見る限り、時代を反映して「国防思想の普及」に努めるとは書かれているものの、第一義的には、産業としての「観光事業の振興」に照準が当てられていたことが分かる。京都は、言うまでもなく観光都市である。昭和十一年の『京都日日新聞』は京都の栄華を誇らしげに語っている。例えば、「〃観光日本〃へ凱歌！／収入愈よ一億円突破／特に東洋諸国の外人が激増／朗らかな躍進ぶり」（昭和十一年七月二十四日、夕刊）という記事が見られる。あるいは「観光〃京都〃万歳！／上半期の好景気／入洛実に四百七十三万余／昨年を遥かに凌ぐ」（昭和十三年七月二十八日）という記事がある。こうした記事を通しても、観光客の増加を喜ぶ京都市の姿が強く印象に残る。

博覧会に際しても、京都市観光課は「京都へ」というパンフレットを印刷していた。内容は「観光の京都」の紹介であり、裏面には吉田初三郎の「京都名勝案内図」が描かれている。このパンフレットを作製した目的が「春の京都大博覧会」の宣伝にあったことは、間違いない。

商工課の作成した規程の第八条では、会長は市長が選任されると記した後、第十三条で詳細に出品内容が決められ、その出品物は十二の部類からなると明記されていた。第一種は「史実参考品」「貴重品」であり、第二種には、美術品、染織工業品、製作工業品、化学機械工業品、電気工業品、農林砿業水産品、保健及衛生、交通及運輸、観光、参考品が属していた（京都市役所産業部商工課　一九三七：一五八）。この第一種とは京都の歴史や文化財に関係する展示、第二種は従来通りの博覧会の展示と見て間違いない。国防はさておき、京都を舞台にした観光産業に重点が置かれた博覧会を意図していたことが推量できる。

京都市は観光用パンフレットのほかにも、絵葉書も作成し配布し、準備に取りかかっていた。しかし、日中戦争がはじまると、娯楽的性格を持った博覧会は「国民精神総動員」のもとでは時局にはふさわしくないとして、「春の京都博」の開催への風当たりが強くなっていく。京都府の予算でも時局以外の新規事業は中止となり、市議会の間でも中止か延期かをめぐって議論が起こされる状況になった[18]。

やがて、事態は急展開をする。『京都日日新聞』は昭和十二年十月三十一日付けの記事で、「支那事変が勃発して時局は益々重大化するので、関係当局は一年間延期を決意」と報道している[19]。さらに、日中戦争の先行きの目途が立たないなか、昭和十三年七月十四日付けの『京都日日新聞』は、驚きの表情を隠さずに、商工省博覧会管理課からの「時局に鑑み延期」せよとの勧告を伝えている[20]。京都市も含め、翌年に延期して昭和十三年には開催を予定していた仙台、新潟、松江、甲府の五都市は、この勧告には激しい衝撃を受けてしまう。さらに一年の延期とは、事実上の中止を意味するに等しい。この五都市でもっとも衝撃を受けたのは、会場の整備も整い建物の工事も完了していた甲府市であったが、他の都市もまた、準備に巨額の金銭をかけていただけに経済的痛手は大きかった。

2　甲府市と観光博覧会

甲府市は周囲を峻厳な山脈に取り囲まれ、風光美を活かせば観光都市として発展していく環境資源を持っている。しかしながら、山梨県側も甲府市も財政的に豊かであるとは言えない状況下に置かれていて、昭和十二年を予定していた博覧会開催に対して、当初は躊躇する声が上がっていた。この事態を打開して開催に持ち込んでいくには市長の斎木逸造の尽力があった。

博覧会開催には大義が必要で、そこで打ち出した方針は「市制五〇周年」を記念し、産業としての観光を名分とすることであった。かくして、甲府市主催で「市制五〇周年記念　全日本産業観光甲府大博覧会」の開催が決議され、期間は昭和十三年三月二十五日から五月十三日までと予定された。甲府市は、名古屋の汎太博で使用した建物を解体して運び、甲府の展示場にふさわしいように建て直し、準備に励んでいた。けれども、日中戦争の激化は予断を許さなくなり、延期か中止かと悩んだ末、市長は最終的に中止と決定せざるを得なかった。[21] 正式には昭和十二年十一月十一日の協議会で延期を決め、翌年の八月十八日の市会で中止を決定している。

中止によって、今までに出品勧誘や宣伝活動に使った費用、展示場建設にかかった費用、これらの欠損費用はかなりの金額になり、周囲からの失望の声は止むこともなかった（甲府市議会編　二〇〇二：四五四―四五五）。中止によって一番悲哀を感じたのは、反対派を説得して尽力してきた市長の斎木逸造であった。後になって、当時を回想して斎木は次

図Ⅸ－8　「全日本産業観光甲府大博覧会」（絵葉書）

のように述べている（山岸活洲編　一九五五：一五四―一五五）。

軍部は戦争の拡大を予期して国内体制も戦力一本に集中すべきの秋だとしていた。そこで今どき博覧会のお祭りでもあるまい。何とか思い止まってほしいという強談判を食った。今まで県や一部議員の反対を押切って来たのだが、軍部のこの正面きっての談判では致し方ない。軍部の圧力はこのころからしてもどうにもならなかった。しかし、全く残念だった。中止を声明したときには涙が出た。

斎木市長はよっぽど悔しかったのであろう。「今、思い出してもこの博覧会の中止は返す返すも残念に思う」と悔しさを滲ませて語っている。中止決定の声明は斎木市長自身が発していて、「涙が出た」と悔しさを隠しきれずにいる姿が印象的でさえある。博覧会を開催することで、甲府を全国的に知名度のある観光都市へ高めようと意気込んでいた斎木市長のもくろみは崩れ去った。

3　松江市「神国大博覧会」

松江市では、昭和十三年四月五日から五月二十九日まで、出雲神話を典拠として「神国」を看板に掲げた博覧会を実施する予定であった。昭和十三年は市制施行五十周年に当るうえ、「陰陽連絡鉄道」が全通することで記念すべき年と位置づけ、博覧会を開催して松江市の存在を全国にとどろかせようとしたのが出発点にあった。それゆえ、当初の計画では「松江市観光産業博覧会」と命名するはずであった[22]。観光開発の一環として出雲神話は動員されたのである。

昭和十一年四月二十六日、松江市の産業調査会は市長に対して、神国出雲を紹介することが観光立国の信義に適うという内容を添え、開催の建議書を提出している[23]。名称についてはいくつかの候補があがったが、その建議は受領され、

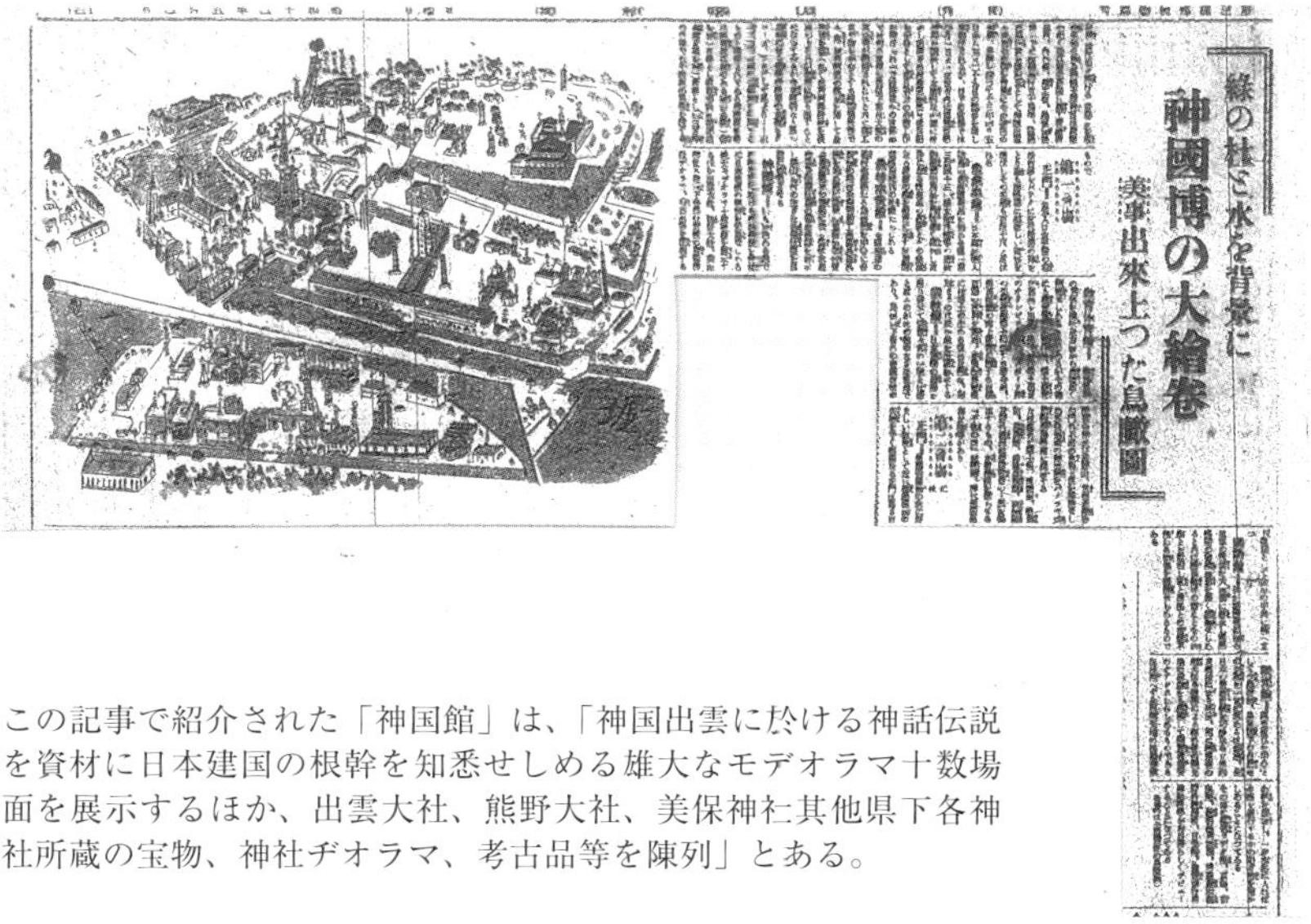
緑の杜と水を背景に
神國博の大絵巻
美事出來上つた鳥瞰圖

この記事で紹介された「神国館」は、「神国出雲に於ける神話伝説を資材に日本建国の根幹を知悉せしめる雄大なモデオラマ十数場面を展示するほか、出雲大社、熊野大社、美保神社其他県下各神社所蔵の宝物、神社ヂオラマ、考古品等を陳列」とある。

図Ⅸ－9　「神国博」の概要を伝える新聞記事

出典：『山陰新聞』昭和12年5月2日。

図Ⅸ－10　「神国大博覧会」のパンフレット（一部）

このパンフレットには、たまたま「防諜注意」という印判が押されていて、時代の空気が読み取れる。

松江市会協議会は「神国大博覧会」という名称で開催の決定を下した[24]。『松江市公報』には、その時に出された「趣意書」が収録されている。その「総則」の第二条には、博覧会の目的が記されている（渡部直　一九三六：二三）。カタカナをひらがなに直し、句読点を付けて引用したい。

本会は内外の物産及国防、教育、国勢、観光、文化資料等を展示し、国運の隆昌、産業の振興、文化の発達に資し、併せて神国島根を紹介するを以て目的とす。

この決定の後、松江市は観光地としての魅力を整えるため、準備活動に邁進する。道路事情の改善とともに、観光ホテルの建設、さらに宍道湖畔の埋立地に遊園地を建設するなど、具体的な方針を打ちたてていく[25]。こうして、期待に胸を膨らませた松江市にとって、すべてが順調に進展するかに見えた。

昭和十二年五月二日の『山陰新聞』には、会場の完成時の鳥瞰図を掲載している。鳥瞰図には、第一会場に「産業本館」「農林水産館」「神国館」「教育体育館」「宗教観」、第二会場には「国防館」「観光館」の建設予定が示されていて、出雲神話を再現するかのような博覧会へ、希望は高まっていった。新聞記事の見出しは、「神国博の大絵巻」と華やかな雰囲気を作り上げていた[26]。松江市は島根県と共同で宣伝隊を近隣諸府県に派遣し、出品勧誘をしている。建築資材も入手し、建物の着工にも取りかかろうとしていた[27]。

ところが、昭和十二年七月、日中戦争が勃発するや、開催を危ぶむ声が出始めてきたのである。これに対して、当局は国防色を濃厚にすることで乗り切ろうとし、予定通りの方針を確認している。実は同じ時期に博覧会開催を計画していた京都、新潟、仙台、甲府も同様な危惧を抱いていて、松江市の産業課長も加わり、開催の是非について打診していた。松江市も含め、五都市の協議がいかなる結論を出したのか、新潟の博覧会中止決定に関わる問題として次節で取り上げてみたい。ただ松江市だけは、一方では準備しながらも戦局の行方を見守るという静観的態度を取っていた[28]。それが十月にはいると、戦局の激化は松江市長に決断を迫る事態にまでに至る。市長が下した結論は開催延期であった[29]。ただし、準備が整っていたことで未練があったのであろう、翌年には開催するので、会場工事は鴻池組に依頼し、準備だけは進めることにしていた。

昭和十三年になると状況はますます悪化し、開催に向けて悲観的態度が顕わになってくる。それでも松江市は固い決意で開催に全力を挙げようと努力していた。『山陰新聞』の一連の新聞報道からは、当局の情熱と焦りを混ぜ合わせた複雑な心理が読み取れる。見出しを並べてみたい。

「神国博の宣伝開始／宣伝機関を三期に分けた上／大童の諸計画樹立」（『山陰新聞』昭和十三年三月十五日）
「松江神国博の諸事業計画協議／五日最初の評議委員会開催／愈々準備は本格的」（『山陰新聞』昭和十三年三月二十九日）
「時局色を盛込んだ神国博覧会全貌／両会場の施設を一瞥　事変〻に躍進　松江の底力を発揮せよ」（『山陰新聞』昭和十三年六月二十日）

松江市は開催実現に向けて必死であった。当初の趣意書に書かれていた内容を変更してまで、実現に突き進んでいこうとしていた。その時に考えついた概念は「銃後殿堂」であった。博覧会は観光事業の一環として行うのではなく、銃後において神国を支えるためという概念を上塗りして推進していったのである。あらたに提示された会場施設は初期の計画と大きく異なっていた。最大の変更点は、「戦捷館」「事変記念館」「事変戦利品館」など日中戦争を意識した展示館の創設であった。戦果を誇り、捕獲兵器をならべ、ジオラマを用いて戦闘場面を再現すること、こうした内容の展示館を増設し、開催への意欲を顕わにしたのである。初期計画との差異を示すため、新たに提起された会場施設について一瞥しておきたい(30)。

第一会場：神国館、産業報国館、農林機械館、教育宗教観、専売館、野外劇場、特設館、子供の国、国産館、日の丸館、古代舞楽館、不思議館、新聞特設館、迎賓館。

第二会場：戦捷館、事変戦利品館、事変記念館、戦利品野外展、観光報国館、戦捷塔、特設物（発明品実演館、海女館、支那事変館、大サーカス、コーチホイール）、遊覧飛行、遊覧観光船、グライダー実演。

入場者を呼び込むためには遊興設備も必要である。実際に「海女館」「サーカス」「子供の家」など、博覧会に馴染みの施設はある。最初の原案通り、出雲神話も再登場している。とはいえ、明らかに「事変記念館」など日中戦争を主題にした題材が多く取り込まれているのを見ることができる。言い換えると、「非常時の全貌」を会場内に描き出すことで、時代の波に迎合している松江市を指摘できるかも知れない。しかしながら、そこまでして博覧会開催にこだわる松江市の心情は何であったのか、洞察しておくべきである。それは、松江の知名度を全国的に高め、観光産業を通して都市の発展を図るため、念願の開催に向けて松江市は努力を重ね、ぎりぎりのところで妥協策を練った結果と見るべきであろうと思う。観光都市としての松江、時局に対応する松江、この両者のせめぎ合いに松江市の苦悩があった。おそらくは、開催に向けて軍部との折衝があって、遊興施設などを贅沢品としか見ない軍からの中止圧力があったことは考えられる。すでに見た甲府市の場合、中止の原因になった理由には陸軍からの圧力であった。ただし、松江市の場合、それを裏付ける証言は残されていない。

こうした努力にもかかわらず、状況は好転しなかった。昭和十三年七月四日の『山陰新聞』は、再び開催が暗礁に乗り上げたことを告げている(31)。新聞の報道は、「神国博が再び足踏み／物資統制で材料入手難の悩み／早くも又一部に中止の悲観論」と大々的に報じている。「国家総動員令」が発動され、種々の「統制令」が出されたため、資材が入手できない状況は如何ともし難い。昭和十三年七月十三日の『山陰新聞』は、「待望の神国博／非常時に押流さる／三年間の苦心力闘も国策の前に姿を消す」と大見出しで報じている。無念さが滲み出た表現である。その表現には、今までの苦心力闘が無に帰してしまった悔しさが凝縮されている。二日後、『山陰新聞』は「神国博遂に中止！／時局関係上萬已むなしと断定」と大きく報道した。戦争遂行という事態に地方都市が振り回された三年間であった。

4　新潟市と日本海貿易のもくろみ

戦前の新潟市は、富山市と並んで日本海に面した貿易港を持ち、人と物資の交流の拠点としての地位を築いてきた。とくに朝鮮北部との間には定期船が就航していたし、満洲移民を送り出す港湾としても重要な位置を占めていた。

その新潟市は、新潟県と新潟商工会議所との連携のもとで、新潟港開港七十年、および市制五十年を記念して博覧会、すなわち「日本海大博覧会」を開催しようとして昭和十一年の段階から計画を立てていた。期日は昭和十三年四月二十日から六月十五日と設定され、本館（全国特産品展示）、開港記念館（迎賓館）、農林館、国防館、近代科学館、逓信交通館、ラジオ館、観光館、日本海館、教育館、体育館、演芸館、水族館、仏教館が予定されていた。(32)計画は順調に進み、十月には白山公園を中心とすることで敷地問題も解決していた。

新潟市でも、日中戦争による影響で博覧会は延期せざるを得なくなった事情はほかの都市と同じである。昭和十二年十月の初めには博覧会の延期を決定する。(33)昭和十三年になって、戦況の激化は開催をめぐって賛否両論の対立を生み出

図Ⅸ－11　「日本海大博覧会全景」のパノラマ
出典：新潟県立図書館所蔵品。

し、同じ問題を抱えていた松江市、京都市、甲府市、仙台市とともに新潟市は、四月十八日に東京で会合し、戦局の長期化を見据え、松江市を除く四市はともに中止で意見の一致を見ていた[34]。

資料の記述は淡々としていて、新潟市が中止を決めた際の失望感を伝えていない。時間をかけて準備し、経済的にも多額の費用を投資してきた構想が中止になった時、当事者の憤懣はどこに向けたらよいのであろうか。おそらくは、想いは松江市と同じであったのであろうか、それを語る資料はない。

5、仙台市と東北振興

東北産業博覧会を昭和三年に開催した仙台では、昭和十一年末に「東北振興大博覧会」の開催を企画していた。昭和十二年四月になって、仙台市庁内に事務局が置かれ、七月には市会協議会を開き、全国を一二班に分け、手分けして出品勧誘することが決定されていた[35]。計画では、仙台市主催のもと、昭和十三年四月十日から五月三十一日までの期間を予定していて、その準備は着実に進められていた。公式な報告書は出版されていないが、準備状況は、残されている会場図面から推測することができる。その図面、「東北振興大博覧会場配置図」では、会場は四カ所に分かれ、それぞれ次のような展示館で構成されていた（図Ⅸ―13参照）。

図Ⅸ－12　「東北振興大博覧会」絵葉書

第一会場：追廻練兵場
工業館、保健衛生館、宮城県館、東北資源館、教育館、産業本館、農業本館、国防館、逓信館、ラジオ館、交通運輸館、近代科学館、水産館、森林館
第二会場
動物園
第三会場：西公園
時節館、美術工芸館
第四会場：榴ヶ岡公園
特設館

この配置構造からすれば、一般的な博覧会の展示構成をしているのだが、目立つ点を指摘すれば、「東北資源館」が設置されていたことである。このことから、東北地方の重要性を訴え、全国のなかで東北の占める位置を強調したい当局の意図が窺える。しかしながら、七月に「其筋ヨリ支那事変ノ重大性ニ鑑ミ博覧会中止セラレ度旨通牒」

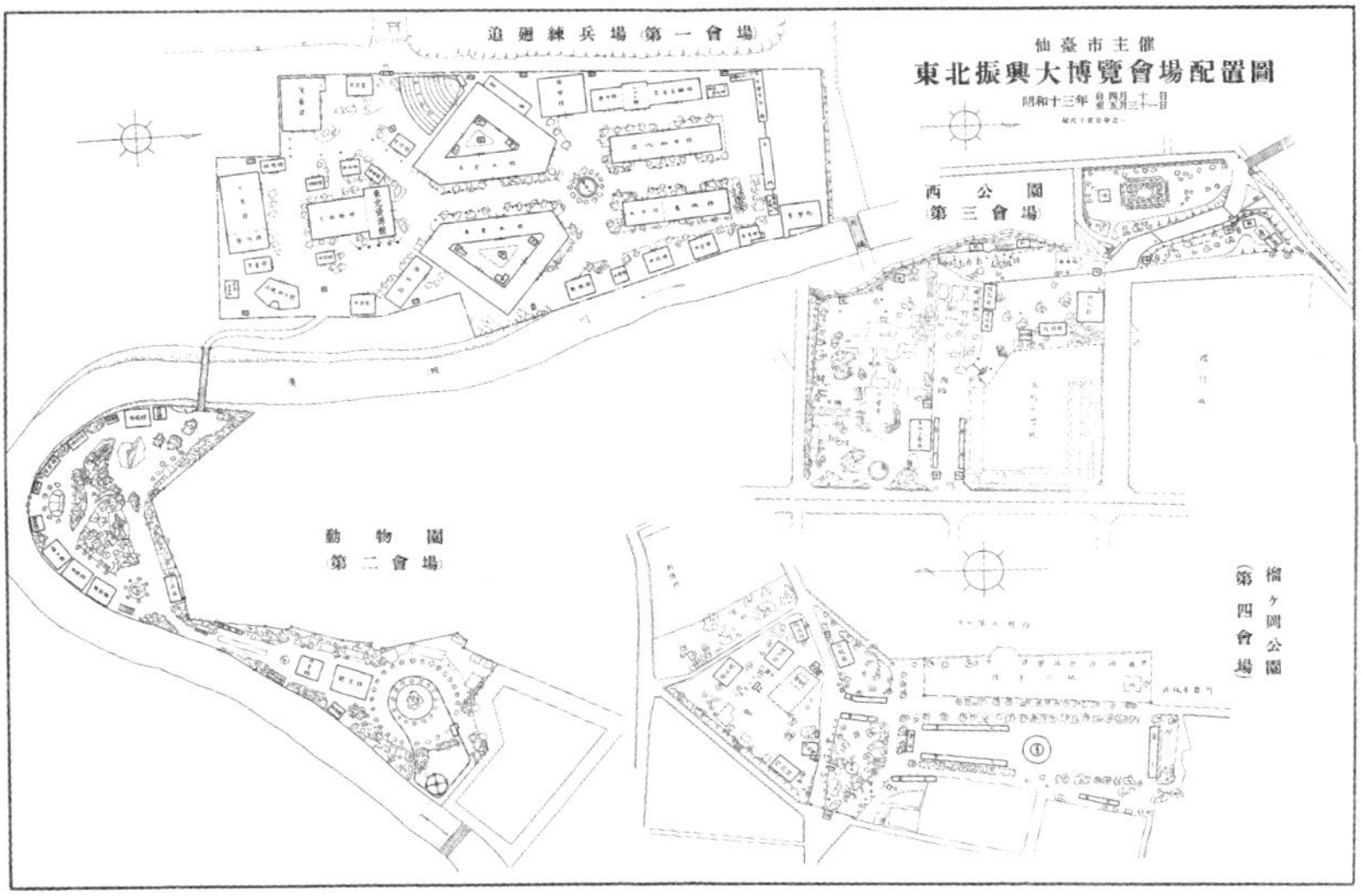

図Ⅸ－13　「東北振興大博覧会」の会場予定地図（大型ポスター）

会場は四カ所に分かれていた。この図をＶ－1の「東北産業博覧会」会場図と比較してみて、「観光館」「美術工芸館」が新たに加わっているが、「近代科学館」「交通運輸館」をはじめ、農林業関係の展示館が目につく。同時に、「東北資源館」が設定されていた。残念ながら「東北資源館」の詳細は陽の目を見ることができなかった。

があって、やむなく中止せざるを得なくなった。[36]「其筋」とは何を指すのか記されていないが、おそらくは軍部、あるいは商工省からの通達であったと推定される。

しかしながら、この通達ですべてが無駄になったわけではなかった。当時でも小規模な物産会は日本各地で行われていたので、それへの参加には積極的であった。例えば、昭和十四年十一月に一週間だけ仙台市公会堂で「仙台工産品競技会、全国名産品展覧会、振興産業展示会」が開催されているが、それへの出品を果している。[37]昭和十五年には、小倉市主催展覧会、神戸市の「東北物産見本市」にも参加している。仙台商工会議所主催で「興亜時局博覧会」が開催された時は仙台市商工課が助成金を出している。それ以上に興味ある事実は、昭和十五年にソウルで開催された「朝鮮大博覧会」に大量に出品していたことである。出品物は三一五六点に上り、販売点数だけで二三〇三点、金額で二〇四一円を稼ぐという好成績を収めている。とくに「埋木細工、木地呂漆箪笥、東華堆朱、玉虫塗、和傘、鮫皮靴、竹細工、毛筆、菓子、鯛味噌」などが好評であって、将来の販路が開けたと言い、実際に玉虫塗、和傘などの大量注文を受けたと喜びの表情を隠さないでいる。[38]大量の出品展示品には、中止になった東北振興大博覧会で用意された物品が多く含まれていたことが考えられる。仙台市の場合、転んでもただでは起き上がらなかった、と言うべきであろうか。

第三節　戦争と死者供養：軍都・高田市の語り

地方都市が主催する博覧会が開催不能になった代わりに、新聞社を中心にし、戦場を主題に臨場感を煽る展示の博覧会が続いたのを見てきた。名称は「興亜」、あるいは「時局」などを名乗った博覧会で、その基本は先に見た「支那事変博覧会」の形式を踏襲していた。この趨勢にあって、高田市（現・上越市）で開催された「高田市興亜国防大博覧会」はいささか異色であった。この博覧会が地方都市主催の最後であったので、ここに取りあげておきたい。

　新潟県の一地方都市の高田市は日米開戦の直前、昭和十六年四月十日から五月十日の期間に、高田観光協会の主催、陸軍省、海軍省、高田市、高田商工会議所などの後援で「高田市興亜国防大博覧会」を開催している。この開催の契機については不明なところが少なくない。『高田市興亜国防大博覧会誌』によると、昭和十五年十二月に名古屋市の「催物研究社」が訪れて来て、高田市観光協会に開催交渉をした、と記されている（上野周吾編　一九四一：一一二）。高田側は賛否両論の拮抗するなか、国防意識を高揚させるという理由で開催に踏み切っている。わずか三カ月という短期間に準備を終えて開催したことになる。

　博覧会について語る前に、高田市の歴史を見ておきたい。話は、明治時代に遡る。当時、日露戦争前からであるが、高田町（後の高田市、現在の上越市）は積極的に陸軍の兵営を誘致する活動をしていた。連隊規模（一二〇〇名ほど）の兵営でさえあっても、市町村の人口が一挙に増加することになるので、消費活動は高まり、産業の発達に資するというわけで、城跡地を陸軍に献納する方針をたてて誘致問題に取り組んできた。その誘致決定が下されたのは明治四十年のことで、第十三師団が駐留することになった。

　しかしながら、第一次世界大戦後の軍縮の趨勢のもとで、基地の縮小問題、言い換えると高田からの撤退が議論されるようになる。基地経済に依存してきた高田にとって、陸軍師団の撤退は死活問題である。高田側は師団存続を求め、大正十三年に「師団存置期成同盟」を立ち上げ、当時の在京県人会長で著名な財界人、大倉喜八郎に託して政府に陳情するに至る。だが、結

図Ⅸ－14　高田市郊外の金谷山スキー場（絵葉書）

日本のスキー発祥地として、高田市は有名である。

図Ⅸ－15　高田城の夜桜（絵葉書）

高田市は日本有数の夜桜の美しい城下町として観光名所であった。

局は第十三師団は廃止され、高田歩兵旅団などわずかな部隊だけが残った。その廃止に伴う高田側の経済的打撃は相当なものがあった。地元紙『高田日報』の記事を紹介しながら、新潟県社会科教育研究会は師団廃止の経過を詳細に記述している。その報告には、「高田へ落ちる金が八十万円減る／師団廃止の結果」（新潟県社会科教育研究会　一九八〇：一〇一）などの記事（大正十四年四月十九日）が掲載されていて、それを読むと、高田師団廃止の事態がもたらした厳しい結果が伝わってくる。とはいえ、高田は軍都としての存在意義が否定されたわけではなかった。

　高田市は別の意味で、軍都としての名を残すことになる。高田は、日本でのスキー発祥地でもあった。日本に本格的なスキー技術をもたらしたのはオーストリアのレルヒ少佐である。それは明治四十四年のことであり、翌年には日本最初のスキー競技会が陸軍部隊によって高田近郊の金谷山で開かれている。スキーは軍事目的で導入され、高田がその先陣を切っていたのであった[39]。

　高田はまた、夜桜の名所として知られていた。その歴史は、やはり軍都としての高田と結びついていた。明治四十二年、第十三師団の駐留を記念して在郷軍人団が旧城址跡に桜を植えたのが、その起源にあった。その後、大正十四年に「保勝会」が成立し、翌年に「観桜会」を開催している。数百のぼんぼりを立て、桜の樹間に電燈をともしたところ、堀の水に夜景の美しさが映えたことで、高田市の夜桜は有名になった（高田市史編集委員会　一九五八：八二〇―八二二）。保勝会は昭和二年に「観光協会」と改称している。この観光協会が、後に「高田市興亜国防大博覧会」の主催者になったのである。

こうした歴史的背景をもつ高田市で、昭和十六年の「興亜国防大博覧会」は開催された。その「開設要項」を読むと、当時の日本の状況が鮮明に映し出されているのに気づく。要点を抜き出してみると、次の通りである（上野周吾編　一九四一：六）。

1、国体を宣揚し日本精神の高揚に努めること。
2、忠勇なる皇軍の偉勲を偲び、高度国防国家の完成を促すこと。
3、銃後の緊張を強調するとともに生産力拡充に資す。

この開設要項を読むと、時局に合わせた博覧会であることが納得できる。実際に会場内の施設は、展示館の名称が表すように、この開設要項の方針に沿って建てられていた。すなわち、「聖戦パノラマ館」、「防諜館」、「防空館」、「陸軍館」、「海軍館」、「赤十字館」、「逓信館」、「放送館」、「拓務館」、「武勲館」、「建国館」、「新聞館」、「郷土資源館」、「演芸館」、「特設館」などが並んでいた[40]。もっともこれだけを見れば、戦時色が強いと印象づけられるが、「特設館」には「産業発明館」、「海女館」、「オートバイサーカス館」が含まれていて、国防意識を強調する軍事色の濃い性格と同時に、「海女館」に見るような娯楽的要素も兼ね備えていた。

娯楽的要素を持つ特設館としての演芸館は気になるところである。ここでは、東京日日新聞社はニュース番組を流していたほか、無料で毎日、当時の世相を反映した「少年戦線異状なし」、「防共十字軍」などの時局ものを放映していた。しかし、また本格的な演舞も鑑賞することができた。その代表は「高田芸妓連」による日本舞踊である。郷土情緒を満喫させる舞台は人々の拍手で迎えられた。「スキー民謡」、「雪月花」などの郷土の歌謡も披露された。音楽隊による演奏もあったし、漫才の興行も行われていた（上野周吾編　一九四一：一七六、二二九—二四九）。

「アンゴラ実演館」という聞きなれない実演も行われていた。高田市はアンゴラ兎の飼育を目指していて、そのウサギの毛を刈る実演が行われていたのである。ほかにも、迫力のある「オートバイサーカス」は見どころであった。それはオートバイによる曲芸であって、驀進するオートバイに人々は興奮せざるを得なかった。一番の出し物は「海女館」での真珠貝採取の実演である。三重県志摩から海女を招いて、タンク内の水槽で採取の実演をさせてみせたのである（上野周吾編　一九四一：一七八―一八〇）。

これだけを見れば、昭和十二年ころまでの博覧会と大きな違いは認められない。しかし、博覧会の正式名称どおりに、やはり主題は「国防」意識の昂揚にあって、「聖戦パノラマ館」、「陸軍館」、「防諜館」、「防空館」、「武勲館」と多くの展示館が並んでいた。なかでも人目を惹いた展示館は「武勲館」であった。高田連隊区管内からは多くの戦死者が出ている。主催者側は遺族を訪問し、遺品の蒐集活動を行った結果、全部で二八八人からの承諾を得ることができ、その戦没者の遺品、写真、軍刀、遺書などを展示したのが「武勲館」であった。こうした遺品の展示は当時の博覧会では一般的であったが、この博覧会では奇妙に思える光景が出現していた。館内には忠霊塔が建てられていて、その前で、毎日、僧侶が読経し、見学者は焼香をしていたのである（上野周吾編　一九四一：一三八）。戦死者をカミ（軍神）として祀るのが靖国神社であってみれば、ここに現れたのは神道系の祭祀から大きく逸脱した光景である。僧侶の読経とは仏教的な死者祭祀、すなわちホトケの供養であって、戦死者はホトケとして供養の対象に置きかえられていたのである。靖国神社との差異は何を意味しているのだろうか。

話題を変えてみよう。太平洋戦争のさなか、「戦争記録画（戦争画）」を描く有名画家が数多く登場し、戦場を描いた絵画は美術館で展示され、一般に公開されていた。乳白色の裸婦を描いて一躍フランス画壇で名声を博した藤田嗣治は、戦争記録画を描いていた一人で、アッツ島での戦闘場面の絵画はよく知られている。戦後すぐに戦争協力者として糾弾された藤田については両極端の評価がある。そのなかで、平山周吉は藤田の再評価を志し、「世界に発信され、し

図Ⅸ－16　藤田嗣治「アッツ島玉砕」制作年 1943 年
所蔵：東京国立近代美術館（アメリカ合衆国無期限貸与）、（本図は複製絵葉書使用）。

かるべき評価と批判を受ける」に相応しい作品と位置づけている（平山周吉　二〇一五：四一五）。林洋子の詳細な解説もまた参考になる。すでに見たように、名古屋の汎太博が開催されていた頃、ブラジル政府の要請でコーヒー農園の大壁画を描いていた藤田を林は論じていたが、「藤田が追及してきた大画面の群像表現のひとつの到達点」と位置づけたうえで、その戦争記録画がもたらした社会的効果を指摘している。結論を言えば、「敗退を続ける日本軍の〈供養碑・塔〉の役割」を担っていたという見解である（林洋子　二〇〇八：四二一―四二三）。今後もまた、藤田の戦争記録画の再評価は続いていくことであろう。

ここで問題にしたいことは、「アッツ島玉砕」にまつわる挿話は、高田市の博覧会で見られた光景と同じであったということである。ある時、記録画巡回展が青森で開催されていた時、たまたま藤田は展覧会場に足を運ぶと、その会場には「アッツ島玉砕」の絵画が飾られていた。その絵画の前で、藤田はとある光景に遭遇し、激しい衝撃を受ける。その絵画を前にして、祈りをささげる老男女の姿を見たからであった。落雷の閃光を受け全身が打ち砕かれた時のように、激しい衝動を藤田は体験する。心から噴出してくる魂の叫び声を藤田は、こう表現している（夏堀全弘　二〇〇四：三二二―三二三）。

アッツ玉砕の図の前に膝まづいて両手を合せて祈り拝んで居る老男女の姿を見て、生まれて初めて自分の画がこれ程迄に感銘を与え拝まれたと言ふ事はまだかつてない異例に驚き、しかも老人達は御賽銭を画前に投げてその画中の人に供養を捧げて瞑目して居た有様を見て、一人唖然として打たれた。

この画丈けは、数多くかいた画の中の尤も快心の作だった。

この老男女は、アッツ島での戦死者の遺族であったかは分からない。しかし、その敬虔な祈りを捧げる姿は藤田の心を揺り動かした。そう、これは戦争を賛美する画ではないし、反戦を訴える画ではなかった。これこそ宗教画であって、死を前にした兵士の恐怖心を描いた作品そのものであった。絵画にこもった緊迫感に心を打たれた老人は、跪いて祈りを捧げるよりほかに、自己の感情を表現する手立ては持てなかった。

この時期、戦争、あるいは戦場を描写した文学作品も数多く出版されていた。戦地の状況を報告したルポルタージュも多い。太平洋戦争のさなか、毎日のようにラジオ放送は軍歌を流し、戦況報道を繰り返していた。文学作品の特徴については副田賢二の分析がある。一般的な語りとして流通していた「言論の暗黒時代」という通説に副田は意義を唱え、昭和十五、十六年頃の作品は「様々な言葉を饒舌に語っていた時期」と捉え、「翼賛／非翼賛という二項対立の図式によって戦時下文化を判断することの」危うさを指摘している。だが、戦局が不利になるとともに、文学は「スローガン的な類型」を繰り返すばかりで、「自閉的な記号的表現」に堕してしまったと副田は分析を進めている（副田賢二　二〇〇八：三二、三七、三九）。

遺族が遺品に直に接して落涙するという、藤田が衝撃を受けたと同じ光景は、この時期の博覧会でしばしば見ることができた。昭和十三年に東京・上野公園で開催された国防大博覧会では、爆撃で損傷した飛行機が展示されていた。戦死した搭乗兵の妻はその機体を見て、すぐに夫のものと分かり、一日中その場に佇んでいた（佐藤武雄編　一九三九：一三七―一三八）。戦死者の家族にとって、身内の死ほど悲嘆にくれる思いはない。国家にとって戦死とはカミ（軍神）になって靖国神社で祀られることを意味するが、家族にとって戦死者はカミではなく、供養されるべきホトケなのである。福間は、展示される遺品にはアウラが宿っているとし、そのアウラが家族の情動を引き出したと考えている。会場に出現した世界は、したがって情動の世界を共有する家族の追悼の場所である、と解釈する。こうして、福間はたいへん示唆に富んだ発言をする。「遺品のアウラは、見る者を国家的・公的な空間から引き剥がし、私的な追悼・追憶の空間に閉じ込める機能も有していた。アウラは博覧会を戦勝・進軍に高揚する祝祭空間から、私的な悲嘆にひっそりと浸る喪の空間へと転じさせていたのである」（福間良明　二〇一五：二八三）。

福間が指摘した世界は藤田嗣治が描き出した絵画の世界と同じであろう。けれども、国家的・公的空間から私的な追悼空間への移行を「聖戦の綻び」と福間は理解しているが、それは「綻び」ではなく、日本人の民間信仰の世界が突如としてよみがえった瞬間と考えた方がよい。田中丸はかつて、戦後五十年目に当る年、戦死者の眠る墓地に塔婆が立てられている光景を報告していた（田中丸勝彦　二〇〇二）。第二次世界大戦での戦死者は靖国神社でカミ（軍神、あるいは英霊）として祀られる一方で、家族のもとでは死者はホトケとして供養され、やがてカミに昇華されていくという民間信仰の世界を見出したのである。初七日の儀礼を受け、四十九日の法要の後、数次の年忌供養を経て三十三回忌あるいは五十回忌に至ると、そのホトケはカミに昇華し、祖霊として子孫を見守るという祖先観が、日本人の心意には連綿として継承されてきた。靖国神社の国家神道の世界と民間信仰の世界、この共存が近代以降の日本の祖先祭祀の特徴であったが、田中丸は民間信仰の世界がいまだ消滅していない現実を見出したのである。こう説明すれば分かったことであろうが、高田市興亜国防博覧会で見たのは、国家神道が勢力を拡大するなか、逞しく息づいてきた民間信仰が噴き出した瞬間なのであった。

柳田國男は『明治大正史　世相篇』の第九章で、「家永続の願い」と題して祖先祭祀のことを書いている。それは、後に『先祖の話』としてまとめられていく日本の民間信仰研究の礎石になった語りである。柳田は「家永続の願い」で二つの重要な指摘を行っていた。第一は靖国神社に関連する戦死者祭祀についてである。柳田自身は靖国神社についての真正面からの論考をほとんど残していない。一般人が死んですぐにカミ、すなわち軍神、言い換えると英霊になるという信仰は、日清・日露戦争で多数の戦死者が出た明治時代に生じた現象であって、「固有信仰」とみなさなかったためなのかも知れない。しかしながら、「家永続の願い」のなかで、「東京招魂社」（後の靖国神社）について記述した箇所がある。家の神とは別に国家の神、すなわち軍神、あるいは英霊について触れた文章である。戦死者の祭祀が、「一朝にして大なる団結を作り成した」とナショナリズム（国民主義）の形成に及ぼした影響を肯定的に述べ、こう発言している（柳田國男　一九三一ａ〈一九七〇ａ：三一四〉）。

死すれば国家の神となるべしといふ壮烈なる覚悟は、実際に兵火の衝に立った者の精神を、どれ程け高いものにしたか知れぬのであった。

「死すれば国家の神」となった戦死者に「け高い」精神を見出した柳田が、直接に見聞した戦争とは日清・日露戦争と第一次世界大戦くらいであって、カミになった戦死者はこれらの戦争での死者を想定していたことは明らかである。この文面から窺える柳田の脳裏には、幕末期に戊辰戦争で散った戦死者に手向けた「招魂」という観念ではなく、死して則、カミに昇華した「軍神」、すなわち「英霊」に対しての顕彰の意味が込められていた、と考えてよい。昭和初期の柳田の国家観を知るうえでの重要な発言であり、新たに生まれた国家神道の神観念と在来の「生活史蹟」としての民間信仰の神観念とが重層化した現実を捉えていた発言であった。

それならば、民間信仰の世界はどのように現れていたのであろうか。柳田は子孫が先祖に対して抱く素朴な民間信仰の世界に細心の注意をもって接していた。「毎年の盆と彼岸に還って来て、娑婆に愛情を残し、始終家の者の面倒を見て居た」先祖に対して、子孫たちは死後においても極楽往生の世界に住めるようにと先祖の供養に励む。柳田は一つの挿話を引き合いに出して語っている（柳田國男　一九三一ａ〈一九七〇ａ：三〇七〉）。

珍しい事実が新聞には時々伝へられる。門司では師走なかばの寒い雨の日に、九十五歳になるといふ老人が只一人傘一本も持たずにとぼとぼと町をあるいて居た。警察署に連れて来て保護を加へると、荷物とては背に負うた風呂敷包みの中に、たゞ四十五枚の位牌があるばかりだったといふ記事が、ちやうど一年前の朝日新聞に出て居る。

死とは、たとえ死刑囚の刑死であろうと、交通事故の事故死であろうと、あるいは病死であろうと、取り残された遺族から見れば悲しい出来事であるし、死者は子孫にとって供養の対象である。祀られない死者は怨霊と化してしまう恐れがあるが、祀る身内がいれば、その死者はホトケとして、近親者と身近な世界に暮らしている。位牌だけを携えていた門司の老人の心情には、まさに日本人の祖先観そのものが宿っていたことが明示されている。このホトケ（先祖）に接する時の心意は、金沢市や高田市の博覧会で見た光景と相同関係にある。高田市の博覧会場で戦死者の写真を見て祈りを捧げる老人、藤田の絵画を見て戦死者の魂に触れ、思わず感涙に咽びこんだ人々、これらの人々と位牌を背負う門司の老人、この三者の心の距離は隔たっていない。ホトケとして供養の対象になった身近な死者への追慕の感情が感涙の涙を誘ったのである。

昭和の博覧会が語る世相は想像以上に複雑であり、様々な戦略がひしめき合い、そのなかで人々は喜怒哀楽の感情を多様に表現してきた。この事実は、世界を単一の物差しで割り切れないことを意味している。柳田國男の『明治大正史世相篇』の最終章、「生活改善の目標」は有名な文章、「歴史は多くの場合において悔恨の書であった」で始まっている。しかしながら、反省の意味を込めて「悔恨」せざるを得なかった時代においても、人々はしっかりと自己の世界に生きてきたことは確かであった。

注

（1）正式な報告書を出す出版社が少ないため、「支那事変博覧会」（あるいは「支那事変聖戦博覧会」）がどの都市で行われていたのか、全体を知るのは難しい。次の都市での開催は確認できる。
名古屋新聞社主催（昭和十二年十一月一日から十二月十日）
京都日日新聞社主催（昭和十二年十一月六日から十二月二十日）
呉市主催（昭和十三年三月二十五日から四月二十五日）
岡山商工会議所主催（昭和十三年四月一日から五月五日）
大阪朝日新聞社主催（昭和十三年四月一日から五月三十日）
佐世保商工会議所主催（昭和十三年四月二十四日から五月二十七日）
台湾日日新報社主催（昭和十三年七月一日から二十日）
宮崎商工会議所主催（昭和十三年十一月二十日から十二月九日）
熊本商工会議所主催（昭和十三年十月一日から十月三十日）

（2）「本社特派員　北支事変の現地報告」『名古屋新聞』昭和十二年七月二十五日。なお、この「北支事変」という名称は、九月二日の閣議で「支那事変」と改称されている。本書では、この「支那事変」という名称を使用している。

（3）「社告　名古屋新聞社ニュース映画上映」『名古屋新聞』昭和十二年九月八日。

（4）「銃後へ贈る事変絵巻／聖戦認識の指標」『名古屋新聞』昭和十二年十一月六日。
（5）「けふ一斉発売　日支事変画報」『名古屋新聞』昭和十二年九月十一日。
（6）「日本一のパノラマで／全支戦線めぐり」『京都日日新聞』昭和十二年十一月三日。
（7）「日本一誇るパノラマ／居乍らにして北支、上海戦線巡歴／総建坪百廿坪の雄大さ」『京都日日新聞』昭和十二年十一月十三日。
（8）「支那事変と産業博／塗り潰す事変調／東山偕楽園を会場に」『合同新聞』昭和十三年四月一日。「聖戦の春／鳥城に展く燦爛たる愛国の殿堂」『合同新聞』昭和十三年四月一日。
（9）「聖戦下意義深き支那事変と産業博覧会／新装の会場内に知名士を網羅／晴の開場式挙行さる」『九州日日新聞』、昭和十三年一月二日（夕刊）。および、「非常時日本の真姿を一堂に集めた一大絵巻／軍都託麻原頭に繰り展ぐ／けふ支那事変産業博開館式」『九州新聞』昭和十三年十月一日。
（10）アメリカ博覧会は昭和二十五年三月十八日から六月十一日まで、朝日新聞社主催で西宮球場および外園で行われていた。
（11）「呉市主催支那事変大博覧会誌」に紹介された「会則」には、次の通りに目的が記載されている。ここでは、カタカナをひらがなに変換し、句読点を打って取り上げておく。
「本会は支那事変に於ける皇軍将士の活躍の跡を偲び、壮烈無比なる勇士の武勲を後世に伝へ、以て教育教化に貢献し、併せて軍事思想を涵養して国防の充実を期し、国民精神総動員の実を挙げるを以て目的とす」（呉市役所編　一九四〇：九）。
（12）「大京都博覧会　市制五十年記念　岡崎公園中心」『京都日日新聞』昭和十一年九月十二日。
（13）「市制記念大博覧会案の形勢　俄然悪化す／審議期間の僅少で議論百出／けふの調査委員会」『京都日日新聞』、昭和十一年十月六日。
（14）「市制五十周年記念の大博覧会開催本決り／奉告祭官民祝賀会・踊など／けふ委員会で採択」『京都日日新聞』昭和十一年十月二十八日。
（15）「絢爛！極彩色の文化殿堂／春の京都大博覧会」『京都日日新聞』昭和十二年一月四日。
（16）オリンピックと同時進行して計画されていた万国博には、「世界を驚かす京焼きの誇り」として「稀代の逸品」が出品される予定であった（『京都日日新聞』昭和十二年一月十七日）。

(17)「京都博の案内記／変化の妙を盡し　観客を恍惚境へ　時代色をフンダンに盛った興味深い各特設館巡り」『京都日日新聞』昭和十二年六月三日。

(18)「時局関係以外の新規事業は中止／戦時体制下の府予算編成／〃京都博〃悲運に逢着」『京都日日新聞』昭和十二年九月十八日。同じ紙面で、新聞は厳しい状況を伝えている。「京博　放棄か延期か／市長の重大示唆／市会の論議に初登場」『京都日日新聞』昭和十二年九月十八日。

(19)「〃春の京都博〃延期／けふ市長から正式声明」『京都日日新聞』、昭和十二年十月三十一日。

(20)「当分見られぬ博覧会／〃春の京都博〃始め全国博覧会に／突如・商工省が無期延期のお達し！」『京都日日新聞』、昭和十三年七月十四日。

(21)「悩みの甲府博／諸情勢悉く不利／静観を一擲」『山梨日日新聞』昭和十二年九月十二日。

(22)『山陰新聞』昭和十一年二月二十六日の記事では、「松江市観光産業博覧会／三二万円を投じて／二万坪に空前の大規模／全機能をあげて準備に着手」とある。市の十二年度予算で調査費を計上したことが報じられた。

(23)「産業調査会から博覧会開催を建議／神国を紹介する絶好の機会と」『山陰新聞』昭和十一年四月二十六日。

(24)「三主張を折衷して／神国博覧会と決定／松江市当局の苦心報ひられ」（『山陰新聞』昭和十一年七月八日）。なお、三案のうち、他は「神国ニッポン」「神国島根」であった。

(25)「神国博に備えて／道路、橋梁、下水を完備し／同時に白潟埋立遊園化も計画」『山陰新聞』昭和十一年七月二十七日。

(26)「緑の杜と水を背景に／神国博の大絵巻／見事に出来上った鳥瞰図」『山陰新聞』昭和十二年五月二日。

(27)「神国博の準備すゝむ」『山陰新聞』昭和十二年七月二日。

(28)「静観主義の下に／準備だけは進める／各地とも時局の進展を注視」『山陰新聞』昭和十二年八月三十一日。

(29)「神国博延期の弁／松江市声明を発す」『山陰新聞』昭和十二年十月三日。

(30)「時局色を盛込んだ／神国博覧会全貌／両会場の施設を一瞥」『山陰新聞』昭和十三年六月二十日。

(31)「神国博が再び足踏み／物資統制で材料入手難の悩み／早くも又一部に中止の悲観論」『山陰新聞』昭和十三年七月四日。

(32)新潟市合併町村史編集室（一九八四：三九七―三九八）。ここで、『新潟新聞』（昭和十一年八月十一日）付け、「ミナト新潟に開く／日本海博プラン決る」と題した記事を再録している。
(33) 新潟市合併町村史編集室（一九八五：一四三―一四四）は、『新潟新聞』（昭和十二年十月一日）の記事、「時局重大に鑑み〝海博〟を延期／明後年開催に決定」を再録している。
(34) 新潟市合併町村史編集室（一九八五：二一一）は、『新潟新聞』（昭和十三年四月二一日）の記事、「日本海大博覧会／時局重大に鑑み中止に決定／関係五市協議会の結果」を再録している。
(35)「昭和十三年宮城県仙台市事務報告書竝財産表」一三二ページ（仙台市民図書館所有）。
(36)「昭和十四年宮城県仙台市事務報告書竝財産表」一三三―一三四ページ（仙台市民図書館所有）。
(37)「昭和十三年宮城県仙台市事務報告書竝財産表」一五〇ページ（仙台市民図書館所有）。
(38)「昭和十三年宮城県仙台市事務報告書竝財産表」一四五ページ（仙台市民図書館所有）。
(39) 戦時下に『国防スキー』という著作が出版されていた。著者によれば、「国防スキー」とは「実戦に役立つスキー訓練」のことである。この出版理由には、アリューシャン列島など北方圏で戦線が拡大した時、スキー部隊が重要な役割を帯びてくるので、国民冬季訓練が必要だとの認識が基礎にある。国防上の観点から実戦的なスキー訓練を提唱したのである。その著作では多くのページをスキーの滑走方法に当て、初心者にスキーの滑り方を教える内容から始まっているが、中心的論点はスキーを装着しながらの射撃や突撃など、技術の習得方法の解説にあった（三沢龍雄　一九四二）。娯楽的要素を排したうえで、スキーで心身の鍛錬をするというのが、その主旨であった。
この目的を達成するため、昭和十七年一月から三月にかけて国防スキー錬成会の講習会が新潟県で実施されている。参加者はいたって少数であったが、毎週日曜日、銃を背負っての滑走訓練が行われた（三沢龍雄　一九四二：一五七―一六七）。耐寒訓練、精神作興、この講習会には精神主義が濃厚に漂っていた。しかしながら、新潟のスキー場から娯楽色が払拭されたわけではなかった。冬季の高田では、スキーはやはり観光産業の主力でもあった。
(40) 展示内容について、補足しておきたい（上野周吾編　一九四一：一二三―一四九）。
「聖戦パノラマ館」：郷土部隊の戦場（上海、徐州）での激戦の場面、戦死した大山大尉の最期の場面、いずれも高田市出身者の戦闘場面を動力仕掛けの精巧なパノラマで展示。
陸軍館：仙台師団と陸軍省の後援。戦車、高射砲などの兵器、戦闘で捕獲した武器の展示。例えばは解体されたソ連製の戦闘機や戦車砲を見ることができた。なかでも力を注いだ展示は、高田出身の西住少佐が搭乗していて、戦闘で大破された戦車である。戦死した西住少佐は軍神として称えられていて、その戦車の展示は少佐の神格化を抱かせる目的があった。

防諜館：防空思想を徹底させるという主旨で構成されていたのが防諜館。出征兵士を見送る高田駅の前にも、また撮影禁止の高所でも活動していることをパノラマで表現している。

防空館：日本赤十字社の作成した、家庭や都市の防空用ポスターの出品。日赤博物館は空襲時を想定し、その避難方法をパノラマで展示。

赤十字館：救急医療に携わってきた赤十字の活動の歴史と並んで、戦場で介護する赤十字救護員の姿もジオラマで展示。痛々しい負傷兵の看護の場面は美談として描かれている。

あとがき

柳田國男と博覧会という組合せは奇妙に見えるかも知れない。数々の博覧会報道に接していたはずの柳田國男が実際に会場に足を運んだという形跡はないし、柳田國男自身、博覧会についての論考を残していない。にもかかわらず、本書では柳田からの引用が多いし、副題も柳田の『明治大正史　世相篇』を意識してつけている。その理由に、柳田を介在させてみることで、大正昭和期の世相と博覧会の実態を浮き彫りにできるかと思ったからである。

この視点に立って、ここまで主に昭和期の博覧会を概観してきた。それらを総括してみると、昭和初期の「国産振興」を冠した博覧会では、保護主義的貿易がもたらす危機的状況を打破するため、産業界に対して技術革新の成果が求められていたという特徴があった。その主旨のもとで、いわば流行を追うかのように地方都市でも「産業博覧会」が開催されていく現象が生じた。しかしながら、その過程であらたに博覧会は別の性格を顕わにしてきたのを見逃してはいけない。一覧してみて感じることは、地方都市の奮闘ぶりが伝わってくるということである。鉄道や港湾設備を中心にインフラ整備が進み、明治の世と比べて人々の生活が一段と活気に満ちていた現実があった。莫大な資金と高度の技術力を必要とする鉄道網の発達が、この時期の日本を支えていた。こうした時代背景のもとで、それぞれの地域色を取り込んだ博覧会が各地で開催されていたのである。この時期はまた、郷土意識が高揚し、同時に観光産業が勃興し、「町おこし」の起爆剤として博覧会開催の気運を高めていた。商工省を中心に準備を進めていた国家主催の万国博覧会を尻目に、一地方都市の名古屋市が国際的博覧会を開催したことは、その象徴的出来事であった。

昭和前期と言えば、軍部によるクーデターとテロ、言論統制、経済恐慌などがあって、この時代には暗いイメージが漂っている。少なくとも教科書的に刷り込まされてきた日本人の歴史認識からすれば、明るい世相の時代ではなかった。しかしながら、博覧会に集う人々のことを考えた時、暗いイメージとは裏腹に、その日常には明るさを見ることができる。この視点に立って、昭和史を研究した一人にケネス・ルオフがいた。ルオフは、とりわけ「紀元二六〇〇年」を祝賀して「聖跡ブーム」が自発的に沸き起こり、人々は旅行を楽しんでいたことを強調している。戦時期にあって日本人は暗い谷間に追いやられてしまったという常識に異を唱え、昭和期の日本人は消費と観光を享受していたと説くことがルオフの結論であった（ケネス・ルオフ　二〇一〇：xi）。

実際に、博覧会の見学者の群れを想起すれば、少なくとも戦況が日本に不利になるまでは、多くの人々が生活を享受していたことは事実である。ルオフが対象とした昭和期には実際に観光旅行は盛んに行われていて、鉄道会社や汽船会社の旅行案内のパンフレットはかなり多く出回っていた。それも国内だけでなく、台湾、朝鮮、満洲は言うに及ばず、アメリカや南米への航路案内まで出されていたほどである。それだけ、中産階級が成長し、鉄道をはじめとしたインフラも整備されてきた、と言うことができる。本書が主要な対象とした時期は、この年代である。前著で取り扱った『大阪、賑わいの日々：二つの万国博覧会の解剖学』との関連で言えば、その狙いは、戦前と戦後とはまったく断絶しているように見えてもむしろ連続していて、端的に言えば明治の内国勧業博覧会と昭和の大阪万博を考えるにあたって、昭和前半期の博覧会との間に通底していた世界を見出すことにあった。

戦前でもっとも生き生きとしていた都市は名古屋市であった。昭和十五年に予定されていた東京オリンピックと日本万国博覧会は中止になったが、名古屋市では昭和十二年の段階で国際色豊かな博覧会を開催していた。名古屋市が、地方都市にもかかわらず、壮大な博覧会を挙行できた背景には、人材に恵まれたうえに、貿易都市として活気に満ちていたことによる。今日では日本一の貿易港にまで成長した名古屋港は、明治以来の港湾修築事業の賜物であった。ただし、人材といっても、大阪万博で大車輪の活躍をした小松左京のような逸材がいたわけではなかった。むしろ、行政指導の先行した博覧会なのかも知れない。とはいえ、賞賛すべきことであって、戦前期に活躍していた先人の業績をないがしろにしてよいはずはない。

この名古屋市の取り組みとともに、その直前に行われた広島市主催の「昭和産業博覧会」、金沢市主催の「産業と観光の大博覧会」は昭和の博覧会を代表する、先進的な意図で企画された博覧会であった。この時代、それぞれの地方都市は、地域の独自性を主張しようとして奮闘していた様子が本書を通して窺われたことであろうと思う。東京一極集中が進むなかで、地方都市がいかに頑張っていたのか、記録を整理すること、これこそが本書のもくろみであった。二〇一〇年代の今日、地方創生の議論が随所で聞かれるが、名古屋市などの活動を通してなんらかの教訓が得られれば望外の喜びである。

本書では多くの課題を取り残している。全国で展開されてきた地方博覧会には本書で触れなかった独特な展示があった。博覧会と余興について言えば、高松全国産業博覧会では「毒蛇館」という施設があった（頼富浅吉編　一九二八：三〇二―三一六）。意外と思われるかも知れないが、「土讃線開通記念　南国土佐大博覧会」では「アイヌ館」が建てられ、アイヌの歌と踊りが披露されていた（土讃線開通記念　南国土佐大博覧会　一九四〇：二一七）。ウシオ電機が深く関わり、姫路商業会議所（牛尾梅吉会長）主催の「全国産業博覧会」では、「電気館」が建てられていた。電気の利用による生活改善を目的とした電気の展示館で、姫路水力発電の模型のほか、各種の電化製品の展示が行われていた（石川弥吉編　一九二七：一四五―一四七）。大正十五年に行われたこの博覧会は、現代生活には欠かせない電気の威力を展示した博覧会として、歴史に名を留めたと言ってよい。このほか、博覧会にしばしば登場していたロボットの存在など、多くの話題を省略している。議論が拡散することを恐れたからである。柳宗悦が深く関わった「民芸館」は昭和三年の大礼記念国産振興東京博覧会に登場している（西島染之助編　一九二八：一五七）。この民芸館が再び登場したのは一九七〇年の大阪での万国博覧会であった。本書で触れることができなかったのは、心残りである。

柳田國男の鉄道観を議論の中心に置いていたので、鉄道史の研究には深入りすることはしなかった。鉄道史研究といえば、一九八〇年代頃まではマルクス主義に依拠し、鉄道と国家独占資本主義（帝国主義論）を関連させての議論が多かったが、二〇一〇年代はまったく様変わりをしている。明治期の鉄道が日本人のアイデンティティ、あるいは近代をいかに形成したのか、インフラ整備の結果として、むしろ明るい鉄道像を描き出す方向へと現在の研究史は進んでいるように思える。いずれこの問題を議論してみたい。

植民地での博覧会もいっさい省略している。それは、かつて論じたことがあるからで、その際には多くのパンフやチラシなどの資料を使用して論じた（山路勝彦 二〇〇八）。けれども、その際に使用しきれなかった数多くの絵葉書や写真などはいまだ手つかずの状態にある。いずれまとめてみたいと思っている。

なお、本書の資料収集にあたって、仙台市民図書館、新潟県立図書館、上越市高田図書館、甲府市立図書館、横浜市中央図書館、名古屋市立図書館、愛知県図書館、名古屋市市政資料館、四日市市立図書館、京都府立総合資料館、京都府立図書館、大阪府立図書館、大阪市立図書館、神戸市立中央図書館、岡山県立図書館、岡山市立図書館、広島市立中央図書館、島根県立図書館、佐世保市立図書館、宮崎県立図書館、熊本市立図書館、別府市立図書館、今日新聞社（別府市）、および関西学院大学図書館と国立国会図書館において、地方新聞など貴重な関連資料を閲覧、もしくは複写している。ここに感謝の意を表したい。

関西学院大学出版会では編集作業にあたった戸坂美果、辻戸みゆき両氏を煩わした。また、本書の最終章にあたる部分は「まぼろしの博覧会」と題して「関西絵葉書研究会」（世話人代表：廣岡倭〈古書りーち社主〉）で口頭発表の機会を得た。あわせて感謝したい。

二〇一六年十月十六日　　　　筆者記す

参照文献

愛知国産振興会

一九二六　『国産振興会報』一号、名古屋：愛知県庁商工課。

一九二八（？）『国産振興　染織工業博覧会報告』、名古屋：愛知県庁商工課。

一九二九（？）『国産振興　窯業博覧会報告書』、名古屋：愛知県庁商工課。

一九三〇　『国産振興窯業博覧会報告』、名古屋：愛知国産振興会。

愛知県神職会

一九三七　『神祇館記念写真帖』、名古屋市：愛知県神職会。

愛知名古屋館共同出品協会

一九三七　『名古屋太平洋平和博覧会愛知名古屋館概容』、名古屋：愛知名古屋館共同出品協会。

愛知県名古屋港務所

一九三八　『名古屋港貿易年報（昭和十二年）』名古屋：愛知県名古屋港務所。

青木栄一

二〇〇六　『鉄道忌避伝説の謎——汽車が来た町、来なかった町』、東京：吉川弘文館。

雨宮昭一

一九九九　『総力戦体制と地域自治』、東京：青木書店。

荒山正彦

二〇〇三　「風景のローカリズム——郷土をつくりあげる運動」、「郷土」研究会編『郷土：表象と実践』、京都：嵯峨野書院。

石川弥吉編

一九二七　『主催姫路商業会議所　全国産業博覧会誌』、姫路市：姫路商業会議所。
一九二九　『大広島案内』、広島：昭和産業博覧会協賛会。
板垣邦子
一九九二　『昭和戦前・戦中期の農村生活――雑誌《家の光》にみる』、東京：三嶺書房。
市原輝士
一九七二　「でい　出居」、大塚民俗学会編　一九七二『日本民俗事典』、東京：弘文堂。
伊藤純郎
二〇〇〇　「郷土読本・郷土学習帳・郷土誌学習帳――柳田國男と郷土教育」『伊那民俗研究』九：二六―四一。
二〇〇八　『増補　郷土教育運動の研究』、京都：雄山閣。
伊藤紫英
一九八〇　『名古屋映画史：8 m/m から 70 m/m まで』、名古屋：伊藤紫英（自己出版）。
伊東忠太
一九二三　「審査各評　第百七十三類　建築及其局部ノ設計、図面模型」、平和記念東京博覧会『平和記念東京博覧会審査報告（下）』：九五〇―九五一、東京：平和記念東京博覧会。
ＩＮＡＸギャラリー企画委員会
一九八八　『大正〈住宅博覧会〉の夢』、東京：株式会社ＩＮＡＸ。
稲川勝二郎
一九三七　『歓楽の名古屋』、名古屋：趣味春秋社。
上野周吾編
一九四一　『高田市興亜国防大博覧会誌』、高田市：高田商工会議所。
宇田正
二〇〇七　『鉄道日本文化史考』、京都：思文閣。

内田青蔵
一九八七『あめりか屋商品住宅』、東京：すまいの図書館出版局。
一九九二『日本の近代住宅』、東京：鹿島出版。
二〇〇〇「建築学会の活動からみた大正一一年開催の平和記念東京博覧会文化村に関する一考察」『日本建築学会計画系論文集』五二九号、二六三―二七〇。
内田魯庵
一九二五『貘の舌』、東京：春秋社。
江戸川乱歩
一九九一『江戸川乱歩（ちくま日本文学全集　〇九一）』、東京：筑摩書房。
老川慶喜
二〇一四「東北鉄道の株式募集と飛騨地方の名望家」、高階秀爾・芳賀徹・老川慶喜・高木博志編　二〇一四『鉄道がつくった日本の近代』、東京：成山堂書店。
大熊喜邦
一九二二「文化村となるまで」、一―一二　高梨由太郎編『文化村の簡易住宅』、東京：洪洋社。
一九二二b「文化村の生立」、高橋仁編一九二二『平和記念東京博覧会出品　文化村住宅設計図説』、東京：鈴木書店。
大蔵省関税局編
一九七二『税関百年史（上）』、東京：日本関税協会。
大阪洋服同業組合編
一九三三『全日本国産洋服博覧会・日本全国洋服商大会』、大阪：大阪洋服商同業組合。
大河内正敏
一九二六「国産振興と基礎工業の発達」『工政』七九：三〇―三七。
一九二八「国産振興と基礎工業」、国産振興会編　一九二八『国産振興　附　欧米の国産愛用運動』一―二一、東京：社会教育協会。
一九三八『資本主義工業と科学主義工業』、東京：科学主義工業社。
一九三九『持てる国日本』、東京：科学主義工業社。
大淀昇一
二〇〇九『近代日本の工業立国化と国民形成――技術者運動における工業教育問題の展開』、東京：すずさわ書店。
岡山市勧業課
一九三九『岡山市主催　大日本勧業博覧会誌』、岡山市：岡山市勧業課。
奥和義
二〇一二『日本貿易の発展と構造』、吹田：関西大学出版部。
奥田助七郎
一九五三『名古屋築港誌』、名古屋：名古屋港管理組合。
小野坂庄一
一九九七「上越線いま・むかし」、瀬古龍夫・小野坂庄一・大島登志彦監修『上越線の80年：時代を越えて新潟と関東をつなぐ鉄道』、松本市：郷土出版社。
海後宗臣・飯田晃三・伏見猛彌
一九三二「我が国に於ける郷土教育の発達」、教育思潮研究会編『教育思潮研究』六輯一号：二〇三―一三二。
笠原洪平
一九八九『ささやかな回想』、東京：修学館。
梶山義三編
一九三五『工業大博覧会記念誌』、大阪：日本工業新聞社。
鹿島英二
一九二九「最近特に進歩せりと認める優秀品及其の発達の原因に就いて」『大礼記念国産振興東京博覧会審査報告』：二七六―

二八一。
片倉佳史
二〇一〇『台湾鉄路と日本人――線路に刻まれた日本の軌跡』、東京：交通新聞社。
二〇一二『台湾の残る日本鉄道遺産――今も息づく日本統治時代の遺構』、東京：交通新聞社。
加藤知正・内外教育資料調査会編
一九二二『最新変動　教材集録』一一―一九（平和博覧会号）、東京：南光社。
金沢市役所
一九三四『金沢市主催　産業と観光の大博覧会誌』、金沢：金沢市役所。
亀田忠男
二〇〇一『大岩勇夫と大名古屋――ビックリ市長の街づくり』、名古屋：社団法人　地域問題研究所。
河田明久
二〇一一「阪急西宮球場の博覧会空間：支那事変聖戦博覧会（一九三八）からアメリカ博覧会（一九五〇）へ」、丹尾安典編『記憶の痕跡：ＷＩＪＬＣ報告』：九九―一一四、東京：早稲田大学国際日本文学・文化研究所。
川端康成
一九三七『雪国』、東京：創元社。
河村友吉（遺稿）
二〇〇〇「私の履歴書　②」『今日新聞』平成十二年八月十五日。
木曽福島町教育委員会
一九八三『木曽福島町史』第三巻（現代編Ⅱ）、木曽福島：木曽福島町。
記念誌編集局（八重山復興博覧会）
一九五〇『新八重山――博覧会記念誌』、石垣市：八重山民生局。
木村博一・安彦勘吾

一九八一　『谷井友三郎伝』、奈良：谷井友三郎伝記刊行会。
京都市役所産業部商工課
一九三七　『京都市産業要覧』、京都：京都市役所。
郷土教育連盟
一九三〇　「宣言」『郷土――研究と教育』、創刊号：一。
倉橋藤治郎
一九一八　「米国通信」『大日本窯業協会雑誌』三一一：三三九―三四一。
一九二四　「工政会の発展と其の将来」『工政』一九二四年三月号：三九。
一九二五　「不当廉価取締に就て」『工政』七二号：六五―六六。
一九二六　「時代思潮に先駆する国産振興運動」『工政』七九：三七―四二。
一九二八　「大礼記念国産振興東京博覧会について」『工政』一〇一：一―一〇。
倉橋藤治郎編
一九二六　『欧米諸国の国産愛用運動　国産振興資料Ⅱ』、東京：国産振興会。
呉市役所編
一九四〇　『呉市主催　支那事変大博覧会誌』、呉：呉市役所。
熊本市役所編
一九三六　『新興熊本大博覧会』、熊本：熊本市役所。
群馬県師範学校校友会　雑誌部委員編
一九三五　『素絢（行幸記念号）』、前橋：群馬県師範学校校友会。
小泉角五郎
一九二五　「愛知県の陶業」『工芸』六五：四八―五四。
高知県編

一九七〇『高知県史　近代編』、高知市：高知県。
高知市史編纂委員会編
一九七一『高知市史　中巻』、高知市：高知市。
甲府市議会編
二〇〇二『甲府市議会史　記述篇』、甲府市：甲府市議会。
国産振興委員会編
一九二七『国産振興委員会　第四回総会会議録』、東京：国産振興委員会。
国産振興会
一九二六『国産振興会報告』第一号、大正十五年三月、東京商業会議所内　国産振興会。
国産振興会編
一九二八『国産振興　附　欧米の国産愛用運動』、東京：社会教育協会。
国産振興北海道拓殖博覧会
一九三一『国産振興北海道拓殖博覧会』、札幌市：国産振興北海道拓殖博覧会。
国司経夫編
一九三七『明粧　夜の名古屋』、名古屋：東邦電力株式会社名古屋支店。
越沢明
二〇一一『後藤新平――大震災と帝都復活』、東京：筑摩書房。
越野宗太郎編
一九二八『東京放送局沿革史』、東京：東京放送局沿革史編纂委員会。
後藤新平没八十周年記念事業実行委員会編
二〇一〇『都市デザイン――シリーズ後藤新平とは何か――自治・公共・平和』、東京：藤原書店。
コナイネンブルツ、エ、ヴァン編

一九三七　『蘭領印度』、バタビア：コルフ書店。
今和次郎（藤森照信・編）
一九二五　「東京銀座街風俗記録」『婦人公論』一九二五年七月号、（今和次郎　一九八七『考現学入門』、東京：筑摩書房、所収）。
佐伯啓思
二〇一四　『西欧近代を問い直す――人間は進歩してきたのか』、東京：ＰＨＰ研究所。
阪西省吾
一九九七　「停車場通り　思い出の上越線」、瀬古龍夫・小野坂庄一・大島登志彦監修『上越線の80年』二二二―二二三、松本市：郷土出版社。
坂本紅蓮铜
一九二二　「博覧会喰い歩き」、鷹見久太郎編『婦人画報』（臨時増刊博覧会画報）、五〇―五九。
佐藤武雄編
一九三九　『国民精神総動員　国防大博覧会開設誌』、東京：日本博覧協会。
札幌市
一九三二　『国産振興　北海道拓殖博覧会』、札幌：国産振興北海道拓殖博覧会。
社会局・臨時産業合理局
一九三一　『国産愛用運動概況』、東京：社会局・臨時産業合理局。
重信幸彦
二〇〇〇　「春はバスに乗って――昭和初期・別府における交通と、遊覧の空間の成立に関する一考察」『叙説Ⅰ』二〇：二〇―三九。
渋沢青淵記念財団竜門社編
一九六四　『渋沢栄一伝記資料　五六巻』、東京：渋沢栄一伝記資料刊行会。

白幡洋三郎
一九九六『旅行ノススメ――昭和の生んだ庶民の〈新文化〉』、東京：中央公論社。
島崎藤村
一九六七『夜明け前（全）』（日本文学全集　一一）、東京：河出書房。
下河原武夫
一九三八『外国参同招請交渉経過概要』、東京：紀元二六〇〇年記念　日本万国博覧会事務局。
昭和産業博覧会協賛会編
一九二九『広島市主催　昭和産業博覧会写真帖』、広島市：昭和産業博覧会協賛会。
信濃教育会編（有賀喜左衛門）
一九三三『郷土調査要目』、松本：信濃毎日新聞社。
末田智樹
二〇一〇『日本百貨店業成立史――企業家の革新と経営組織の確立』、京都：ミネルヴァ書房。
杉浦俊岳編
一九二六ａ「国産振興汽車博覧会」『国産振興』一―一：一〇―一一。
一九二六ｂ「国産振興汽車博覧会開会式」『国産振興』一―一（附録）。
杉野幹夫
一九八五「貿易」、小野一郎編『戦間期の日本帝国主義』、京都：世界思想社。
鈴木富太郎
一九三八『紀元二千六百年記念　日本万国博覧会概要』、東京：紀元二千六百年記念　日本万国博覧会事務局。
薄田太郎
一九七三『がんす横丁』、広島：たくみ出版。
生活改善同盟会編

一九二四『住宅家具の改善』、東京：生活改善同盟会。

関戸明子

二〇〇二「群馬県における郷土教育の展開――明治期から昭和初期まで」『群馬大学教育学部紀要（人文・社会科学編）』五一：一三一―一五三。

二〇〇七『近代ツーリズムと温泉』、京都：ナカニシヤ出版。

瀬戸市史編纂委員会編

二〇〇六『瀬戸市史　資料編5　近現代1』、瀬戸市：瀬戸市史編纂委員会。

仙台商工会議所編

一九二九『東北産業博覧会誌』、仙台：仙台商工会議所。

仙台商工会議所編（小寺房次郎）

一九二九a〈「緒言」：一〉。

仙台商工会議所編（吉田英助）

一九二九b〈「機械工業・電気工業審査報告」：一三七―一五一〉。

仙台商工会議所編（大山清一郎）

一九二九c〈「繊維工業審査報告」：一五一―一五二〉。

大道弘雄編

一九三七『名古屋汎太平洋平和博覧会』、名古屋：朝日新聞社名古屋支社。

一九三八a『支那事変聖戦博覧会画報』、大阪：朝日新聞社。

一九三八b『支那事変聖戦博覧会画報（第二輯）』、大阪：朝日新聞社。

大礼記念国産振興東京博覧会

一九二九a『大礼記念国産振興東京博覧会事務報告』、東京：大礼記念国産振興東京博覧会。

一九二九b『大礼記念国産振興東京博覧会審査報告』、東京：大礼記念国産振興東京博覧会。

一九二九c「審査ニ関スル規則規定等」（『大礼記念国産振興東京博覧会審査報告』（付録：一―八）、東京：大礼記念国産振興東京博覧会）。
高岡熊雄
一九二五『ブラジル移民研究』、東京：宝文館、（石原友紀監修　一九九八『日本移民資料集』（第二期　南米編第九巻）、東京：日本図書センター）。
高岡産業博覧会事務局編
一九五二『高岡産業博覧会誌』、高岡：高岡産業博覧会。
高木敏雄
一九一三「郷土研究の本領」『郷土研究』一―一：一―一二。
高島平三郎
一九〇九「児童博覧会所感」『みつこしタイムス』七―八（臨時増刊）：一〇一―一〇七。
高田市史編集委員会
一九五八『高田市史　第一巻』、高田市：高田市役所。
高梨由太郎編
一九二二『文化村の簡易住宅』、東京：洪洋社。
鷹野虎雄編
一九三四『経済更生　第三回副業博覧会報告』、名古屋：名古屋新聞社。
一九三五『経済更生　第四回副業博覧会報告』、名古屋：名古屋新聞社。
高橋仁編
一九二二『平和記念東京博覧会出品　文化村住宅設計図説』、東京：鈴木書店。
竹下広人編
一九三五『長崎市主催　国際産業観光博覧会協賛会誌』、長崎：長崎市主催　国際産業観光博覧会協賛会誌。覧会、同協賛会。

武部欣一
一九二三「郷土教育の本義」、文部省普通学務局編『郷土教育講演集』、東京：刀江書院。
竹村民郎
一九九六『笑楽の系譜——都市と余興文化』、東京：同文館。
竹山昭子
二〇〇二『ラジオの時代——ラジオは茶の間の主役だった』、京都：世界思想社。
田中角栄
一九七二『日本列島改造論』、東京：日本工業新聞社。
田中租編
一九二八『国有鉄道開通記念　全国産業博覧会誌』、東京：国有鉄道開通記念全国産業博覧会誌編纂所。
田中丸勝彦
二〇〇二『さまよえる英霊たち』、東京：柏書房。
田辺淳吉
一九二二「文化村の住宅に就て」『建築雑誌』四三〇：三一—三八。
谷川穣
二〇〇二「〈奇人〉佐田介石の近代」『人文学報』八七：五七—一〇二。
玉川しんめい
一九七九『反魂丹の文化史——越中富山の薬売り』、東京：晶文社。
張彧暋（山田由美訳）
二〇一五『鉄道の夢が日本人を作った——資本主義・民主主義・ナショナリズム』、東京：朝日新聞出版。
土田令吉編
一九二七『電気大博覧会報告』、大阪：社団法人　電気協会関西支部。

塚本靖
一九二三「第一　概説　平和記念東京博覧会第十五部審査報告」平和記念東京博覧会『平和記念東京博覧会審査報告（下）』九四七—九四八、東京：平和記念東京博覧会。
津山市主催　姫津線全通記念産業振興大博覧会
一九三九『津山市主催　姫津線全通記念産業振興大博覧会並に協賛会誌』、津山：津山市主催　姫津線全通記念産業振興大博覧会並に協賛会。
津村久茂編
一九五一『高知県史　上巻』、高知市：高知県史編纂会。
逓信省電気局編
一九三五『第二十六回電気事業要覧』、東京：逓信省電気局。
東京日日新聞
一九三一『上越線全通記念画報　附長岡市博覧会案内』、東京：日日新聞社。
東京市政調査会
一九二二『財団法人　東京市政調査会発会式概要』、東京：東京市政調査会。
東京府庁
一九一六a『大正博覧会事務報告（上）』、東京：東京府庁。
一九一六b『大正博覧会事務報告（下）』、東京：東京府庁。
一九二四a『平和記念東京博覧会事務報告（上）』、東京：東京府庁。
一九二四b『平和記念東京博覧会事務報告（下）』、東京：東京府庁。
東條正
二〇〇六「福岡県令・県知事時代」、安場安吉編『安場保和伝：一八三五—九九　豪傑・無私の政治家』、東京：藤原書店。
東北産業博覧会

一九二八　『世界風俗館解説』、仙台：東北産業博覧会。
東洋経済新報社編
一九三五　『日本貿易精覧』、東京：東洋経済新報社。
土讃線開通記念　南国土佐大博覧会
一九四〇　『土讃線開通記念　南国土佐大博覧会誌』、高知市：土讃線開通記念　南国土佐大博覧会。
富山市主催　日満産業大博覧会編
一九三七　『富山市主催　日満産業大博覧会』、富山：富山市。
富山産業大博覧会編纂委員会
一九五七　『富山産業大博覧会誌』、富山史：富山市役所。
鳥海靖
二〇一四　「明治期の鉄道問題――帝国議会の開設と鉄道問題」、高階秀爾・芳賀徹・老川慶喜・高木博志編『鉄道がつくった日本の近代』：三〇四―三一四、東京：成山堂書店。
内外教育資料調査会
一九二二　『最新変動　教材集録　平和博覧会号』一一巻一九号。
中川童二
一九六九　『ランカイ屋一代――わが博覧会100年史』、東京：講談社。
中山修三編
一九三六　『大阪産業工芸博覧会報告』、大阪：大阪府庁工務課内　大阪産業工芸博覧会事務局。
中山富広
二〇一四　「呉軍港の創設と近世呉の消滅」、河西英通編『軍港都市史研究　3（呉編）』：九―三六、大阪：清文堂出版。
長岡市
一九三二　『長岡市主催　上越線全通記念博覧会誌』、長岡市：長岡市役所。

永山貞富
一九三三　『内外博覧会総説　並に我国に於ける万国博覧会の問題』、東京：水明書院。
名古屋勧業協会
一九二九　『御大典奉祝名古屋博覧会総覧』、名古屋：名古屋勧業協会。
名古屋市産業部庶務課
一九三七　『第二十二回　名古屋市産業要覧』、名古屋市、名古屋市産業部庶務課。
名古屋市総務局総務課
一九三四　「意見書」『昭和七年　市会意見書綴』（名古屋市政資料館所蔵）。
名古屋市博物館編
一九八二　『名古屋の博覧会』、名古屋：名古屋市博物館。
名古屋汎太平洋平和博覧会
一九三七　『名古屋市勢要覧』、名古屋：名古屋汎太平洋平和博覧会。
一九三八ａ　『名古屋汎太平洋平和博覧会会誌（上）』、名古屋：名古屋汎太平洋平和博覧会。
一九三八ｂ　『名古屋汎太平洋平和博覧会会誌（中）』、名古屋：名古屋汎太平洋平和博覧会。
一九三八ｃ　『名古屋汎太平洋平和博覧会会誌（下）』、名古屋：名古屋汎太平洋平和博覧会。
夏堀全弘
二〇〇四　『藤田嗣治芸術試論——藤田嗣治直話』、松戸：美術の図書三好企画。
夏目漱石（夏目金之助）
一九〇八　『草枕』、東京：春陽堂、（夏目漱石　一九五九『夏目漱石集㈠』、東京：新潮社）。
一九〇九　『三四郎』、東京：春陽堂、（夏目　一九六二『夏目漱石集㈡』、東京：新潮社、に所収）。
一九一〇　『それから』、東京：春陽堂、（夏目　一九六二『夏目漱石集㈡』、東京：新潮社、に所収）。
一九九五　「現代日本の開化」（夏目金之助『漱石全集』一六巻、東京：岩波書店。

滑川道夫
一九八一 『桃太郎像の変容』、東京：東京書籍。
南国土佐大博覧会・協賛会
一九四〇 『土讃線開通記念 南国土佐大博覧会誌』、高知市：南国土佐大博覧会・協賛会。
南国博事務局編
一九六七 『南国博 河内 一九六六 資料集』、高知：高知新聞社。
新潟県社会科教育研究会
一九八〇 『軍都高田の成立とその変遷』、上越市：新潟県社会科教育研究会。
新潟市編
一九六九 『新潟開港百年史』、新潟市：新潟市。
新潟市合併町村史編集室
一九八四 『新潟市合併町村の歴史 基礎資料集7』（新潟新聞／新潟毎日新聞 昭和篇二）、新潟市：新潟市合併町村史編集室。
一九八五 『新潟市合併町村の歴史 基礎資料集8』（新潟新聞／新潟毎日新聞 昭和篇三）、新潟市：新潟市合併町村史編集室。
西島染之助
一九二八 『大礼記念国産振興東京博覧会出品大観』、東京：大礼記念国産振興東京博覧会。
日本温泉協会（松山慎二）編
一九四一 『日本温泉大鑑』、東京：博文館。
日本鉄道省
一九七二 『日本鉄道史（上）』（復刻版）、大阪：清文堂出版。
日本万国博覧会協会

一九三六　『紀元二六〇〇年記念　日本万国大博覧会』、東京：日本万国博覧会協会。
日満産業大博覧会編
一九三七　『富山市主催日満産業大博覧会誌』、富山市：富山市役所。
葉賀七三男
一九八六　「工政会の誕生――工務省設置運動の展開」『工業技術』二七―一〇：二四―二七。
橋爪紳也
二〇〇一　『人生は博覧会――日本ランカイ屋列伝』、東京：晶文社。
橋爪紳也監修
二〇〇五　『日本の博覧会――寺下勍コレクション』（別冊太陽　日本のこころ133）、東京：平凡社。
浜田琢司
二〇一〇　「大日本窯業協会・工政会の倉橋藤治郎と胎動期の民芸運動――美術と産業の間への視線」『アカデミア』九一：二四九―三〇一。
浜松市市役所編
一九三一　『浜松市主催　全国産業博覧会誌』、浜松市：浜松市市役所。
林洋子
二〇〇八　『藤田嗣治　作品をひらく』、名古屋：名古屋大学出版会。
樋口正徳編
一九三九　『支那事変聖戦博覧会大観』、大阪：朝日新聞社。
畢可忠
二〇〇二　「日新戦後の上越線施設運動」『現代社会文化研究』二五：三〇三―三一四。
平井常次郎編
一九五〇　『アメリカ博覧会』、大阪：朝日新聞社。

平沢富蔵編
一九二八a 『国産台帳』(上)、東京:国産振興会。
一九二八b 『国産台帳』(下)、東京:国産振興会。
平山和彦
一九八二 「郷土教育運動と郷土教育」、加藤章・佐藤照雄・波多野和夫編『講座・歴史教育1 歴史教育の歴史』、東京:弘文堂。
平山周吉
二〇一五 『戦争画リターンズ――藤田嗣治とアッツ島の花々』、東京:芸術新聞社。
フィリップス、ジェレミー
二〇〇六 「〈軍国の春〉と金沢大博覧会にみえる地方型帝国主義:〈日本海時代〉と対外意識の表現化」『年報 都市研究』一四:一八―三二。
二〇〇七 「〈帝国主義的地方発展論〉の言説と表現化:一九三二年の〈金沢市主催産業と観光の大博覧会〉にみられる対外意識と地方開発」『比較都市史研究』二六―一:三五―四八。
昼田栄
一九六二 『広島県農業発達史』、広島:広島県信用農業協同組合聯合会。
副田賢二
二〇〇八 「戦争をめぐる芸術表現とその想像力:日中戦争から太平洋戦争期における変容と連続」『軍事史学』四四―一:二九―四六。
広島県経済部
一九三八a 『広島県農山村経済更生計画書 其一(昭和十一年度)』(佐伯郡津田町経済更生計画書)、広島:広島県経済部。
一九三八b 『広島県農山村経済更生計画書 其一(昭和十一年度)』佐伯郡宮内村経済更生計画書、広島:広島県経済部。
一九三八c 『広島県農山村経済更生計画書 其一(昭和十一年度)』佐伯郡吉和村経済更生計画書、広島:広島県経済部。

広島市役所
一九三〇『広島市主催　昭和産業博覧会誌』、広島市：広島市役所。
平和記念東京博覧会
一九二三ａ『平和記念東京博覧会審査報告　上巻』、東京：平和記念東京博覧会。
一九二三ｂ『平和記念東京博覧会審査報告　下巻』、東京：平和記念東京博覧会。
福田アジオ
一九八四『日本民俗学方法序説：柳田國男と民俗学』、東京：弘文堂。
二〇一六『歴史と日本民俗学：課題と方法』、東京：吉川弘文館。
福間良明
二〇〇八「国防科学の博覧と〈聖戦〉の綻び」『メディア史研究』二四：四一―六〇。
二〇一五『〈聖戦〉の残像：知とメディアの歴史社会学』、京都：人文書院。
福西加代子
二〇一五「日本における軍隊、戦争展示の変遷」、田中雅一編『軍隊の文化人類学』：四八九―五二八、東京：風響社。
古川隆久
一九九八『皇紀・万博・オリンピック：皇室ブランドと経済発展』、東京：中央公論社。
馬場伸彦
一九九七『周縁のモダニズム』、名古屋：人間社。
別府市
一九三七『国際温泉観光大博覧会報告』、別府市。
別府市教育委員会編
一九三三『別府市誌』、別府市：別府市教育委員会。
別府市主催温泉観光大博覧会事務局

一九三七　『国際温泉観光大博覧会報告』、別府市：国際温泉観光大博覧会事務局。

別府市役所（観光課・温泉課）
一九三七　『国際温泉観光博（パンフレット）』、別府市：別府市役所（観光課・温泉課）。

別府市役所編
一九二八　『別府市史』、別府：別府市役所。

保健衛生日本温泉博覧会
一九二九　『保健衛生　日本温泉博覧会趣意書（パンフレット）』、東京：日本温泉協会。

星野辰男
一九二八　『アサヒグラフ臨時増刊　大礼記念博覧会号』、東京：朝日新聞社。

堀越保子
一九二二　「文化村訪問記」、『婦人画報』（臨時増刊博覧会）一九八号：七〇—七一。

本郷栄治編
一九二八　『伊達をどり』、仙台：仙台芸妓置屋組合。

松下孝昭
二〇〇五　『鉄道建設と地方政治』、東京：日本経済評論社。

松田京子
二〇一五　「大正期における〈南洋〉表象：一九一四年　東京大正博覧会、一九二二年　平和記念東京博覧会を中心に」『南山大学日本文化学科論集』一五：四七—六六。

丸山敦
一九九三　「地方博覧会の展開とその意義」、水谷内徹也編『パースペクティブ・金沢：〈金沢型ビジネス〉の功罪』、二二一—二六七、松任市：前田印刷株式会社出版部。

三沢龍雄

一九四二　『国防スキー――其の本質と方法』、東京：旺文社。
水谷生
一九二四　「秋空の高さに集ふ人、一千／第一回全国工業家大会盛会記」『工政』六一：四五―四九。
水出良造編
一九三二　『小樽海港博覧会誌』、小樽市：小樽商工会議所。
宮崎市役所・宮崎商工会議所
一九三四　『祖国日向産業博覧会並協賛会』、宮崎市：宮崎市役所・宮崎商工会議所。
宮田親平
二〇一四　『〈科学者の楽園〉をつくった男――大河内正敏と理化学研究所』、東京：河出書房新社。
村島帰之
二〇〇四　『カフェー考現学（村島帰之著作集1）』、東京：柏書房、（原著は、村島　一九三一『カフェー考現学』、東京：日日書房）。
名港海運株式会社編
一九六四　『15年の歩み』、名古屋：名港海運株式会社。
森正人
二〇一〇　『昭和旅行誌――雑誌《旅》を読む』、東京：中央公論社。
森まゆみ
二〇一〇　『断髪のモダンガール』、東京：文春文庫。
本康宏史
一九九三　「産業・観光・博覧会：昭和七年金沢博覧会をめぐって」、水谷内徹也編『パースペクティブ・金沢：〈金沢型ビジネス〉の功罪』：一九九―二二〇、松任市：前田印刷株式会社出版部。
二〇〇四ａ　「〈軍神〉空閑少佐再考：捕虜／自決をめぐる言説と伝承」『歴史と民俗（神奈川大学日本常民文化研究所論集）』

二〇：七九―一一六。
二〇〇四b 「北陸モダニズムの担い手たち：（1）大衆文化とモダン金沢」、隼田嘉彦・松浦義則編『加賀・越前と美濃街道』：二四四―二五六、東京：吉川弘文館。
二〇〇六 「北陸の〝タカラヅカ〟の誕生と地域文化」、津金澤聡広・近藤久美編『近代日本の音楽文化とタカラヅカ』、京都：世界思想社。

森岡俊介編
一九三二 『産業と観光　博覧会要覧』、金沢？：産業と観光の大博覧会。

文部省
一九二七 『高等小学読本　巻一（農村用）』、東京：文部省。

矢ケ崎賢次編
一九五〇 『長野平和博覧会誌』、長野：長野市役所。

安場安吉編
二〇〇六 『安場保和伝：一八三五―九九　豪傑・無私の政治家』、東京：藤原書店。

柳田國男
一九二四a 「木綿以前の事」『女性』六―四、（のち、一九三九b『木綿以前の事』、東京：創元社、さらに、一九六九b『定本　柳田國男集』十四巻、東京：筑摩書房、再録）。
一九二四b 「郷土誌編纂者の用意」『郷土研究』二―七、（のち、一九二三『郷土誌論』、東京：郷土研究社、さらに、一九七〇b『定本　柳田國男集』二五巻、東京：筑摩書房、再録）。
一九二六 「草木と海と」『太陽』大正十五年六月号、（のち、一九二八b『雪国の春』東京：岡書院、さらに、一九六八『定本　柳田國男集』二巻、東京：筑摩書房、再録）。
一九二七a 「旅行の進歩及び退歩」（駒場学友会講演）、（のち、一九二八a『青年と学問』、東京：日本青年館、さらに、一九七〇b『定本　柳田國男集』二五巻、東京：筑摩書房、再録）。

一九二七ｂ「民間些事」（のち、一九六九ａ『定本　柳田國男集』十四巻、東京：筑摩書房、再録）。

一九二八ａ『青年と学問』、日本青年館、（のち、一九七〇ｂ『定本　柳田國男集』二五巻、東京：筑摩書房、再録）。

一九二八ｂ『雪国の春』東京：岡書院、（のち、一九六八『定本　柳田國男集』二巻、東京：筑摩書房、再録）。

一九三一ａ『明治大正史　世相史篇』、東京：朝日新聞社、（のち、一九七〇ａ『定本　柳田國男集』二四巻、東京：筑摩書房、再録）。

一九三一ｂ「郷土研究の将来」『郷土科学講座一』、（のち、一九四四『国史と民俗学』に収録、さらに、一九七〇ａ『定本　柳田國男集』二四巻、東京：筑摩書房、再録）。

一九三三「郷土研究と郷土教育」『郷土教育』二七、（のち、一九四四『国史と民俗学』、東京：六人社。さらに、一九七〇ａ『定本　柳田國男集』二四巻、東京：筑摩書房、再録）。

一九三四「旅人の為に（講演）」（のち、一九四一ａ『豆の葉と太陽』、東京：創元社、さらに、一九六八『定本　柳田國男集』二巻、東京：筑摩書房、再録）。

一九三五『郷土生活の研究法』、東京：刀江書院、（のち、一九七〇ｂ『定本　柳田國男集』二五巻、東京：筑摩書房、再録）。

一九三九ａ「国民服の問題」『被服』一〇―四、（のち、一九三九ｂ『木綿以前の事』東京：創元社、さらに、一九六九ａ『定本　柳田國男集』十四巻、東京：筑摩書房、再録）。

一九三九ｂ『木綿以前の事』、東京：創元社、（のち、一九六九ａ『定本　柳田國男集』十四巻、東京：筑摩書房、再録）。

一九四一ａ『豆の葉と太陽』、東京：創元社、（のち、一九六八『定本　柳田國男集』二巻、東京：筑摩書房、再録）。

一九四一ｂ「文化政策といふこと」『瑞木』二巻（春季号）、（のち、一九七〇ａ『定本　柳田國男集』二四巻、東京：筑摩書房、再録）。

一九四四『国史と民俗学』、東京：六人社、（のち、一九七〇ａ『定本　柳田國男集』二四巻、東京：筑摩書房、再録）。

柳田國男など
一九六四『柳田國男対談集』、東京：筑摩書房。

山形市役所
一九二八『山形市主催　全国産業博覧会報告』、山形市：山形市役所。
山岸活洲編
一九五五『天民回想録』、甲府：天民回想録刊行会。
山口麻太郎
一九三九「民俗資料と村の性格」『民間伝承』四―九：八。
山路勝彦
二〇〇八『近代日本の植民地博覧会』、東京：風響社。
二〇一四『大阪、賑わいの日々：二つの万国博覧会の解剖学』、西宮：関西学院大学出版会。
山田進
一九四二『名古屋市会史』第四巻、名古屋：名古屋市会事務局。
山田芳信編
一九三六『呉市主催　国防と産業大博覧会』、呉市：呉市役所。
山本義彦
一九八七「両大戦間期日本の貿易構造（上）」『法経研究（静岡大学）』三六―一：四五―七〇。
よさこい祭り振興会
一九七三『よさこい祭り20年史』、高知市：高新企業出版部。
よさこい祭り40周年記念史実行委員会
一九九四『よさこい祭り40年』、高知市：よさこい祭り40周年記念史実行委員会。
吉野孝一編
一九二九『大阪国産振興会主催　国産化学工業博覧会報告』、大阪：国産化学工業博覧会。
吉見俊哉

一九九二『博覧会の政治学：まなざしの近代』、東京：中央公論社。
米田雅子
二〇〇三『田中角栄と国土建設：〈列島改造論〉を越えて』、東京：中央公論社。
頼富浅吉編
一九二八『高松全国産業博覧会協賛会誌』、高松：高松全国産業博覧会協賛会。
陸上自衛隊第十三師団　広島師団史研究委員会
一九六九『広島師団史』、安芸郡梅田町（現安芸市）：陸上自衛隊梅田市駐屯部隊修身会。
ルオフ、ケネス（木村剛久訳）
二〇一〇『紀元二六〇〇年：消費と観光のナショナリズム』、東京：朝日新聞出版。
渡部直
一九三六『松江市公報』号外（昭和十一年七月二十五日）、松江：松江市役所。
無署名（第二章ａ）
一九一四「博覧会への順路」『風俗画報（大正博覧会号）』、四五七：四―(59)。
無署名（第二章ｂ）
一九二二「時事批判：平和博衛生館」『大日本私立衛生会雑誌』四五八：五六九―五七〇。
無署名（第二章ｃ）
一九二二「文化村」『最新変動　教材収録』一一―一九（平和博覧会号）：三三七―三三九、東京：南光社。
無署名（第二章ｄ）
一九二二「平和記念　東京博覧会案内」、鷹見久太郎編『婦人画報』（臨時増刊博覧会画報）：一一―三三。
無署名〈工政会ｂ〉
一九二三「工政会綱領」『工政』大正十二年八月号。
無署名〈工政会ｃ〉

一九二四　「工政会公告」『工政』五八：甲一。
無署名〈工政会d〉
一九二四　「工政会公告　社団法人組織に就いて」『工政』六一：甲三。
無署名〈工政会d〉
一九二四　「基礎工業品輸入関税法改正ニ関スル建議」『工政』六一：甲一。
無署名〈工政会e〉
一九二四　「工政会綱領」『工政』六一：乙一。
無署名〈工政会f〉
一九二四　「工政会主催全国工業家大会記」『工政』六一：四四。
無署名〈工政会g〉
一九二五　「工政会主催第二回全国工業家大会」『工政』六五：広告欄。
無署名〈工政会h〉
一九二六　「第三回全国工業家大会議事要録」『工政』七五：五―八九。
無署名〈工政会i〉
一九二六　「「第四回全国工業家大会記事」『工政』七九：一―八。
無署名〈愛知山林会〉
一九三七　「之丈は見落とせない――博覧会林業関係案内記」『愛知県山林会報』五四：五九―六八。

の

は

ひ

ふ

ち

つ

て

と

く

け

こ

き

索　引

〈事項索引〉

ふ

ま

み

む

も

や

よ

れ

索　引

〈人名索引〉

著者略歴

山路勝彦《やまじかつひこ》

1942年生まれ。東京都立大学大学院博士課程（社会人類学専攻）終了。社会学博士（関西学院大学）。関西学院大学社会学部教授を経て、現在、名誉教授。著書に、『近代日本の植民地博覧会』（風響社、2008年）、『台湾タイヤル族の100年』（風響社、2011年）、『大阪、賑わいの日々——二つの万国博覧会の解剖学』（関西学院大学出版会、2014年）、編著に『日本の人類学——植民地主義、異文化研究、学術調査の歴史』（関西学院大学出版会、2011年）など。

地方都市の覚醒
大正昭和戦前史　博覧会篇

2017年2月20日初版第一刷発行

著　者　山路勝彦

発行者　田中きく代
発行所　関西学院大学出版会
所在地　〒662-0891
　　　　兵庫県西宮市上ケ原一番町1-155
電　話　0798-53-7002

印　刷　協和印刷株式会社

Printed in Japan by Kwansei Gakuin University Press
ISBN 978-4-86283-232-0